TEMAS ATUAIS DE *COMPLIANCE* E MINISTÉRIO PÚBLICO

UMA NOVA VISÃO DE GESTÃO E ATUAÇÃO INSTITUCIONAL

ALEXANDRE SCHNEIDER
HENRIQUE DA ROSA ZIESEMER
Coordenadores

Aristides Junqueira Alvarenga
Apresentação

TEMAS ATUAIS DE *COMPLIANCE* E MINISTÉRIO PÚBLICO

UMA NOVA VISÃO DE GESTÃO E ATUAÇÃO INSTITUCIONAL

Belo Horizonte

FÓRUM
CONHECIMENTO JURÍDICO

2021

© 2021 Editora Fórum Ltda.

É proibida a reprodução total ou parcial desta obra, por qualquer meio eletrônico, inclusive por processos xerográficos, sem autorização expressa do Editor.

Conselho Editorial

Adilson Abreu Dallari
Alécia Paolucci Nogueira Bicalho
Alexandre Coutinho Pagliarini
André Ramos Tavares
Carlos Ayres Britto
Carlos Mário da Silva Velloso
Cármen Lúcia Antunes Rocha
Cesar Augusto Guimarães Pereira
Clovis Beznos
Cristiana Fortini
Dinorá Adelaide Musetti Grotti
Diogo de Figueiredo Moreira Neto (*in memoriam*)
Egon Bockmann Moreira
Emerson Gabardo
Fabrício Motta
Fernando Rossi
Flávio Henrique Unes Pereira

Floriano de Azevedo Marques Neto
Gustavo Justino de Oliveira
Inês Virgínia Prado Soares
Jorge Ulisses Jacoby Fernandes
Juarez Freitas
Luciano Ferraz
Lúcio Delfino
Marcia Carla Pereira Ribeiro
Márcio Cammarosano
Marcos Ehrhardt Jr.
Maria Sylvia Zanella Di Pietro
Ney José de Freitas
Oswaldo Othon de Pontes Saraiva Filho
Paulo Modesto
Romeu Felipe Bacellar Filho
Sérgio Guerra
Walber de Moura Agra

Luís Cláudio Rodrigues Ferreira
Presidente e Editor

Coordenação editorial: Leonardo Eustáquio Siqueira Araújo
Aline Sobreira de Oliveira

Av. Afonso Pena, 2770 – 15º andar – Savassi – CEP 30130-012
Belo Horizonte – Minas Gerais – Tel.: (31) 2121.4900 / 2121.4949
www.editoraforum.com.br – editoraforum@editoraforum.com.br

Técnica. Empenho. Zelo. Esses foram alguns dos cuidados aplicados na edição desta obra. No entanto, podem ocorrer erros de impressão, digitação ou mesmo restar alguma dúvida conceitual. Caso se constate algo assim, solicitamos a gentileza de nos comunicar através do *e-mail* editorial@editoraforum.com.br para que possamos esclarecer, no que couber. A sua contribuição é muito importante para mantermos a excelência editorial. A Editora Fórum agradece a sua contribuição.

Dados Internacionais de Catalogação na Publicação (CIP) de acordo com a AACR2

T278	Temas atuais de compliance e Ministério Público: uma nova visão de gestão e atuação institucional / Alexandre Schneider, Henrique da Rosa Ziesemer (Coord.).– Belo Horizonte : Fórum, 2021.
	346p; 14,5x21,5cm
	ISBN: 978-65-5518-220-0
	1. Direito Administrativo. 2. Direito Constitucional. 3. Direito Empresarial. 4. Compliance. I. Schneider, Alexandre. II. Ziesemer, Henrique da Rosa. III. Título.
	CDD 341.3
	CDU 342.9

Elaborado por Daniela Lopes Duarte – CRB-6/3500

Informação bibliográfica deste livro, conforme a NBR 6023:2018 da Associação Brasileira de Normas Técnicas (ABNT):

SCHNEIDER, Alexandre; ZIESEMER, Henrique da Rosa (Coord.). *Temas atuais de compliance e Ministério Público:* uma nova visão de gestão e atuação institucional. Belo Horizonte: Fórum, 2021. 346p. ISBN 978-65-5518-220-0.

SUMÁRIO

APRESENTAÇÃO
Aristides Junqueira Alvarenga 11

POR UM SISTEMA DE INTEGRIDADE NO MINISTÉRIO PÚBLICO
Alexandre Schneider 13
1   Introdução 13
2   Conceituação do *compliance* 14
3   Evolução normativa do *compliance* no Brasil 19
4   *Compliance* ou integridade na Administração Pública 22
5   Integridade e *compliance* no Ministério Público 26
6   Conclusões 34
     Referências 34

MINISTÉRIO PÚBLICO E TRANSPARÊNCIA INSTITUCIONAL
Augusto Aras, Carlos Vinícius Alves Ribeiro 37
I   Notas introdutórias 37
II   Bases da transparência 38
III   Noções conceituais 39
IV   A inter-relacionalidade da transparência 40
IV.I   Transparência e legalidade 40
IV.II   Transparência e interdição intrínseca à arbitrariedade 41
IV.III Transparência e motivação 42
IV.IV   Transparência e finalidade 44
IV.V   Transparência e procedimentalidade 47
IV.VI   Transparência e outros princípios 48
V   Reflexões finais 49
        Referências 50

AVALIAÇÃO DE PROGRAMAS DE INTEGRIDADE PELO MINISTÉRIO PÚBLICO NO CUMPRIMENTO DA LEGISLAÇÃO DE IMPROBIDADE ADMINISTRATIVA (LEI Nº 8.429/1992 E LEI Nº 12.846/2013)
José Roberto Pimenta Oliveira 51
I   Introdução 51

II	Programas de integridade anticorrupção e domínio da improbidade administrativa	53
III	Legitimidade de avaliação do programa de integridade pelo MP, como elemento estrutura de sua política de enfrentamento da corrupção	63
III.1	Avaliação de programa de integridade anticorrupção no bojo do exercício de potestades consensualizadas exercidas pelo MP no domínio da improbidade administrativa	67
III.2	Avaliação de programa de integridade anticorrupção no bojo do exercício de potestades unilaterais exercidas pelo MP no domínio da improbidade administrativa	78
IV	Necessidade de capacitação institucional para adequada avaliação dos programas de integridade, no domínio da improbidade administrativa	80
	Conclusões	81
	Referências	83

CRIMINAL COMPLIANCE: REFLEXÕES SOBRE A RESPONSABILIDADE PENAL DE SEUS AGENTES

Lauro Pinto Cardoso Neto 87

	Introdução	87
1	*Compliance*	88
1.1	Origens	88
1.2	Conceito	88
2	*Criminal compliance*	90
2.1	Origens	90
2.2	Conceito e principais modalidades	90
2.2.1	*Criminal compliance* antilavagem	91
2.2.2	*Criminal compliance* anticorrupção	91
2.2.3	*Criminal compliance antitruste*	92
3	A responsabilização penal pelo descumprimento do dever de *compliance*	93
	Conclusões	99
	Referências	100

COMPLIANCE DE PROTEÇÃO DE DADOS NO MINISTÉRIO PÚBLICO BRASILEIRO

Vladimir Aras 103

1	Introdução	103

2   O regime jurídico internacional e nacional de proteção de dados pessoais 105
3   *Compliance* digital ou *compliance* de proteção de dados 108
4   O Ministério Público e a proteção de dados pessoais 110
4.1   A organização institucional do Ministério Público brasileiro sob a ótica da proteção de dados pessoais 111
4.2   A atuação do Ministério Público na tutela coletiva quanto à proteção de dados pessoais 113
4.3   O CNMP como autoridade de proteção de dados especial para o Ministério Público 115
4.4   O CNMP como autoridade de supervisão da política de proteção de dados da Polícia 118
4.5   O Ministério Público como agente de tratamento de dados em investigações cíveis e criminais 120
4.6   A proteção de dados como um problema de devido processo legal e de direito probatório 123
4.7   O Ministério Público como controlador de dados na sua atividade administrativa 124
5   *Compliance* e proteção de dados no Ministério Público brasileiro.....126
5.1   A influência da LGPD na formulação da política de proteção de dados do Ministério Público 126
5.2   O projeto de resolução do CNMP sobre proteção de dados..............128
6   Conclusão 130

MINISTÉRIO PÚBLICO E A PROMOÇÃO DO *COMPLIANCE* DIGITAL NA ADMINISTRAÇÃO PÚBLICA
Vinícius Secco Zoponi 133
1   Introdução 133
2   A Administração Pública e os sistemas de informação 134
3   O gerenciamento de riscos nos sistemas de informação da Administração Pública 138
4   A indução pelo Ministério Público ao *compliance* digital na Administração Pública 144
5   Conclusão 151
        Referências 152

A COLABORAÇÃO PREMIADA E O ACORDO DE LENIÊNCIA COMO INCENTIVOS AOS PROGRAMAS DE *COMPLIANCE*
Rodrigo da Silva Brandalise 155
        Introdução 155

1	Os acordos de colaboração processual e os acordos de leniência como instrumentos de dinamismo persecutório	156
1.1	Uma mirada nos acordos de colaboração premiada	156
1.2	Uma mirada nos acordos de leniência	160
2	O principal ponto de encontro dos acordos com o *compliance*	163
3	Conclusão	167
	Referências	168

NEGOCIAÇÃO E ACORDO EM SEDE DE IMPROBIDADE ADMINISTRATIVA E A NECESSIDADE DE EFETIVIDADE DE UM SISTEMA DE INTEGRIDADE

Rochelle Jelinek 171

	Introdução	171
1	Autocomposição em conflitos envolvendo patrimônio público e probidade administrativa	173
2	Dos limites e das possibilidades da negociação na improbidade administrativa	177
3	Critérios para negociação nos casos de improbidade administrativa	180
3.1	Adequação típica de atos ilícitos à Lei de Improbidade Administrativa	180
3.2	Enquadramento às tipologias da Lei de Improbidade Administrativa: arts. 9º, 10, 10-A e 11	186
4	*Compliance* e autocomposição de conflitos	191
	Conclusão	193
	Referências	194

AS RECOMENDAÇÕES DO CONSELHO DA ORGANIZAÇÃO PARA COOPERAÇÃO E DESENVOLVIMENTO ECONÔMICO (OCDE) SOBRE INTEGRIDADE PÚBLICA E SEUS REFLEXOS NO MINISTÉRIO PÚBLICO BRASILEIRO

Marcelo Zenkner 197

1	Conexões preliminares entre o Ministério Público e a integridade	197
2	As recomendações do Conselho da OCDE sobre integridade pública	202
3	O *enforcement* das recomendações da OCDE no âmbito do Ministério Público	203
3.1	Primeira recomendação – criação de um sistema público de integridade coerente e abrangente	203
3.2	Segunda recomendação – disseminação da cultura de integridade	208

Conclusões finais 217
Referências 218

ANÁLISE ECONÔMICA DA ATUAÇÃO DO MINISTÉRIO PÚBLICO E *COMPLIANCE*

Alexandre Carrinho Muniz, Henrique da Rosa Ziesemer 221

    Introdução 221
1   Paradigmas da gestão institucional do Ministério Público 222
2   A aproximação da gestão pública com a privada 226
3   A atuação do Ministério Público sob o prisma da análise econômica 232
4   *Compliance* como forma de aprimoramento institucional 235
    Conclusão 238
    Referências 239

COMPLIANCE CRIMINAL COMO FORMA DE PREVENÇÃO CRIMINAL: POR UMA ATUAÇÃO CONTEMPORÂNEA DO MINISTÉRIO PÚBLICO

Gustavo Senna 241

    Prenúncio 241
1   Ministério Público na sociedade de risco: passado, presente e futuro 243
2   *Compliance* criminal como forma de prevenção à criminalidade tradicional e difusa 251
2.1 A criminalidade difusa como uma nova realidade da criminalidade contemporânea: decifrando o enigma da esfinge 251
2.2 *Compliance* criminal como forma de prevenção criminal 255
    Epílogo 264
    Referências 266

COMPLIANCE, BACKGROUND CHECKS E MINISTÉRIO PÚBLICO

Flávio Pereira da Costa Matias 269

1   Introdução 269
2   *Compliance, pre-employment screening* e *background checks* 270
3   *Compliance* na Administração Pública e no Ministério Público 277
4   O Supremo Tribunal Federal e a tese fixada no Recurso Extraordinário nº 560.900 279
5   Conclusão 283
    Referências 283

"TONE FROM THE TOP" E O PROCESSO DE ESCOLHA DO PROCURADOR-GERAL DE JUSTIÇA

Emerson Garcia 287
1   Aspectos introdutórios 287
2   A concepção de *"tone from the top"* no ambiente corporativo 288
3   A concepção de *"tone from the top"* e o Procurador-Geral de Justiça ...291
4   O processo de escolha do Procurador-Geral de Justiça e os riscos que oferece 293
      Epílogo 297
      Referências 298

COMPLIANCE COMO FERRAMENTA DE GESTÃO E EFICIÊNCIA DO MINISTÉRIO PÚBLICO

Carlos Fernando dos Santos Lima 301
1   As três linhas de defesa 301
2   É possível falar em *compliance* para o setor público? 305
3   O *compliance* público 307
4   O *compliance* e o Ministério Público 314
5   Os instrumentos do *compliance* 316
5.1   Códigos de ética e conduta 317
5.2   Canal de denúncia, *whistleblower* e colaborador 319
5.3   O uso da tecnologia da informação – *red flags* 320
6   Conclusão 321
      Referências 322

COMPLIANCE CRIMINAL COMO INSTRUMENTO DE PRIVATIZAÇÃO DA TUTELA DE DIREITO PENAL

Júlia Flores Schütt 325
1   Uma sociedade que demanda novas técnicas de combate à impunidade penal no âmbito empresarial 325
2   Da insuficiência da legislação brasileira para coibir a criminalidade no âmbito empresarial 328
3   *Compliance* criminal como método de prevenção à prática delitiva e como técnica de investigação pseudocriminal 333
      Conclusão 339
      Referências 340

SOBRE OS AUTORES 343

APRESENTAÇÃO

Fui honrado com o convite para apresentar esta coletânea de preciosos artigos de membros do Ministério Público Federal e dos Estados brasileiros cujo tema é *compliance*. Trata-se de termo alienígena em voga principalmente no âmbito empresarial e no meio jurídico, ao lado de outras expressões inglesas postas em várias obras aqui reunidas, como *tone from the top, pre-employment screening* e *background checks*.

Confesso minha aversão pela importação de anglicismos cada vez mais crescente nestes tempos de predomínio tecnológico. É sensível nossa inteira submissão à linguagem inglesa, sem nenhuma preocupação em traduzi-la para o nosso português, cada vez mais inculto e menos belo.

Por ora, rendo-me ao produto do contrabando linguístico chamado de *compliance*, de uso difundido, a tal ponto que dá nome a este livro.

Mas o que é *compliance*? Qual sua tradução em português? Qual sua utilidade?

A resposta a tais indagações pode ser encontrada com a leitura dos trabalhos aqui compilados. Eles nos proporcionam, de modo didático e agradável, não só a compreensão do seu conceito, mas, também e principalmente, sua aplicação no âmbito dessa instituição chamada Ministério Público, a cujos membros a Constituição da República impõe tríplice missão relevantíssima.

E este livro mostra que a tradução mais aceita de *compliance* é "conformidade", como também "integridade". Ora, se é conformidade, há de ser conforme a algo. Mostra, também, que há de ser um programa a ser adotado no interior das empresas privadas e nas relações delas com outras pessoas jurídicas, sejam privadas ou públicas. Programa de *compliance* a moldar o comportamento de toda empresa privada e de toda instituição pública em suas relações externas e internas. Programa empresarial ou institucional, privado ou público destinado a imprimir uma conformidade...

Aqui, os diversos trabalhos, ainda que apenas implicitamente, exalam a benfazeja lição de que essa conformidade há de ser concernente a uma conduta ética, pois só assim a pessoa, física ou jurídica, adquire sua integridade, sua inteireza. Ao menos para mim, foi esta a visão que depreendi da leitura deste livro, quer se trate de exercício de proteção de dados, de acordo de colaboração premiada, de improbidade administrativa, de relacionamento com outros órgãos etc.

Porque escrito por autores que vivem ou já viveram o Ministério Público, é natural que contemplem *compliance* como a conformidade com a ética e a integridade institucional e pessoal de seus membros. E é bom que assim seja. Afinal, trata-se de instituição destinada a defender a ordem jurídica, o regime democrático e os interesses sociais e individuais indisponíveis. Dessa tríplice defesa a mais importante é, sem dúvida, a defesa do regime democrático, pois, sem democracia, a ordem jurídica pode ser despótica e ser impossível a defesa dos interesses sociais e individuais.

Para o exercício institucional dessas defesas e no desempenho de todas as funções, seja na esfera cível, seja na órbita penal, é indispensável uma instituição com integridade inquebrantável, forjada em conformidade com o comportamento ético de seus membros.

Há algumas décadas, ainda no exercício das funções de Ministério Público, escrevi que valeria lembrar que "*ética*, ou filosofia moral, é ciência que versa sobre os atos morais, ou seja, atos humanos mensurados pela regra dos costumes e ordenados para um fim, que há de ser o bem".

Em suma, que os atos praticados por todos os membros do Ministério Público sejam pautados pela ética, despidos de egocentrismo, de pretensões outras que não seja a realização do bem comum, mesmo quando se trate de questões internas, como, por exemplo, a escolha de seus próprios dirigentes.

Foi essa a mensagem que extraí da leitura deste livro que busca fazer com que os membros do Ministério Público sejam dotados de integridade construída por perene conduta individual em conformidade com a ética, pois só assim o Ministério Público poderá dizer que *compliance* é programa ínsito à própria instituição, que não é íntegra se seus membros não o forem.

Brasília, 30 de abril de 2021.

Aristides Junqueira Alvarenga
Ex-Procurador-Geral da República (1989-1995)

POR UM SISTEMA DE INTEGRIDADE NO MINISTÉRIO PÚBLICO

ALEXANDRE SCHNEIDER

1 Introdução

O Ministério Público brasileiro tem passado por crises e desafios nos últimos tempos, muito em razão de sua atuação exponencial e decisiva em face da corrupção e da conduta de agentes políticos envolvidos com a faceta criminosa organizada e voltada a defraudar os cofres públicos.

A atuação do *Parquet* passou a ser questionada fortemente, seja por conta de suas fórmulas e modos de atuação, mas também, certamente, por conta de a instituição haver direcionado sua atenção, energia e forças de trabalho contra as classes políticas e econômicas, cujos métodos espúrios muito pouco (ou quase nada) haviam sido submetidos ao escrutínio judicial.

Nesse contexto, por exemplo, a Operação Lava-jato teve suas fórmulas e práticas de trabalho questionadas, inclusive em razão de invasão ilícita de aparelhos de telefonia móvel dos membros, o que propiciou que fossem questionados diversos diálogos supostamente indevidos ou desconformes – na ótica da criminalidade organizada e de parte do Poder Judiciário.

Além disso, o uso crescente e cada vez mais concentrado de processos internos, procedimentos e expedientes institucionais em plataformas digitais – com o abandono do uso de meios físicos – exige uma nova postura das estruturas internas de tecnologia da informação, haja vista as notícias de invasão de sistemas informatizados dos órgãos públicos.

Por fim, na atividade finalística, a crescente utilização de métodos consensuais (não judicializados) de resolução de conflitos pelo Ministério Público, que exigem uma interface dialogada diretamente com os investigados, igualmente torna necessário que se estabeleçam sistemas de integridade voltados, primordialmente, a prevenir, apurar e sanar irregularidades verificáveis no quotidiano do Ministério Público.

O presente artigo não tem a pretensão de esgotar o tema, mas unicamente fornecer alguns parâmetros jurídico-normativos e pragmáticos que possam inspirar a adoção de sistemas de integridade (ou programas de *compliance*) no âmbito do Ministério Público brasileiro.

2 Conceituação do *compliance*

O termo *compliance*, sabidamente de origem anglo-saxã (VERÍSSIMO, 2017), significa "obedecer a; submeter-se a; conformar-se com", ou ainda com o sinônimo de "acatar; obedecer; cumprir; aquiescer; aderir". O vocábulo ainda compreende as acepções de "cumprimento (das exigências)", "obediência; submissão às exigências da lei ou da autoridade", "observância; submissão ao que foi prescrito" e "em cumprimento a; em obediência a; em submissão a; em conformidade com; de acordo com".

Em sentido inverso, o termo *non compliance* tem o sentido de "insubmissão; condição do que não se submete" (MELLO, 2009; COSTA; ARAÚJO, 2014).

De todas as acepções dessome-se a constante significação de *conformidade* para a obediência ou adequação a normas legais ou contratuais, no sentido de cooperação, concordância e coordenação com normas, regras, comandos, instruções internas e regulamentos (COSTA; ARAÚJO, 2014; PAES, 2017; VERÍSSIMO, 2017).

O art. 7º, VIII, da Lei nº 12.846/13 (Lei Anticorrupção – LAC) refere o conceito de *compliance* como o conjunto de "[...] mecanismos e procedimentos internos de integridade, auditoria e incentivo à denúncia de irregularidades e a aplicação efetiva de códigos de ética e de conduta no âmbito da pessoa jurídica", o que se encontra alinhado com o conceito de *compliance* explicitado pela Associação Internacional de *Compliance* (ICA),[1] que, implantado, servirá como linha mestra de orientação do comportamento da empresa no mercado (ESPÍNDOLA; TOMAZ, 2017).

O *compliance* pode ser compreendido como o "dever de cumprir, de estar em conformidade e de fazer cumprir leis, diretrizes, regulamentos internos e externos, buscando mitigar o risco atrelado à reputação e risco legal/regulatório" (COIMBRA; MANZI, 2010, p. 2, *apud* CAPPELLARI; FIGUEIREDO, V., 2016; ESPÍNDOLA; TOMAZ, 2017; LIMA, 2018), de modo que "o conjunto de procedimentos e formas de controle interno que a organização social estabelece, para que se verifique de forma constante sua conformidade em relação às normas específicas de seu campo de atuação, pode ser apresentado como um conceito de *compliance*" (PAES, 2017, p. 25).

Nos termos da vetusta norma internacional ISO 19600[2] (ABNT, 2014), *compliance* se trata do conjunto de mecanismos voltados ao cumprimento de normas legais e regulamentares, políticas e diretrizes estabelecidas para o negócio e para as atividades da organização, visando a prevenir, detectar e sanar todo e qualquer desvio ou falta de cumprimento que ocorra. *Compliance* representa o resultado de uma organização cumprir suas obrigações, sendo tornado sustentável na cultura da corporação, no comportamento e na atitude das pessoas que nela laboram, buscando pautar tais relações na ética e na conformidade com a lei, tendo, portanto, função central de combate às fraudes no ambiente negocial (LIMA, 2018).

Segundo Barbosa (2017, p. 250), *compliance* é o conjunto de procedimentos adotados por uma organização para detectar, prevenir e combater fraudes e infrações às leis e regulamentos aplicáveis às suas atividades, bem como assegurar que seus valores e padrões de

---

[1] Disponível em: https://www.int-comp.org/careers/a-career-in-compliance/what-is-compliance/.

[2] Norma de padronização e guia internacional para os programas de *compliance*. Atualmente, encontra-se vigente a ISO 37301 (https://www.iso.org/standard/75080.html): *"This document specifies requirements and provides guidelines for establishing, developing, implementing, evaluating, maintaining and improving an effective compliance management system within an organization. This document is applicable to all types of organizations regardless of the type, size and nature of the activity, as well as whether the organization is from the public, private or non-profit sector. All requirements specified in this document that refer to a governing body apply to top management in cases where an organization does not have a governing body as a separate function".*

conduta sejam observados pelos órgãos de administração e fiscalização, empregados e demais colaboradores.

Silveira e Saad-Diniz (2012, p. 296), ao se referirem ao *compliance*, assentaram o cunho preventivo que se há de haurir notadamente do conceito em tela:

> Orienta-se, em verdade, pela finalidade preventiva, por meio da programação de uma série de condutas (condução de cumprimento) que estimulam a diminuição dos riscos da atividade. Sua estrutura é pensada para incrementar a capacidade comunicativa da pena nas relações econômicas ao combinar estratégia de defesa da concorrência leal e justa com as estratégias de prevenção de perigos futuros.

O *compliance* deita raízes na década de 1930 nos Estados Unidos, ao serem buscadas soluções para o chamado conflito de agência, em que, numa relação contratual, sobejam problemas entre o agente e o principal, segundo detectaram Berle e Means (VERÍSSIMO, 2017). Nos anos 1950, a preocupação com questões legais regulatórias fez surgir os primeiros programas de *compliance*, ao que se seguiram as cruzadas pela ética na década de 70 e contra a criminalidade nos idos de 1980, tornando o assunto "parte da agenda de empresas e reguladores" (VERÍSSIMO, 2017, p. 98).

O surgimento das modernas corporações trouxe consigo a consequência da separação entre propriedade e gestão da empresa. A propriedade é dispersa entre diversas pessoas (físicas e jurídicas) que titularizam os papéis representativos do capital, ao passo que a gestão é centralizada. Essa dualidade gera um contexto em que os interesses do proprietário (principal) poderão divergir dos interesses do dirigente da empresa (agente), o que motiva o chamado conflito de agência – em que o controle físico dos meios de produção está entregue a grupos centralizados que administram a empresa, mas não necessariamente em benefício dos detentores dos valores mobiliários (VERÍSSIMO, 2017).

O *compliance* anticorrupção, influenciado pela legislação norte-americana, decorreu de uma política criminal assentada no escândalo Watergate, após a SEC – *Securities Exchange Comission* – ter descoberto que empresas dos EUA pagaram milhões de dólares em subornos para corromper funcionários públicos estrangeiros, contexto que redundou na aprovação do FCPA pelo parlamento dos EUA em 1977 (VERÍSSIMO, 2017, p. 149-150).

O dever de transparência, a propósito, como expressão decorrente da função social da empresa – consagrado pelo *Sarbanes Oxley Act* de

2002, nos Estados Unidos – amplia consideravelmente a proteção de investidores e acionistas, pois o regular funcionamento do mercado de capitais depende da ampla transparência (*full disclosure*), que visa, em última instância, a proporcionar a todos os investidores oportunidades iguais de negociação – circunstância que consagra a função social no seu aspecto de tutela e fomento do mercado de capitais (FRAZÃO, 2011), preservando a sociedade como um todo (ESPÍNDOLA; TOMAZ, 2017).

Há quem sustente que a evolução da compreensão do *compliance* ocorreu de modo acentuado a partir do conceito matricial de governança corporativa, descrita como o marco regulatório para a direção e supervisão das empresas (ROTSCH, 2012, p. 2, *apud* CAPPELLARI; FIGUEIREDO, V., 2016), de modo que se pode defini-lo como o "conjunto de medidas de controle interno que a empresa possa adotar no sentido de evitar desvios de comportamento pelos seus funcionários" (GUIMARÃES, 2014, p. 159-160), essenciais para o sucesso da empresa, seja no sentido ético, legal como também corporativo (ESPÍNDOLA; TOMAZ, 2017).

Barbosa (2017, p. 255) sustenta que o *compliance* é decisivo para a perenidade das organizações[3] e para o desenvolvimento econômico dos países, pois viabiliza o aperfeiçoamento de processos decisórios com mira no melhor interesse da empresa e na sua perpetuação no tempo, pregando e consolidando a aderência à lei e ao comportamento ético.

A ideia do *compliance* como forma de prevenção da criminalidade corporativa insere-se no postulado de Beccaria de que uma forma de prevenir os delitos era recompensar a virtude. Os programas de conformidade ou sistemas de *compliance* devem promover valores éticos e infundir uma cultura de integridade (ESPÍNDOLA; TOMAZ, 2017).

Imbuído de objetivos preventivos e reativos, o *compliance* visa à prevenção de infrações legais, bem como à prevenção dos riscos legais e reputacionais que recaem sobre a pessoa jurídica, impondo-se à empresa o dever de apurar as condutas ilícitas em geral e aquelas que transgridem os normativos internos da corporação – e adotando, permanentemente e ao final de suas apurações, medidas corretivas, compartilhando os resultados das investigações internas às autoridades competentes (VERÍSSIMO, 2017), em decorrência de um modelo sugerido por Fisse e Braithwaite de conjugação de esforços entre o setor privado e o Estado. Afinal, as corporações têm capacidade, mas não têm vontade de prestar contas pelas violações da lei; o Estado (sistema de justiça criminal) tem vontade, mas não tem capacidade para identificar a cadeia

---

[3] Juntamente com a governança corporativa.

de responsabilidade pela prática criminal empresarial (VERÍSSIMO, 2017, p. 118).

Noutro passo, de forma complementar e numa toada de sustentabilidade, Zenkner (2021) incursiona em diferenciar os programas de *compliance* clássicos de um verdadeiro "sistema de integridade", marcando este pelo aspecto da aderência integral por todos os setores de uma corporação e aderência integral pela alta administração (*"tone from the top"*):

> (...) a reputação, ao lado do *compliance*, da transparência, da meritocracia, da lealdade corporativa, da inovação, da responsabilidade social e da sustentabilidade, é parte integrante e indispensável de um efetivo sistema de integridade empresarial. Assim, como se estivesse em uma espiral, a organização precisa alcançar índices reputacionais positivos para que seja considerada íntegra; ao mesmo tempo, para que seja reconhecida por sua boa reputação, ela também precisa possuir em seus quadros profissionais aderentes aos valores da integridade.
>
> (...) a reputação, ao lado do *compliance*, da transparência, da meritocracia, da lealdade corporativa, da inovação, da responsabilidade social e da sustentabilidade, é parte integrante e indispensável de um efetivo sistema de integridade empresarial. Assim, como se estivesse em uma espiral, a organização precisa alcançar índices reputacionais positivos para que seja considerada íntegra; ao mesmo tempo, para que seja reconhecida por sua boa reputação, ela também precisa possuir em seus quadros profissionais aderentes aos valores da integridade.
>
> (...) Daí a diferença abissal entre sistemas de *compliance* e sistemas de integridade, sendo fácil perceber que, no primeiro, as situações foram de explícita má-fé, enquanto que, no segundo, as hipóteses foram muito mais de negligência, desconhecimento ou falta de atenção; no sistema de *compliance* o quantitativo detectado de situações irregulares foi muito maior que no sistema de integridade – conscientizar sobre a prática correta mitiga a tentação em torno daquilo que é errado; no *compliance*, o colaborador mal intencionado pode até se ver estimulado a uma prática irregular se acreditar que não será flagrado. Já na integridade ele não pratica o ato irregular por convicções próprias a partir dos valores já agregados ou assimilados, pois sabe que a conduta correta é valorizada na empresa; como efeito do sistema de *compliance*, os empregados foram demitidos, aumentando os já alarmantes níveis de desemprego, e ainda podem no futuro vir a serem contratados por outras empresas sem a devida "red flag", pois a demissão se deu "sem justa causa". Como resultado do sistema de integridade, os empregados receberam a devida orientação, mantiveram seus empregos e devolveram os valores

indevidamente recebidos aos cofres da União. A lição, certamente, os tornou seres humanos melhores.

Arremata Zenkner (2021) no sentido de que uma "mudança de cultura não se faz de um dia para o outro e muito menos decorre de histórias ou de treinamentos que oferecemos aos empregados. No fim do dia, o que importa, de verdade, é o exemplo que a alta administração dá para seus colaboradores", enfatizando que a liderança, a comunicação pelo exemplo e o *"tone at the top"* figuram como requisitos indispensáveis e fundamentais para a consecução dos objetivos para um efetivo sistema de integridade.

Segundo Assi (2013), "devemos partir para mudança de postura, pois cultura não se muda da noite para o dia, demanda muito carinho e paciência para convencer as pessoas". Estar estruturado em *compliance* significa, para a corporação, que a função do programa, além da gestão empresarial, supera a mera logística e administração das atividades empresariais, alçando-a a um patamar jurídico garantidor de atuação em ambiente ético, afastado de práticas corruptas e, pois, merecedora de benefícios jurídicos, de acordo com a política premial prevista em lei (LIMA, 2018).

Considerado uma quebra de paradigma, espécie de marco legal de governança corporativa, o *compliance* liga-se à noção de *accountability*, que está relacionado com o dever de prestação de contas, de eficiência e transparência (LIMA, 2018).

3 Evolução normativa do *compliance* no Brasil

No âmbito do ordenamento interno brasileiro, o instituto do *compliance* não teve ineditismo legal com a nova Lei Anticorrupção. Antes dela, a Lei nº 9.613/98, ao tratar dos delitos de lavagem de dinheiro, cuidou da disciplina do *compliance* obrigatório das instituições financeiras ao instituir regras de controle interno e obrigação de comunicação de operações e situações atípicas[4] envolvendo transações financeiras, de valores mobiliários, câmbio e assemelhados, ao que a lei denominou "Mecanismo de Controle" (VERÍSSIMO, 2017).

A adoção do denominado "mecanismo de controle" tornou-se obrigatória para atividades financeiras, de câmbio, corretagem de valores mobiliários, entre outras, a fim de se prevenirem as práticas de

---

[4] Artigos 9º, 10 e 11 da Lei nº 9.613/98.

ocultação da origem ilícita de valores e ativos adquiridos pela prática de crimes. No âmbito desse marco regulatório, a falta de implementação do mecanismo de controle ou a sua inefetividade podem redundar na revogação da autorização estatal para a continuidade das atividades econômicas.

A expressão *compliance* encontra-se incorporada ao vocabulário jurídico brasileiro, tendo sido bastante ouvida durante o julgamento da Ação Penal n° 470 pelo Supremo Tribunal Federal (Caso Mensalão), na qual dirigentes do Banco Rural, responsáveis pela área de *compliance* e prevenção à lavagem de dinheiro, foram condenados pela prática de gestão fraudulenta (COSTA; ARAÚJO, 2014).

O *compliance* também se encontra previsto na Lei Complementar n° 105/2001, que trata do sigilo de informações de operações financeiras. Posteriormente, a Lei n° 12.683/12, ao reformar a lei de lavagem de ativos, ampliou o rol das atividades que passaram a ter de se sujeitar ao mecanismo de controle, obrigando as juntas comerciais, registros públicos, imobiliárias, consultorias, auditorias, intermediação de atletas, bens culturais, dentre outras, que passaram a estar obrigadas a manter programa interno de *compliance*.

Incluem-se, ainda, diversas normas regulamentares do setor financeiro e não financeiro, editadas, por exemplo, pelo Banco Central do Brasil (BACEN),[5] Comissão de Valores Mobiliários (CVM),[6] Superintendência de Seguros Privados (SUSEP)[7] e pelo Conselho de Controle de Atividades Financeiras (COAF).[8]

A recente Lei n° 13.303/16 – conhecida como "Lei das Estatais" – preconiza a obrigação de as empresas públicas, sociedades de economia mista e subsidiárias adotarem (art. 9°) regras de estruturas e práticas de gestão de riscos e controle interno que abranjam a implementação cotidiana de práticas de controle interno, verificação de cumprimento de obrigações e de gestão de riscos, auditoria interna, elaboração e divulgação de código de conduta e integridade. A lei utiliza, inclusive, no parágrafo 4° do art. 9°, o vocábulo *compliance* para fazer referência aos procedimentos internos de controle, conformidade e integridade.

Em 2017, a Comissão de Valores Mobiliários (CVM) editou a Instrução n° 586, que obriga as empresas de capital aberto a divulgarem informações sobre a aplicação de práticas de governança previstas no

---

[5] Circular n° 3.461/09.
[6] Instrução n° 301/99.
[7] Circular n° 445/12.
[8] Resolução n° 24/13.

Código Brasileiro de Governança Corporativa. A inspiração, certamente, foi haurida do contexto de insuficiência da regulação estatal no contexto mundial – escândalos financeiros envolvendo empresas como Xerox, Enron,[9] Tyco, WorldCom, que motivou uma resposta dos Estados Unidos, com a edição da Lei Sarbanes-Oxley (Sox) em 2002 (COSTA NETO, 2016) para proteger investidores e demais *stakeholders* dos erros das escriturações contábeis e práticas fraudulentas, visando a aprimorar a governança corporativa e a prestação de contas, com a proteção de questão social relevante, voltada à manutenção do mercado de capitais e à proteção da poupança popular invertida em ações e valores mobiliários (FRAZÃO, 2011).[10]

No ano de 2013, a edição da Lei nº 12.846/13 (Lei Anticorrupção) estendeu a previsão de procedimentos e mecanismos de *compliance* para as pessoas jurídicas dos mais variados setores e espectros de atuação, sendo, contudo, de adoção facultativa os "mecanismos e procedimentos internos de integridade, auditoria e incentivo à denúncia de irregularidades" (art. 7º, VIII, LAC).

A adoção do *compliance* pelas empresas privadas evidencia a caminhada para a concretização do princípio da probidade no âmago privado. O termo 'probidade', na acepção de Mello (2009), tem a ver com honestidade de caráter, integridade, boa-fé, fidúcia, confiança, veracidade, decoro, ética, decência, não sendo difícil compreender que se trata de virtude ou valor que deve orientar as relações interpessoais numa sociedade que se pretende civilizada e evoluída.

Ganham espaço, nesse giro, os princípios éticos que presidem e guiam a dinâmica da Administração Pública. E o espargimento desses axiomas às relações entre particulares e entre estes e o Poder Público acabaram por criar o chamado princípio da probidade empresarial.

---

[9] "As fraudes contábeis identificadas na contabilidade criativa da empresa não só culminaram com o fechamento da empresa, mas também em milhões de dólares em multas, prisões de executivos e empobrecimento de famílias face à perda de milhares de empregos" – COSTA NETO, Arthur. Integração entre gerenciamento de riscos, compliance de processos e governança: mitigando perdas materiais e impactos de imagem. *Mundo PM*, v. 12, n. 67, p. 50-55, fev./mar. 2016.

[10] O objetivo da SOx é o de identificar, combater e prevenir fraudes que impactam no desempenho financeiro das organizações, garantindo o *compliance*.

4 *Compliance* ou integridade na Administração Pública

Expostas as linhas gerais a respeito do *compliance* (ou sistema de integridade) no setor privado, cabe incursionar na aplicabilidade dos conceitos e institutos na Administração Pública.

A Constituição Federal de 1988 consagrou no art. 37 os princípios regentes da Administração Pública – legalidade, impessoalidade, moralidade, publicidade e eficiência. Além destes, outros há que influenciam direta ou indiretamente o Poder Público, a exemplo da ética, transparência e integridade, razão por que o sistema de gestão de *compliance* previsto na Lei nº 13.303/16 é denominado Programa de Integridade (LUCHIONE; CARNEIRO, 2017).

Nas palavras de Luchione e Carneiro (2017), apresenta-se equivocada a estranheza inicial da ideia de programa de *compliance* no setor público, pois este "não só deve se submeter à legislação em comento, como deve dar o exemplo de boa-fé, legalidade e boa governança". Por conta do fenômeno da corrupção foi perceptível o interesse na temática da governança corporativa, com iniciativas de melhoria tanto pelo setor privado como pelo setor público.

Segundo a Organização para Cooperação e Desenvolvimento Econômico (OCDE), a governança corporativa é definida como o conjunto de relações entre a administração de uma empresa, seu conselho de administração, seus acionistas e outras partes interessadas. O Instituto Brasileiro de Governança Corporativa (IBGC) define a governança no mesmo sentido, agregando os órgãos de controle dentre as "outras partes interessadas", além de concluir que as boas práticas convertem princípios em recomendações objetivas, alinhando interesses com a finalidade de preservar e otimizar o valor da organização, facilitando seu acesso ao capital e contribuindo para sua longevidade. O contexto de governança, então, é concernente com a observância das normas de boa conduta para a Administração Pública, envolvendo o respeito às medidas adotadas pelas leis para governar o país em conformidade com uma política ética e de combate à corrupção, ao suborno e às irregularidades administrativas. Entre as principais características para consumar a ideia de boa governança cita-se a transparência, a integridade, a equidade, a responsabilidade dos gestores e da alta administração e, principalmente, a transparência e a prestação de contas (LUCHIONE; CARNEIRO, 2017).

Consoante o IFAC[11] – *International Federation of Accountants* – os principais elementos da governança corporativa no setor público são a *transparência, integridade* e *accountability*. Governança no setor público diz respeito a um conjunto de mecanismos práticos de controle que envolve temas afetos à liderança, estratégia e informação, com o objetivo de executar quatro etapas voltadas à adequação dos instrumentos para a concretização das políticas públicas e à prestação de serviços de interesse da sociedade: a) identificar questões sensíveis; b) tratar os dados (informações) obtidos; c) redimensionar o sistema, corrigindo falhas e implementando os modelos pendentes; e d) realizar monitoramento periódico (LUCHIONE; CARNEIRO, 2017).

O ente público, ao planejar atingir seus objetivos, depara-se com eventos críticos, ou seja, incidentes ou situações geradas por fontes internas ou externas, que podem ter impacto negativo, positivo ou ambos. Os eventos que produzem impacto negativo acarretam riscos, que, segundo o COSO[12] (*Committee of Sponsoring Organizations of the Treadway Commission*), é a "possibilidade de um evento ocorrer e afetar negativamente a realização dos objetivos".

A Lei n° 13.303/16 (Lei das Estatais) seguiu a mesma lógica da lei norte-americana *Sarbanex-Oxley,* de modo que as empresas brasileiras compreendem que o risco é a base de suas ações e, desse modo, ao tentar identificar previamente os riscos, para afastá-los ou para mitigá-los, a empresa pública aumenta sua credibilidade econômica, financeira e social, pois o risco é essencial para o mercado concorrencial. No que tange ao *compliance*, o art. 9°, §4°, determina que o estatuto social da empresa estatal deverá contemplar a possibilidade de a área de *compliance* se reportar diretamente ao conselho de administração quando haja suspeita de envolvimento do diretor-presidente em irregularidades ou quando ele se furtar à obrigação de adotar medidas necessárias em relação à situação de desconformidade relatada (LUCHIONE; CARNEIRO, 2017).

As boas experiências relatadas pelo setor privado na execução dos sistemas de *compliance,* para minimizar a corrupção nas estruturas corporativas, a exemplo do que ocorre nos Estados Unidos e na Inglaterra, inspirou o Poder Público a se espelhar nesses modelos privados para fazer nascer o chamado *compliance* público (LUCHIONE; CARNEIRO, 2017).

---

[11] Disponível em: https://www.ifac.org/.
[12] Disponível em: https://www.coso.org/Pages/default.aspx.

No campo da Administração Pública indireta brasileira, tem havido notável destaque para a política de conformidade implementada pela Petrobras, a partir de 2015, em razão de seu envolvimento nos escândalos de corrupção e crimes licitatórios desvelados pela Operação Lava Jato. A adoção do programa de conformidade pela petrolífera nacional foi fundamental para que restaurasse sua imagem no mercado e o valor mobiliário de seus papéis em bolsa. O fenômeno positivo, de remontagem reputacional, em apenas quatro anos, deveu-se a uma profunda alteração do estado de coisas pretérito para o atual, com o estabelecimento do "Programa Petrobras de Prevenção da Corrupção" (PPPC), baseado em novo modelo de governança, risco e *compliance*, que corrigiu graves problemas na estrutura e nos procedimentos adotados e foi fundamental para permitir que ela retomasse sua missão institucional[13] (SCHNEIDER; ZIESEMER, 2020).

Ainda se deve considerar a Lei nº 13.848, de 25 de junho de 2019 – nova lei das agências reguladoras –, que também passou a tornar obrigatória a tais entidades a adoção de práticas de gestão de riscos e de controle interno, bem como a elaboração e divulgação de programa de integridade, com o objetivo de promover a adoção de medidas e ações institucionais destinadas à prevenção, à detecção, à punição e à remediação de fraudes e atos de corrupção (art. 3º, §3º) (SCHNEIDER; ZIESEMER, 2020).

Contudo, a viga mestra do *compliance* no ordenamento jurídico pátrio é a Constituição, em especial o princípio da legalidade, previsto no art. 5º, II,[14] bem como o art. 37,[15] que traça os princípios da Administração Pública. A partir dos mencionados preceitos constitucionais, que estabelecem parâmetros e também limites de atuação, tanto na sociedade quanto no setor público, pode-se (deve-se, na verdade) construir os pilares do *compliance* no Brasil. A ilustrar o tema, o art. 9º da Lei nº 13.303/2016:

---

[13] Disponível em: https://petrobras.com.br/pt/quem-somos/perfil/compliance-etica-e-transparencia/. Acesso em: 6 abr. 2020.

[14] Art. 5º Todos são iguais perante a lei, sem distinção de qualquer natureza, garantindo-se aos brasileiros e aos estrangeiros residentes no País a inviolabilidade do direito à vida, à liberdade, à igualdade, à segurança e à propriedade, nos termos seguintes: *II - ninguém será obrigado a fazer ou deixar de fazer alguma coisa senão em virtude de lei.*

[15] Art. 37. A administração pública direta e indireta de qualquer dos Poderes da União, dos Estados, do Distrito Federal e dos Municípios obedecerá aos princípios de legalidade, impessoalidade, moralidade, publicidade e eficiência e, também, ao seguinte:

Art. 9º A empresa pública e a sociedade de economia mista adotarão regras de estruturas e práticas de gestão de riscos e controle interno que abranjam:
I - ação dos administradores e empregados, por meio da implementação cotidiana de práticas de controle interno;
II - área responsável pela verificação de cumprimento de obrigações e de gestão de riscos;
III - auditoria interna e Comitê de Auditoria Estatutário.
§1º Deverá ser elaborado e divulgado Código de Conduta e Integridade, que disponha sobre:
I - princípios, valores e missão da empresa pública e da sociedade de economia mista, bem como orientações sobre a prevenção de conflito de interesses e vedação de atos de corrupção e fraude;
II - instâncias internas responsáveis pela atualização e aplicação do Código de Conduta e Integridade;
III - canal de denúncias que possibilite o recebimento de denúncias internas e externas relativas ao descumprimento do Código de Conduta e Integridade e das demais normas internas de ética e obrigacionais;
IV - mecanismos de proteção que impeçam qualquer espécie de retaliação a pessoa que utilize o canal de denúncias;
V - sanções aplicáveis em caso de violação às regras do Código de Conduta e Integridade;
§4º O estatuto social deverá prever, ainda, a possibilidade de que a área de compliance se reporte diretamente ao Conselho de Administração em situações em que se suspeite do envolvimento do diretor-presidente em irregularidades ou quando este se furtar à obrigação de adotar medidas necessárias em relação à situação a ele relatada.

O diploma em questão data de 2016 e traz, para o setor público, ao menos no texto, previsões típicas de práticas de *compliance*, referenciando-o expressamente. Ao assim prever, a lei tenta aproximar empresas públicas (e correlatas) às práticas exitosas do setor privado.

A despeito das diferenças substanciais nos setores público e privado, suas semelhanças convergem para uma mesma finalidade, qual seja, para que a corporação funcione, produza, gere riquezas e se preste efetivamente aos fins a que se destina. Seja de natureza pública ou privada, inexiste entre elas diferenciação substantiva no que toca à necessidade de boa gestão, mesmo porque o resultado final de ambas se dirige, em última análise, à contribuição para o desenvolvimento do país (art. 3º, II,[16] da Constituição Federal).

---

[16] Art. 3º Constituem objetivos fundamentais da República Federativa do Brasil: *II - garantir o desenvolvimento nacional.*

Observa-se o nítido avanço legislativo, o qual, todavia, não se faz acompanhar da materialização de uma nova realidade material, concreta, uma vez já transcorridos alguns anos da edição da lei, além do fato da inexplicável omissão da (necessária e bem-vinda) ampliação de seu objeto para todo o Poder Público, indistintamente.

Por essa razão é que, na pena de Liebl e Tomaz (2017), ainda não é mandatória ao Estado a adoção de programas de gestão preventiva anticorrupção, fazendo com que permaneça certa insegurança quanto às práticas públicas de gestão.

Contudo, o Poder Executivo da União, seguindo as diretrizes de convenções internacionais ratificadas pelo Brasil,[17] editou normas executivas aplicáveis à Administração Pública direta, a exemplo da Instrução Normativa Conjunta nº 1 (Ministério da Transparência e CGU e Ministério do Planejamento, Orçamento e Gestão), da Portaria nº 784/16 da Controladoria-Geral da União (que instituiu o Programa de Fomento da Integridade Pública, de adesão voluntária), do Decreto nº 9.203/17 (que institui o Programa Público de Integridade no âmbito dos órgãos e das entidades da Administração Pública federal) e da Portaria nº 1.089/18 do Ministério da Transparência e Controladoria-Geral da União.

O referido Decreto nº 9.203/17 obrigou os órgãos e entidades da Administração Pública a criarem os programas públicos de integridade (LACERDA, 2019).

5 Integridade e *compliance* no Ministério Público

Conforme já pontuado anteriormente, as chamadas práticas de *compliance* começam a se consolidar tanto normativamente como na prática das corporações privadas. Em razão de bons resultados, começam a migrar, ainda timidamente, para o setor público.

A OCDE editou recomendação, por seu conselho, sobre integridade pública, mencionando expressamente que abordagens tradicionais baseadas na criação de mais leis, regras, conformidade mais rigorosa e cumprimento mais rígido possuem eficácia limitada, com o que concordamos (SCHNEIDER; ZIESEMER, 2020b). Com o mote de "Integridade para a prosperidade", a OCDE preconiza uma resposta

---

[17] Convenção Interamericana contra a Corrupção – OEA (Decreto nº 4.410/02), Convenção sobre a Corrupção de Funcionários Públicos Estrangeiros em Transações Comerciais Internacionais – OCDE (Decreto nº 3.678/00) e Convenção das Nações Unidas contra a Corrupção (Decreto nº 5.687/06).

estratégica e sustentável à corrupção baseada na integridade pública, com o caráter de sistema de integridade preconizado por Zenkner (2021), já que a integridade é um dos principais pilares das estruturas políticas, econômicas e sociais e, portanto, é essencial ao bem-estar econômico e social e à prosperidade dos indivíduos e das sociedades como um todo:

> Integridade pública refere-se ao alinhamento consistente e à adesão de valores, princípios e normas éticas comuns para sustentar e priorizar o interesse público sobre os interesses privados no setor público (OCDE).

Na recomendação da OCDE, a ação deve ir além do Poder Executivo, englobando os órgãos legislativos e judiciais,[18] por conta de seu papel vital de garantia da integridade no país. Colocar informações disponíveis à sociedade por um sistema de transparência não é suficiente, devendo ser acompanhada de mecanismos eficazes de escrutínio e responsabilização.

O ato recomendatório da OCDE, exemplificativamente, exorta os aderentes a: a) garantir que o sistema de integridade pública defina, apoie, controle e aplique a integridade pública e seja integrado ao quadro geral de gestão e governança pública; b) estabelecer expectativas claras para os mais altos níveis políticos e de gestão que irão apoiar o sistema de integridade pública através de um comportamento pessoal exemplar, incluindo a demonstração de um alto padrão de propriedade na execução de funções oficiais; c) estabelecer responsabilidades claras nos níveis relevantes para projetar, liderar e implementar os elementos do sistema de integridade para o setor público; d) promover mecanismos de cooperação horizontal e vertical entre esses funcionários públicos, unidades ou órgãos e, sempre que possível, com e entre os níveis de governo subnacionais, através de meios formais e informais para apoiar a coerência e evitar sobreposições e lacunas e compartilhar e desenvolver lições aprendidas com as boas práticas; e) estabelecer objetivos estratégicos e prioridades para o sistema de integridade pública com base em uma abordagem baseada em risco para violar os padrões de integridade pública e que considere os fatores que contribuem para políticas efetivas de integridade pública; f) desenvolver *benchmarks* e indicadores e reunir dados convincentes e relevantes sobre o nível de implementação, desempenho e eficácia geral do sistema de integridade

---

[18] Muito embora o Ministério Público não integre o Poder Judiciário, a referência a órgãos judiciais se aplica a ele, considerando que, via de regra, nos demais países a estrutura ministerial está integrada no poder judicante.

pública; g) incluir padrões de integridade no sistema legal e políticas organizacionais (como códigos de condutas ou códigos de ética) para esclarecer as expectativas e servir de base para investigação e sanções disciplinares, administrativas, civis e/ou criminais, conforme apropriado; h) estabelecer procedimentos claros e proporcionais para ajudar a prevenir violações dos padrões de integridade pública e para gerir conflitos de interesse reais ou potenciais; i) comunicar valores e padrões do setor público internamente em organizações do setor público e externamente para o setor privado, sociedade civil e indivíduos e pedir a esses parceiros que respeitem esses valores e padrões em suas interações com funcionários públicos; j) assegurar gestão de recursos humanos que aplique consistentemente princípios básicos, como mérito e transparência, para apoiar o profissionalismo do serviço público, evitar o favoritismo e o nepotismo, proteger contra interferências políticas indevidas e mitigar riscos de abuso de posição e falta de conduta; k) assegurar um sistema justo e aberto para recrutamento, seleção e promoção, com base em critérios objetivos e em um procedimento formalizado, e um sistema de avaliação que suporte a prestação de contas e um espírito de serviço público; l) fornecer mecanismos de orientação e consulta formais e informais facilmente acessíveis para ajudar os funcionários públicos a aplicar padrões de integridade pública em seu trabalho diário, bem como gerir situações de conflitos de interesses.

Remodelar a cultura organizacional, portanto, é necessário, de molde a permitir que valores éticos sejam imbricados no conceito de boa governança, sendo que a agenda nacional por uma cultura de probidade no ambiente público e privado se impõe como um dos pilares da democracia na atualidade (MARÇAL, 2018).

Muito embora já exista previsão normativa de obrigatoriedade da adoção de sistema de integridade no âmbito da Administração Pública federal, o *compliance*, para o Ministério Público, contudo, ainda carece de maior ênfase normativa, com caráter de cogência. Sendo o Ministério Público instituição permanente do Estado, vocacionado constitucionalmente à defesa dos pilares do Estado democrático e da ordem jurídica, estaria também jungido ao disciplinamento e execução de programa de *compliance* ou, na dicção de Zenkner (2021), a um sistema de integridade?

Incumbindo ao Ministério Público, segundo o art. 127 da Constituição, a defesa da ordem jurídica, do regime democrático e dos interesses sociais e individuais indisponíveis – sendo instituição democrática vocacionada à defesa dos interesses comunitários – natural é que esteja permanentemente pautado pela prestação de contas de suas ações.

Para tanto, cabe a utilização de mecanismos de gestão, transparência, ética, integridade, legalidade, participação social e liderança estratégica sustentável na condução de suas políticas e prestação de serviços, em busca da excelência na prestação de serviços de interesse social (NASCIMENTO, 2018).

Partindo do conceito de moralidade administrativa, é uniforme nos Estados Democráticos que os gestores devem administrar para todos e no interesse da coletividade, núcleo da democracia e razão de ser da República, afigurando-se desviantes do interesse coletivo benefícios individuais ou de grupos específicos (CAVALCANTE, 2017).

A estruturação de um sistema de integridade (ou programa de *compliance*) precisa ser realizada em várias fases, cada qual com inúmeras etapas, seguida de um contínuo monitoramento da implementação de cada uma delas, contemplando, dentre outros, mapeamento e coleta de dados, análise de maturidade, elaboração de matriz de riscos, desenvolvimento e revisão de políticas e procedimentos, estruturação de canal de ouvidoria e denúncias, monitoramento, remediação e treinamento (CAVALCANTE, 2017; PIRONTI; ZILIOTTO, 2019).

Desse modo, os programas de integridade ou *compliance* devem ser estruturados de acordo com a realidade interna de cada corporação, uma vez que elas têm suas próprias particularidades, políticas e práticas. Apresenta-se, portanto, singular a natureza do objeto, conforme as particularidades próprias de cada órgão ou instituição, demandando, portanto, conhecimento do cabedal normativo que envolve o tema, suas necessidades e formas de atuação, com conhecimento técnico especializado na área de estruturação de sistemas de *compliance* (PIRONTI; ZILIOTTO, 2019).

No Ministério Público, portanto, busca-se com a governança "uma operação que agrega importante valor público para as atividades que o Ministério Público executa e entrega para o povo brasileiro, preocupando-se justamente com os resultados gerados, as respostas efetivas e úteis às demandas de interesse público que modifiquem aspectos da sociedade, enquanto destinatária legítima de bens e serviços públicos" (COVRE, 2020).

A adoção do sistema de integridade propicia a consecução de equilíbrio e qualidade dos serviços, exigindo que, na prática, sejam estabelecidos padrões éticos e de postura, mirando a obediência às regras. Esta premissa pode-se dar por meio da criação de sistemas internos, canais de comunicação e monitoramento das posturas (não exaustivamente) (SCHNEIDER; ZIESEMER, 2020a).

A implementação de um sistema de integridade (ou programa de *compliance*) há de ser visualizada como uma autocrítica da Instituição, no propósito de reavaliar, revisar e melhorar formatos de atuações e não incidir em erros comuns, aumentando a competitividade e produtividade, além de atrair melhor visibilidade no mercado e incremento dos níveis reputacionais.

Remonta-se ao conceito inicial de *compliance* exposto no início do presente ensaio. Como pontuado, cuida-se de um conjunto de normas e diretrizes direcionadas a nortear as organizações sobre sua conduta no meio em que atuam e perante os órgãos de fiscalização ou regulação, obedecendo aos padrões legais e regulamentares exigidos para cada segmento. O fenômeno e os efeitos espúrios da corrupção exigem forte atuação do Estado no estabelecimento de padrões de integridade dos seus servidores públicos (agentes). Tal demanda, por conseguinte, inspira a adoção de iniciativas voltadas a proteger a Administração Pública contra riscos de corrupção e de reputação, bem assim postadas a garantir a adequada prestação de serviços à sociedade, implicando, *ipso facto*, o incremento da transparência, a gestão adequada de recursos e métodos, a adoção de mecanismos de sanção e o engajamento da sociedade no auxílio ao controle das ações estatais (SCHNEIDER; ZIESEMER, 2020a).

Balizados na ideia de que os setores e segmentos da Administração Pública deverão seguir disciplinamentos de conformidade e integridade, construindo, executando, monitorando, revisando e aprimorando diuturnamente seus programas de *compliance,* entende-se que a implementação de programas de *compliance* no âmbito do Ministério Público é salutar. Sem qualquer viés de questionamento da independência funcional de seus membros – prevista no art. 127, §1º, da Constituição Federal – não se pode desconsiderar que as instituições e órgãos públicos não podem restar apartados de fiscalização, seja por órgãos de ouvidoria ou por setores correcionais de seus agentes (SCHNEIDER; ZIESEMER, 2020a).

O grande paradoxo, observado o histórico institucional do Ministério Público, é que os desvios e ilegalidades podem ser perpetrados não nos espaços de gestão administrativa do *Parquet*, em razão de os gestores estarem submetidos a rígidos e permanentes controles internos (auditorias internas) e externos (seja pelos Tribunais de Contas ou pelo CNMP). Inegável, portanto, que os sistemas de controle e governança já se encontram bastante consolidados na administração (atividade-meio) do *Parquet* brasileiro (SCHNEIDER; ZIESEMER, 2020a), a despeito de a coexistência de controles internos e programas de integridade não constituir qualquer impropriedade – tendo em vista que os programas de integridade não se confundem com as ações de auditoria interna, mas se somam a elas, elevando a prioridade das estratégias de prevenção (LACERDA, 2019).

Os maiores âmbitos de desconformidades podem ser verificados nos espaços de maior discricionariedade ou de liberdade de atuação, infiltrando-se no campo da atividade-fim, sem parecerem, aparentemente, perniciosos, mas que são detentores da capacidade de debilitar a instituição silenciosamente e de forma inescapável, quando o membro ministerial age, em tese, de forma escancaradamente divorciada da Constituição e do ordenamento jurídico, às mais das vezes ao influxo não confessado da ideologia política e travestido numa fundamentação retórica balizada em princípios – ainda que os casos e conflitos devam ser solvidos pela aplicação de regras votadas pelo Parlamento (SCHNEIDER; ZIESEMER, 2020a).

O desafio, contudo, reside na forma de observância de um programa de *compliance* em tema tão delicado e tão caro à sociedade, sem que a independência funcional seja mitigada. Um órgão de natureza heterogênea, por exemplo, não poderia fazer o controle em questão em razão da multiplicidade de visões em torno de uma instituição que é una.

Atuações divorciadas dos interesses realmente comunitários, em decorrência de um défice informacional ou de compreensão das efetivas necessidades sociais, também devem ser objeto de monitoramento institucional – o que não se confunde com invasão da independência funcional – de molde a preservar a legitimidade social da atuação ministerial, evitando-se riscos reputacionais à instituição. Deve-se evitar a atuação ideológica, seja da instituição, seja de seus órgãos de execução, para o que um programa de *compliance* adaptado à realidade institucional pode surtir um bom efeito (SCHNEIDER; ZIESEMER, 2020a).

Desse modo, poder-se-ia cogitar, inicialmente – em colmatação do princípio do *"tone at the top"* – da elaboração de uma análise de mapeamento e gestão dos riscos inerentes à atuação dos procuradores-gerais de Justiça e do Procurador-Geral da República, partindo-se da complexidade finalística de seus gabinetes e competências. Dito plano de mapeamento e gestão de riscos serviria como reforço à integridade e preservação da imagem do gabinete dos procuradores-gerais do Ministério Público, nomeadamente quando de seu relacionamento com agentes internos e, principalmente, agentes externos, com a fixação de regras procedimentais claras no relacionamento com advogados e investigados, por parte, inclusive, dos assessores dos procuradores-gerais.

Campo primordial de incidência do *compliance* na atividade ministerial pode estar centrado na atuação extrajudicial do *Parquet*. Tirante a atuação judicial, processual, em que o Ministério Público direciona suas pretensões em prol da sociedade ao Poder Judiciário, existe um amplo campo de atuação em que a resolução de conflitos de índole difusa ou coletiva encontra receptáculo em acordos de não persecução, compromissos de ajustamento de conduta, transações penais, suspensões condicionais do processo, os quais podem ser focos de desequilíbrio funcional – muito embora exista um largo campo de controle judicial *a posteriori*, a atuação extrajudicial e pré-processual, inegavelmente, é prevalente, sendo reservado ao controle judicial apenas o exame formal homologatório. Implantado o sistema de integridade no topo (gabinete do procurador-geral), a cultura de *compliance* seria disseminada em todos os gabinetes dos membros do MPF, com foco nos riscos da atuação extrajudicial cível e criminal, mormente com a margem legal que os membros do Ministério Público detêm na celebração dos acordos penais (SCHNEIDER; ZIESEMER, 2020a).

Outro flanco de atuação de um sistema de integridade no âmbito da instituição ministerial pública consiste na concretização de regras e procedimentos voltados a densificar o princípio da impessoalidade, a exemplo da fixação de regras objetivas para a seleção de membros para assessorias jurídicas, para integração de forças-tarefa e para evitar situações de nepotismo.

Na área de compras e licitações, por exemplo, a contratação pública é uma das atividades mais vulneráveis à corrupção, nem sempre levada a efeito em conluio dos particulares com os agentes públicos, mas, muitas vezes, à revelia destes, por conta de colusões horizontais entre as empresas "concorrentes" para direcionarem os resultados das licitações, de modo despercebido pelos servidores públicos. Há, assim, um considerável grau de exposição do setor público a cartéis em licitações, o que justifica a preocupação do sistema de integridade com situações desse jaez, com a capacitação do corpo de servidores públicos com a finalidade de gerar conhecimento adequado, experiência e qualificação para evitar e enfrentar os riscos de fraude e corrupção, além de prever fluxos de comunicação de situações críticas ou suspeitas para os setores competentes à apuração (LACERDA, 2019).

Assim, aplicado ao Ministério Público, o sistema de *compliance* constituiria uma barreira de defesa para minimizar riscos de ocorrência de atividades ilícitas ou condutas questionáveis ou duvidosas, com potencial de implicar danos ou arranhões à imagem institucional, ainda que não ultrapassassem o nível das irregularidades.

Para tanto, além da identificação dos riscos inerentes às atividades desenvolvidas no âmbito dos gabinetes dos procuradores-gerais, há procedimentos de transparência relacionados à integridade ainda não implementados, a exemplo da inserção de regras de confirmação e divulgação da agenda dos membros e dos procuradores-gerais, fixação da forma de solicitação de audiência (poderia ser por *e-mail* com identificação do requerente, assunto e processo eventualmente envolvido), como será confirmada e o horário de início e término, publicidade na rede de computadores, fixando quando o fazer, as regras e as exceções.

Ainda como regras procedimentais, poder-se-ia imaginar a fixação de regras sobre recebimento de advogados, partes investigadas e interessadas, bem como deve transcorrer a audiência ou reunião.

Outros exemplos caminham no sentido de fixar regras de como tratar os documentos, peças e pareceres sigilosos e o momento de sua divulgação. Fixação de cadeia de custódia de evidências coletadas diretamente em investigações pelos membros e assessorias, uso dos computadores, acesso a dados e sua proteção (notadamente quando se encontra em vigor a Lei Geral de Proteção de Dados). Avaliação da integridade e coerência das manifestações jurídicas do gabinete dos membros e dos procuradores-gerais também são medidas avaliáveis para integrarem um sistema de integridade.

Além disso, há necessidade de que um membro do Ministério Público exerça, cumulativamente ou não, a função de *compliance officer*, com ligação direta ao procurador-geral de cada ramo ministerial. O oficial de *compliance* definiria como ocorreriam e se ocorreriam investigações internas, além de formatar como e em que bases seriam desenvolvidas. As devidas diligências para convidar membros e servidores para trabalhar no gabinete poderiam ser implementadas, com os cuidados necessários de fixação prévia dos requisitos objetivos, indicando posteriormente a escolha subjetiva natural nesses casos.

Na seara administrativa, a implementação do sistema de *compliance* seria bem mais facilitada e poderia ser formatada segundo as bases do que já é disseminado pelas controladorias-gerais, de forma bem menos problemática e sem maiores entraves.

Constitui ponto nevrálgico que desponta na temática do *compliance* no setor público a eficiência, como premissa que deve ser levada a efeito para a concretização dos objetivos fundamentais previstos na República Federativa do Brasil; tornar um Estado eficiente, contudo, vai além de simples conceitos. Em se falando de políticas públicas, a eficiência pode ser medida por índices de satisfação da população, de forma objetiva, ao desvincular ao máximo de questões ideológicas e político-partidárias. Noutras palavras, a questão é saber se o Estado funciona e se melhora a vida das pessoas, ao invés de atravancá-la, em variados setores (dentre eles o Ministério Público) a serem pesquisados e com uma metodologia adequada (SCHNEIDER; ZIESEMER, 2020a).

6 Conclusões

Ganha força, para além da esfera privada, a ideia de incorporação de princípios e mecanismos do *compliance* no ambiente público – e particularmente no Ministério Público – em razão da crença na eficiência das ferramentas dos sistemas de integridade para promover o engajamento dos agentes públicos na cultura da integridade, facilitando a compreensão e a assimilação sobre os riscos aos quais estão submetidos e sobre o comportamento esperado dos agentes públicos, nomeadamente por serem gestores de ações e recursos públicos.

Muito tem sido propagado, produzido e sustentado na temática do *compliance,* governança e integridade no âmbito das organizações privadas, olvidando a devida e inarredável importância de que seja conferida a ampliação no que toca à incorporação das noções de integridade e conformidade nas instituições que integram a administração pública.

A legitimidade da atuação pública exige, cada vez mais, a conformidade com mecanismos e procedimentos internos de integridade e governança, voltados à detecção e correção de desvios, fraudes, irregularidades e atos ilícitos, bem como a incorporação de um ambiente ético em toda a estrutura administrativa, sem olvidar o fundamental aspecto de densificação da eficiência amalgamada no texto constitucional.

O resultado final, ousa-se afirmar, voltar-se-á a propiciar uma reforma substantiva do Ministério Público, postando-o a um patamar de gestão pública mais responsável, eficiente e transparente, assegurando um ambiente de interações e de serviços estatais vocacionados a um padrão em que as finalidades públicas e os interesses do cidadão sejam realmente considerados e preservados, o que, ao fim e ao cabo, propiciará a preservação e o incremento da reputação institucional.

Referências

ASSI, Marcos. *Compliance*, controles internos, conduta ética, gestão de riscos. *Direito & Justiça*, n. 18397, p. 4, 7 out. 2013.

BARBOSA, Maria Rachel Ribeiro de Oliveira. As boas práticas de governança corporativa e o *compliance* como caminho para a perenidade das organizações. In: TEIXEIRA, Marianna Ferraz; TEIXEIRA, Marília Ferraz (Org.). *O pensamento feminino na construção do direito cooperativo*. Brasília: Vincere Associados, 2017.

BRASIL. *Lei nº 9.613, de 3 de março de 1998*. Dispõe sobre os crimes de "lavagem" ou ocultação de bens, direitos e valores; a prevenção da utilização do sistema financeiro para os ilícitos previstos nesta Lei; cria o Conselho de Controle de Atividades Financeiras – COAF, e dá outras providências. Brasília, 1998. Disponível em: http://www.planalto.gov.br/ccivil_03/Leis/L9613.htm. Acesso em: 13 maio 2018.

CAPPELLARI, Álisson dos Santos; FIGUEIREDO, Vicente Cardoso de. O *criminal compliance* como instrumento de prevenção da criminalidade econômica no âmbito das instituições financeiras. *Revista Fórum de Ciências Criminais*. Belo Horizonte, n. 6, p. 97-111, jul./dez. 2016.

CAVALCANTE, Rafael Jardim. Legalidade: combate à corrupção e *compliance* na "era digital". *Fórum de Contratação e Gestão Pública*, v. 16, n. 188, p. 46-64, ago. 2017.

COSTA, Helena Regina Lobo da; ARAÚJO, Marinha Pinhão Coelho. *Compliance* e o julgamento da APN 470. *Revista Brasileira de Ciências Criminais*, São Paulo, v. 106, p. 215-230, jan./mar. 2014.

COSTA NETO, Arthur. Integração entre gerenciamento de riscos, *compliance* de processos e governança: mitigando perdas materiais e impactos de imagem. *Mundo PM*, v. 12, n. 67, p. 50-55, fev./mar. 2016.

COVRE, Mariana. *O desafio do compliance na gestão do Ministério Público Brasileiro*. Disponível em: https://medium.com/revistamaismp/o-desafio-do-compliance-na-gestão-do-ministério-público-brasileiro-ebe04f813d1. Acesso em: 29 mar. 2020.

ESPÍNDOLA, Maria Fernanda; TOMAZ, Roberto Epifânio. *Compliance*: o que é, objetivo, aplicação e benefícios. *Revista Síntese – Direito Empresarial*, São Paulo, ano X, n. 57, jul./ago. 2017.

FRAZÃO, Ana. *Função social da empresa*: repercussões sobre a responsabilidade civil de controladores e administradores de S/As. Rio de Janeiro: Renovar, 2011.

IBGC. *Código das melhores práticas de governança corporativa*. Disponível em: http://conhecimento.ibgc.org.br/Paginas/Publicacao.aspx?PubId=21138. Acesso em: 15 maio 2018.

LACERDA, Natalia de Melo. A emergência dos programas públicos de integridade como instrumento de prevenção de cartéis em licitação. *Revista de Informação Legislativa*, v. 56, n. 221, p. 111-130, jan./mar. 2019.

LIEBL, Helena; TOMAZ, Roberto Epifânio. A aplicação do *compliance* na administração pública como meio de reprimir crimes nas licitações. *Revista Síntese Direito Empresarial*, v. 10, n. 57, p. 40-55, jul./ago. 2017.

LIMA, Daniele Pinheiro Diógenes Lima. A evolução do *compliance*: de sistema de gestão empresarial a instituto jurídico. *Estudos sobre a Administração Pública e o combate à corrupção: desafios em torno da lei nº 12.846/2013*. Brasília, Conselho da Justiça Federal, Centro de Estudos Judiciários, 2018, 189 p.

LUCHIONE, Carlos Huberth; CARNEIRO, Claudio. *Compliance e Lei anticorrupção: importância de um programa de integridade no âmbito corporativo e setor público*. In: PORTO, Vinicius; MARQUES, Jader (Org.). *O compliance como instrumento de prevenção e combate à corrupção*. Porto Alegre: Livraria do Advogado, 2017. p. 83-94.

MARÇAL, Thaís Boia. *Compliance e novos paradigmas da administração pública*. Fórum de Contratação e Gestão Pública, v. 17, n. 199, p. 60-64, jul. 2018.

MELLO, Maria Chaves de. *Dicionário jurídico português-inglês, inglês-português*. 9. ed. Rio de Janeiro: Método, 2009.

NASCIMENTO, Juliana Oliveira. *Panorama internacional e brasileiro da governança, riscos, controles internos e compliance no setor público*. In: PAULA, Marco Aurélio Borges de Castro *et al* (Coord.). *Compliance, gestão de riscos e combate à corrupção*: integridade para o desenvolvimento. Belo Horizonte: Fórum, 2018. p. 343-371.

ORGANIZAÇÃO PARA COOPERAÇÃO E DESENVOLVIMENTO ECONÔMICO (OCDE). Conselho. *Integridade pública*: uma estratégia contra a corrupção. Disponível em: https://www.oecd.org/gov/ethics/integrity-recommendation-brazilian-portuguese.pdf. Acesso em: 18 out. 2019.

PAES, José Eduardo Sabo. *Compliance e gestão no Terceiro Setor*. Revista da Cultura, Rio de Janeiro, ano XVII, n. 29, p. 24-25, 2017.

PIRONTI, Rodrigo; ZILIOTTO, Mirela Miró. *A contratação de compliance pela administração pública direta e indireta e a equivocada e temerária opção pelo pregão*. Revista Zênite: ILC: Informativo de Licitações e Contratos, v. 26, n. 304, p. 559-562, jun. 2019.

SCHNEIDER, Alexandre; ZIESEMER, Henrique da Rosa. *Compliance não só para os outros*. Revista do Ministério Público Militar, ano XLV, n. 32, 2020.

SCHNEIDER, Alexandre; ZIESEMER, Henrique da Rosa. *Menos leis, mais estabilidade*. Estadão, São Paulo, 29 jul. 2020. Disponível em: https://politica.estadao.com.br/blogs/fausto-macedo/menos-leis-mais-estabilidade.

SILVEIRA, Renato de Mello Jorge; SAAD-DINIZ, Eduardo. *Criminal compliance: os limites da cooperação normativa quanto à lavagem de dinheiro*. Revista de Direito Bancário e Mercado de Capitais, São Paulo, v. 56, p. 293, abr. 2012.

VERÍSSIMO, Carla. *Compliance*: incentivos à adoção de medidas anticorrupção. São Paulo: Saraiva, 2017.

ZENKNER, Marcelo. *Reputação, decoro profissional e a efetividade dos sistemas de integridade corporativos*. Estadão, São Paulo, 07 abr. 2021. Disponível em: https://politica.estadao.com.br/blogs/fausto-macedo/reputacao-decoro-profissional-e-a-efetividade-dos-sistemas-de-integridade-corporativos/. Acesso em: 28 abr. 2021.

Informação bibliográfica deste texto, conforme a NBR 6023:2018 da Associação Brasileira de Normas Técnicas (ABNT):

SCHNEIDER, Alexandre. Por um sistema de integridade no Ministério Público. In: SCHNEIDER, Alexandre; ZIESEMER, Henrique da Rosa (Coord.). *Temas atuais de compliance e Ministério Público*: uma nova visão de gestão e atuação institucional. Belo Horizonte: Fórum, 2021. p. 13-36. ISBN 978-65-5518-220-0.

MINISTÉRIO PÚBLICO E TRANSPARÊNCIA INSTITUCIONAL

AUGUSTO ARAS
CARLOS VINÍCIUS ALVES RIBEIRO

I Notas introdutórias

Pode-se tomar de empréstimo algumas reflexões do pai da psicanálise, Sigmund Freud, para a deflagração de uma "análise comportamental das instituições".

Para esse momento, duas nos são bastante úteis: I) o pensamento é o ensaio da ação e II) olhe para dentro, para as suas profundezas, aprenda primeiro a se conhecer.

O convite que nos foi formulado é, antes de tudo, a possibilidade de reflexão que antecede a ação que se espera.

Não por outro motivo, todas as homenagens devem ser atribuídas aos organizadores desta coletânea, agradecendo a honra de podermos contribuir com o capítulo sobre a importância da transparência em nossa instituição.

II Bases da transparência

A contemporaneidade obriga o Estado e suas instituições a adotarem soluções para atender as reivindicações democráticas típicas de uma sociedade pluriclasse e altamente participativa nas tomadas de decisões estatais.[1]

As Magistraturas, seja Judicial ou Ministerial, exercem funções públicas, assim entendidas as atividades desenvolvidas por agentes do Estado que, buscando satisfazer interesses coletivos, valem-se de poderes instrumentários conferidos pelo sistema jurídico.

Os cidadãos, cada vez mais cientes dos deveres atribuídos ao Ministério Público, buscam não mais apenas o resultado final, mas acompanham atentamente o processo de tomada de decisão, os caminhos trilhados por seus agentes, compreendendo a *ratio* daqueles que foram constitucionalmente atribuídos de garantir a ordem jurídica, o regime democrático e a tutela dos direitos sociais e individuais indisponíveis.

A cidadania, fundamento de nossa República, não se amesquinha no direito de votar e ser votado, mas na possibilidade de o cidadão ser sujeito ativo nas decisões estatais, agente de reinvindicações, aflorador de novos direitos.[2]

Para que sua participação seja garantida, marcadamente em instituições contramajoritárias, como as Magistraturas, a "mera publicidade", garantida pelo *caput* do art. 37 da Constituição de 1988, muitas vezes não se faz suficiente, sendo necessário o manejo da garantia constitucional prevista no artigo 5º, inciso XXXIII, qual seja, o direito de receber dos órgãos de Estado as informações que solicitar.

Portanto, bastante antes de 2011, quando sobreveio a festejada Lei de Acesso à Informação (Lei nº 12.527), a Constituição da República já detinha ferramenta à disposição dos cidadãos para o controle dos atos do Estado, suas instituições e seus agentes, ferramenta essa – de acesso a informações – que, por sua vez, outorgava transparência nas tomadas de decisões estatais.

---

[1] SANCHES MORÓN, Miguel. *La Participación del Ciudadano en la Administración Pública*. Madrid: Centro de Estudios Constitucionales, 1980.

[2] CLÈVE, Clèmerson Merlin. A Administração pública e a nova Constituição. Revista de Jurisprudência Brasileira155/13. *In*: FERRARI, Regina Maria Macedo Nery. *Direito Municipal*. 4. ed. São Paulo: Revista dos Tribunais, 2014, p. 23.

III Noções conceituais

Jacques Chevalier[3] nos ensina que a transparência institucional é o atributo que permite que um observador externo consiga perceber os mecanismos relacionais subjetivos de uma organização, identificando-os com clareza – com luz – não sendo os processos formais barreiras capazes de tornarem-nas opacas.

Analisando as diferenças entre a publicidade e a transparência, Fabrício Motta ensina:

> As ideias de publicidade e transparência parecem ser complementares. A partir da acepção comum das palavras, pode-se entender a publicidade como característica do que é público, conhecido, não mantido secreto. Transparência, ao seu turno, é atributo do que é transparente, límpido, cristalino, visível; é o que se deixa perpassar pela luz e ver nitidamente o que está por trás. Os atos administrativos, impõem a conclusão, devem ser públicos e transparentes – públicos porque devem ser levados a conhecimento dos interessados por meio de instrumentos legalmente previstos (...) transparentes porque devem permitir enxergar com clareza seu conteúdo e todos os elementos de sua composição, inclusive o motivo e a finalidade, para que seja possível efetivar seu controle.[4]

Fabrício Motta advoga, ainda, que sobre a transparência, indissociável do princípio democrático, quatro pilares são erguidos, quais sejam, o direito de conhecer todos os expedientes e os motivos geradores da ação estatal, a garantia frente ao processo decisório, de participação dos interessados, em contraposição ao segredo procedimental, o direito subjetivo de acesso aos arquivos e registros de órgãos públicos e o direito de exigir do Estado ações positivas que possibilitem a visibilidade, a cognoscibilidade e o controle das ações estatais.

Publicidade e transparência são, pois, produtos da mesma matéria, complementares e indissociáveis.

---

[3] CHEVALIER, J. *Le mythe de la transparence Administrative*. Centre Universitaire de Recherches Administratives et Politiques de Picardie, Information et Transparence Administrative. Paris: Presses Universitaires de France (PUF), 1988.

[4] MOTTA, Fabrício. Notas sobre a publicidade e transparência na lei de responsabilidade fiscal. *REDE*, Salvador, n. 14, p. 2-3, abr./jun. 2018.

IV A inter-relacionalidade da transparência

Garantida, pois, constitucionalmente, a transparência como corolário da República, do Estado de Direito e da Cidadania, resta compreender seu papel inter-relacional; é dizer, a transparência garante a visada da tomada de decisão e, para que se realize o controle, é preciso relacionar a transparência com outros filtros e princípios.

É possível perceber no Ministério Público, seja na gestão administrativa da instituição, seja na atuação finalística extrajudicial, inúmeros momentos de tomadas de decisões que ora impactam internamente, repercutindo nos rumos institucionais ou na vida funcional de seus membros, ora impactam as pessoas, sejam físicas ou jurídicas, que sofrem os efeitos – benéficos ou deletérios – da atuação do Ministério Público.

Em vários desses momentos, constata-se uma atuação prenhe em discricionariedade, com amplas margens de valorações e apreciações que acabam por descortinar, a cada passo do *iter* de tomada de decisão ministerial, campos de apreciações por parte do agente da instituição.

A transparência justifica toda sua importância por possibilitar àquele que "controla" as atuações administrativas ou extrajudiciais do Ministério Público, por possibilitar a checagem da legalidade da tomada de decisão.

IV.I Transparência e legalidade

O primeiro limite que deverá ser observado pelo Ministério Público é a própria legalidade. Isso porque o legislador, ao definir a atuação administrativa, pode regular densamente o conteúdo do ato a ser praticado, bem como atribuir ao executor a análise, pautada no Direito, da melhor solução para se alcançar o objetivo mirado.

Não obstante a legalidade, outrora utilizada como único limite da atuação discricionária, encontrar-se em crise, como adverte Floriano de Azevedo Marques Neto (2003), essa anunciada crise não redunda na inexistência de um núcleo de legalidade.

A legalidade, ao que parece, não se esvaziou, mas tomou outras medidas, adquirindo a versão da "legitimidade" (para utilizar expressão do saudoso Professor Diogo de Figueiredo Moreira Neto), da "juridicidade" (Eduardo Soto Kloss e Min. Cármen Lúcia Antunes Rocha), da "constitucionalidade" (Juarez Freitas) ou da "supremacia da constituição".

Eduardo Soto Kloss advoga que quando se fala em juridicidade se avoca Direito, com uma clara superação do termo legalidade (lei/parlamento), posto que se faz, assim, referência ao Direito em sua máxima amplitude de fontes normativas, não apenas fontes legislativas, mas principalmente constitucionais e todas as outras normas decorrentes dela, incluindo sentenças, atos, contratos etc.

A legalidade passou, com o tempo, a não mais significar execução de atividade com previsão expressa em lei em sentido estrito. Ao se reconhecer a não mais existência do monopólio da lei como única fonte normativa possível, a observância da legalidade passa a predicar vinculação a todo o conjunto de normas componentes do ordenamento-jurídico. Essa evolução da legalidade, como relembra Vitor Rhein Schirato, impacta até mesmo na diferenciação entre atos discricionários e vinculados, na medida em que "até mesmo os atos discricionários serão em certa medida vinculados em razão da aplicação da integralidade do ordenamento jurídico (com todos os seus valores e normas)".

Quando o agente do Ministério Público deixa de observar suas normativas internas, em especial as oriundas dos órgãos de controle e revisão, no que diz respeito ao trâmite do inquérito civil público, ocorrerá, portanto, atuação ilegal.

Muitos justificam a não observância, por membros do Ministério Público, de resoluções do Conselho Nacional do Ministério Público, com base na legalidade, atrelados, seja por conveniência ou por desconhecimento, a uma legalidade estrita que há muito já não está alinhada ao estádio do nosso Estado.

Alegando que a legalidade predica observância apenas de leis derivadas do parlamento, salvo delegações expressas no sistema, vários membros deixam de observar as normas e as diretrizes internas.

Por isso, preferível a adoção ou o reconhecimento de que a legalidade, nestes tempos, é bem mais que lei em sentido formal; é observância de juridicidade. Qualquer conduta do agente do Ministério Público que extrapole ou não observe os limites da legalidade/juridicidade, é, em verdade, atuação arbitrária.

IV.II Transparência e interdição intrínseca à arbitrariedade

A noção de arbitrariedade, como recorda García de Enterría, advém dos textos legais da Revolução Francesa. Entende-se como arbitrário o ato que afeta a liberdade dos cidadãos e que está fora dos limites legais.

Ao lado dessa acepção praticamente incontroversa de arbitrariedade, há outra, que equivale a uma *"irregularidad caprichosa"*.[5]

Qualquer conduta do membro do Ministério Público tendente a, de forma arbitrária, subtrair dos interessados participação ou acesso aos mecanismos de controle, é arbitrária.

Qualquer desvio procedimental para atingir interesses afastados da finalidade da norma jurídica é arbitrário.

Atos de força não fundados em qualquer critério, baseados em premissas inequivocamente erradas ou lastreadas em interpretações que se caracterizam como erro grosseiro, estão longe da licença dada pela independência funcional, aproximando-se da arbitrariedade decorrente da irregularidade caprichosa.

A transparência permitirá ao interessado compreender a lógica da tomada de decisão do agente do Ministério Público, sondando a presença de arbítrio que, muitas vezes, é extraída da motivação da tomada de decisão, que vem a público com a transparência.

Portanto, para se sondar a presença ou não de conduta arbitrária – interditada a qualquer agente do Estado, em especial ao agente ministerial, a quem cabe zelar pela ordem jurídica –, a motivação é fundamental. Apenas por ela será possível verificar a congruência, a verossimilhança da realidade fática com a norma habilitante da atuação.

IV.III Transparência e motivação

O que distinguirá se a atitude tomada pelo detentor do dever/poder de agir foi uma atitude discricionária ou arbitrária será a motivação.

Obviamente, qualquer conduta humana é motivada, ainda que esse motivo não seja revelado.

Por isso, é na motivação que estarão presentes os motivos declaradores, estes sim passíveis de sindicância. O teste da motivação será capaz de sondar a presença ou não de arbitrariedade.

A motivação marca, de partida, a aparência de fundamentação objetiva na tomada de decisão. Não havendo fundamentação que sustente o ato, de pronto é perceptível que o único apoio da decisão foi a vontade subjetiva do praticante da medida.

---

[5] RECASENS SICHES, L. *Introducción al estudio del Derecho.* México: Porrúa, 1977.

Essa falta de fundamentação nas tomadas de decisão, notadas em algumas decisões administrativas ou atuações extrajudiciais do Ministério Público, pode acabar demonstrando efetiva arbitrariedade, e não discricionariedade.

A falta de fundamentação hábil possibilitadora de controle pode desbordar em arbitrariedade.

Por exigência do princípio democrático, "cumpre explicar ao cidadão porque se lhe impõe uma norma e cumpre convencê-lo coma explicação, pois, se não se lhe explica satisfatoriamente, faltará seu consenso, que é a base essencial do conceito democrático atual e futuro do exercício do poder".[6]

> El elemento relevante a la hora de enjuiciar la arbitrariedad de una decisión no es realmente la motivación, sino los motivos, las razones de fondo que permiten justificar la decisión. La importancia de la motivación radica en la expresión de los motivos, pero son estos últimos los realmente trascendentes a efectos de realizar una crítica del ejercicio de una determinada potestad discrecional. Es el conocimiento de las razones lo que permite examinar el proceso racional de formación de la voluntad administrativa y, consiguientemente, controlar la arbitrariedad. Es la explicación de los motivos lo que cumple, como señala Piraino, una función de garantía, en la medida en que permite conocer el proceso lógico que ha llevado a la Administración a la adopción de una determinada decisión y el grado de maduración y racionalidad de esa elección.[7]

A motivação, como todos os limites e regras de controle, passou por uma evolução. Inicialmente o Judiciário analisava apenas se o substrato fático ensejador do ato existiu ou não.

Posteriormente, admitiu-se o controle da qualificação jurídica do ato. Finalmente, passou-se a examinar a adequação dos fatos aos fins que o ato deve produzir. E aqui, mais uma vez, se deve lançar os olhos sobre a atividade extrajudicial do Ministério Público, sempre partindo da premissa de que esta não é voltada apenas ao agente que, em tese, possui competência para ajuizar ação civil pública. Como demonstrado neste trabalho, as atividades finalísticas do Ministério Público possuem

---

[6] GORDILLO, A. A. Las funciones del poder. In: FUNDACIÓN DE DERECHO ADMINISTRATIVO. *Tratado de derecho administrativo y obras selectas*. 11. ed. cap.9. p. IX-3. t. 1. Disponível em: http://www.gordillo.com/tomos_pdf/1/capitulo9.pdf. Acesso em: 2 fev. 2011.

[7] DAROCA, Eva. *Discricionalidad administrativa y planeamiento urbanístico*. 2. ed. Navarra: Aranzadi Editorial, 1999.

o desiderato claro de buscar garantir o bem da vida a ser tutelado pela instituição preferivelmente ao ajuizamento de ações judiciais.

Retornando, a teoria dos motivos determinantes constitui, em grande medida, a melhor forma de se apreciar profundamente o ato praticado no exercício de competência discricionária, na medida em que permite o exame aprofundado dos motivos, de sua veracidade e de sua ocorrência:

> El control de los hechos determinantes se refiere tanto a su existencia en la realidad, como a la calificación o valoración de aquéllos por la Administración. La primera operación debe conducir a una conclusión exacta, porque siendo los hechos pura expresión de una determinada realidad, sólo es posible concluir la verificación en el sentido de que tal realidad existe o no existe. [...] La determinación de los hechos es, por tanto, esencialmente un problema de prueba. [...] en segundo lugar, valorar si la decisión planificadora discrecional guarda coherencia lógica con aquéllos, de suerte que cuando se aprecie una congruencia o discordancia de la solución elegida con la realidad que integra su presupuesto o una desviación injustificada de los criterios generales del plan, tal decisión resultará viciada por infringir el ordenamiento jurídico y más concretamente el principio de interdicción de la arbitrariedad delos poderes públicos.[8]

Com a motivação e a explicitação dos motivos que ensejaram a tomada de determinadas atitudes por aqueles que receberam parcela de poder do Estado, é possível, ademais, sondar se o ato foi ou não praticado visando atingir a finalidade da norma atribuidora da competência.

E nessa trilha já é necessário perceber que, ao ser atribuída ao Ministério Público a competência para recomendar, para propor ajustamento de conduta, essa competência não é colocada à disposição do agente para que ele a maneje conforme seu interesse.

IV.IV Transparência e finalidade

Decorrente também da legalidade e descortinada pela transparência, outra baliza da atuação do Ministério Público é a finalidade.

---

[8] MACHADO, S. M. *Tratado de Derecho Administrativo y Derecho Público I*. 2. ed. Madri: Iustel, 2006.

Las potestades administrativas y, entre ellas las discrecionales, son potestades-función, potestades fiduciarias, puesto que se atribuyen siempre para la satisfacción de un interés cuyo beneficiario es un sujeto distinto a su titular. Por ello, precisamente, en fin opera como un importante límite al ejercicio de la discrecionalidad administrativa y convierte dicho ejercicio en una actividad instrumental y subordinada a la voluntad legislativa y concretamente a los fines públicos que se hayan fijados en cada caso en la ley. La Administración en el ejercicio de sus potestades discrecionales está obligada a realizar una elección que tienda a la consecución del fin establecido en la norma (sea explícita o implícitamente). El apartamiento de ese fin específico u la desviación hacia otros fines diversos, tanto si se trata de un interés privado como de un interés también público pero diferente del concretado por la norma determinaría la existencia de un vicio de desviación de poder [...].[9]

Cada conduta a ser praticada por um agente do Estado prediz um fim imaginado pela norma atribuidora de competência. O fim, o alvo da prática de determinada conduta, todavia, opera como importante limite de qualquer atuação administrativa por converter a discrição em atividade instrumental e subordinada à vontade legislativa, concretizante dos fins públicos talhados na norma.

Assim, deve-se entender por finalidade aquela decorrente da norma atribuidora de competência, vale dizer, é necessário sondar o que a norma pretende alcançar, qual o resultado ótimo pretendido.

Quando a autoridade pratica o ato visando fim diverso daquele previsto, explícita ou implicitamente, na regra de competência ocorre o chamado desvio de poder (ou finalidade): *"Posiblemente la desviación de poder sea, de todas las técnicas que se usan para el control jurisdiccional de las potestades discrecionales, la más conocida y prestigiosa"*.[10]

Tal vício pode ocorrer quando um ato é praticado visando a um interesse particular, ou quando o ato objetiva um interesse público, porém distinto daquele querido pela norma ou, finalmente, quando a Administração se vale de procedimento inadequado para atingir determinado fim.

---

[9] DAROCA, Eva. *Discricionalidad administrativa y planeamiento urbanístico*. 2. ed. Navarra: Aranzadi Editorial, 1999.
[10] MACHADO, Santiago Munhoz. *Tratado de Derecho Administrativo y Derecho Público I*. 2. ed. Madri: Iustel, 2006.

A grande dificuldade da limitação imposta pela finalidade e, por conseguinte, pela teoria do desvio do poder, é a prova, difícil de ser trazida ao mundo jurídico.

Apenas a partir da motivação, da exposição detalhada dos motivos, percebe-se a presença de alguns dos elementos do desvio, elementos esses arrolados na Sentença de 19 de setembro de 1992 do Supremo Tribunal Espanhol, Sala 3ª:

> 1) Es necesario un acto aparentemente ajustado a la legalidad, pero que en el fondo persigue un fin distinto al interés público querido por el legislador;
> 2) Se presume que la Administración ejerce sus potestades conforme a Derecho;
> 3) No puede exigirse, por razón de su propia naturaleza, una prueba plena sobre la existencia de la desviación de poder, pero tampoco puede fundarse su apreciación en meras presunciones o conjeturas, siendo necesario acreditar la concurrencia de hechos o elementos suficientes para formar en el Tribunal la convicción de que la Administración acomodó su actuación a la legalidad, pero con finalidad distinta de la pretendida por la norma aplicable.

Importantíssimo destacar que o Supremo Tribunal espanhol considera desvio não apenas nas medidas decisórias, mas também nos procedimentos:

> [...] la desviación puede producirse por una irregular tramitación de un expediente administrativo, cuando con ello se evita que un interesado pueda obtener los fines perseguidos con su solicitud, retrasando la adopción de la resolución, para dar ventaja o prioridad a otro solicitante, reclamando el cumplimento de requisitos que ya constan como cumplidos, etc.[11]

O que se percebe é que até mesmo o procedimento, que não é um fim em si mesmo, possui uma finalidade, qual seja, a de concatenar atos ordenados dirigidos a uma finalidade última estampada na norma legal. O abuso ou o desvio no uso do procedimento para outra finalidade que não o atingimento do fim último previsto na norma por si só já caracteriza desvio de finalidade do procedimento.

---

[11] STS de 5 de abril de 2000.

IV.V Transparência e procedimentalidade

E por falar em procedimento, é importante realçar que este se encontra intrinsecamente ligado à transparência e à motivação; ainda que não seja propriamente um filtro da atuação do Ministério Público, acaba sendo um limite do exercício das funções administrativas e extrajudiciais.

Quando se toma cada ato no iter de forma isolada, autônoma, fica minada a possibilidade de sondar a compatibilidade do ato com a legalidade ampla aqui defendida; vale dizer, perde-se muito a possibilidade de aplicação dos filtros sugeridos neste trabalho, por não ter sido cada "ato" tomado como resultado de um procedimento no qual foram aplicados todos os parâmetros do sistema jurídico.

Todas as circunstâncias, os fatos, os interesses e as justificativas que levaram à prática de determinado ato, seja a instauração ou não do inquérito civil, seja o oferecimento ou não de recomendação ou de ajustamento de conduta, seja a requisição de perícias ou de quaisquer outras medidas, caso não haja procedimento, ficam ocultos, presentes apenas na cabeça do agente do Ministério Público, sendo impossível verificar a correção de tais medidas.

Nesse sentido, leciona Odete Medauar[12] que "o processo administrativo produz o intuito de conhecer os antecedentes da edição do ato administrativo e de garantir direitos nestes momentos prévios".

Tomando o ato ou a decisão administrativa o formato de procedimento, todas as fases passam a ser racionais, lógicas e motivadas, facilitando sobremaneira a sondagem da motivação e, consequentemente, o seu controle:

> Importa destacar, por otra parte, que los procedimientos administrativos no han de concluir por definición en una resolución jurídica de carácter formal. Son muchas las actuaciones que no desembocan en una decisión formalizada [...]. Estos supuestos, sin embargo, aunque no concluyan en una resolución formalizada, bien pueden insertarse en el seno de un procedimiento. Es más, cuando se subraya el papel de la información y de la comunicación en el marco del sistema general del Derecho Administrativo se difumina en realidad la estricta separación entre el proceso de toma de decisiones y la resolución final, en la medida en que

---

[12] MEDAUAR, O. *A processualidade no direito administrativo*. 2. ed. São Paulo: Revista dos Tribunais, 2008.

la decisión, por decirlo así, se 'procedimentaliza' y, en cierto modo, se configura e integra en el procedimiento mismo.[13]

A doutrina especializada arrola, entre as diversas funções da procedimentalização, a garantia da tutela dos direitos e interesses individuais, a possibilidade de participação, a possibilidade de equalização e conciliação entre os interesses contrapostos, o incremento da transparência, a facilitação da cooperação e a maior eficácia e eficiência na tomada de decisão administrativa.

IV.VI Transparência e outros princípios

Com a transparência, que expõe a motivação da prática dos atos pelo Ministério Público, é possível realizar também o controle da *proporcionalidade* dos atos praticados, verificando: a) a adequação – ainda que virtual – do ato praticado ao fim pretendido pela norma, b) a necessidade da prática do ato diante das alternativas possíveis e menos lesivas e, por fim, c) a proporcionalidade em sentido estrito, realizando juízo de ponderação entre os interesses e valores em jogo.

Igualmente, a *razoabilidade*[14] também poderá ser verificada a partir da transparência da motivação. A razoabilidade, nos ensina Dworkin, impõe ao membro do Ministério Público que sua decisão não pode ser tomada de acordo com sua vontade, mas tomando por base os direitos institucionais em jogo, com o caráter do jogo e com os princípios inerentes àquele jogo. Para se determinar o que é ou não razoável, o paradigma é o caráter da instituição, suas regulações e os princípios que a norteiam.

Para o Tribunal Constitucional espanhol, a razoabilidade se vincula sobremaneira à igualdade,[15] vedando *"la utilización de elementos de diferenciación que quepa calificar de arbitrarios o carentes de una justificación objetiva y razonable"*.

Desse raciocínio deriva, para o Tribunal Constitucional espanhol, o princípio da segurança jurídica e da interdição da arbitrariedade dos poderes públicos, impedindo que os órgãos exercentes de funções públicas se apartem arbitrariamente dos seus próprios precedentes, sem que haja uma justificação suficiente e razoável.

---

[13] BARNES, J. *La transformación del procedimiento administrativo*. Sevilla: Editorial Derecho Global, 2008.
[14] Associated Provincial Picture Houses Ltd v. Wednesbury Corporation, 1KB 223, p. 228-230.
[15] STC nº 181/2000 e STC nº 176/1993.

Há, portanto, a proibição de mudança na interpretação de uma norma de forma irracional ou arbitrária.

Não significa, todavia, que não possam existir mudanças de atitudes. A mudança é legítima quando razoável e com vocação a uma estabilidade futura, *"esto es, destinado a ser mantenido con cierta continuidad, con fundamento en razones jurídicas objetivas que excluyan todo significado de resolución ad perso-nam, siendo ilegítimas si constituye sólo una ruptura ocasional de una línea que se viene manteniendo con normal uniformidad"*.[16]

Nessa trilha, na medida em que se reconhece a razoabilidade como possuidora de um componente essencial, a vedação ao arbítrio, exigindo-se dos órgãos do Ministério Público certa estabilidade e coerência na tomada de suas decisões, confere-se prestígio à confiança legítima (*Vertrauensschutz*).

V Reflexões finais

A transparência, portanto, permite a ampla sindicabilidade pelos cidadãos e pelas instâncias internas – Conselhos Superiores, Corregedorias, Ouvidorias – e externas – Conselho Nacional do Ministério Público e, em última análise, o Poder Judiciário – das decisões e dos atos praticados pelo membro do Ministério Público, seja em sua atuação finalística, seja no desempenho de funções administrativas, na medida em que descortina a motivação de suas práticas.

Apesar de termos boas bases normativas, especialmente, nesse particular, por força das Resoluções nºs 81 e 89, ambas de 2012, do Conselho Nacional do Ministério Público, o Ministério Público brasileiro ainda carece de sedimentação de doutrina de transparência em seus atos.

É fundamental que as instâncias de revisão e coordenação produzam critérios-guias – enunciados, súmulas etc. – para tomadas de decisões, garantindo transparência, impessoalidade, previsibilidade e moralidade.

O Ministério Público deve ser mais que a instituição protagonista no controle da legalidade, do regime democracia, dos direitos individuais e sociais indisponíveis; deve, antes, ser espelho, cuidando para que tudo aquilo que zela externamente seja tutelado dentro da própria instituição.

---

[16] STC nº 201/1991.

Referências

BARNES, J. *La transformación del procedimiento administrativo.* Sevilla: Editorial Derecho Global, 2008.

CHEVALIER, J. *Le mythe de la transparence administrative.* Centre Universitaire de Recherches Administratives et Politiques de Picardie, Information et Transparence Administrative. Paris: Presses Universitaires de France (PUF), 1988.

CLÈVE, Clèmerson Merlin. A Administração pública e a nova Constituição. Revista de Jurisprudência Brasileira155/13. *In*: FERRARI, Regina Maria Macedo Nery. *Direito Municipal.* 4. ed. São Paulo: Revista dos Tribunais, 2014.

DAROCA, Eva. *Discricionalidad administrativa y planeamiento urbanístico.* 2. ed. Navarra: Aranzadi Editorial, 1999.

GARCÍA DE ENTERRÍA, Eduardo. *La lengua de los derechos.* La formación del Derecho Público europeo tras la Revolución Francesa. Madrid: Alianza Editorial, 1994.

GORDILLO, A. A. Las funciones del poder. *In*: FUNDACIÓN DE DERECHO ADMINISTRATIVO. Tratado de derecho administrativo y obras selectas. 11. ed. cap. 9. p. IX-3. t. 1. Disponível em: http://www.gordillo.com/tomos_pdf/1/capitulo9.pdf. Acesso em: 2 fev. 2011.

KLOSS, Eduardo Soto. Derecho Administrativo, Temas Fundamentales. *Revista Chilena de Derecho*, vol. 40, n. 3, sept. 2013.

MARQUES NETO, Floriano de Azevedo. Discricionariedade administrativa e controle judicial da administração. *In*: SALLES, C. A. de. *Processo civil e interesse público.* São Paulo: Revistados Tribunais, 2003.

MOREIRA NETO, Diogo de Figueiredo. *Quatro paradigmas do direito administrativo pós-moderno.* Belo Horizonte: Fórum, 2008.

MOTTA, Fabrício. Notas sobre a publicidade e transparência na lei de responsabilidade fiscal. *REDE*, Salvador, n. 14, p. 2-3, abr./jun. 2018.

MUNHOZ MACHADO, Santiago. *Tratado de Derecho Administrativo y Derecho Público I.* 2. ed. Madri: Iustel, 2006.

RECASENS SICHES, L. *Introducción al estudio del Derecho.* México: Porrúa, 1977.

SANCHES MORÓN, Miguel. *La Participación del Ciudadano en la Administración Pública.* Madrid: Centro de Estudios Constitucionales, 1980.

SCHIRATO, Vitor Rhein. O processo administrativo como instrumento do Estado e da Democracia. *In*: MEDAUAR, O.; SCHIRATO, V. R. (Org.). *Atuais rumos do Processo Administrativo.* São Paulo: Revista dos Tribunais, 2010.

Informação bibliográfica deste texto, conforme a NBR 6023:2018 da Associação Brasileira de Normas Técnicas (ABNT):

ARAS, Augusto; RIBEIRO, Carlos Vinícius Alves. Ministério Público e transparência institucional. *In*: SCHNEIDER, Alexandre; ZIESEMER, Henrique da Rosa (Coord.). *Temas atuais de compliance e Ministério Público*: uma nova visão de gestão e atuação institucional. Belo Horizonte: Fórum, 2021. p. 37-50. ISBN 978-65-5518-220-0.

AVALIAÇÃO DE PROGRAMAS DE INTEGRIDADE PELO MINISTÉRIO PÚBLICO NO CUMPRIMENTO DA LEGISLAÇÃO DE IMPROBIDADE ADMINISTRATIVA (LEI Nº 8.429/1992 E LEI Nº 12.846/2013)

JOSÉ ROBERTO PIMENTA OLIVEIRA

I Introdução

Com o advento da Lei nº 12.846/2013 (doravante Lei de Improbidade das Pessoas Jurídicas), os programas de integridade definitivamente se sedimentaram como novos mecanismos de enfrentamento da corrupção pública no Direito Administrativo Sancionador Anticorrupção. Criados e implementados no âmbito de pessoas jurídicas, consolidam uma das formas de prevenção sublinhadas na Convenção das Nações Unidas contra a Corrupção, como uma medida endereçada ao setor privado.

Pela Convenção de Mérida, cada Estado adotará medidas para prevenir a corrupção e melhorar as normas contábeis e de auditoria no setor privado, dentre outras, a de "promover a formulação de normas e procedimentos com o objetivo de salvaguardar a integridade das entidades privadas pertinentes, incluídos códigos de conduta para o correto, honroso e devido exercício das atividades comerciais e de todas as profissões pertinentes e para a prevenção de conflitos de interesses, assim como para a promoção do uso de boas práticas comerciais entre as empresas e as relações contratuais das empresas com o Estado" (art. 12, item 2, "b"). A Lei nº 12.846 veio ao encontro da Convenção de Mérida, aperfeiçoando o domínio da improbidade administrativa, relativamente aos programas de integridade anticorrupção.

A Lei nº 12.846 destaca a relevância dos programas, considerando-os como fatores de dosimetria das sanções em seu capítulo dedicado à "responsabilização administrativa" (artigo 7º, VIII), que é atribuída às autoridades máximas de "órgão ou entidade dos Poderes Executivo, Legislativo e Judiciário" (art. 8º). Apesar de conferir expressamente legitimidade ativa ao Ministério Público para postular em juízo, através da ação civil pública competente, a aplicação das sanções imputadas na "responsabilização judicial" (artigo 19) – e, na ressalva inexplicável de omissão administrativa, as sanções fixadas no artigo 6º –, a Lei de Improbidade das Pessoas Jurídicas não esclarece em que medida o Ministério Público pode e deve avaliar os programas de integridade no contexto da legislação de improbidade em vigor.

O presente artigo pretende analisar este problema no regime administrativo sancionador da improbidade administrativa. Este sistema de responsabilização é criação do artigo 37, §4º, da CF, tendo na Lei nº 8.429/1992 (doravante Lei Geral de Improbidade Administrativa) e na Lei nº 12.846/2013 (LIPJ) os dois diplomas gerais e centrais da matéria. Inequívoca a centralidade na política pública de enfrentamento da corrupção, no campo não penal. Dada a complexidade do tema, a abordagem oferecerá reflexões gerais, que auxiliem na compreensão das relações do MP com o novo mecanismo, visando aperfeiçoar sua função institucional no Sistema Brasileiro Anticorrupção.

Sob a perspectiva do Direito Administrativo Sancionador, o desenvolvimento do tema será dividido da seguinte forma. Primeiro, há a necessidade de estabelecer a definição, função e consequências jurídicas dos programas de integridade anticorrupção no domínio da improbidade administrativa. Segundo, explora-se a sua inserção na política anticorrupção, que tem no MP uma das instituições de Estado centrais na sua execução. Desdobra-se a análise sobre a legitimidade de avaliação de programas de integridade no segmento da atividade consensualizada e na atividade adversarial. Terceiro, acentuam-se as indispensáveis preparação e capacitação do MP para tratar adequadamente o *compliance* do setor privado na sua atividade cível, extrajudicial e judicial, no campo da improbidade administrativa, incluindo a valorização de cooperação interinstitucional. Ao final, seguem-se conclusões gerais, com referências bibliográficas.

II Programas de integridade anticorrupção e domínio da improbidade administrativa

As pessoas jurídicas são passíveis de responsabilização no domínio da improbidade administrativa,[1] conforme o artigo 37, §4º, da CF, e sua regulamentação legislativa, destacadamente as leis gerais delineadoras do sistema de responsabilidade, quais sejam, a Lei nº 8.429/1992 e a Lei nº 12.846/2013. Esta legislação é reservada pela Constituição Federal à competência legislativa exclusiva da União.

Tendo em vista os elementos componentes do sistema de responsabilização (bem jurídico, ilícito, sanção e processo), colhidos na estrutura e teologia do citado dispositivo constitucional, é de rigor assinalar o pertencimento da Lei nº 12.846 ao domínio da improbidade administrativa.[2] É sensível o aperfeiçoamento da matéria nestes quase 30 anos de sua vigência.

Até a Lei nº 12.846/2013 não havia uma legislação anti-improbidade focada na atuação ilícita de pessoas jurídicas no âmbito da jurisdição civil, não penal, e, neste aspecto essencial, a legislação de 2013 reformou o sistema de improbidade e deve ser bem acolhida. De fato, a LGIA foi claramente desenhada a partir da descrição de ilícitos funcionais de agentes públicos, mesmo que tenha disciplinado incontestavelmente (no seu artigo 3º) a responsabilidade de pessoas jurídicas. Não havia na LGIA uma disciplina própria, detalhada e minimamente sistematizada para o tema da pessoa jurídica responsável pelos atos ímprobos. A sistematização mínima foi gradualmente obtida com os esforços da doutrina e da jurisprudência. Nem mesmo a reforma da LGIA em curso (Projeto de Lei da Câmara nº 10.887/2018) atinge este desiderato.

---

[1] OLIVEIRA, José Roberto Pimenta. *Improbidade administrativa e sua autonomia constitucional*. Belo Horizonte: Fórum, 2009.
[2] MARRARA, Thiago; DI PIETRO, Maria Sylvia Zanella. *Lei Anticorrupção Comentada*. Belo Horizonte; Fórum, 2019.

Esta sistematização mínima vem à tona com a LIPJ, que não produziu campos punitivos distintos (pessoas físicas-LGIA v. pessoas jurídicas-LIPJ), mas trouxe regramentos mais adequados ao enfrentamento da corrupção imputada a pessoas jurídicas.[3]

Existe controvérsia doutrinária sobre os laços existentes entre os dois diplomas, LGIA e LIPJ. Corrente doutrinária majoritária segue o figurino legal, que pretende haja uma absoluta independência entre eles, conforme a dicção do artigo 30, da LIPJ. Seguindo esta vertente, a legislação efetivamente teria instituído uma "responsabilização administrativa" (artigo 6º) e uma "responsabilização judicial" (artigo 19), totalmente inusitada no sistema jurídico brasileiro, para práticas corruptivas, para condutas tipificadas no seu artigo 5º.

Nesta primeira vertente, a aplicação da literalidade do regime inscrito na LIPJ eliminaria qualquer problema de sua convivência sistemática no bojo do nosso sistema jurídico, já que, em havendo novos sistemas de responsabilização, estes serão aplicados conforme as suas bases (tipos, sanções, processos e bens jurídicos tutelados). Uma variação é perceber na construção legal o que foi denominado como intersecção de instâncias.[4]

Outro segmento doutrinário propugna que a Lei nº 12.846 resulta, em rigor técnico, do exercício da competência legislativa pela União Federal prevista no artigo 37, parágrafo 4º, da CF, como já sustentado em outro estudo.[5] Por conseguinte, a LIPJ revela tratamento legislativo derivado da prática de improbidade administrativa. A dissecação da estrutura do sistema de responsabilidade contemplado na obra legislativa é perfeitamente reconduzida aos elementos da já conhecida improbidade administrativa.

Com efeito, não há nenhuma tipologia na Lei nº 12.846 que não possa ser reconduzível à hipótese de prática de corrupção pública. Em

---

[3] Não se deve, porém, trilhar na direção de separar os âmbitos da LGIA e da LIPJ, permanecendo a Lei nº 12.846 para as condutas ilícitas exclusivamente praticadas por pessoas jurídicas, e a Lei nº 8.429/1992, para as condutas ilícitas de pessoas jurídicas em conjunto com agentes públicos e terceiros, como propõe Luciano Ferraz (*In*: Reflexões sobre a Lei nº 12.846/2013 e seus impactos nas relações público-privadas. *Revista Brasileira de Direito Público – RBDP*, Belo Horizonte, ano 12, n. 47, p. 33-43, out./dez. 2014). Para se atingir este efeito, a legislação deveria ter sido expressa, sendo certo que o artigo 30 não afastou a LGIA para responsabilizar pessoas jurídicas.

[4] QUEIROZ, Ronaldo Pinheiro de. Responsabilização judicial da pessoa jurídica na lei anticorrupção. *In*: SOUZA, Jorge Munhos; QUEIROZ, Ronaldo Pinheiro de. *Lei anticorrupção*. Salvador: Juspodivm, 2015. p. 290.

[5] MARRARA, Thiago; DI PIETRO, Maria Sylvia Zanella. *Lei Anticorrupção Comentada*. Belo Horizonte: Fórum, 2019.

outros termos, não há nenhum ilícito que não possa ser representativo de violação da probidade na organização do Estado, como valor ou bem jurídico tutelado. Mesmo que haja tipologias na Lei n° 12.846 que, excepcionalmente, possam revelar-se no mundo fenomênico sem conduta de agentes públicos (*v.g.* artigo 5°, inciso IV), isto não descaracteriza a nota da improbidade, insculpida no artigo 37, §4°, sendo que a redação deste tipo constitucional oferece abertura suficiente para que seu sistema de responsabilização geral e autônomo opere em atos ímprobos que contem com o exercício funcional ímprobo (na imensa maioria dos casos concretos), ou que não se materializem com práticas funcionais ímprobas (em situações excepcionais).

Isto tem várias implicações normativas relevantes.

Implica considerar que houve a revogação implícita de disposições da LGIA (Lei n° 8.429 /1992), pela LIPJ (Lei n° 12.846/2013), naquilo que a lei especial inovou ou tratou de forma diversa do regramento da lei geral, dentre outras consequências.[6] Esta última interpretação é a que fornece ampla sustentação para a correta compreensão dos programas de integridade anticorrupção e seus efeitos no domínio da improbidade administrativa.

Referidos programas constituem – sob a perspectiva da situação jurídica passiva estabelecida pela norma jurídica – verdadeiro *ônus jurídico* para pessoas jurídicas que buscam caracterizar circunstância para si favorável no processo de dosimetria de sanções, no caso de detecção de prática de improbidade administrativa, materializada no seu interesse ou em seu benefício. Não decorrem de cumprimento de deveres legais, e logo, originam-se de decisão própria da pessoa jurídica beneficiária do seu implemento.[7]

Não há nenhuma justificação lógico-jurídica para que o tratamento legal benéfico que lhes é atribuído pela Lei n° 12.846/2013 não seja estendido à aplicação da Lei n° 8.429/1992 (nossa verdadeira *lei nacional*

---

[6] Sobre as alterações realizadas pela Lei n° 12.846 no sistema punitivo inaugurado pela Lei n° 8.429, conferir: OLIVEIRA, José Roberto Pimenta. Desafios e avanços na prevenção e no combate à corrupção, na atuação cível, do Ministério Público Federal, nos 30 anos da Constituição Federal. *In:* HIROSE, Regina Tamami (Coord.). *Carreiras Típicas de Estado.* Desafios e avanços na prevenção e no combate à corrupção. Belo Horizonte: Fórum, 2019, p. 195.

[7] No mesmo sentido: NOHARA, Irene Patrícia. Lei Anticorrupção Empresarial e *Compliance*: programa de compliance efetivo e cultura de integridade. *In:* NOHARA, Irene Patrícia; PEREIRA, Flávio de Leão Bastos. *Governança, Compliance e Cidadania.* 2. ed. São Paulo: RT, 2019, p. 27.

anticorrupção).[8] Exatamente como ocorre com a possibilidade sistemática de que acordos de leniência, previstos no artigo 16 da LIPJ, que também são passíveis de celebração no campo de aplicação da LGIA. Registre-se que não raro acordos de leniência contemplam obrigações pactuadas de criação ou de melhoria em programas existentes.

A Lei nº 12.846/2013 visa reduzir os incentivos econômicos inerentes à ocorrência do fenômeno da corrupção nas corporações.[9] A inserção dos programas de integridade anticorrupção no sistema desenhado pela LIPJ almeja este resultado prático, sem recurso à responsabilidade penal da pessoa jurídica. É preciso ressaltar que a previsão de sanções gravíssimas como a dissolução compulsória da pessoa jurídica não é suficiente para caracterizar regime de Direito Penal no conteúdo da LIPJ.[10]

---

[8] No plano legislativo, houve significativos avanços na improbidade administrativa, no período de 1992-2013. A expansão normativa do sistema foi progressiva. Ocorreu de vários modos: (i) através da sua expressa referência normativa para robustecer disciplinas legais relevantes – o que ocorreu no art. 73 da Lei de Responsabilidade Fiscal – LC nº 101/2000; (ii) através da incorporação irrefletida de novos tipos gerais de improbidade administrativa inseridas na própria LGIA – artigo 10-A instituído casuisticamente pela Lei Complementar nº 157/2016; (iii) através do acréscimos de novos tipos específicos na LGIA – incisos XIV e XV do artigo 10 pela Lei de Consórcios Públicos – Lei nº 11.107/2005, incisos XVI ao XXI do artigo 10, e inciso VIII do artigo 11, pela Lei de Parcerias com Organizações da Sociedade Civil, Lei nº 13.019/2014 (com alterações da Lei nº 13.204/2015)1, inciso IX do art.11, pela Lei Brasileira de Inclusão da Pessoa com Deficiência – Lei nº 13.146/2015, e inciso X do art.11, pela Lei nº 13.650/2018, relacionada com entidades beneficentes de assistência social, na área de saúde; (iv) pela positivação de tipos isolados em leis específicas (artigo 30, parágrafo único, da Lei Geral de Telecomunicações – Lei nº 9.472/1997; artigo 59, parágrafo único da Lei da ANTT/ANTAQ – Lei nº 10.233/2001); mais recentemente, no artigo 29, §2º do Estatuto das Empresas Estatais – Lei nº 13.303/2016; (v) pela criação de sistemas especiais de atos de improbidade administrativa em domínios relevantes da atuação estatal (artigo 73, §7º, da Lei das Eleições – Lei nº 9.504/1997, artigo 52 do Estatuto da Cidade – Lei nº 10.257/2001, artigo 32 da Lei de Acesso à Informação Pública – Lei nº 12.527/2011, artigo 12 da Lei de Conflitos de Interesses – Lei nº 12.813/2013; art. 20 do Estatuto da Metrópole – Lei nº 13.089/2015 (este dispositivo subitamente revogado pela Lei nº 13.683/2018). Observe-se que o sistema de improbidade administrativa se tornou, ao longo dos últimos 28 (vinte e oito) anos, o sistema central, de caráter não penal, para robustecer o cumprimento e tutela da probidade como princípio basilar do Direito Público brasileiro, nos diversos campos da atividade estatal. É certo que, no período de 2000-2013, a doutrina não vislumbrou na debateu as alterações no regime da improbidade com a vigência, no Direito Interno, das normas internalizadas de Convenções Internacionais contra a Corrupção neste período (OCDE, Decreto nº 3.678/2000, OEA, Decreto nº 4.410/2002, Decreto nº 5.687/2006 – ONU, incluindo o Decreto nº 5.015/2004 – Convenção da ONU contra o Crime Organizado, na medida em que progressivamente foram incorporadas ao Direito brasileiro. Com a Lei nº 12.846/2013, o sistema de improbidade administrativa sofreu alteração substancial, chegando a sua feição atual).

[9] ROSE-ACKERMAN, Susan. *Corruption and government. Causes, consequences and reform*. Cambridge: Cambridge University Press, 1999. p. 1-6.

[10] Neste sentido: NUCCI, Guilherme de Souza. *Corrupção e anticorrupção*. Rio de Janeiro: Forense, 2015. p. 94.

Os programas de integridade anticorrupção estão diretamente vinculados à responsabilização objetiva das pessoas jurídicas, que é destacadamente uma inovação estrutural do sistema de improbidade administrativa, conforme os novos desígnios legais. O ordenamento já contemplava a responsabilidade objetiva por infração da ordem econômica, em caso de cartéis em licitação pública, nos termos da Lei nº 12.529/2011, mas a LIPJ generalizou a objetivação para quaisquer fatos ilícitos reveladores de corrupção pública.

Para tanto, o critério legal de imputação estabelecido no art. 2º da LIPJ modela a nova forma objetiva de responsabilização pretendida pela lei. A partir dele, colhem-se elementos justificadores para explicação da relevância dos "mecanismos e procedimentos internos de integridade" no contexto sistemático da LGIA e LIPJ, aplicável às pessoas jurídicas, na dimensão qualitativa e quantitativa consignada no parágrafo único do seu artigo 1º.

Com a responsabilização objetiva pela prática de atos de corrupção em face da Administração Pública nacional e estrangeira, a legislação afetou diretamente a forma de organização interna das pessoas jurídicas abrangidas pela LIPJ (art. 1º) e LGIA (art. 3º). Mesmo sem dedicar capítulo próprio ao tema,[11] a Lei nº 12.846 trouxe como fator de dosimetria das sanções nela estabelecidas, nos termos do art. 7º, inc. VIII, "a previsão de existência de mecanismos e procedimentos internos de integridade, auditoria e incentivo à denúncia de irregularidades e a aplicação efetiva de códigos de ética e de conduta no âmbito da pessoa jurídica". Passado um ano de vigência, o Decreto nº 8.420/2015 enumerou, no art. 42, os parâmetros de avaliação de programas de integridade, para os efeitos do sistema, catalogando, em rigor, diversos aspectos fundamentais que os compõem.

O critério legal de imputação justifica a condição normativa outorgada aos programas de integridade, expressão que ora se utiliza para sintetizar um específico sistema normativo instituído no âmbito intestino da pessoa jurídica, identificado pela finalidade de dotar a pessoa jurídica de condições para prevenir, detectar, apurar, monitorar, eliminar e punir a tentativa ou ocorrência de atos ilícitos descritos na LGIA e na LIPJ, praticados em benefício ou no interesse da PJ.

O programa de integridade é constituído por um plexo de normas jurídicas, concatenadas entre si, sistematicamente elaboradas para a

---

[11] A ausência de capítulo próprio na LIPJ, embora centrada na responsabilidade segmentada de pessoas jurídicas, revela o grau incipiente de estudos de Direito Administrativo Sancionador brasileiro sobre a cooperação no exercício de potestades sancionadoras.

promoção da probidade em quaisquer relações mantidas pela pessoa jurídica com a organização do Estado, no desempenho de sua atividade conforme seu objeto social. A existência e o pleno funcionamento do programa exigem elaboração de normas jurídicas gerais e abstratas (*v.g.* Código de Ética e de Conduta,[12] políticas e diretrizes) e normas jurídicas individuais e concretas (*v.g.* consultas, alertas, auditorias, fiscalizações, apurações, penalidades etc.).

A delimitação do programa de integridade resulta pela especificação da finalidade prevista em lei (no caso da Lei nº 12.846 e Lei nº 8.429, coibir práticas corruptivas). Esta finalidade irradia o elemento teleológico que norteará o mapeamento de relações jurídicas da PJ em que o risco de possível ocorrência de ato de improbidade é rastreado e tratado. A finalidade revelará a topografia de relações internas e externas da PJ, que necessitam de atenção e intervenção, a título de prevenção, para fins de construção da estrutura global do programa. Relações internas abrangem relações da PJ com seus órgãos e pessoal e relações externas albergam variedade de relações jurídicas com o Poder Público e relações com terceiros, direta ou indiretamente vinculadas às relações com o Poder Público.

O programa de integridade instrumentaliza a detecção, prevenção, monitoramento, punição e controle de atos de improbidade. A formulação do programa encontra-se amparada no exercício do direito fundamental à livre-iniciativa e livre concorrência, moldando-se pela garantia de auto-organização da PJ como sujeito de direito, como reflexo do artigo 170, inciso I, da CF. O interesse público anticorrupção, todavia, implicará condicionantes ao programa, seja quanto ao seu conteúdo, seja quanto à sua estruturação orgânica e procedimental. A exigência de proporcionalidade é fundamental à sua própria concepção e operação, considerando os custos que sua modelagem e pleno funcionamento acarretam para as pessoas jurídicas.

Com a responsabilidade objetiva derivada de ato de corrupção praticado no interesse ou benefício da PJ, a existência e plena efetividade do programa de integridade – que exige autonomia do ator privado na sua condição, implementação, execução, monitoramento e revisão – deve ser fator significativo a ser apreciado em eventual processo estatal de responsabilização, nos moldes preconizados na

---

[12] Sobre Códigos de Conduta, conferir; OLIVEIRA, José Roberto Pimenta. Código de Conduta e Ética no âmbito da Administração Pública Direta. *In:* NOHARA, Irene Patrícia; PEREIRA, Flávio de Leão Bastos. *Governança, compliance e cidadania*. 2. ed. São Paulo: Atlas, 2019, p. 101-128.

LGIA e na LIPJ. O reconhecimento judicial da prática de improbidade, para efeitos sancionatórios, necessita ser acompanhado da análise de eventual programa de integridade, que funcionou ao tempo da prática ímproba, revelando contexto factual imprescindível para a adequada individualização das sanções na sua dosimetria.

Os encargos de implementação de programas de integridade devem mostrar-se adequados, exigíveis e proporcionais para prevenir e reprimir condutas ímprobas da pessoa jurídica em face da Administração Pública nacional e estrangeira, com a qual se relaciona juridicamente.

Frise-se, sempre, que não foi proibida a ausência de programas de integridade anticorrupção para efeitos do sistema sancionador da improbidade administrativa.[13]

Representam tão só uma situação jurídica passiva específica: constituem ônus para a pessoa jurídica, já que, se não implementados, a pessoa jurídica não poderá se beneficiar da possível redução de sanções. Continuará sempre objetivamente responsável por práticas corruptivas realizadas no seu interesse ou benefício, exclusivo ou não.

Mesmo que previstos na LIPJ como relevante inovação no sistema de dosimetria das sanções aplicáveis às pessoas jurídicas no domínio da improbidade administrativa, não houve criação de dever jurídico de criação de programas de integridade. Nesse aspecto, a legislação brasileira é menos severa que a lei britânica, que chega ao ponto de criminalizar a conduta da PJ em falhar na detecção de corrupção.[14]

Controversa a questão se é dado ao Poder Público, através de lei, pretender alterar ou interferir na liberdade de organização da pessoa jurídica, no tema relacionado ao enfrentamento de práticas corruptas no âmbito doméstico de cada pessoa jurídica privada. Sob o aspecto normativo, positivando o encargo como ônus, pretende-se estimular as entidades privadas no engajamento da prevenção e repressão da

---

[13] Diversamente, no campo do DAS antilavagem de dinheiro, há previsão expressa de dever legal de pessoas jurídicas estruturarem controles internos, na forma disciplinada pelos órgãos competentes, conforme o artigo 10, inciso III, da Lei nº 9.613/1998 (dispõe sobre os crimes de "lavagem" ou ocultação de bens, direitos e valores), cujo descumprimento pode ensejar infração administrativa, com a correlata sanção administrativa, nos termos do artigo 12, do mesmo diploma legal.

[14] No sistema em vigor no Reino Unido, o legislador foi severo, estipulando um tipo de ilícito criminal próprio, relacionado com os programas de integridade, nos termos do artigo 7º da UK Bribery Act 2010. Conferir: VEGA, Dulce M. Santana. Delito corporativo de incumplimiento en la prevención de sobornos (Bribery Act 2010). In: *Revista Electrónica de Ciencia Penal y Criminología*, n. 17-15, p. 1-32, 2015. Disponível em: http://criminet.ugr.es/recpc.

corrupção, premiando as pessoas jurídicas que efetivamente adotarem os programas de integridade tratados na lei.

Responsabilidade objetiva para pessoa jurídica responsável por atos de corrupção e programas de integridade são sustentáculos da nova legislação. A ocorrência de ato ímprobo implicará as sanções em lei. O funcionamento regular do programa de integridade poderá restringir a possibilidade de práticas corruptas na entidade e poderá reduzir o conteúdo sancionatório devido por eventuais atos ilícitos que venham a ocorrer.

Registre-se, no entanto, que, como ferramenta de gestão corporativa, nenhum programa de integridade tem o escopo de eliminar a prática da corrupção em benefício ou no interesse de pessoas jurídicas, pelo singelo motivo de que esta ilicitude, pela sua clandestinidade, pode escapar de qualquer forma de controle societário, por mais sofisticado e efetivo que se revele na sua implementação ou execução.

O tratamento na lei brasileira acolheu uma diretriz de positivar a objetivação, pela qual não permite que programas de integridade – mesmo em raras configurações aperfeiçoadas ou perfeitas – possam servir de obstáculos ao exercício da competência sancionatória instituída em lei. A justificativa é que, mesmo nestas raríssimas situações, está preenchido o critério legal de imputação da responsabilidade. Se determinada relação jurídica com o aparelho do Estado é de interesse jurídico da pessoa jurídica, que dela pode colher benefícios, cumprirá à pessoa jurídica engendrar todas as diligências para que não se materializem práticas corruptivas. Se praticados atos ímprobos, a lei determina que as pessoas jurídicas serão objetivamente responsabilizadas.[15]

Isso significa que a responsabilidade objetiva da pessoa jurídica não foi estabelecida a título de sancionar uma suposta deficiência na organização dos entes privados.[16] Esta deficiência não é pressuposto de responsabilização.[17] Em outros termos, a LIPJ não estabelece uma

---

[15] Na defesa da constitucionalidade do critério objetivo de responsabilização, conferir: CASTRO, Leonardo Bellini de. *Lei Anticorrupção. Impactos sistêmicos e transversais.* Leme: JHMizuno, 2019, p. 71-74.

[16] Em sentido contrário, cf. ZOCKUN, Maurício; MORETTINI E CASTELLA, Gabriel. Programas de leniência e integridade como novos instrumentos no Direito Administrativo Sancionador hodierno. *In:* OLIVEIRA, José Roberto Pimenta (Coord.). *Direito Administrativo Sancionador.* São Paulo: Malheiros, 2019, p. 451.

[17] Neste sentido: ALBUQUERQUE, Ana Cláudia de Paula. Aspectos da responsabilização administrativa da pessoa jurídica na Lei 12.846/13. 2015. 189 f. Dissertação (Mestrado em Direito) – Pontifícia Universidade Católica de São Paulo, São Paulo, 2015. Também conferir: OSÓRIO, Fábio Medina. *Direito administrativo sancionador.* 6. ed. rev. atual. e ampl. São Paulo: RT, 2019.

forma de "culpa anônima" da pessoa jurídica pela corrupção. Nem mesmo modela a responsabilidade pela inversão do ônus de prova, em desfavor da pessoa jurídica. É mais severa, com a modelagem da imputação objetiva para se operar a responsabilidade.

A demonstração da busca de perfeição na organização de programas de integridade é sabidamente valiosa, sob o prisma da lei, para redução exclusivamente da carga sancionatória, não gerando sequer redução de consequências indenizatórias derivadas de atos ilícitos. Quanto mais adequada a estrutura de controle corporativo ou societário, melhor será a avaliação do fator de dosimetria e maior benefício gozará a empresa sancionada. Para a deficiência organizacional, restará constantemente o encargo da PJ de reduzi-la ou eliminá-la.

No domínio punitivo, a responsabilização de pessoas jurídicas por atos ímprobos integra-se ao exercício de uma potestade, uma competência estatal, de exercício obrigatório, irrenunciável, imodificável, nos termos do art. 2º. A obrigatoriedade de sancionamento somente encontra atenuação ou modulação em razão da celebração de acordo de leniência, previsto no art. 16 da LIPJ, e acordos de não persecução cível, ora previstos no artigo 17, §1º, da LGIA, e nos exatos limites de sua válida celebração. A avaliação administrativa positiva ou favorável de programas de integridade não tem esta eficácia jurídico-formal.

Independentemente do conteúdo dos programas à luz de parâmetros normativos, incluindo sua forma concreta de implementação, a responsabilidade da PJ continuará íntegra, e tal análise afetará exclusivamente o grau maior ou menor de gravidade da resposta sancionatória do sistema de improbidade, nos exatos termos do artigo 7º, que cumpre seja aplicável em toda a órbita da improbidade administrativa.

Mesmo sob a égide da responsabilidade subjetiva, que é o modelo inicialmente preconizado na LGIA, e abandonado na LIPJ, no tocante às pessoas jurídicas, a efetividade de programas de integridade constitui relevante circunstância que justifica tratamento favorável no processo de dosimetria de sanções, na medida em que pode revelar no processo e julgamento de ações civis públicas a situação concreta da pessoa jurídica, relativamente ao fato objeto de demanda judicial, bem como o seu comprometimento efetivo na implementação de mecanismos de prevenção, dissuasão e repressão de práticas corruptivas.

A pessoa jurídica se externaliza no ordenamento jurídico através de ações e omissões de pessoas físicas com elas relacionadas (proprietários, administradores, empregados, prepostos). Sob o prisma tradicional da responsabilidade subjetiva, é de se esperar a averiguação e valoração das circunstâncias subjetivadoras no processo de imputação de atos ilícitos, eis que é a regra no Direito Administrativo Sancionador.[18]

Diferentemente do Direito Penal, que é tradicionalmente refratário à responsabilidade criminal da pessoa jurídica,[19] esta sempre foi acolhida no âmbito do Direito Administrativo Sancionador (DAS), em razão de suas funcionalidades próprias, na tutela de interesses públicos. Alejandro Nieto considera, inclusive, este ponto diferenciador algo essencial para libertar a teoria do Direito Administrativo Sancionador da Dogmática do Direito Penal, e da exigência de culpabilidade, tal como desenvolvida neste último.[20]

Integrada ao Direito Administrativo Sancionador Brasileiro,[21] o sistema de improbidade administrativa está habilitado a utilizar a responsabilização objetiva em face de pessoas jurídicas, pois esta técnica é compatível com esta forma de personificação jurídica. Além desta adequação lógica-conceitual, a objetivação não é repudiada no ordenamento brasileiro, para situações excepcionais. Nesta linha, a responsabilidade administrativa ambiental de pessoas jurídicas já segue o referencial de objetivação, com fulcro na CF e na Lei nº 9.605/2008. Em igual sentido, a responsabilidade administrativa antitruste está positivada com o mesmo amparo normativo superior (CF e Lei nº 12.529/2011). Dada a singularidade do fenômeno da corrupção, deve-se admitir a hipótese excepcional de objetivação no seu enfrentamento. Com maior razão, no sistema de improbidade, cujo sancionamento primário está a cargo do Poder Judiciário.

---

[18] PUIG, Manuel Rebollo. Responsabilidad sancionadora de personas jurídicas, entes sin personalidad y administradores. In: *Revista IUS ET VERITAS*, n. 53, Diciembre 2016. Disponível em: https://doi.org/10.18800/iusetveritas.201701.013.

[19] Conferir: PRADO, Luiz Regis; ARIEL, René. Responsabilidade Penal da Pessoa Jurídica. São Paulo: RT, 2011; TRACY, Joseph Reinaldet. A responsabilidade penal da pessoa jurídica. Curitiba: iEA Academia, 2014; DIEZ, Carlos Gómez-jara. *A Responsabilidade Penal da Pessoa Jurídica* – Teoria do Crime Para Pessoas Jurídicas. São Paulo: Saraiva, 2015; ALAMIRO VELLUDO, Salvador Netto. *Responsabilidade Penal da Pessoa Jurídica*. São Paulo: RT, 2018.

[20] NIETO GARCÍA, Alejandro. *Derecho Administrativo Sancionador*. 5. ed. Madri: Tecnos, 2017. p. 391.

[21] OSÓRIO, Fábio Medina. *Teoria da Improbidade Administrativa*. 5. ed. São Paulo: RT, 2020.

III Legitimidade de avaliação do programa de integridade pelo MP, como elemento estrutura de sua política de enfrentamento da corrupção

Exigir programas de integridade de pessoas jurídicas e habilitar o Ministério Público a realizar sua adequada avaliação está em perfeita sintonia com os compromissos internacionais anticorrupção, além de gozar de ampla fundamentação normativa na Constituição Federal.

O Estado brasileiro assumiu relevantes compromissos internacionais na Convenção sobre o Combate da Corrupção de Funcionários Públicos Estrangeiros em Transações Comerciais Internacionais, concluída em Paris, em 17 de dezembro de 1997, internalizada através do Decreto n° 3.678, de 30 de novembro de 2000, em cujo preâmbulo se destaca que "a corrupção é um fenômeno difundido nas Transações Comerciais Internacionais, incluindo o comércio e o investimento, que desperta sérias preocupações morais e políticas, abala a boa governança e o desenvolvimento econômico, e distorce as condições internacionais de competitividade".

O Estado brasileiro também o fez na Convenção Interamericana contra a Corrupção, adotada em Caracas, em 29 de março de 1996, internalizada através do Decreto n° 4.410, de 7 de outubro de 2002, em cujo preâmbulo se observa que "a corrupção solapa a legitimidade das instituições públicas e atenta contra a sociedade, a ordem moral e a justiça, bem como contra o desenvolvimento integral dos povos" e que "a democracia representativa, condição indispensável para a estabilidade, a paz e o desenvolvimento da região, exige, por sua própria natureza, o combate a toda forma de corrupção no exercício das funções públicas e aos atos de corrupção especificamente vinculados a seu exercício".

O Estado brasileiro igualmente adotou significativos compromissos na Convenção das Nações Unidas contra o Crime Organizado Transnacional, adotada em Nova York, em 15 de novembro de 2000, internalizada através do Decreto n° 5.015, de 12 de março de 2004, de cujo conteúdo (artigo 9°) se extrai, além da criminalização da corrupção, o compromisso de que "cada Estado Parte, na medida em que seja procedente e conforme ao seu ordenamento jurídico, adotará medidas eficazes de ordem legislativa, administrativa ou outra para promover a integridade e prevenir, detectar e punir a corrupção dos agentes públicos", bem como de que "Cada Estado Parte tomará medidas no sentido de se assegurar de que as suas autoridades atuam eficazmente em matéria de prevenção, detecção e repressão da corrupção de agentes públicos, inclusivamente conferindo a essas autoridades independência suficiente para impedir qualquer influência indevida sobre a sua atuação".

O Estado brasileiro fortaleceu a tutela do interesse público anticorrupção, na Convenção das Nações Unidas contra a Corrupção, adotada pela Assembleia Geral das Nações Unidas em 31 de outubro de 2003 e assinada pelo Brasil em 9 de dezembro de 2003, internalizada através do Decreto n° 5.687, de 31 de janeiro de 2006, em cujo preâmbulo mostra a consciência da "gravidade dos problemas e com as ameaças decorrentes da corrupção, para a estabilidade e a segurança das sociedades, ao enfraquecer as instituições e os valores da democracia, da ética e da justiça e ao comprometer o desenvolvimento sustentável e o Estado de Direito"; reconhece os "vínculos entre a corrupção e outras formas de delinquência, em particular o crime organizado e a corrupção econômica, incluindo a lavagem de dinheiro"; alerta para os "casos de corrupção que penetram diversos setores da sociedade, os quais podem comprometer uma proporção importante dos recursos dos Estados"; e sentencia que a corrupção "deixou de ser um problema local para converter-se em um fenômeno transnacional que afeta todas as sociedades e economias, faz-se necessária a cooperação internacional para preveni-la e lutar contra ela".

Nos compromissos assumidos na Convenção da ONU contra a Corrupção, relativamente à responsabilidade das pessoas jurídicas (artigo 26), cada Estado Parte adotará as medidas que sejam necessárias, em consonância com seus princípios jurídicos, a fim de estabelecer a responsabilidade de pessoas jurídicas por sua participação nos delitos qualificados de acordo com a Convenção. Estabelece-se que, sujeita aos princípios jurídicos do Estado Parte, a responsabilidade das pessoas jurídicas poderá ser de índole penal, civil ou administrativa; que esta responsabilidade existirá sem prejuízo à responsabilidade penal que incumba às pessoas físicas que tenham cometido os delitos; que cada Estado Parte velará em particular para que se imponham sanções penais ou não penais eficazes, proporcionadas e dissuasivas, incluídas sanções monetárias, às pessoas jurídicas consideradas responsáveis.

A Convenção Internacional da ONU contra a Corrupção estabelece diretrizes sobre medidas preventivas anticorrupção (Capítulo II), das quais cumpre salientar o artigo 12, dedicado ao setor privado, *verbis*:

> Artigo 12 - Setor Privado
> 1. Cada Estado Parte, em conformidade com os princípios fundamentais de sua legislação interna, adotará medidas para prevenir a corrupção

e melhorar as normas contábeis e de auditoria no setor privado, assim como, quando proceder, prever sanções civis, administrativas ou penais eficazes, proporcionadas e dissuasivas em caso de não cumprimento dessas medidas.

2. As medidas que se adotem para alcançar esses fins poderão consistir, entre outras coisas, em: a) Promover a cooperação entre os organismos encarregados de fazer cumprir a lei e as entidades privadas pertinentes; b) Promover a formulação de normas e procedimentos com o objetivo de salvaguardar a integridade das entidades privadas pertinentes, incluídos códigos de conduta para o correto, honroso e devido exercício das atividades comerciais e de todas as profissões pertinentes e para a prevenção de conflitos de interesses, assim como para a promoção do uso de boas práticas comerciais entre as empresas e as relações contratuais das empresas com o Estado; (...) e) Prevenir os conflitos de interesse impondo restrições apropriadas, durante um período razoável, às atividades profissionais de ex-funcionários públicos ou à contratação de funcionários públicos pelo setor privado depois de sua renúncia ou aposentadoria quando essas atividades ou essa contratação estejam diretamente relacionadas com as funções desempenhadas ou supervisionadas por esses funcionários públicos durante sua permanência no cargo; f) Velar para que as empresas privadas, tendo em conta sua estrutura e tamanho, disponham de suficientes controles contábeis internos para ajudar a prevenir e detectar os atos de corrupção e para que as contas e os estados financeiros requeridos dessas empresas privadas estejam sujeitos a procedimentos apropriados de auditoria e certificação; (...).

"Normas e procedimentos com o objetivo de salvaguardar a integridade das entidades privadas" constituem o núcleo jurídico-formal que legitima conferir efeitos jurídicos a programas de integridade anticorrupção no âmbito de Estados-Partes. No Direito brasileiro, tornaram-se fatores de dosimetria na aplicação das sanções no domínio da improbidade administrativa.

Como instituição de Estado, o Ministério Público tem a atribuição de exercer função central no enfrentamento de práticas corruptivas, que agridem a organização do Estado brasileiro, buscando melhores resultados na implementação dos compromissos internacionais.

O Ministério Público está legitimado pela Constituição a promover o inquérito civil e a ação civil pública para a proteção do patrimônio público e social, do meio ambiente e de outros interesses difusos e coletivos, nos termos do artigo 129, inciso III. Não há menor dúvida de que, na expressão patrimônio público e social, está a tutela da probidade no seio da organização, atividades, funções e instituições do Estado, pelo que sobram justificativas constitucionais para que a ação de improbidade administrativa tenha sua legitimação ativa reconhecida em favor do *Parquet*, nos termos do artigo 37, §4º c/c artigo 129, inciso III da CF, reconhecida no plano legal no artigo 17 da LGIA e artigo 19 da LIPJ.

Esta legitimidade de iniciativa e de movimentação do sistema de tutela da probidade é ampla, e não pode o legislador criar subterfúgios para cerceá-la ou limitá-la, sob pena de ofensa cabal à autonomia constitucional do Ministério Público (artigo 127 da CF).

Por este motivo, revela-se totalmente inusitado o condicionamento inserido no artigo 20 da LIPJ, pelo qual "nas ações ajuizadas pelo Ministério Público, poderão ser aplicadas as sanções previstas no art. 6º, sem prejuízo daquelas previstas neste Capítulo, *desde que constatada a omissão das autoridades competentes para promover a responsabilização administrativa*". Esta ressalva final constitui obstáculo ilegítimo à atuação funcional ministerial. Não está na LGIA, e não pode ser tolerada na LIPJ, com base nos princípios institucionais do *Parquet*.

Há urgente necessidade de interpretação do artigo 20 da LIPJ conforme a Constituição Federal, já que a lei não pode retalhar a atribuição constitucional do MP, na tutela da probidade. Vale não só a dicção do artigo 5º, inciso XXXV, de que a lei não excluirá da apreciação do Poder Judiciário lesão ou ameaça a direito, como também a dicção do artigo 129, inciso III, de que a lei não poderá excluir do MP a apreciação de lesão à probidade (lídimo patrimônio público e social) para o fim de imputar, em atividade extrajudicial ou judicial, as devidas consequências legais, mediante ação civil pública.

Com protagonismo incontestável no domínio da improbidade administrativa, com o advento da Lei nº 12.846, o Ministério Público também ostenta a legitimidade de proceder à adequada avaliação de programas de integridade, cuja existência ou efetivo funcionamento possam ser alinhavados como circunstâncias favoráveis no processo de solução de litígios inaugurados pela investigação e desbaratamento de práticas corruptivas, seja para o fim de exercício de potestades consensualizadas (celebração de termos de ajustamento de gestão, acordos de não persecução cível ou acordos de leniência), seja para o fim de abalizar o exercício de suas atribuições no campo judicial de demandas anticorrupção.

III.1 Avaliação de programa de integridade anticorrupção no bojo do exercício de potestades consensualizadas exercidas pelo MP no domínio da improbidade administrativa

A consensualidade no Direito Administrativo vem sendo construída para alavancar os princípios inspiradores do Estado Democrático de Direito, sobremodo, a exigência de institucionalizar maior participação de administrados no exercício da gestão, fiscalização e controle, a cargo das instituições do Estado.[22][23]

A consensualização é uma tendência progressiva na atividade sancionadora estatal, no campo do Direito Penal e no Direito Administrativo Sancionador,[24] no qual se aloja a improbidade administrativa. Vem fortemente no desenvolvimento de modelos sancionadores flexíveis e inteligentes, estruturados para alcançar racionalidade, eficiência e economicidade no exercício de correlatas potestades na defesa de interesses públicos.[25] Com igual força, e seguindo na mesma escala ascendente, a consensualidade tem-se expandido na atividade ministerial de proteção do patrimônio público e social, incluída a tutela da probidade.[26][27] A atividade do Ministério Público na apuração e solução de casos de improbidade administrativa integra o Direito Administrativo Sancionador,[28] logo, é totalmente permeável às linhas evolutivas do DAS.

---

[22] GROTTI, Dinorá Adelaide Musetti. A participação popular e a consensualidade na administração pública. *In*: MOREIRA NETO, Diogo de Figueiredo (Coord.). *Uma avaliação das tendências contemporâneas do direito administrativo*. Rio de Janeiro: Renovar, 2003.

[23] ALMEIDA, Fernando Dias Menezes de. Mecanismos de consenso no direito administrativo. *In*: ARAGÃO, Alexandre Santos de; MARQUES NETO, Floriano de Azevedo (Org.). *Direito administrativo e seus novos paradigmas*. 2. ed. Belo Horizonte: Fórum, 2017, p. 325-336.

[24] PALMA, Juliana Bonacorsi de. *Sanção e acordo na administração pública*. São Paulo: Malheiros, 2015.

[25] VORONOFF, Alice. *Direito administrativo sancionador no Brasil*: justificação, interpretação e aplicação. Belo Horizonte: Fórum, 2018.

[26] GARCIA, Émerson. A consensualidade no direito sancionador brasileiro: potencial incidência no âmbito da Lei nº 8.429/1992. Disponível em: https://www.conamp.org.br/pt/biblioteca/artigos/item/1745-a-consensualidade-no-direito-sancionador-brasileiro-potencial-incidencia-no-ambito-da-lei-n-8-429-1992.html.

[27] LANE, Renata. *Acordos no domínio da improbidade administrativa*. Dissertação de Mestrado. Faculdade de Direito. Pontifícia Universidade Católica de São Paulo. São Paulo. 2020.

[28] OLIVEIRA, José Roberto Pimenta; GROTTI, Dinorá Adelaide Musetti. Direito administrativo sancionador brasileiro: breve evolução, identidade, abrangência e funcionalidades. *Interesse Público – IP*, Belo Horizonte, ano 22, n. 120, p. 83-126, mar./abr. 2020.

Pelo menos desde 1990 com a inclusão dos Termos de Ajustamento de Conduta na Lei da Ação Civil Pública,[29] o Ministério Público tem trilhado os passos da consensualidade, utilizando-a para a busca de soluções concertadas com o fito de obter maior eficiência, eficácia e efetividade na proteção de bens jurídico-públicos e bens jurídicos metaindividuais que a Constituição – e diversas Leis Orgânicas – coloca sob sua proteção.

O Termo de Ajustamento de Conduta recebeu atenção da Resolução nº 23/2007, do Conselho Nacional do Ministério Público (CNMP), dedicada à disciplina da instauração e tramitação do inquérito civil público.

A Carta de Brasília, assinada pela Corregedoria Nacional e pelas Corregedorias-Gerais dos Estados e da União em sessão pública ocorrida em 22.09.2016, por ocasião do 7º Congresso de Gestão do CNMP, estabeleceu diretrizes para a modernização do controle da atividade extrajudicial pelas Corregedorias do MP, bem como para o fomento à atuação resolutiva do Ministério Público no Brasil, destacadamente a necessária revisitação da atuação jurisdicional do Ministério Público, de modo a buscar a proatividade e a resolutividade na atuação institucional e, ao mesmo tempo, evitar a propositura de demandas judiciais em relação às quais a resolução extrajudicial revela-se a mais indicada na tutela de bens jurídicos que lastreiam a atividade ministerial.

Nas "Diretrizes referentes aos membros do Ministério Público", estabelecidas na Carta de Brasília, merecem destaque: (i) a priorização da atuação preventiva, de modo a atuar programaticamente para combater ilícitos que possam gerar situações de lesão ou de ameaça aos direitos fundamentais afetos à atuação do Ministério Público, priorizando, para tanto, medidas extrajudiciais e judiciais que sejam efetivas e eficientes para evitar essa prática; (ii) na hipótese de inevitabilidade do dano, atuar tempestiva e efetivamente, garantindo uma resposta imediata, com vistas a: ii.1) estancar a continuidade ou a repetição dos ilícitos; ii.2) remover os ilícitos e potencializar a dimensão da eficiência na reparação dos danos eventualmente ocorridos; e ii.3) reduzir dados indicativos de impunidade; (iii) a utilização de mecanismos de resolução consensual, como a negociação, a mediação, a conciliação, as práticas restaurativas, as convenções processuais, os acordos de resultado, assim

---

[29] De acordo com o artigo 5º, §6º da Lei nº 7.347/1985, "Os órgãos públicos legitimados poderão tomar dos interessados compromisso de ajustamento de sua conduta às exigências legais, mediante cominações, que terá eficácia de título executivo extrajudicial". (Incluído pela Lei nª 8.078, de 11.9.1990)

como outros métodos e mecanismos eficazes na resolução dos conflitos, controvérsias e problemas.

A Recomendação CNMP nº 54, de 28 de março de 2017, dispõe sobre a Política Nacional de Fomento à Atuação Resolutiva do Ministério Público brasileiro, seguida da Resolução CNMP nº 179, de 26 de julho de 2017, regulamentando o §6º do art. 5º da Lei nº 7.347/1985, que disciplinou, no âmbito do Ministério Público, relativamente à tomada do compromisso de ajustamento de conduta, admitindo a celebração destes acordos no campo da improbidade administrativa, mesmo antes da revogação da proibição contida no §1º, do artigo 17, da LGIA, operada pela Lei nº 13.964/2019. A Resolução CNMP nº 179/2017 é marco evolutivo significativo do avanço da consensualização como via de exercício funcional e, mesmo de forma sintética, não deixou de contemplar a atividade própria ao campo da improbidade.

Na evolução recente do Sistema Brasileiro Anticorrupção, encontra-se em pleno desenvolvimento a utilização ou celebração de acordos, em seus diversos subsistemas. Esta tendência normativa está cristalizada em recentes legislações: Lei nº 9.613, de 03.03.1998, que dispõe sobre os crimes de "lavagem" ou ocultação de bens, direitos e valores; a prevenção da utilização do sistema financeiro para os ilícitos previstos nesta lei; Lei nº 12.529, de 30.11.2011, que estrutura o Sistema Brasileiro de Defesa da Concorrência e dispõe sobre a prevenção e repressão às infrações contra a ordem econômica; Lei nº 12.846, de 01.08.2013, que dispõe sobre a responsabilização administrativa e civil de pessoas jurídicas pela prática de atos contra a Administração Pública, nacional ou estrangeira, e dá outras providências; Lei nº 12.850, de 02.08.2013, que define organização criminosa e dispõe sobre a investigação criminal, os meios de obtenção da prova, infrações penais correlatas e o procedimento criminal; Lei nº 13.506, de 13.11.2017, que dispõe sobre o processo administrativo sancionador na esfera de atuação do Banco Central do Brasil e da Comissão de Valores Mobiliários; e Lei nº 13.964, de 24.12.2019, que instituiu o acordo de não persecução criminal e acordo de não persecução cível.

Na esteira da Resolução CNMP nº 179/2017, diversos Ministérios Públicos Estaduais, aprovaram e/ou adequaram regulamentações sobre a celebração de TACs em matéria de improbidade administrativa, assim identificadas: Resolução MPES COPJ nº 006, de 07.08.2014; Resolução CSMP MPPR nº 01/2017, de 15.05.2017; Resolução MPMG CSMP nº 3, de 23.11.2017; Orientação MPRN/PGJ nº 01/2018, de 05.03.2018; Resolução MPGO COPJ nº 09, de 27.08.2018; Provimento MPRS PGJ nº 58, de 14.09.2018; Resolução MPTO CSMP nº 05/2018, de 20.11.2018;

Resolução MPMS COPJ nº 06, de 05.04.2019; Resolução MPMA COPJ nº 75, de 30.05.2019; Resolução MPRO PGJ nº 06, de 26.06.2019; Resolução MPAL COPJ nº 11, de 29.11.2019, dentre outras. Em diversos normativos, exsurge uma disciplina para a celebração de termos de ajustamento de conduta e acordos de leniência, considerando que a Lei nº 12.846/2013 entrou em vigor em 01.02.2014.

A Lei nº 13.964/2019 revogou o dispositivo pelo qual era vedada a transação, acordo ou conciliação nas ações civis públicas de improbidade administrativa. O atual parágrafo 1º estabelece que as ações civis públicas de improbidade administrativa admitem a celebração de acordo de não persecução cível. O novo §10-A preceitua que, havendo a possibilidade de solução consensual, poderão as partes requerer ao juiz a interrupção do prazo para a contestação, por prazo não superior a 90 (noventa) dias.

Desde então, intenso tem se revelado o debate sobre a consensualidade, no âmbito da doutrina brasileira,[30][31] com todas as adversidades geradas pela trágica pandemia que o mundo e a sociedade brasileira vêm atravessando desde março de 2020.

Até a presente data, diversos Ministérios Públicos Estaduais já tomaram a iniciativa de regulamentar o Acordo de Não Persecução Cível. O MPSP promoveu esta regulamentação, através da Resolução MPSP COPJ-OE nº 1.193, de 11.03.2020; o MPPE o fez na Resolução MPPE CSMP nº 01, de 05.02.2020; o MPPB aprovou a Resolução CPJ nº 040/2020, de 28.09.2020; e o MPMT editou a Resolução CSMP nº 080, de 09.11.2020.

A consensualidade se baseia em um relacionamento não antagônico entre Estado (aqui incluído o Ministério Público) e pessoas físicas e jurídicas, pautado na boa-fé, busca de consenso, imparcialidade, objetividade, isonomia, motivação, voluntariedade, proporcionalidade.[32] Soluções consensuais em demandas judiciais são fomentadas também pelo atual Código de Processo Civil. O Estado promoverá, sempre que possível, a solução consensual dos conflitos, que também deverá ser

---

[30] OSORIO, Fábio Medina. Natureza jurídica do instituto da não persecução cível previsto na lei de improbidade administrativa e seus reflexos na lei de improbidade empresarial. Disponível em: https://www.migalhas.com.br/depeso/321402/natureza-juridica-do-instituto-da-nao-persecucao-civel-previsto-na-lei-de-improbidade-administrativa-e-seus-reflexos-na-lei-de-improbidade-empresarial. Aceso em: 27 jul. 2020.

[31] SANTOS, Christiano Jorge; MARQUES, Sílvio Antônio. "Pacote anticrime" (lei 13.964/2019) e acordo de não persecução cível na fase pré-processual: entre o dogmatismo e o pragmatismo. In: *Revista de Processo*, São Paulo, vol. 303, p. 291-314, maio 2020.

[32] OLIVEIRA, José Roberto Pimenta. *Os princípios da razoabilidade e da proporcionalidade no direito administrativo brasileiro*. São Paulo: Malheiros, 2006.

estimulada por juízes, advogados, defensores públicos e membros do Ministério Público, inclusive no curso do processo judicial, conforme os §§2º e 3º do artigo 3º do Código de Processo Civil (Lei nº 13.105/2015), igualmente ressalvada na Lei nº 13.140, de 26 de junho de 2015, merecendo destaque a consagração do instituto do negócio jurídico-processual *lato sensu* trazido nos artigos 190, 191 e 373, §3º, do CPC.

A aplicação subsidiária do Código de Processo Civil no domínio das ações de improbidade administrativa merece acolhida doutrinária, conforme se extrai do disposto no artigo 90 do CDC (Lei nº 8.078/1990) e do artigo 21 da LACP (Lei nº 7.347/1985), com fulcro no artigo 21 da Lei de Improbidade de Pessoas Jurídicas (Lei nº 12.846/2013).

Em termos de diretrizes de interpretação do Direito Público, a consensualidade e a segurança jurídica foram enfaticamente ressaltadas no campo da aplicação do Direito Administrativo, o que inclui o Direito Administrativo Sancionador brasileiro nas regras de sobredireito formuladas nos artigos 26 e 27 da Lei nº 13.665/2018 (Lei de Introdução às Normas do Direito Brasileiro – LINDB). Sob esta perspectiva, interessa a consensualidade que serve efetivamente de instrumento de concretização do Estado Democrático de Direito.[33]

Todas estas normas que conformam o Sistema Brasileiro Anticorrupção demonstram a necessidade de adoção de instrumentos resolutivos na atuação funcional do Ministério Público, sob o paradigma da consensualidade e da segurança jurídica, que incrementem o combate à corrupção e a proteção ao patrimônio público e social. Neste contexto, é imperioso inserir a ampla legitimidade do Ministério Público para avaliar a existência e efetividade de programas de integridade anticorrupção, na vertente consensualizada do exercício de sua atribuição constitucional, no campo cível.

O Ministério Público Federal, através da sua 5ª Câmara de Coordenação e Revisão, aprovou a Orientação Normativa nº 10/2020, que reconhece a possibilidade de que a implementação adequada de programas de integridade anticorrupção constitua exigência passível de negociação no cumprimento de sua Política Anticorrupção de Atuação Consensual do MPF, no bojo de sua Política Nacional de Acordos de Não Persecução Cível e Política Nacional de Acordos de Leniência (artigo 4º, §2º).

---

[33] NOHARA, Irene Patrícia. Consensualidade e gestão democrática do interesse público no Direito. In: *Interesse Público – IP*, Belo Horizonte, ano 15, n. 78, mar./abr. 2013.

O comprometimento da pessoa jurídica na implementação ou na melhoria de mecanismos internos de integridade pode ser objeto de acordos de leniência, previstos no artigo 16 da LIPJ. Não podem constituir o escopo primário de acordos de leniência, porque esta categoria consensual visa substancialmente promover alavancagem probatória em favor dos legitimados a celebrá-los. São acordos com escopo sancionatório, com obrigatório conteúdo probatório, engendrando o melhor ou maior conhecimento de práticas de corrupção a exigirem o devido sancionamento. A assunção de compromissos de integridade pode ocorrer no acordo de leniência. No âmbito do MPF, a Orientação Normativa 5ª CCR nº 07/2017 reconhece a adequação de cláusulas de compromissos de integridade no bojo da leniência.

Com a introdução de acordos de não persecução cível, a exigência de criação ou de melhorias em programas de integridade efetivos também pode servir de obrigação adequada, necessária e proporcional no bojo desses acordos.

A consensualidade no marco da improbidade administrativa pode ter escopo primariamente colaborativo de alavancagem probatório (acordos de leniência), mas pode assumir outros modelos consensuais em que evitar ou resolver possível ou determinada demanda judicial seja a mola propulsora do consenso, sendo que o ordenamento jurídico brasileiro agasalha a legitimidade deste tipo de obrigação, sobremodo quando manifesta a finalidade de tutela do interesse público anticorrupção.

Até mesmo no bojo da consensualidade inscrita no marco dos Termos de Ajustamento de Conduta, marcados pela busca de solução judicial ou extrajudicial de acertamento de obrigações de dar, fazer ou não fazer, restaurativos de ilegalidades verificadas no âmbito do Poder Público, a imposição de obrigações quanto à criação ou implementação efetiva de programas de integridade anticorrupção deve ser considerada válida, na medida em que as circunstâncias fáticas e jurídicas do caso avalizem sua negociação e consensualização.

Em seu artigo 24, a Orientação Normativa 5ª CCR-MPF nº 10/2020 preconiza que deverão ser considerados, na fixação de benefícios em favor do celebrante de ANPC, conforme o caso: I – a categoria de cargo, emprego ou função pública, utilizado pelo celebrante, na prática da improbidade, e seus antecedentes funcionais; II – o proveito patrimonial ou vantagem indevida, auferidos ou pretendidos com a improbidade; III – a extensão da lesão ou perigo de lesão causados ao Erário Público; IV – o grau de lesão ou perigo de lesão aos deveres de honestidade, legalidade, imparcialidade e lealdade às instituições públicas; V – a gravidade do ilícito; VI – a consumação ou não do ilícito tipificado em lei; VII – os efeitos negativos produzidos pela improbidade, no âmbito da organização do Estado e da função estatal afetada pelo ilícito; VIII – a situação econômica do celebrante; IX – a cooperação do celebrante para a apuração das infrações; X – *a existência de mecanismos e procedimentos internos de integridade, auditoria e incentivo à denúncia de irregularidades e a aplicação efetiva de códigos de ética e de conduta, no caso de celebrante pessoa jurídica*; XI – o valor dos contratos vinculados à prática da improbidade.

Na celebração de ANPC, além do expresso compromisso de cessação da conduta ímproba pelo celebrante, poderão ser estabelecidas quaisquer obrigações lícitas, determinadas, adequadas, necessárias e proporcionais às circunstâncias do caso concreto, que contribuam para realizar, com eficácia razoável, a prevenção e repressão da improbidade administrativa objeto do acordo, destacando-se o inciso IV do artigo 25, *verbis*: "IV – o compromisso de implementar ou aperfeiçoar programas de integridade, em caso de pessoa jurídica celebrante, observando-se os parâmetros consagrados na Norma ABNT NBR ISO 37001:2017 – Sistemas de Gestão Antissuborno, com estrutura adequada, necessária e proporcional à situação da pessoa jurídica, contando-se da data da celebração do acordo os prazos de criação e/ou implementação, bem como avaliação e monitoramento estabelecidos no acordo".

Como este tipo de avaliação é relativamente novo, observa-se que não há regramento técnico específico, no âmbito de Ministérios Públicos Estaduais, tendo como escopo estabelecer normas, parâmetros ou diretrizes para a operacionalização desta necessária avaliação de programas de integridade, quando requeridos por pessoas jurídicas passíveis de responsabilização. Por sua vez, a ON MPF-5ª CCR nº 10/2020 incorporou os parâmetros técnicos constantes de norma da ABNT, anteriormente citada, que versa sobre a gestão de sistemas antissuborno, como referência de sua avaliação na matéria.

Embora seja sabido que práticas de corrupção e suborno não se equivalem, vez que a relação entre os conceitos é de gênero para espécie, os parâmetros contidos na norma técnica da ABNT seguem referencial internacional e mostram-se adequados à finalidade pública perseguida.

É importante registrar que, no regulamento da Lei nº 12846, foi aprovado o Decreto nº 8.420, de 18.03.2015, cujo artigo 41 traz uma definição regulamentar de programa de integridade, esclarece que este ônus legal está submetido ao princípio da proporcionalidade (art. 41, parágrafo único) e oferece parâmetros de avaliação da existência e aplicação dos programas, para efeitos sancionatórios, em seu artigo 42. Os dispositivos estão em consonância com as diretrizes técnicas da ABNT, contidos na Norma ABNT NBR ISO 37001:2017 – Sistemas de Gestão

Antissuborno. Em verdade, estes sistemas de gestão administrativa têm sido desenvolvidos em todos os países sob os influxos das Convenções Internacionais Anticorrupção, havendo elevada uniformidade na forma técnica de concepção e estruturação.

Os programas de integridade anticorrupção são estruturados em cinco regras fundamentais ou pilares: comprometimento e apoio da alta direção, instância responsável pelo programa de integridade, análise de perfil e riscos, estruturação das regras e dos instrumentos e estratégias de monitoramento contínuo, seguindo abordagem de Ana Júlia Andrade Vaz de Lima.[34]

Seguindo as normas técnicas pertinentes, internacionais e nacionais,[35] o decreto institui 16 parâmetros, desdobrando referidos pilares, que merecem reprodução:

> I - comprometimento da alta direção da pessoa jurídica, incluídos os conselhos, evidenciado pelo apoio visível e inequívoco ao programa; II - padrões de conduta, código de ética, políticas e procedimentos de integridade, aplicáveis a todos os empregados e administradores, independentemente de cargo ou função exercidos; III - padrões de conduta, código de ética e políticas de integridade estendidas, quando necessário, a terceiros, tais como, fornecedores, prestadores de serviço, agentes intermediários e associados; IV - treinamentos periódicos sobre o programa de integridade; V - análise periódica de riscos para realizar adaptações necessárias ao programa de integridade.

Segue o dispositivo, estabelecendo:

> VI - registros contábeis que reflitam de forma completa e precisa as transações da pessoa jurídica; VII - controles internos que assegurem a pronta elaboração e confiabilidade de relatórios e demonstrações financeiros da pessoa jurídica; VIII - procedimentos específicos para prevenir fraudes e ilícitos no âmbito de processos licitatórios, na execução de contratos administrativos ou em qualquer interação com o setor público, ainda que intermediada por terceiros, tal como pagamento de tributos, sujeição a fiscalizações, ou obtenção de autorizações, licenças, permissões e certidões; IX - independência, estrutura e autoridade da instância interna responsável pela aplicação do programa de integridade e fiscalização de seu cumprimento; X - canais de denúncia de

---

[34] LIMA, Ana Júlia Andrade Vaz de. *Programa de Integridade e Lei 12.846/13*. p. 97.
[35] A *International Organization for Standardization* (ISO) publicou a norma ISO 37001:2016 – *Anti-bribery management systems – Requirements with guidance for use*. Corresponde à Norma ABNT NBR ISO 37001:2017.

irregularidades, abertos e amplamente divulgados a funcionários e terceiros, e de mecanismos destinados à proteção de denunciantes de boa-fé; XI - medidas disciplinares em caso de violação do programa de integridade; XII - procedimentos que assegurem a pronta interrupção de irregularidades ou infrações detectadas e a tempestiva remediação dos danos gerados; XIII - diligências apropriadas para contratação e, conforme o caso, supervisão, de terceiros, tais como, fornecedores, prestadores de serviço, agentes intermediários e associados; XIV - verificação, durante os processos de fusões, aquisições e reestruturações societárias, do cometimento de irregularidades ou ilícitos ou da existência de vulnerabilidades nas pessoas jurídicas envolvidas; XV - monitoramento contínuo do programa de integridade visando seu aperfeiçoamento na prevenção, detecção e combate à ocorrência dos atos lesivos previstos no art. 5º da Lei nº 12.846, de 2013; e XVI - transparência da pessoa jurídica quanto a doações para candidatos e partidos políticos.[36]

Este rol, muito embora extenso, é taxativo, em razão do efeito sancionatório vinculado ao resultado da avaliação. Revelam os aspectos essenciais do programa de integridade anticorrupção, se concretamente aplicado, capaz de produzir maiores resultados práticos em termos de prevenção e dissuasão de práticas ímprobas nas pessoas jurídicas.

Não apenas a submissão da formulação e implementação dos programas de integridade pelas PJs estão submetidas ao princípio da proporcionalidade,[37] como também a avaliação pelos exercentes das potestades sancionadoras não pode se afastar deste postulado constitucional.

Esta subordinação foi estampada na avaliação que se reputa válida tão somente se a competência for exercida se, quando e na exata medida que considerar "o porte e especificidades da pessoa jurídica", colhendo-se do texto normativo critérios ponderativos, tais como:

> I - a quantidade de funcionários, empregados e colaboradores; II - a complexidade da hierarquia interna e a quantidade de departamentos, diretorias ou setores; III - a utilização de agentes intermediários como consultores ou representantes comerciais; IV - o setor do mercado em que atua; V - os países em que atua, direta ou indiretamente; VI - o grau de

---

[36] Excelente abordagem sobre cada inciso, conferir SCHRAM, Fernanda Santos. *Compliance nas contratações públicas*. Belo Horizonte: Fórum, 2019, p. 198-277.

[37] ZOCKUN, Maurício; MORETTINI E CASTELLA, Gabriel. Programa de leniência e integridade como novos instrumentos no Direito Administrativo Sancionador. *In:* OLIVEIRA, José Roberto Pimenta. *Direito Administrativo Sancionador* – estudos em homenagem ao Professor Emérito da PUC-SP Celso Antônio Bandeira de Mello. São Paulo: Malheiros, 2019, p. 428.

interação com o setor público e a importância de autorizações, licenças e permissões governamentais em suas operações; VII - a quantidade e a localização das pessoas jurídicas que integram o grupo econômico; e VIII - o fato de ser qualificada como microempresa ou empresa de pequeno porte.

O rol é enumerativo porque a proporcionalidade implica a ponderação de todas as circunstâncias juridicamente relevantes em cada caso concreto.

Ao nível infrarregulamentar merecem registro, na esfera do Poder Executivo Federal, as disciplinas constantes da Portaria CGU nº 909, de 07.05.2015, que dispõe sobre a avaliação de programas de integridade de pessoas jurídicas, bem como a Portaria Conjunta nº 2.279, de 09.09.2015,[38] que dispõe sobre a avaliação de programas de integridade de microempresa e de empresa de pequeno porte. As normas permanecem em vigor, mesmo após o advento da Instrução Normativa nº 13, de 08.08.2019, dispondo sobre os procedimentos para apuração da responsabilidade administrativa de pessoas jurídicas de que trata a Lei nº 12.846.

Relativamente às duas últimas formas empresariais (ME e EPP), o próprio decreto não exige a aplicação dos incisos III, V, IX, X, XIII, XIV e XV do *caput* (artigo 42, §§3º e 4º). Este rol de incisos é taxativo, considerando igualmente os efeitos sancionatórios da avaliação.

Em síntese, a metodologia estabelecida na Portaria CGU nº 909/2015 estabelece que: (1) a pessoa jurídica deverá apresentar dois relatórios – relatório de perfil e relatório de conformidade do programa; (2) no relatório de perfil, a pessoa jurídica deverá: I - indicar os setores do mercado em que atua em território nacional e, se for o caso, no exterior; II - apresentar sua estrutura organizacional, descrevendo a hierarquia interna, o processo decisório e as principais competências de conselhos, diretorias, departamentos ou setores; III - informar o quantitativo de empregados, funcionários e colaboradores; IV - especificar e contextualizar as interações estabelecidas com a Administração Pública nacional ou estrangeira; V - descrever as participações societárias que envolvam a pessoa jurídica na condição de controladora, controlada, coligada ou consorciada; e VI - informar sua qualificação, se for o caso, como microempresa ou empresa de pequeno porte.

---

[38] Expedida pelo Ministro de Estado Chefe da Controladoria-Geral da União e então Ministro de Estado Chefe da Secretaria da Micro e Pequena Empresa.

Por sua vez, (3) no Relatório de Conformidade, a pessoa jurídica deverá: I - informar a estrutura do programa de integridade; II - demonstrar o funcionamento do programa de integridade na rotina da pessoa jurídica, com histórico de dados, estatísticas e casos concretos; e III - demonstrar a atuação do programa de integridade na prevenção, detecção e remediação do ato lesivo objeto da apuração.

Na metodologia fixada pela CGU, a definição do percentual de redução (de sanções legais) considerará o grau de adequação do programa de integridade ao perfil da empresa e de sua efetividade. Não haverá concessão de benefícios em face de programa de integridade meramente formal e que se mostre absolutamente ineficaz para mitigar o risco de ocorrência de atos ímprobos.

Como já esclarecido, a Lei nº 12.846 dispõe sobre improbidade administrativa e consagra a plena tutela judicial na sua aplicação, visando a proteção da probidade pelas pessoas jurídicas. Compreende-se que a possibilidade de especificação técnica dos elementos de programas de integridade, para efeitos sancionatórios, tenha sido reservada à competência regulamentar, exclusiva do Chefe do Poder Executivo da União, nos termos do artigo 84, IV, da Constituição Federal, na medida em que, admitido o sancionamento em fase pré-judicial que exige a avaliação de programas anticorrupção, a regulamentação nacional imprime uniformidade no modo como a lei nacional deve ser aplicada.

A improbidade administrativa (artigo 37, §4º CF) é de competência legislativa exclusiva da União Federal. Logo, esta específica competência regulamentar é exclusiva do Chefe do Poder Executivo da União. Não cabendo regulamentações contrárias nas demais esferas federativas. Para reforçar esta eficácia nacional da norma do decreto, também vale recorrer ao princípio da segurança jurídica, a exigir previsibilidade na forma como os parâmetros organizacionais de determinada pessoa jurídica devem ser escrutinados, no domínio nacional da improbidade, gerando-lhe benefícios legais.

Na ausência de regramento específico aprovado ao nível de cada ramificação do Ministério Público (MP Estaduais e MP Federal), bem como na ausência de regulamentação editada pelo CNMP, entende-se que a aplicação dos parâmetros técnicos das normas da ABNT deve considerar o detalhamento executivo previsto na legislação anticorrupção federal, aproximando-se conteúdo e metodologias na forma de avaliação dos programas de integridade anticorrupção, por parte do Ministério Público. Aproximar formas de avaliação prestigia boa-fé e produz segurança jurídica.

III.2 Avaliação de programa de integridade anticorrupção no bojo do exercício de potestades unilaterais exercidas pelo MP no domínio da improbidade administrativa

A avaliação de programas de integridade pelo Ministério Público não ocorre apenas em sede de possível procedimento administrativo de consensualidade no domínio da improbidade administrativa. Também merece destaque uma possível avaliação no bojo de processos judiciais, ou seja, de ações civis públicas de improbidade administrativa, em situações específicas que pessoas jurídicas corrés pretendam se beneficiar da circunstância favorável, prevista no artigo 7º, inciso VIII, da Lei nº 12.846, por ocasião do julgamento da ação.

Com efeito, o fator de dosimetria perfilhado no inciso VIII da Lei nº 12.846 é de obrigatória averiguação no âmbito da ação civil pública de improbidade administrativa que vise a condenação de pessoas jurídicas. Comprovada a existência e efetividade do programa de integridade, deve tal fato interferir, de forma atenuante, na fixação judicial de sanções na condenação.

Como se trata de ônus jurídico, estabelecido em lei em favor das pessoas jurídicas, permanecerão com estas o ônus processual de comprovação regular da configuração da circunstância legal atenuante, no processo judicial.

Em havendo possível avaliação do programa de integridade por órgão ou entidade da Administração Direta ou Indireta de quaisquer dos entes da Federação, esta avaliação poderá ser aproveitada no curso da instrução do processo judicial, cabendo ao Ministério Público impugná-la, por revelar-se inapropriada para a finalidade perseguida, em face da demanda; ou manifesta-se pela própria avaliação de programa de integridade anticorrupção, a partir das informações juntadas aos autos judiciais ao longo da demanda.

O ônus da prova sobre a efetividade de programas de integridade implementados deve recair sobre a pessoa jurídica. Não há como se presumir que a sua mera existência na organização – noticiada nos autos judiciais – indique o grau de efetividade perseguido pela lei.

De outra parte, não é possível atribuir ao autor da demanda (ou seja, ao Ministério Público) a prova (negativa) da não efetividade do programa, sob pena de se atribuir uma irrefutável *prova diabólica* para a acusação.

Por fim, a pessoa jurídica possui as informações completas sobre a integralidade da organização e o funcionamento do seu programa de integridade, sendo artificial deslocar este ônus para a acusação que não possui nenhuma facilidade ou acesso às informações a serem avaliadas.[39]

Ao longo do processo judicial, o Ministério Público deverá se manifestar conclusivamente sobre a possível interferência da avaliação da existência e efetividade de programas de integridade na condenação de pessoas jurídicas.

No julgamento da ação de improbidade, relativamente à aplicação da multa (artigo 6º da Lei nº 12.846) e forma de cálculo na legislação anticorrupção federal (percentuais previstos no Decreto nº 8.420/2015), indaga-se se referidos percentuais (fixados em nível regulamentar) igualmente devem ser aplicados ou observados pelo Poder Judiciário, na aplicação da LIPJ, invocando-se a observância da legalidade estrita, que implicaria observância da habilitação regulamentar contida na lei.

Consoante o artigo 37, §4º, a Constituição atribui ao Poder Judiciário a forma e gradação na aplicação das sanções por improbidade administrativa. A proporcionalidade se movimenta neste espaço de configuração legislativa, de modo que a lei não pode afastar tão somente as sanções já estabelecidas na Constituição, que são a perda da função e a suspensão de direitos políticos. Estas são aplicáveis a pessoas físicas. Logo, a margem de conformação legislativa de sanções para pessoas jurídicas é maior, habilitando o Poder Judiciário a apurar, em cada caso concreto, o grau adequado, necessário e proporcional das sanções, o que abrange a forma de aplicação dos fatores de dosimetria, e, assim, a repercussão da existência e efetividade de programas de integridade nas ações de improbidade administrativa.

Em casos excepcionais, o Poder Judiciário poderá majorar o percentual de atenuação da multa, relacionado com o funcionamento regular e efetivo do programa de integridade anticorrupção de pessoa jurídica, para além dos parâmetros gerais e abstratos contidos no decreto, com fulcro na Lei nº 12.846. O Poder Judiciário terá cabal legitimidade para valorar o percentual atenuante da multa, a título de exame da organização interna da pessoa jurídica para promover a integridade.

O que não será possível ao Poder Judiciário será isentar a pessoa jurídica de sanções legais, com fundamento exclusivo na efetividade de

---

[39] TOMILLO, Manuel Gómez. La culpabilidad de las personas jurídicas por la comisión de infracciones administrativas: especial referencia a los programas de cumplimiento. *In: Revista de Administración Pública*, 203, p. 57-88, mayo/agosto 2017. Disponível em: https://doi.org/10.18042/cepc/rap.203.02.

programa implementado pela pessoa jurídica,[40] restando provado que o ato de improbidade foi praticado em proveito ou benefício da pessoa jurídica, porque o quadro legal não contempla esta possibilidade de exclusão de responsabilidade.

Por outro lado, o Poder Judiciário não poderá agravar a multa cabível pela pratica da improbidade administrativa, invocando omissão ou deficiência no programa de integridade da pessoa jurídica, pois não haverá lastro legal para tanto, visto que se trata de ônus da pessoa jurídica sancionada.

IV Necessidade de capacitação institucional para adequada avaliação dos programas de integridade, no domínio da improbidade administrativa

A outorga de efeitos jurídicos a programas de integridade anticorrupção no domínio da improbidade administrativa é uma criação recente, da Lei nº 12.846/2013. Busca-se maior conformidade de condutas no sistema sancionador da improbidade, através da concessão de benefícios legais no processo sancionador. É típica medida de incentivo a quem se subordina ao modelo sancionador para que revele maior adequação de condutas, afastando-se da prática de atos de improbidade administrativa que podem acarretar condenações judiciais em desfavor da pessoa jurídica envolvida na ilicitude.

Para que possa deflagrar sua funcionalidade plena, torna-se fundamental capacitação técnica na sua utilização pelos entes e instituições legitimados à persecução cível, incluído o Ministério Público. Com efeito, para que possam ser usados com plena operatividade, seja na atuação sancionadora consensualizada, seja na atuação sancionadora clássica (na propositura e acompanhamento de ações de improbidade), o Ministério Público necessitará de aperfeiçoamento e de capacitação de sua estrutura administrativa e operacional para manusear esta relevante ferramenta de dissuasão de práticas de corrupção nas pessoas jurídicas. Estes esforços devem integrar o Planejamento Estratégico dos Ministérios Públicos, considerando a progressiva relevância que vem assumindo no bojo de soluções consensualizadas, extrajudiciais e judiciais, no terreno da proteção do patrimônio público e social.

---

[40] Em sentido contrário, conferir: LIMA, Ana Júlia Andrade Vaz de. *Programa de Integridade e Lei 12.846/13 – O Compliance na Lei Anticorrupção brasileira*. São Paulo: Lumen Juris, 2018, p. 172-175.

Como o sistema de responsabilização por atos de improbidade administrativa (LGIA e LIPJ) conferem legitimidade aos entes lesados e Ministérios Públicos competentes para a movimentação de suas engrenagens sancionatórias, torna-se fundamental a cooperação interinstitucional em matéria de avaliação de programas de integridade de pessoas jurídicas. A reunião de esforços institucionais é a melhor solução para que não haja alocação de recursos, em duplicidade, com duplicada e injustificada repetição de avaliações. Por outro lado, a concertação entre entes e instituições é fundamental para que se cumpra a missão de avaliação, com objetividade, imparcialidade, isenção, isonomia, proporcionalidade e segurança jurídica.

A cooperação interinstitucional é instrumento de fortalecimento do Estado, e da execução de sua política anticorrupção. Realizada com diálogo e respeito, com observância do devido processo legal, a avaliação coordenada de programas de integridade de pessoas jurídicas só tende a gerar efeitos positivos na credibilidade desses novos instrumentos, que buscam agregar esforços do setor privado no enfrentamento da corrupção.

Conclusões

1. Desde a internalização das Convenções Internacionais contra a Corrupção no Direito brasileiro, os programas de integridade anticorrupção já protagonizam efeitos no âmbito do Direito Administrativo Sancionador da Improbidade Administrativa, na responsabilização de pessoas jurídicas, nos termos da legislação geral e especial constitutiva deste sistema, cujo fundamento constitucional está no artigo 37, §4°, da Constituição Federal.

2. Com o advento da Lei n° 12.846/2013, a responsabilidade de pessoas jurídicas no domínio da improbidade administrativa foi reformulada em sua base normativa, com a introdução da responsabilidade objetiva, processada conforme a imputação estabelecida no critério insculpido no artigo 2° da LIPJ. A alteração substancial derivada da objetivação da responsabilidade para pessoas jurídicas conduziu à necessária revalorização dos programas de integridade, em sua versão anticorrupção.

3. A previsão de efetivos programas de integridade anticorrupção, como fator favorável à pessoa jurídica, no processo de dosimetria de sanções estatais, constitui incentivo para a adoção, estruturação e operacionalização dos referidos sistemas por parte de entes morais.

4. O domínio da improbidade administrativa não qualificou o efetivo cumprimento das normas regentes do programa de integridade, em caso de determinada prática corruptiva imputada à pessoa jurídica, como excludente de responsabilização, mesmo após a vigência da Lei nº 12.846/2013. Os programas de integridade anticorrupção não têm o condão de eliminar a prática de corrupção, como fenômeno humano oculto, insuscetível de controle absoluto na sua irrupção e disseminação. Servem para prevenção, dissuasão e punição.

5. Para a montagem de programas de integridade anticorrupção, é fundamental analisar com o devido cuidado os tipos sancionadores que estão em vigor no domínio da improbidade administrativa, sobremodo à luz da dicção do artigo 5º da LIPJ e artigos 9º, 10 e 11 da LGIA (com suas alterações posteriores e normas especiais extravagantes).

6. Exigir programas de integridade de pessoas jurídicas e habilitar o Ministério Público a realizar sua adequada avaliação está em perfeita sintonia com os compromissos internacionais anticorrupção (Convenções da OCDE, OEA e ONU), além de gozar de ampla fundamentação normativa na Constituição Federal.

7. Como instituição independente de Estado, o Ministério Público exerce função central no enfrentamento de práticas corruptivas, que agridem a organização do Estado brasileiro, buscando melhores resultados na implementação dos compromissos internacionais.

8. Com legitimidade incontestável no domínio da improbidade administrativa, com o advento da Lei nº 12.846, o Ministério Público também ostenta a legitimidade de proceder à adequada avaliação de programas de integridade, cuja existência ou efetivo funcionamento possam ser alinhavados como circunstâncias favoráveis no processo de dosimetria das sanções aplicadas às pessoas jurídicas, pela prática de improbidade administrativa, seja para o fim do exercício de potestades consensualizadas (celebração de termos de ajustamento de gestão, acordos de não persecução cível ou acordos de leniência), seja para o fim de abalizar o exercício de suas atribuições no campo judicial de demandas anticorrupção.

9. Não há regramento específico no âmbito de Ministérios Públicos Estaduais, tendo como escopo estabelecer normas, parâmetros ou diretrizes para a operacionalização desta necessária avaliação de programas de integridade, quando requeridos por pessoas jurídicas passíveis de responsabilização.

10. No âmbito do MPF, a ON MPF-5ª CCR nº 10/2020 incorporou os parâmetros técnicos constantes de norma da ABNT, que versa sobre

a gestão de sistemas antissuborno, como referência de sua avaliação na matéria, muito embora suborno e corrupção não sejam equivalentes.

11. Na ausência de regramento específico aprovado ao nível de cada ramificação do Ministério Público (MP Estaduais e MP Federal), bem como na ausência de regulamentação editada pelo CNMP, entende-se que a aplicação dos parâmetros técnicos da Norma ABNT NBR ISO 37001:2017 deve considerar o detalhamento executivo previsto na legislação anticorrupção federal, aproximando-se conteúdo e metodologias na forma de avaliação dos programas de integridade anticorrupção.

12. A cooperação interinstitucional é instrumento de fortalecimento do Estado e da execução de sua política anticorrupção. Realizada com diálogo e respeito, com observância do devido processo legal, a avaliação coordenada de programas de integridade de pessoas jurídicas só tende a gerar efeitos positivos na credibilidade desses novos instrumentos, que buscam agregar esforços do setor privado no enfrentamento da corrupção.

Referências

ALAMIRO VELLUDO, Salvador Netto. *Responsabilidade Penal da Pessoa Jurídica*. São Paulo: RT, 2018.

ALBUQUERQUE, Ana Cláudia de Paula. *Aspectos da responsabilização administrativa da pessoa jurídica na Lei 12.846/13*. 189 f. Dissertação (Mestrado em Direito) – Pontifícia Universidade Católica de São Paulo, São Paulo, 2015.

ALMEIDA, Fernando Dias Menezes de. Mecanismos de consenso no direito administrativo. In: ARAGÃO, Alexandre Santos de; MARQUES NETO, Floriano de Azevedo (Org.). *Direito administrativo e seus novos paradigmas*. 2. ed. Belo Horizonte: Fórum, 2017, p. 325-336.

CASTRO, Leonardo Bellini de. *Lei Anticorrupção*. Impactos sistêmicos e transversais. Leme: JHMizuno, 2019.

DIEZ, Carlos Gómez-Jara. *A Responsabilidade Penal da Pessoa Jurídica* – Teoria do Crime Para Pessoas Jurídicas. São Paulo: Saraiva, 2015.

GARCIA, Émerson. A consensualidade no direito sancionador brasileiro: potencial incidência no âmbito da Lei n° 8.429/1992. Disponível em: https://www.conamp.org.br/pt/biblioteca/artigos/item/1745-a-consensualidade-no-direito-sancionador-brasileiro-potencial-incidencia-no-ambito-da-lei-n-8-429-1992.html.

GROTTI, Dinorá Adelaide Musetti. A participação popular e a consensualidade na administração pública. In: MOREIRA NETO, Diogo de Figueiredo (Coord.). *Uma avaliação das tendências contemporâneas do direito administrativo*. Rio de Janeiro: Renovar, 2003.

LANE, Renata. *Acordos no domínio da improbidade administrativa*. Dissertação de Mestrado. Faculdade de Direito. Pontifícia Universidade Católica de São Paulo. São Paulo. 2020.

MARRARA, Thiago; DI PIETRO, Maria Sylvia Zanella. *Lei Anticorrupção Comentada*. Belo Horizonte: Fórum, 2019.

NOHARA, Irene Patrícia. Consensualidade e gestão democrática do interesse público no Direito. *In: Interesse Público – IP*, Belo Horizonte, ano 15, n. 78, mar./abr. 2013.

NOHARA, Irene Patrícia. Lei Anticorrupção Empresarial e *Compliance*: programa de compliance efetivo e cultura de integridade. *In:* NOHARA, Irene Patrícia; PEREIRA, Flávio de Leão Bastos. *Governança, Compliance e Cidadania*. 2. ed. São Paulo: RT, 2019.

NIETO GARCÍA, Alejandro. *Derecho Administrativo Sancionador*. 5. ed. Madri: Tecnos, 2017.

NUCCI, Guilherme de Souza. *Corrupção e anticorrupção*. Rio de Janeiro: Forense, 2015.

OLIVEIRA, José Roberto Pimenta. *Os princípios da razoabilidade e da proporcionalidade no direito administrativo brasileiro*. São Paulo: Malheiros, 2006.

OLIVEIRA, José Roberto Pimenta. *Improbidade administrativa e sua autonomia constitucional*. Belo Horizonte: Fórum, 2009.

OLIVEIRA, José Roberto Pimenta. Código de Conduta e Ética no âmbito da Administração Pública Direta. *In:* NOHARA, Irene Patrícia; PEREIRA, Flávio de Leão Bastos. *Governança, compliance e cidadania*. 2. ed. São Paulo: Atlas, 2019.

OLIVEIRA, José Roberto Pimenta. Desafios e avanços na prevenção e no combate á corrupção, na atuação cível, do Ministério Público Federal, nos 30 anos da Constituição Federal. *In:* HIROSE, Regina Tamami (Coord.). *Carreiras Típicas de Estado*. Desafios e avanços na prevenção e no combate à corrupção. Belo Horizonte: Fórum, 2019.

OLIVEIRA, José Roberto Pimenta; GROTTI, Dinorá Adelaide Musetti. Direito administrativo sancionador brasileiro: breve evolução, identidade, abrangência e funcionalidades. *Interesse Público – IP*, Belo Horizonte, ano 22, n. 120, p. 83-126, mar./abr. 2020.

OSÓRIO, Fábio Medina. *Direito administrativo sancionador*. 6. ed. rev. atual. e ampl. São Paulo: RT, 2019.

OSÓRIO, Fábio Medina. *Teoria da Improbidade Administrativa*. 5. ed. São Paulo: RT, 2020.

OSÓRIO, Fábio Medina. Natureza jurídica do instituto da não persecução cível previsto na lei de improbidade administrativa e seus reflexos na lei de improbidade empresarial. Disponível em: https://www.migalhas.com.br/depeso/321402/natureza-juridica-do-instituto-da-nao-persecucao-civel-previsto-na-lei-de-improbidade-administrativa-e-seus-reflexos-na-lei-de-improbidade-empresarial. Acesso em: 27 jul. 2020.

PALMA, Juliana Bonacorsi de. *Sanção e acordo na administração pública*. São Paulo: Malheiros, 2015.

PRADO, Luiz Regis; ARIEL, René. *Responsabilidade Penal da Pessoa Jurídica*. São Paulo: RT, 2011.

PUIG, Manuel Rebollo. Responsabilidad sancionadora de personas jurídicas, entes sin personalidad y administradores. *In: Revista IUS ET VERITAS*, n. 53, Diciembre 2016. Disponível em: https://doi.org/10.18800/iusetveritas.201701.013.

QUEIROZ, Ronaldo Pinheiro de. Responsabilização judicial da pessoa jurídica na lei anticorrupção. *In:* SOUZA, Jorge Munhos; QUEIROZ, Ronaldo Pinheiro de. *Lei anticorrupção*. Salvador: Juspodivm, 2015.

ROSE-ACKERMAN. Susan. *Corruption and government*. Causes, consequences and reform. Cambridge: Cambridge University Press, 1999.

SANTOS, Christiano Jorge; MARQUES, Sílvio Antônio. "Pacote anticrime" (lei 13.964/2019) e acordo de não persecução cível na fase pré-processual: entre o dogmatismo e o pragmatismo. *In: Revista de Processo*, São Paulo, vol. 303, p. 291-314, maio 2020.

SCHRAM, Fernanda Santos. *Compliance* nas contratações públicas. Belo Horizonte: Fórum, 2019.

TOMILLO, Manuel Gómez. La culpabilidad de las personas jurídicas por la comisión de infracciones administrativas: especial referencia a los programas de cumplimiento. *In: Revista de Administración Pública*, 203, p. 57-88, mayo/agosto 2017. Disponível em: https://doi.org/10.18042/cepc/rap.203.02.

TRACY, Joseph Reinaldet. *A responsabilidade penal da pessoa jurídica*. Curitiba: iEA Academia, 2014.

VEGA, Dulce M. Santana. Delito corporativo de incumplimiento en la prevención de sobornos (Bribery Act 2010). *In: Revista Electrónica de Ciencia Penal y Criminología*, n. 17-15, p. 1-32, 2015. Disponível em: http://criminet.ugr.es/recpc.

VORONOFF, Alice. *Direito administrativo sancionador no Brasil*: justificação, interpretação e aplicação. Belo Horizonte: Fórum, 2018.

ZOCKUN, Maurício; MORETTINI E CASTELLA, Gabriel. Programas de leniência e integridade como novos instrumentos no Direito Administrativo Sancionador hodierno. *In:* OLIVEIRA, José Roberto Pimenta (Coord.). *Direito Administrativo Sancionador*. São Paulo: Malheiros, 2019.

Informação bibliográfica deste texto, conforme a NBR 6023:2018 da Associação Brasileira de Normas Técnicas (ABNT):

OLIVEIRA, José Roberto Pimenta. Avaliação de programas de integridade pelo Ministério Público no cumprimento da legislação de improbidade administrativa (Lei nº 8.429/1992 e Lei nº 12.846/2013). *In:* SCHNEIDER, Alexandre; ZIESEMER, Henrique da Rosa (Coord.). *Temas atuais de compliance e Ministério Público*: uma nova visão de gestão e atuação institucional. Belo Horizonte: Fórum, 2021. p. 51-85. ISBN 978-65-5518-220-0.

CRIMINAL COMPLIANCE: REFLEXÕES SOBRE A RESPONSABILIDADE PENAL DE SEUS AGENTES

LAURO PINTO CARDOSO NETO

Introdução

A reflexão que se propõe no presente artigo é verificar se a inobservância do dever de *compliance* pode ensejar a responsabilização penal de seu responsável. Para alguns, o *compliance officer* (profissional de *compliance*) *assume* a posição de garante e, por conseguinte, pode ser responsabilizado criminalmente pela omissão imprópria. Em sentido diverso, a responsabilidade penal somente pode existir se houver no ordenamento jurídico a previsão legal de conduta comissiva de resultado. Para melhor testar esse conflito no plano teórico, analisaremos a questão à luz do *compliance* antilavagem.

E a par dessa discussão específica, no sentido positivo da responsabilização penal pela omissão dos deveres de *compliance*, há quem defenda também a aplicação, em determinados casos, da Teoria da Cegueira Deliberada *(willfull blindness)*, também conhecida como doutrina das instruções de avestruz *(ostrich instructions)* ou da evitação da consciência *(conscious avoidance doctrine)*.

1 Compliance

1.1 Origens

A concepção do *compliance*, segundo Lima e Martinez (2018), desenvolveu-se nos Estados Unidos após a crise de 1929, com a criação da *Securities and Exchange Comission* (SEC) em 1934, instituição equivalente à Comissão de Valores Mobiliários (CVM) no Brasil, para a proteção dos investidores e do mercado de valores mobiliários. Décadas se passaram e, em face de diversos escândalos financeiros ocorridos nos Estados Unidos, em 1977, foi editado o *Foreign Corrupt Practices Act* (FCPA), lei contra atos de corrupção internacional.

Não obstante, atos terroristas ocorridos nos Estados Unidos em 2001, escândalos de governança corporativa e fraudes contábeis, divulgação de casos de corrupção e desvios de recursos do terceiro setor acentuaram a percepção da necessidade de imposição de novos níveis éticos de conduta e de cumprimento das leis, motivando a edição da Lei Sarbanes-Oxley (SOX ou Lei Sarbox), em 2002, idealizada pelos congressistas Paul Sarbanes e Michael Oxley, com a qual foram fixadas diretrizes e programas de *compliance* para que as empresas pudessem atuar regularmente (COIMBRA; MANZI, 2010).

Merece ainda destaque a Convenção das Nações Unidas contra a Corrupção de 2003, conhecida como Convenção de Mérida, que estabeleceu a adoção de medidas para prevenção da corrupção e melhora das normas contábeis e de auditoria no setor privado, bem como previu fossem fixadas sanções civis, administrativas ou penais eficazes pelo descumprimento dessas normas. Nos termos dessa convenção, os Estados-partes ainda deveriam promover a salvaguarda da integridade dos organismos privados, por meio de normas e procedimentos para suas relações comerciais e contratação pública, incluindo códigos de ética ou de conduta.

1.2 Conceito

A Norma Australiana AS 3806:1998 foi uma das primeiras a definir e estabelecer os princípios para o desenvolvimento e implementação de programas de *compliance* nas organizações. Ela define *compliance* como:

"Adesão às exigências legais, aos padrões e regulamentos industriais e organizacionais, aos princípios de boa governança e de conduta ética" (AUSTRÁLIA, 1998, tradução nossa).

A referida norma também conceitua *compliance culture* como: "Os valores, a ética e as crenças que existem em toda a organização e que interagem com as estruturas e sistemas de controle organizacionais para produzir padrões comportamentais tendentes aos resultados de *compliance*" (AUSTRÁLIA, 1998, tradução nossa).

Por sua vez, a norma ressalta a necessidade de alinhamento do *compliance* aos objetivos estratégicos institucionais: "*Compliance* não deve ser vista como uma atividade independente, mas deve estar alinhada aos objetivos estratégicos institucionais. Um programa de *compliance* eficaz dará suporte a esses objetivos" (AUSTRÁLIA, 1998, tradução nossa).

Nos termos da ISO 19600:2014, *compliance* é o cumprimento das obrigações pelas organizações de forma sustentável, incorporando-o em sua cultura organizacional, no comportamento e na atitude de seus integrantes, sendo de fundamental importância o papel das lideranças em todos os níveis para a adequada implantação de suas medidas (INTERNATIONAL..., 2014).

Já a ISO 37001:2016, que cuida das boas práticas do *compliance* anticorrupção, aplicável a quaisquer organizações públicas ou privadas, com ou sem fins lucrativos, define uma política anticorrupção como contida em uma política de *compliance* mais ampla para evitar ou diminuir os custos, riscos e danos envolvidos na corrupção, promover a confiança no negócio e aumentar sua reputação, considerando essencial o comprometimento da liderança e a cultura de integridade e transparência (INTERNATIONAL..., 2016).

Com efeito, Sieber e Engelhart (2014), em pesquisa realizada em empresas alemãs, constataram que os programas de *compliance* estão amplamente disseminados nas grandes companhias e podem ser tratados sob a moldura de governança corporativa ou de responsabilidade social corporativa.

Diante das múltiplas abordagens do instituto, pode-se dizer que o verdadeiro significado do *compliance* está contido ao que ele está relacionado, considerando os riscos das atividades da organização e dos atos de seus integrantes. Dentre as principais características do *compliance*, destacam-se o caráter preventivo à ocorrência de infrações em face do quadro normativo, a capacidade de retorno ao ambiente de normalidade e legalidade quando ocorrem infrações de natureza administrativa, cível e criminal, assim como o estabelecimento de padrões éticos e de condutas desejáveis aos fins da organização.

2 Criminal compliance

2.1 Origens

As origens do *criminal compliance* confundem-se com a própria criação do instituto pela legislação norte-americana, antes referenciada, com ênfase à prevenção e responsabilização penal. No Brasil, a exigência do *compliance* em normas penais foi introduzida pela Lei nº 9.613/98, que criminalizou a lavagem de dinheiro (VERÍSSIMO, 2017).

A adoção do criminal *compliance* também está ligada ao fato de que convenções internacionais fixaram o entendimento de que a tarefa de prevenir e apurar prática de crimes não era tarefa exclusiva dos Estados. Conforme Veríssimo (2017, p. 13):

> [...] as empresas são chamadas a atuar, elaborando códigos de ética e desenvolvendo programas de *compliance* destinados a promover o adequado cumprimento das normas por parte de seus órgãos, devem investigar as irregularidades praticadas, adotar medidas corretivas e, quando for o caso, entregar os resultados às autoridades competentes [...].

2.2 Conceito e principais modalidades

O *criminal compliance* busca evitar a prática de crimes pelos integrantes das organizações ou por terceiros que com elas se relacionam, servindo também como meio para a realização de investigações internas e a comunicação de delitos ao Ministério Público.

O objetivo do *criminal compliance* "é prevenir tanto a prática de crimes no interior da empresa como a possível responsabilidade penal de seus dirigentes" (BENEDETTI, 2014, p. 86). Sustenta a referida autora que o *compliance* "[...] é um instituto de transferência da responsabilidade penal, que possibilita a individualização da conduta praticada de todos os envolvidos na empresa, por meio de princípios básicos instituídos em um contrato profissional, em que há a adesão formal às responsabilidades".

Nosso quadro normativo passou a dispor de espécies de distintas formatações na prevenção de prática de infrações penais contra bens jurídicos protegidos pelas diversas áreas do Direito, destacando-se as seguintes: *compliance* antilavagem, *compliance* anticorrupção e *compliance* antitruste. A primeira modalidade é de implementação obrigatória para as pessoas físicas e jurídicas indicadas em lei e as demais são de adoção facultativa pelas empresas.

2.2.1 Criminal compliance antilavagem

O tema *criminal compliance*, no contexto das medidas preventivas de lavagem de dinheiro, tem como principal gestor da política internacional antilavagem o Grupo de Ação Financeira (GAFI), também conhecido como *Financial Action Task Force* (FATF), grupo constituído em 1989 pelo G7 (VERÍSSIMO, 2017), o qual incentiva a adoção de diversas medidas de combate à lavagem de dinheiro, ao financiamento do terrorismo e a outras ameaças contra a integridade do sistema financeiro internacional (CARDOSO NETO; CORDEIRO; PAES, 2019).

Merece registro a publicação, em 1997, dos *Core Principles for Effective Banking Supervision* (Princípios Fundamentais para uma Efetiva Supervisão Bancária), contendo 25 princípios. Foram estabelecidos níveis mínimos de estoque de capitais, normas contábeis mais transparentes e melhoria da segurança de dados, preocupando-se, também, com a existência de controles internos efetivos e a prevenção à lavagem de dinheiro.

Destacaram-se os princípios fundamentais n° 17, que fixou a necessidade de implantação de controle independente e interno de observância de normas e regulamentos, e n° 18, que previu a adoção de sistema de integridade do setor bancário, consistente na adoção de políticas e processos adequados adotando padrões éticos e profissionais a fim de evitar a utilização do banco para atividades criminosas (CORE PRINCIPLES..., 2018).

O *compliance* antilavagem surgiu efetivamente no Brasil com a Lei de Lavagem de Dinheiro (Lei n° 9.613/98). Nos termos do art. 10 e 11 da Lei n° 9.613/98, pessoas físicas e jurídicas, elencadas no art. 9°, ficaram obrigadas à identificação de clientes e manutenção de cadastros, ao registro das transações, adoção de políticas, procedimentos e controles internos compatíveis com o volume de operações, a manter seus cadastros atualizados e à comunicação de operações suspeitas ou de transações financeiras de um determinado valor, definido previamente, à unidade de inteligência financeira, no caso o Conselho de Controle de Atividades Financeiras (Coaf), também criado por essa lei com a finalidade de disciplinar, aplicar penas administrativas, receber, examinar e identificar as ocorrências suspeitas de lavagem de dinheiro.

2.2.2 Criminal compliance anticorrupção

O ordenamento jurídico nacional passou a dispor do *compliance* anticorrupção por meio da Lei n° 12.846/2013, que o tratou como "mecanismos e procedimentos internos de integridade, auditoria e incentivo à denúncia de irregularidades e a aplicação efetiva dos códigos de ética e de conduta no âmbito da pessoa jurídica" (art. 7º, inciso VIII). Nos termos do Decreto nº 8.420/2015, que regulamentou a Lei nº 12.746/2013, um "programa de integridade" no âmbito da pessoa jurídica constitui um:

> [...] conjunto de mecanismos e procedimentos internos de integridade, auditoria e incentivo à denúncia de irregularidades e na aplicação efetiva de códigos de ética e de conduta, políticas e diretrizes com objetivo de detectar e sanar desvios, fraudes, irregularidades e atos ilícitos praticados contra a administração pública, nacional ou estrangeira [...] (Art. 41 do Decreto nº 8.420/2015).

A Lei Anticorrupção visa responsabilizar pessoas jurídicas por atos lesivos cometidos contra a Administração Pública nacional ou estrangeira, nas esferas cível e administrativa. Admite-se a celebração de acordos de leniência com as empresas que colaborarem com as investigações e o processo administrativo, o que não exime a pessoa jurídica da obrigação de reparação integral do dano. Tais acordos permitem a isenção da sanção administrativa e a redução da multa, desde que resulte em identificação dos demais envolvidos, obtenção de informações e documentos que comprovem o ilícito em apuração e cesse completamente a atividade ilícita (CARDOSO NETO; PAES; COUTINHO, 2019).

2.2.3 Criminal compliance antitruste

A Lei nº 12.529/2011 estruturou o Sistema Brasileiro de Defesa da Concorrência e cuidou da prevenção e repressão à ordem econômica, não prevendo expressamente a adoção de *compliance*, o que ocorreu por meio de normas infralegais do Conselho Administrativo de Defesa Econômica (CADE). A implementação do *compliance* pode facilitar a realização do acordo de leniência ou do termo de compromisso de cessação de práticas anticoncorrenciais (GUIA..., 2016). Resumidamente, o *criminal compliance* antitruste é considerado um meio eficaz à redução de riscos ao cometimento das infrações contra a ordem econômica e demais crimes conexos (CARDOSO NETO; PAES; COUTINHO, 2019).

3 A responsabilização penal pelo descumprimento do dever de *compliance*

Uma vez delimitado o conceito de *criminal compliance*, merece reflexão saber quais devem ser os critérios utilizados para a responsabilização penal dos dirigentes e responsáveis pelos programas nessas instituições, esses denominados de *compliance officers*. Para melhor compreensão, essa questão será analisada à luz do *criminal compliance* antilavagem, cujas conclusões poderão ser aplicadas às demais modalidades, com seus devidos ajustes.

No julgamento da Ação Penal n° 470, o Supremo Tribunal Federal condenou dirigentes do Banco Rural, responsáveis, nos termos da denúncia, pelo Comitê de Prevenção à Lavagem de Dinheiro e pelas áreas de *compliance* antilavagem, contabilidade, jurídica, operacional, comercial e tecnológica da instituição financeira pela prática de crimes de gestão fraudulenta de instituição financeira (COSTA; ARAÚJO, 2014). No mesmo sentido da responsabilização penal, com ênfase à posição de garante, foi julgada questão semelhante pelo Tribunal Federal de Justiça (BGH) da Alemanha:

> [...] o BGH (Bundesgerichtshof) condenou um *compliance officer* por entender que, ao assumir a responsabilidade pela prevenção de crimes no interior da empresa, o profissional assume também uma posição de garante e, por isso, deve ser punido criminalmente por ter assumido a responsabilidade de impedir o resultado e por ter a obrigação de cuidado, proteção e vigilância [...] (SAAVEDRA, 2011, p. 11-12).

Com efeito, segundo Saavedra (2011), o desenvolvimento do *compliance* constitui um paradoxo na medida em que se promove a prevenção penal para diminuir as chances de responsabilização, ao tempo em que se criam as condições necessárias para a formação de uma cadeia de responsabilidade penal no âmbito da organização, vez que as atribuições conferidas aos *compliance officers* os colocam como garantidores de resultados e, por conseguinte, podem responder, em caso de omissão, como se tivessem agido positivamente. Por igual motivo, os dirigentes da organização e os integrantes do conselho de administração passam a sofrer o risco da persecução penal.

Antes de adentrar as teorias de responsabilização penal dos agentes de *compliance* e para melhor compreender as funções do Direito Penal, deve-se ter como premissa que o "direito penal serve simultaneamente para limitar o poder de intervenção do Estado e para combater o crime [...] Protege o indivíduo de uma repressão desmesurada do Estado e protege a sociedade e os seus membros dos abusos do indivíduo" (ROXIN, 1998, p. 76). Por conseguinte, a estrita legalidade do Direito Penal deve proteger simultaneamente a sociedade e o indivíduo.

Saavedra (2016), com ênfase no *criminal compliance* antilavagem, considera existentes três correntes doutrinárias e jurisprudenciais a respeito da consequência do descumprimento dos deveres de *compliance*: i) imputação penal das condutas tipificadas nos arts. 4º, 16 e 22 da Lei nº 7.492/86 (gestão fraudulenta de instituição financeira, operar instituição financeira sem devida autorização ou realizar operação de câmbio não autorizada para promover evasão de divisas do país); ii) sancionamento meramente administrativo, nos termos dos arts. 12 e 13 da Lei nº 9.613/98 e iii) imputação penal pela prática do crime de lavagem de dinheiro associada à posição de garante.

Quanto à primeira corrente, não há grandes controvérsias na hipótese em que os agentes de *compliance*, independentemente do cumprimento de seus deveres específicos de prevenção penal, orientam-se voluntária e conscientemente à prática das condutas descritas nos tipos penais da Lei de Crimes contra o Sistema Financeiro Nacional (Lei nº 7.492/86), seja realizando como autor ou partícipe a gestão fraudulenta da instituição financeira ou realizando operações financeiras de câmbio com o intuito de evadir divisas ou operações não autorizadas, mediante ação ou omissão segundo as regras comuns de imputação penal. Parece-nos, nesse caso, que a ação de descumprimento dos deveres de *compliance* soma-se a outras ações positivas ou negativas voltadas à realização de outras condutas típicas criminais.

Relativamente à segunda corrente, igualmente não há dúvidas da possibilidade de responsabilização administrativa pelo descumprimento dos deveres de *compliance*, vez que expressamente previsto em lei.

O último entendimento sobre as consequências do descumprimento dos deveres de *compliance* diz respeito justamente à responsabilização penal como consequência direta da omissão do *compliance officer* que assumiu a posição de garante de evitação do resultado. Como se utiliza o *compliance antilavagem* para a hipótese de estudo, o resultado a ser evitado é a prática do crime de lavagem de dinheiro. Sobre esse ponto, há diferentes posicionamentos doutrinários.

Aras (2011) entende que os agentes de *compliance* podem responder como coautores ou partícipes pelo crime de lavagem de dinheiro nos casos de descumprimento das normas e diretrizes do programa de *compliance*. Ele destaca o art. 13, §2º, do Código Penal, que cuida da responsabilidade por omissão, e defende ser criminalmente relevante a omissão do agente, no caso, que tem o dever de impedir o resultado. Assim, se o agente, possuidor da obrigação de conhecer e comunicar a operação suspeita de acordo com a lei, não o fizer, poderá ser responsabilizado criminalmente pela omissão no dever de *compliance*, cuidando a espécie de crime omissivo impróprio. Sobre a omissão imprópria, Sánchez (2002, p. 970) esclarece que:

> [...] denomina-se omissão imprópria ou comissão por omissão a modalidade de omissão caracterizada basicamente porque nela tem lugar um fato de não evitação do resultado típico que apresenta uma estrita equivalência com a causação ativa do mesmo, sendo, portanto, título suficiente para a imputação de aquele crime ao agente como se o mesmo o tivesse cometido ativamente [...] no tipo de comissão por omissão terão de concorrer os elementos comuns a todos os tipos de omissão: concretamente, uma situação típica, que devem entender-se como uma situação de perigo para um bem jurídico, a ausência de realização da ação indicada para impedir a lesão do dito bem jurídico, assim como a capacidade individual e a exigibilidade de realização dessa ação. Os elementos específicos da comissão por omissão, e que fundamentam a sua equiparação com a comissão ativa, fixaram-se tradicionalmente na concorrência de uma 'posição de garante', a produção de um resultado, e a possibilidade de estabelecer uma relação de imputação objetiva entre o resultado produzido e a omissão.

Por sua vez, Tavares (2012) ensina que a posição de garante do resultado pressupõe a especial posição de defesa de certos bens jurídicos e a responsabilidade pelas fontes produtoras de perigo. Em outras palavras, a responsabilidade penal dos agentes de *compliance*, segundo o referido autor, dependerá das funções e dos deveres que tenham assumido concretamente.

Cardoso (2016), adotando posição de Tavares (2012), diz que a ocorrência do fato típico deve ser decorrente de omissão relevante, no sentido de que o fato não teria ocorrido sem a omissão, assim como a conduta do agente deve ser dolosa em não evitar o resultado. Corrobora essa posição Bitencourt (2012), no sentido de que os crimes ativos de resultado (lavagem de dinheiro por exemplo) podem ser cometidos por omissão imprópria, bastando que o agente tenha o dever de impedir o resultado, figure como garantidor e, possuindo capacidade de fazê-lo, não evite sua ocorrência.

Importante assinalar que, em sentido contrário, Benedetti (2014) afirma que os deveres de *compliance* impostos pela lei de lavagem de dinheiro não implicam deveres de evitar o resultado, o que inviabiliza a participação criminal na hipótese da não comunicação de operações suspeitas aos órgãos estatais. Nessa mesma linha de entendimento, Prittwitz (2013) posiciona-se no sentido de que o *compliance officer* não é um garante de proteção, mas de vigilância, necessitando serem verificados outros pressupostos de punibilidade, como o dever de evitação do fato, pois possui o dever de informar e não o de tomar medidas para evitar o resultado.

Percebe-se que somente analisando concretamente as atribuições dos agentes de *compliance* de cada organização e constatando deveres específicos de evitação do resultado, com poderes de fazer cessar as fontes produtoras do perigo, seria possível imputar a prática do crime de lavagem de dinheiro pela omissão imprópria. E definir claramente essas atribuições e deveres não é uma tarefa fácil, eis que expõe Nieto Martín (2013, p. 21-23):

> [...] os sistemas de cumprimento constituem sistemas de controle social empresarial que ajudam o Estado e o direito penal e sua tarefa de controlar a criminalidade. Mesmo assim, o termo *"cumplimiento"* é um dos mais vagos e inexpressivos que se cunhou até hoje, pois não diz, por si próprio, nada, apenas o evidente: atuar conforme a legalidade, compreendidas aí as obrigações civis e diretrizes internas da empresa. Entretanto, o autor demonstra como essa simplicidade se converte em algo extraordinariamente rico e complexo, quando se analisa como atua o cumprimento normativo mais além do ordenamento jurídico, e como se conformam os programas de cumprimento dentro das empresas.

Para a definição da posição de garante, Saavedra (2016) destaca a necessidade de desenvolvimento de critérios materiais e não meramente formais e a demonstração do risco ou perigo (decorrente da omissão dos deveres de *compliance*) de lesão ao bem jurídico tutelado em função do princípio da ofensividade, sob pena de se passar a adotar uma espécie de responsabilidade penal objetiva. Esse autor, a nosso ver, apenas reforça a necessidade de análise do elemento subjetivo do tipo penal e o desvalor do resultado, consistente na necessária identificação de lesão ou ameaça de lesão a bens jurídicos tutelados penalmente.

Sob a ótica da teoria da imputação objetiva, Greco Filho e Rassi (2015) consideram que a omissão dos deveres de *compliance* são ações neutras sem relevância criminal, na medida em que não ultrapassam o risco permitido e não há um dever específico de evitar crimes. Em suma, dizem que os deveres genéricos de informação para os órgãos estatais de controle não significam que há um dever específico de evitar o resultado. Os referidos autores defendem que os agentes de *compliance*, muitas vezes, possuem dúvidas sobre a ilicitude das condutas dos autores do delito de forma que as ações cotidianas não devem ser criminalizadas. Baseiam-se, nesse caso, na proibição de regresso segundo doutrina de Jakobs (2010), no sentido de que quem presta eventual auxílio pode desvincular-se das consequências de sua contribuição, quando seu comportamento também teria sentido sem a ação de quem comete o crime propriamente dito. Essa posição também exige a verificação da omissão relevante.

Por sua vez, há casos de aplicação da teoria da cegueira deliberada, em que o agente tem consciência da possível origem ilícita dos bens ocultados ou dissimulados, mas, mesmo assim, deliberadamente cria mecanismos que o impedem de aperfeiçoar sua verdadeira representação acerca dos fatos, no caso, deixando de promover as comunicações necessárias aos órgãos fiscalizadores. Conforme leciona Brasileiro de Lima (2015, p. 326-329):

> [...] restará configurado o delito, a título de dolo eventual, quando comprovado que o autor da lavagem de capitais tenha deliberado pela escolha de permanecer ignorante a respeito de todos os fatos quando tinha essa possibilidade. Em outras palavras, conquanto tivesse condições de aprofundar seu conhecimento quanto à origem dos bens, direito ou valores, preferiu permanecer alheio a esse conhecimento, daí por que deve responder pelo crime a título de dolo eventual. Afinal, nos mesmos moldes que a *actio libera in causa*, positivada no art. 28, II, do CP, ninguém pode beneficiar-se de uma causa de exclusão da responsabilidade penal provocada por si próprio [...].

Silveira (2016) menciona ser corrente a utilização da teoria da cegueira deliberada em casos de condenação de prática de crimes de lavagem de dinheiro no âmbito da Operação Lava Jato, como substituto ou reforço do dolo eventual, sobre o que registramos a existência de divergência doutrinária sobre o seu cabimento nesse crime específico. Badaró e Bottini (2012), por exemplo, afastam a possibilidade de prática de lavagem de dinheiro com dolo eventual, em face da redação do art. 1º da Lei nº 9.613/98.

Pois bem, o paradoxo supostamente criado pela implementação do programa de *compliance* é apenas aparente, vez que o *criminal compliance*, além dos riscos do negócio, também se ocupa dos riscos pessoais dos dirigentes e administradores das organizações. Tem-se o *compliance*, como um programa que garante o cumprimento das leis e normas em geral por todos os seus integrantes e, em caso de inobservância ou de prática de algum ilícito, possibilita a sua descoberta e a aplicação de sanção correspondente, inclusive com a comunicação do fato a outro órgão ou a autoridade competente, normalmente ao Ministério Público.

Não se olvida que o Direito Penal deve ter como fim a proteção de bens jurídico-penais de forma subsidiária, devendo o aparelho estatal de controle do crime intervir o menos possível, na medida do necessário para assegurar as condições essenciais de funcionamento da sociedade, donde resulta que devem ficar de fora do Direito Penal condutas incapazes de causar lesão ou perigo de lesão a bens jurídicos ou aquelas controladas mais eficazmente por outros meios. Mas a consequência lógica dos programas de *criminal compliance* é justamente a individualização da responsabilização penal, seja dos próprios integrantes da organização ou de terceiros que com ela se relaciona, devido as suas características preventivas e reativas à ocorrência de infrações.

Passamos, então, à análise das consequências penais do descumprimento dos deveres de *compliance*. Segundo dogmática do Direito Penal, a não realização dos deveres de *compliance* poderia ser enquadrada como crime de omissão própria ou imprópria.

Para o crime de omissão própria, embora a evitação do resultado seja a razão da conduta típica da norma penal, ela não faz parte do tipo penal incriminatório, sendo, portanto, um crime formal com ênfase ao desvalor da ação. No entanto, o descumprimento dos deveres de *compliance* não pode ensejar a imputação de um crime omissivo próprio ante a inexistência, no ordenamento jurídico, de tipo penal incriminador da conduta formal, com desvalor da ação.

Por sua vez, o crime de omissão imprópria ou de comissão por omissão é de conteúdo material, com desvalor do resultado. É entendido como o não impedimento do evento lesivo pelo descumprimento do dever devido ou, em outras palavras, pela ação devida omitida. Tal omissão imprópria equivale à própria ação do tipo incriminador, no caso, lavagem de dinheiro. Sob o ângulo da omissão imprópria, a imputação criminal de conduta típica do resultado lavagem de dinheiro em face da omissão dos deveres de *compliance* é possível, em tese, por força da norma do art. 13, §2º, do Código Penal, em que a ação ou omissão são equivalentes à prática do injusto tipificado criminalmente, atendendo, assim, ao princípio da legalidade estrita. Essa cláusula de equivalência ou de conversão deve ser considerada como uma "pedra de toque" para avaliar a tipicidade penal, considerando estar o agente omisso obrigado juridicamente a impedir o resultado, no caso, de lavagem de dinheiro.

Conclusões

O *criminal compliance* permite que organizações previnam a prática de crimes em meio às suas atividades, por meio do estabelecimento de medidas internas que facilitem a identificação dos responsáveis, o restabelecimento da normalidade e a comunicação dos ilícitos ao Ministério Público.

A responsabilidade consistente no dever de evitar a prática de crimes no sistema estruturado de *compliance* deve ser sempre bem-definida, sob pena de, em face da complexidade regulatória, gerar insegurança jurídica aos agentes de *compliance*.

Questão controvertida tem sido a possibilidade de se responsabilizar criminalmente os agentes de *compliance* quando ocorrem crimes em locais de sua supervisão administrativa e ao mesmo tempo verifica-se que houve omissão no cumprimento de seus deveres.

O simples fato de haver descumprimento dos deveres de *compliance*, por si só, não atrai a responsabilidade criminal de seus agentes quando ocorre a prática de crime. Tratando-se de conduta culposa, atrairá a responsabilização administrativa. Em casos de conduta dolosa do agente de *compliance*, incluindo os casos de aplicação da teoria da cegueira deliberada, não haverá óbice à sua responsabilização penal por inobservância de seus deveres.

Entretanto, relativamente à conduta dolosa, a questão deve ser resolvida pela análise do elemento subjetivo do tipo penal do crime em exame, comprovando-se que o agente de *compliance* agiu com dolo em relação à conduta principal, ainda que de forma eventual, para a realização da conduta típica incriminadora, como autor ou partícipe, mediante ação ou omissão, seguindo as regras comuns de imputação penal. Se conhece o plano do autor e adere a sua conduta, ainda que pela omissão, não há dúvidas de sua responsabilidade penal. E tal ajuda por omissão pode ser exatamente o simples descumprimento dos deveres de *compliance*, desde que contribua para a realização do tipo penal. Tal conduta aparentemente neutra e cotidiana, nesse caso pode ser considerada uma solidarização ao autor do crime, desvirtuando, por conseguinte, os objetivos dos programas de *compliance*.

Referências

ARAS, Vladimir. As Controvérsias da Lei nº 9.613/1998 (Lavagem de Dinheiro). In: SOUZA, Artur de Brito Gueiros (Org.). Inovações no Direito Penal Econômico: Contribuições Criminológicas Político-Criminais e Dogmáticas. Brasília: Escola Superior do Ministério Público da União, 2011. p. 367-380.

AUSTRÁLIA. *Australian standard*. Compliance programs. Originated as 3806-1998. Second edition. 2006. ISBN 0 7337 7296 X.

BADARÓ, Gustavo Henrique Righi Ivahy; BOTTINI, Pierpaolo Cruz. *Lavagem de dinheiro*: aspectos penais e processuais penais – Comentários à Lei 9.613/1998, com as alterações da Lei 12.683/2012. São Paulo: RT, 2012.

BENEDETTI, Carla Rahal. *Criminal Compliance*: Instrumento de Prevenção Criminal Corporativa e Transferência de Responsabilidade Penal. São Paulo: Quartier Latin, 2014.

BITENCOURT, Cezar Roberto. *Tratado de Direito Penal*, vol. 1, 16. ed. São Paulo: Saraiva, 2011.

BRASIL. Legislação e Normas Antilavagem. Disponível em: http://www.coaf.fazenda.gov.br/menu/legislacao-e-normas. Acesso em: 10 jun. 2018.

BRASILEIRO DE LIMA, Renato. *Legislação Criminal Especial Comentada*. 3. ed. rev., atual. e ampl. Salvador: Juspodivm, 2015.

CARDOSO, Ricardo do Espirito Santo. *Revista de Direito Penal, Processo Penal e Constituição*, Curitiba, v. 2, n. 2, p. 420-440, jul./dez 2016.

CARDOSO NETO, L. P.; CORDEIRO, N.; PAES, J. E. Criminal Compliance Antilavagem: Prevenção Penal por Agentes Privados e o Direito ao Silêncio. *Revista da Faculdade de Direito UFPR*, Curitiba, v. 64, n. n. 2, p. 89-110, maio/ago. 2019. ISSN 2236-7284. Disponível em: https://revistas.ufpr.br/direito/article/view/63741.

CARDOSO NETO, L. P.; PAES, J. E. S.; COUTINHO, N. C. D. A. Criminal Compliance como Instrumento de Proteção dos Direitos Humanos. *Revista Brasileira de Direitos Humanos*, Porto Alegre, v. 30, p. 5-28, jul./set. 2019. ISSN 2238-8249.

COIMBRA, Marcelo de Aguiar; MANZI, Vanessa Alessi. *Manual de Compliance*: preservando a boa governança e a integridade das organizações. São Paulo: Atlas, 2010.

CORE PRINCIPLES FOR EFFECTIVE BANKING SUPERVISION. Disponível em: https://www.bis.org/publ/bcbs230.pdf. Acesso em: 9 jun. 2018.

COSTA, Helena Regina Lobo da; ARAÚJO, Marinha Pinhão Coelho. *Compliance* e o julgamento da APN 470. *Revista Brasileira de Ciências Criminais*, São Paulo, v. 106, p. 223, jan. 2014.

DOCUMENTO. Disponível em: http://www.fatf-gafi.org/about/whoweare/. Acesso em: 10 jun. 2018.

ESTADOS UNIDOS DA AMÉRICA. Informações podem ser extraídas na página do Departamento de Justiça dos Estados Unidos, disponível em: https://www.justice.gov/criminal-fraud/foreign-corrupt-practices-act. Acesso em: 2 jun. 2018.

GRECO FILHO, Vicente; RASSI, João Daniel. *O Combate à Corrupção e Comentários à Lei de Responsabilidade de Pessoas Jurídicas (Lei nº 12.846, de 1º de agosto de 2013)*. São Paulo: Saraiva, 2015.

GUIA DE PROGRAMAS DE COMPLIANCE. Conselho Administrativo de Defesa Econômica (Cade). Jan. 2016. Disponível em: http://www.cade.gov.br/acesso-a-informacao/publicacoes-institucionais/guias_do_Cade/guia-compliance-versao-oficial.pdf. Acesso em: 10 jun. 2018.

INTERNATIONAL ORGANIZATION FOR STANDARDIZATION. ISO 19600. Compliance management systems: guidelines. 2014. ASSOCIAÇÃO BRASILEIRA DE NORMAS TÉCNICAS. ABNT NBR ISO 19.600:2014. Sistema de gestão de compliance: diretrizes. Rio de Janeiro. ISBN 978-85-07-06228-8.

INTERNATIONAL ORGANIZATION FOR STANDARDIZATION. ISO 37001. Anti-bribery management systems – Requirements with guidance for use. ASSOCIAÇÃO BRASILEIRA DE NORMAS TÉCNICAS. ABNT NBR ISO 37001:2017. Sistemas de gestão antissuborno – Requisitos com orientações para uso. Rio de Janeiro. ISBN 978-85-07-06833-4.

LIMA, Carlos Fernando dos Santos; MARTINEZ, André Almeida Rodrigues. *Compliance Bancário*: um manual descomplicado. São Paulo: Quartier Latin, 2018.

NIETO MARTÍN, Adán. Problemas fundamentales del cumplimiento normativo en el derecho penal. *In: Compliance y teoria del derecho penal*. Madrid: Marcial Pons, 2013b, p. 21-23.

PRITTTWITZ, Corenlius. La posición jurídica de los *compliance officer*. *In*: KUHLEN, Lothar; MONTIEL, Juan Pablo; ORTIZ DE URBINA GIMENO, Íñigo. *Compliance y teoría del derecho penal*. Madrid. Marcial Pons, 2013.

ROXIN, Claus. *Sentido e limites da pena estatal in Problemas fundamentais de direito penal*. Lisboa: Vega, 1998.

SAAVEDRA, Giovani Agostini. Reflexões iniciais sobre o criminal compliance. *Boletim IBCCRIM*, São Paulo, ano 18, n. 218, p. 11-12, 2011.

SAAVEDRA, Giovani Agostini. *Compliance Criminal*: revisão teórica e esboço de uma delimitação conceitual. *Revista Duc in Altum. Cadernos de Direito*, vol. 8, n. 15, p. 239-256, maio/ago. 2016.

SIEBER, Ulrich: ENGELHART, Marc. *Compliance programs for prevention of economic crimes*: na empirical survey of german companies. Berlin: Dunker & Humblot, 2014, p. 16.

SILVA SÁNCHEZ, Jesús-María. Omisión Impropia o Comisión por Omisión. *In*: PEÑA, Diego Luzon. *Enciclopédia Penal Básica*. Granada: Comares, 2002, p. 970.

SILVEIRA, Renato de Mello Jorge. A aplicação da teoria da cegueira deliberada nos julgamentos da Operação Lava jato. *Revista Brasileira de Ciências Criminais*, v. 122, p. 11-21, ago. 2016. Disponível em: http://www.mpsp.mp.br/portal/page/portal/documentacao_e_divulgacao/doc_biblioteca/bibli_servicos_produtos/bibli_boletim/bibli_bol_2006/122.10.PDF. Acesso em: 11 jun. 2018.

TAVARES, Juarez. *Teoria dos crimes omissivos*. Madrid: Marcial Pons, 2012.

VERÍSSIMO, Carla. *Compliance*: incentivo à adoção de medidas anticorrupção. 1. ed. 2. tir. São Paulo: Saraiva, 2017.

Informação bibliográfica deste texto, conforme a NBR 6023:2018 da Associação Brasileira de Normas Técnicas (ABNT):

CARDOSO NETO, Lauro Pinto. *Criminal compliance*: reflexões sobre a responsabilidade penal de seus agentes. *In*: SCHNEIDER, Alexandre; ZIESEMER, Henrique da Rosa (Coord.). *Temas atuais de compliance e Ministério Público*: uma nova visão de gestão e atuação institucional. Belo Horizonte: Fórum, 2021. p. 87-102. ISBN 978-65-5518-220-0.

COMPLIANCE DE PROTEÇÃO DE DADOS NO MINISTÉRIO PÚBLICO BRASILEIRO

VLADIMIR ARAS

1 Introdução

Na Sociedade da Informação, o mundo está cada vez mais conectado e imerso em dados. Vivemos numa *data-driven society*, isto é, numa sociedade orientada por dados de toda ordem; uma sociedade que deles depende para o seu funcionamento, a cada passo, em todos os instantes da vida, desde antes do nascimento até depois da morte, tanto no setor público quanto nas relações privadas.

Um dos elementos-chave da globalização econômica é o incremento da interconexão do planeta, nos campos da comunicação, do comércio, do turismo, do entretenimento e da cultura. Nossos dados também estão espalhados pelo globo, na medida em que utilizamos serviços de empresas locais, nacionais ou transnacionais e nos sujeitamos a mecanismos de controle e fiscalização pelos Estados e por suas agências e recorremos a entidades estatais para acesso a informações e a prestação de serviços públicos.

Diante da imensa quantidade de dados que são coletados todos os dias, são enormes os riscos que atividades econômicas e governamentais representam para a privacidade dos cidadãos e para outros direitos a eles relativos.

Uma das grandes expectativas em torno da proteção de dados pessoais no Brasil está no papel a ser desempenhado pelo Ministério Público e pelos órgãos de Justiça quanto à tutela dos direitos dos titulares de tais dados, quando violados pelos agentes de tratamento,[1] nas inúmeras atividades econômicas e governamentais que incessantemente consomem dados pessoais.

No entanto, não se pode menosprezar uma outra faceta da questão: a proteção de dados em face do próprio Poder Judiciário, da Polícia, da Defensoria Pública e do Ministério Público como controladores de tais informações pessoais relacionadas a pessoas naturais identificadas ou identificáveis.

O Ministério Público, a Polícia e o Poder Judiciário são vorazes consumidores de dados pessoais, nas suas atividades finalísticas e também na atividade administrativa ou gerencial (meio), o que os torna agentes que podem provocar graves incidentes de proteção de dados, em detrimento dos direitos dos titulares.

Temos então duas perspectivas: a dos órgãos de justiça como agentes de tutela de direitos ou de violação deles, no tocante à privacidade e à proteção de dados pessoais.

É essencial, portanto, que haja regulamentos específicos para o aclaramento de competências nas complexas estruturas federativas de tais instituições, para a construção de regimes jurídicos nacionais de proteção de dados, especialmente no âmbito do Ministério Público e do Poder Judiciário.

O foco deste artigo é justamente o exame dos pressupostos da chamada Política Nacional de Proteção de Dados Pessoais e do Sistema Nacional de Proteção de Dados Pessoais do Ministério Público brasileiro, tarefa que cabe ao Conselho Nacional do Ministério Público (CNMP) cumprir e que exigirá do Ministério Público um grande esforço de conformidade setorial (*compliance*) para sua implementação e observância nos vários estamentos institucionais.

---

[1] Segundo o art. 5º da Lei Geral de Proteção de Dados, "controlador" é a pessoa natural ou jurídica, de direito público ou privado, a quem competem as decisões referentes ao tratamento de dados pessoais. Já "operador" é a pessoa natural ou jurídica, de direito público ou privado, que realiza o tratamento de dados pessoais em nome do controlador. Por "tratamento" entende-se "toda operação realizada com dados pessoais, como as que se referem a coleta, produção, recepção, classificação, utilização, acesso, reprodução, transmissão, distribuição, processamento, arquivamento, armazenamento, eliminação, avaliação ou controle da informação, modificação, comunicação, transferência, difusão ou extração".

2 O regime jurídico internacional e nacional de proteção de dados pessoais

Não há um regime jurídico uniforme, universal, para o tratamento de dados pessoais. Por isso, muitos modelos nacionais seguem a regulamentação europeia, seja por dever comunitário de transposição no âmbito da União Europeia (EU), seja por dever de implementação de tratados do Conselho da Europa (CoE), seja ainda por inspiração nas boas práticas preconizadas por essas duas instituições do Velho Continente.

Desenvolvida no ordenamento jurídico alemão a partir da década de 1970, a proteção a dados pessoais tornou-se objeto do primeiro tratado internacional em 1981, quando foi concluída a Convenção do Conselho da Europa para a proteção das pessoas relativamente ao tratamento automatizado de dados de caráter pessoal (CETS 108). Em 1995, outra organização continental, a União Europeia aprovou sua principal Diretiva sobre Proteção de Dados (95/46/CE). Porém, em virtude do novo mundo digital criado pela internet, em 2016, o Parlamento e o Conselho da UE adotaram o Regulamento Geral de Proteção de Dados Pessoais, que entrou em vigor, para os países da União Europeia. Paralelamente, no âmbito do Conselho da Europa, manteve-se a vigência da CETS 108, atualizada em 2018 pelo protocolo de reforma (CETS 223).

Desenhado por Bruxelas para substituir a diretiva europeia sobre proteção de dados de 1995, com seus 99 artigos, o Regulamento (UE) 2016/679, conhecido internacionalmente por GDPR, aperfeiçoou a proteção de dados pessoais na União Europeia, garantiu sua livre circulação entre os Estados-Membros do bloco e regulou sua transferência a Estados terceiros (*non-EU*) e a organizações internacionais.

Aprovada simultaneamente, a Diretiva 2016/680, conhecida como Diretiva Policial, regula a proteção de dados no campo da segurança pública e da persecução criminal.

O GDPR e a Diretiva Policial são complementados pela Diretiva (UE) 2016/681, de 27 de abril de 2016, relativa à utilização dos dados dos registos de identificação dos passageiros (PNR) para efeitos de prevenção, detecção, investigação e repressão das infrações terroristas e da criminalidade grave.

O GDPR, que se converteu na lei uniforme europeia em matéria de proteção de dados e foi transposto para o ordenamento jurídico dos Estados Membros da União Europeia, implementa uma série de novos direitos para os cidadãos europeus ou ali residentes, aplicando-se a empresas sediadas no território da União Europeia e a pessoas jurídicas estabelecidas fora da UE que ofereçam serviços ou façam negócios no bloco.

A Carta dos Direitos Fundamentais da União Europeia, que reconhece o direito à proteção de dados no seu art. 8º,[2] e a jurisprudência do Tribunal de Justiça da União Europeia (TJUE),[3] em Luxemburgo, somam-se ao marco regulatório continental.

O Brasil não ficou alheio ao surgimento e consolidação do direito à proteção de dados pessoais. Em 1988, a Constituição assegurou o direito à intimidade e o respeito à vida privada, assim como estabeleceu uma regra seminal sobre o tratamento de dados pessoais, dizendo inviolável o sigilo da correspondência e das comunicações telegráficas, de dados e das comunicações telefônicas, ressalvando, porém, a possibilidade de sua interceptação, desde que mediante autorização judicial, para uma finalidade legítima: a prova no processo penal. Ao mesmo tempo, a Constituição de 1988 criou um novo instituto, o *habeas data*, destinado a propiciar ao titular o conhecimento de informações relativas à sua pessoa, constantes de registros ou bancos de dados de entidades governamentais ou de caráter público; e também voltado a permitir a retificação desses dados.

Paulatinamente, a legislação infraconstitucional foi avançando sobre este terreno. Nesta linha, o protagonismo cabe ao art. 43 do Código de Defesa do Consumidor (Lei nº 8.078/1990), ao que seguiu a Lei nº do Habeas Data (Lei nº 9.507/1997). Merecem menção os arts. 20 e 21 do Código Civil (Lei nº 11.406/2002), sobre direitos da personalidade, a Lei do Sigilo Bancário (Lei Complementar nº 105/2001), assim como a Lei de Identificação Criminal (Lei nº 12.037/2009), a Lei do Cadastro Positivo (Lei nº 12.414/2011), o art. 31 da Lei de Acesso à Informação (Lei nº 12.527/2011) e o Marco Civil da Internet (Lei nº 12.965/2014), entre outros dispositivos – como os da Lei nº 7.210/1984, da Lei nº 9.613/1998, da Lei nº 12.850/2013 e do CPP especialmente após a Lei nº 13.344/2016.

---

[2] Segundo o art. 8º da Carta dos Direitos Fundamentais, de 2000, todas as pessoas têm direito à proteção dos dados de caráter pessoal que lhes digam respeito. Esses dados devem ser objeto de tratamento leal, para fins específicos e com o consentimento da pessoa interessada ou com outro fundamento legítimo previsto por lei. Além disso, todas as pessoas têm o direito de acessar seus dados e de obter sua retificação. A fiscalização do cumprimento dessas regras deve caber a uma autoridade independente.

[3] Vide, no particular, os acórdãos dos casos Schrems I e II, de 2015 e 2020, respectivamente, relacionados aos esquemas *Safe Harbour* e *Privacy Shield*, de transferência internacional de dados entre a União Europeia e os Estados Unidos.

Mesmo antes da entrada em vigor da Lei Geral de Proteção de Dados (LGPD), o que só veio a ocorrer em 2020, tais diplomas já conferiam certo nível de proteção a dados pessoais no Brasil e alguns direitos a seus titulares, diante de órgãos públicos ou de pessoas jurídicas de direito privado que os detenham ou sejam encarregadas do seu tratamento, inclusive para fins penais.

Um dos textos legais mais importantes nesta toada é, sem dúvida, o Marco Civil da Internet (MCI), de 2014, que tornou mais claros os direitos dos usuários da internet no Brasil, entre eles a inviolabilidade e o sigilo de comunicações telemáticas e a confidencialidade dos registros de conexão e acesso. Orientando-se pelos princípios da proteção da privacidade e da proteção de dados pessoais, o MCI deu maior densidade a tais direitos, regulando também a remoção de conteúdo pessoalmente ofensivo. No entanto, ali se sentiu a falta de um regramento quanto à cooperação de empresas de aplicações de internet com autoridades públicas para o fornecimento de dados úteis a investigações criminais. Ou seja, no marco civil esteve ausente a questão penal.[4]

Finalmente, em 2018, o Congresso Nacional aprovou a Lei Geral de Proteção de Dados (Lei nº 13.709/2018), fortemente inspirada no GDPR. Pouco depois, foi sancionada a Lei nº 13.787/2018, que dispõe sobre a digitalização e a utilização de sistemas informatizados para a guarda, o armazenamento e o manuseio de prontuário de paciente, que estabelece diversas diretrizes importantes para a proteção dos dados pessoais nos serviços de saúde.

Porém, o marco legal brasileiro ainda é insuficiente para regular por inteiro essa temática porque falta uma lei que trate da proteção de dados para fins penais em geral. De fato, o legislador brasileiro resolveu postergar a regulamentação da proteção de dados pessoais no âmbito da segurança pública e da persecução criminal, no que andou mal. Deveríamos ter uma legislação apropriada e abrangente desde a entrada em vigor da LGPD, mas não foi isso o que ocorreu. Construiu-se um sistema protetivo insuficiente neste aspecto e previu-se no §1º do art. 4º da LGPD que em algum momento uma "legislação específica" regularia a matéria da proteção de dados na segurança pública e no processo penal.

Este foi um grave erro de legística, uma vez que a sensibilidade das questões abordadas em segurança pública e persecução criminal

---

[4] ARAS, Vladimir. A questão penal no marco civil. Blogo do Vlad, 2011. Disponível em: https://blogdovladimir.files.wordpress.com/2010/01/artigo-marco-civil-da-internet.pdf. Acesso em: 13 abr. 2021.

mereceriam regulamentação simultânea às questões gerais hoje abrangidas pela LGPD, num enfoque que garantisse a proteção de dados e que, ao mesmo tempo, não criasse dificuldades insuperáveis para a atuação dos órgãos de inteligência e de persecução criminal, no cumprimento de suas competências constitucionais e legais.

Para minorar este problema, a Câmara dos Deputados reuniu uma comissão de juristas encarregada de produzir um texto para cumprir o mandado expresso contido no §1º do art. 4º da LGPD e para harmonizar o cenário jurídico brasileiro ao exigente quadro europeu, que reclama a existência de um nível de proteção adequada nos países com os quais a União, seus Estados Partes e suas empresas negociam e cooperam.

3 *Compliance* digital ou *compliance* de proteção de dados

Segundo Saavedra, o *compliance* ou conformidade é a área do conhecimento que, tendo como pedra de toque o diagnóstico e a análise de riscos, procura definir:

> (...) o conjunto complexo de medidas que permite, em face de um cenário futuro x de risco, assegurar *hoje*, com a máxima eficácia, um estado de conformidade de todos os colaboradores de uma determinada organização com uma determinada "orientação de comportamento".[5]

Saavedra explica que a orientação de comportamento não é necessariamente uma norma jurídica. Pode ser uma lei ou um código de conduta, pode ser uma regra jurídica em sentido formal ou um dever decorrente de cláusulas contratuais, abrangendo a autorregulação tradicional e a autorregulação regulada.[6]

Por isso, o *compliance* implica a implantação de políticas, procedimentos e controles internos que se baseiam em análise de riscos e que promovem diligência ativa e o cumprimento dos deveres de cuidado e precaução (*due diligence*). Exige a previsão de sistemas de auditoria. Depende também da adoção de códigos de ética e conduta; da preparação de inventário de dados; da regulamentação de investigações internas e da cooperação com autoridades públicas; da estipulação de programas de capacitação e treinamento; e da criação de canais de reclamação

---

[5] SAAVEDRA, Giovani Agostini. *Compliance* de dados. *In*: MENDES, Laura Schertel; DONEDA; Danilo; SARLET, Ingo Wolfgang; RODRIGUES JR., Otavio Luiz (Coord.). *Tratado de proteção de dados pessoais*. Rio de Janeiro: Forense, 2021, p. 729.

[6] SAAVEDRA. *Op. cit.*, p. 729.

("denúncia"). Como se vê, uma política de conformidade não se reduz apenas ao "cumprimento da lei". É mais do que isto: representa um compromisso ativo e constante com a observância de boas práticas na gestão de um empreendimento privado ou na governança de um órgão público, em várias dimensões.

O *compliance* de dados manifesta-se fortemente no campo da segurança da informação[7] e das redes lógicas essenciais ao funcionamento de uma corporação ou de uma instituição e também no campo do cumprimento dos deveres legais e éticos relativos ao respeito aos direitos fundamentais da pessoa humana, sobretudo a intimidade, os direitos da personalidade e a proteção de dados pessoais. Tais direitos terão relação com o livre desenvolvimento da personalidade, a dignidade humana e o exercício da cidadania pelas pessoas naturais.

Nesta linha de compreensão, têm enorme importância a legislação de privacidade e o direito à autodeterminação informativa,[8] ligados à proteção de dados pessoais, que se orientam por um amplo conjunto de princípios, essenciais à sua preservação e integridade, contra violações intencionais ou acidentais, que possam trazer prejuízos materiais ou de outra natureza à pessoa humana.

A legislação brasileira arrola esses princípios no Código Civil, no Código de Defesa do Consumidor, no Marco Civil da Internet, mas sobretudo na LGPD. São eles a *finalidade* do tratamento dos dados para fins legítimos, específicos, explícitos e informados ao titular, com manutenção da aderência a tal finalidade em caso de tratamento posterior. O princípio da *adequação*, que exige compatibilidade do tratamento com as finalidades informadas ao titular, de acordo com o contexto do tratamento. O princípio da *necessidade*, que limita o tratamento ao mínimo necessário para a realização de suas finalidades, com abrangência dos dados pertinentes, proporcionais e não excessivos em relação às finalidades do tratamento de dados. O princípio da *qualidade dos dados*, que garante aos titulares a exatidão, clareza, relevância e atualização dos dados, de acordo com a necessidade e

---

[7] Diz o art. 47 da LGPD que os agentes de tratamento ou qualquer outra pessoa que intervenha em uma das fases do tratamento "obrigam-se a garantir a segurança da informação prevista nesta Lei em relação aos dados pessoais, mesmo após o seu término".

[8] O direito à autodeterminação informativa consiste "na prerrogativa de cada indivíduo decidir, em princípio e substancialmente, sobre a divulgação e a utilização de seus dados pessoais". Vide: SARLET, Ingo Wolfgang. Fundamentos constitucionais: direito fundamental à proteção de dados. *In*: MENDES, Laura Schertel; DONEDA; Danilo; SARLET, Ingo Wolfgang; RODRIGUES JR., Otavio Luiz (Coord.). *Tratado de proteção de dados pessoais*. Rio de Janeiro: Forense, 2021, p. 31.

para o cumprimento da finalidade de seu tratamento. O princípio da *transparência*, que assegura aos titulares informações claras, precisas e facilmente acessíveis sobre a realização do tratamento e os respectivos agentes de tratamento, observados os segredos comercial e industrial. O princípio da *segurança*, que exige a utilização de medidas técnicas e administrativas aptas a proteger os dados pessoais de acessos não autorizados e de situações acidentais ou ilícitas de destruição, perda, alteração, comunicação ou difusão. O princípio da *prevenção* que reclama a adoção de medidas para prevenir a ocorrência de danos em virtude do tratamento de dados pessoais. O princípio da *não discriminação*, que veda tratamentos para fins discriminatórios ilícitos ou abusivos.[9]

Por fim, tem-se o princípio da *responsabilização e prestação de contas*, que consolida a ideia de *compliance* de dados, ao exigir dos agentes de tratamento a demonstração da adoção de medidas eficazes e capazes de comprovar a observância e o cumprimento das normas de proteção de dados pessoais e, inclusive, da eficácia dessas medidas.

Como explica Saavedra, a conformidade digital busca garantir que uma entidade, pública ou privada, efetivamente aderiu a um sistema geral de gestão de conformidade que a mantém em estado de *compliance*, haja o que houver.[10]

4 O Ministério Público e a proteção de dados pessoais

Para exercer suas atribuições e competências constitucionais, nas áreas de segurança e justiça, a Polícia, o Ministério Público e o Poder Judiciário dependem intensamente do tratamento de dados pessoais.

Por tratamento, nos termos do art. 5º, inciso X da LGPD, entende-se toda operação realizada com dados pessoais, como as que se referem a coleta, produção, recepção, classificação, utilização, acesso, reprodução, transmissão, distribuição, processamento, arquivamento, armazenamento, eliminação, avaliação ou controle da informação, modificação, comunicação, transferência, difusão ou extração.

A legislação sobre proteção de dados pessoais abrange o tratamento de dados cadastrais (como a identificação do titular de um serviço), dos metadados (geolocalização, dias e horários de conexão, sua duração, provedores e equipamentos utilizados etc) e dos dados de conteúdo (informações financeiras, tributárias, afiliações, diálogos

---

[9] Vide o art. 6º da Lei nº 13.709/2018.
[10] SAAVEDRA. *Op. cit.*, p. 730.

em serviços de comunicação etc.), além de dados sensíveis, que são relativos à origem racial ou étnica, convicção religiosa, opinião política, filiação a sindicato ou a organização de caráter religioso, filosófico ou político; dados referentes à saúde ou à vida sexual, e dados genéticos ou biométricos, quando vinculados a uma pessoa natural.

As atividades estatais executadas pela Polícia, pelo Ministério Público e pelo Poder Judiciário, assim como pela Defensoria Pública, também exigem o tratamento de dados biométricos, como imagens obtidas por câmeras de vigilância, imagens corporais colhidas por escâneres, impressões digitais, registros de íris e amostras de voz registradas por variados meios. Todas essas informações interessam ou podem interessar à atuação institucional e são cotidianamente utilizadas por essas instituições nas mais variadas situações, tanto em apurações criminais como em investigações cíveis.

Por estas razões, é imprescindível construir uma política nacional de tratamento de dados no âmbito do Poder Judiciário, da Defensoria Pública, da Polícia e do Ministério Público, com foco abrangente nas atividades meio e fim, com vistas à proteção dos direitos da pessoa humana à proteção de dados e à autodeterminação informativa.[11]

Nossa atenção se volta particularmente ao Ministério Público, que enfrenta desafios legais e estruturais para a obtenção e uso de dados pessoais em juízo, mas também para o compartilhamento interno dessas informações e sua transferência a outras instituições. É preciso examinar o tema sob as duas perspectivas antes assinaladas. Uma que diz respeito à promoção pelo Ministério Público da defesa em juízo dos direitos relativos à proteção de dados pessoais. A outra que se relaciona ao cumprimento, pelo próprio Ministério Público, das leis, regulamentos, códigos de conduta e boas práticas sobre o tratamento de dados pessoais, nas suas atividades administrativas (meio) e de promoção de direitos (fim).

4.1 A organização institucional do Ministério Público brasileiro sob a ótica da proteção de dados pessoais

O Ministério Público é uma instituição de promoção e de defesa de direitos da pessoa humana e da coletividade. Em linha com o art. 127

---
[11] O Supremo Tribunal Federal reconheceu o direito à autodeterminação informativa como categoria autônoma. Vide: STF, Pleno, ADI nº 6.390 MC-Ref., rel. Min. Rosa Weber, j. 07.05.2020.

e art. 129, incisos I, II e II, cumpre-se promover, na competência cível e criminal, os direitos de todos, sejam vítimas de crimes ou pessoas atingidas em seus direitos individuais indisponíveis, coletivos e difusos.

A proteção de dados pessoais é um novo campo de atuação do Ministério Público na tutela coletiva, tarefa que deverá ser desempenhada por seus membros no âmbito dos Estados, do Distrito Federal e na jurisdição federal, por meio de inquéritos civis e ações civis públicas e de improbidade administrativa. Quando atinente à tutela coletiva em sentido amplo, essa atividade do *Parquet* poderá fundar-se na violação da própria LGPD, do CDC ou do MCI ou de outras leis aplicáveis, sendo pertinente considerar também a disciplina processual prevista no próprio CDC e na Lei de Ação Civil Pública (Lei nº 7.347/1985), sobretudo para a tutela de direitos dos consumidores (art. 1º, inciso II), relativos à honra e à dignidade de grupos raciais, étnicos ou religiosos (inciso VII) e de qualquer outro interesse difuso ou coletivo (inciso IV).

Promotorias e Procuradorias dos Ministérios Público nos Estados e no MPU atuarão na tutela coletiva do direito à autodeterminação informativa e também na persecução criminal, quando possível invocar o Direito Penal para a proteção de dados pessoais. Embora a LGPD não contenha nenhuma regra de incriminação, a legislação brasileira dispõe de tipos que se prestam à tutela penal dos segredos e da privacidade, como os crimes contra a inviolabilidade dos segredos (arts. 153, 154 e 154-A, do CP), o crime de registro não autorizado da intimidade sexual (art. 216-B), o crime de divulgação de cena de estupro ou de cena de estupro de vulnerável, de cena de sexo ou de pornografia (*revenge porn*) (art. 218-C) e os delitos dos art. 10 e 10-A da Lei nº 9.296/1996, só para citar alguns exemplos.

A regulamentação proposta pelo grupo de trabalho do CNMP encarregado do desenho da política nacional de proteção de dados do Ministério Público preconiza que os ramos e as unidades do *Parquet* tenham promotorias e procuradorias especializadas para atuação na defesa da dimensão coletiva do direito à proteção aos dados pessoais, em caso de violações cometidas por pessoas físicas ou jurídicas, de direito público ou privado.[12]

---

[12] CONSELHO NACIONAL DO MINISTÉRIO PÚBLICO. Proposta de Resolução que institui a Política Nacional de Proteção de Dados Pessoais e o Sistema Nacional de Proteção de Dados Pessoais do Ministério Público brasileiro e dá outras providências. Proposição 01.00415/2021-60, autor cons. Marcelo Witzel, rel. cons. Sebastião Caixeta, apresentada em plenário em 23 de março de 2021.

Essas unidades especializadas do MPU e do MP dos Estados deverão promover a defesa em juízo do direito à autodeterminação informativa no âmbito das relações de consumo, das relações de trabalho, na prestação de serviços públicos e de relevância pública ou em relações jurídicas de outra natureza, quando presentes infrações a direitos coletivos e difusos ou individuais indisponíveis.

Os órgãos superiores de cada Ministério Público, especialmente os Conselhos Superiores e as Câmaras de Coordenação e Revisão, no âmbito do MPU, também têm um relevante papel a desempenhar na atividade fim do *Parquet*, para a proteção de dados pessoais, consolidando diretrizes ou enunciados para orientar a atuação institucional.

Por sua vez, o Conselho Nacional do Ministério Público tem a missão de aprovar resolução para uniformizar a atuação do Ministério Público em todo o País, na tutela do direito à autodeterminação informativa, tal como já o fez, ao, por exemplo, regulamentar a atividade institucional na investigação de crimes, por meio da Resolução n° 181/2017, que regula o procedimento investigatório criminal (PIC), e por meio da Resolução n° 23/2007, que regulamenta o inquérito civil.

4.2 A atuação do Ministério Público na tutela coletiva quanto à proteção de dados pessoais

A proteção de dados é um direito individual relacionado aos direitos da personalidade, à privacidade e à dignidade da pessoa humana. Proteger dados pessoais significa impedir ou minorar a possibilidade de perseguições do Estado a pessoas por motivos religiosos, políticos, origem nacional ou de orientação sexual, por exemplo. Significa também preservar a pessoa humana de interferências indevidas em sua vida privada e propiciar condições adequadas para o pleno desenvolvimento de sua personalidade.

O art. 11.2 da Convenção Americana de Direitos Humanos, que entrou em vigor no Brasil em 1992, prevê que ninguém pode ser objeto de ingerências arbitrárias ou abusivas em sua vida privada, em sua família, em seu domicílio ou em sua correspondência.

Em 2020, o STF reconheceu o direito à autodeterminação informativa. Recolhe-se do voto do ministro Gilmar Mendes na ADI n° 6.389 MC-RF/DF.

> No caso do direito fundamental à proteção de dados, este envolve, em uma perspectiva subjetiva, a proteção do indivíduo contra os riscos

que ameaçam a sua personalidade em face da coleta, processamento, utilização e circulação dos dados pessoais e, em uma perspectiva objetiva, a atribuição ao indivíduo da garantia de controlar o fluxo de seus dados. (MENDES, Laura Schertel. *Privacidade, proteção de dados e defesa do consumidor*: linhas gerais de um novo direito fundamental. São Paulo: Saraiva, 2014, p. 140, p. 176-177).[13]

No mesmo julgado, o ministro Gilmar Mendes ressaltou a dimensão objetiva do direito à autodeterminação informativa, acentuando:

> Já em uma dimensão objetiva, a afirmação do direito fundamental à proteção de dados pessoais impõe ao legislador um verdadeiro dever de proteção (*Schutzpflicht*) do direito à autodeterminação informacional, o qual deve ser colmatado a partir da previsão de mecanismos institucionais de salvaguarda traduzidos em normas de organização e procedimento (*Recht auf Organisation und Verfahren*) e normas de proteção (*Recht auf Schutz*). Essas normas devem ser positivadas justamente para garantir o controle efetivo e transparente do indivíduo relativamente à circulação dos seus dados, tendo como chave-interpretativa da juridicidade desse controle a noção de consentimento.[14]

Isto nos remete mais uma vez ao desenho institucional do Ministério Público e às estruturas que se devem ocupar da proteção desse direito, especialmente para fazer valer o art. 22 da LGPD, segundo o qual a defesa dos interesses e dos direitos dos titulares de dados poderá ser exercida em juízo, individual ou coletivamente, na forma do disposto na legislação pertinente, acerca dos instrumentos de tutela individual e coletiva. Esta é uma primeira forma de conformidade institucional, no tocante à implementação de direitos fundamentais de que tratamos, tendo em mira a fiscalização de violações cometidas por terceiros, no setor público ou no setor privado.

Algumas dessas infrações são listadas no texto da proposta de resolução do CNMP, como a coleta de dados pessoais sem necessidade ou finalidade delimitadas; transferência indevida de bancos de dados pessoais, inclusive com fins econômicos; abuso de poder econômico; falta de interesse legítimo do controlador; inexistência de base legal para

---

[13] STF, Pleno, ADI 6389 MC-RF/DF, rel. min. Rosa Weber, trecho do voto do min. Gilmar Mendes, j. em 07.05.2020.

[14] STF, Pleno, ADI 6389 MC-RF/DF, rel. min. Rosa Weber, trecho do voto do min. Gilmar Mendes, j. em 07.05.2020.

o tratamento de dados pessoais sem consentimento do titular; falta de transparência algorítmica; retenção indevida de dados pessoais; perda, modificação ou eliminação indevidas de dados pessoais; deficiências em processos de anonimização ou pseudonimização de dados pessoais; incidentes de segurança no tratamento de dados pessoais.[15]

No exame da conformidade das práticas adotadas pelas empresas que realizem o tratamento de dados pessoais, o Ministério Público poderá requisitar a apresentação de Relatório de Impacto à Proteção de Dados Pessoais (RIDP) que descreva os processos de tratamento que causem ou possam causar riscos ao direito à autodeterminação informativa, como forma de suscitar medidas de prevenção ou de correção quanto a tais riscos.

Segundo o art. 38 da LGPD, a autoridade nacional pode determinar ao controlador que elabore relatório de impacto à proteção de dados pessoais, "inclusive de dados sensíveis, referente a suas operações de tratamento de dados, nos termos de regulamento, observados os segredos comercial e industrial". Tal relatório deve conter "a descrição dos tipos de dados coletados, a metodologia utilizada para a coleta e para a garantia da segurança das informações e a análise do controlador com relação a medidas, salvaguardas e mecanismos de mitigação de risco adotados".

4.3 O CNMP como autoridade de proteção de dados especial para o Ministério Público

Não se pode deixar de registrar, por outro lado, o papel do CNMP na gestão da política de dados em geral do Ministério Público brasileiro. Embora, no cenário ideal, devesse existir apenas uma ANPD, a estrutura constitucional de certos países não comporta essa formulação. Ademais, a decisão quanto à existência de uma só autoridade nacional de proteção de dados não é tema puramente jurídico. Envolve fatores políticos que se devem acomodar aos arranjos institucionais e à distribuição de competências de cada órgão no Estado federal.

---

[15] CONSELHO NACIONAL DO MINISTÉRIO PÚBLICO. Proposta de Resolução que institui a Política Nacional de Proteção de Dados Pessoais e o Sistema Nacional de Proteção de Dados Pessoais do Ministério Público brasileiro e dá outras providências. Proposição 01.00415/2021-60, autor cons. Marcelo Witzel, rel. cons. Sebastião Caixeta, apresentada em plenário em 23 de março de 2021.

Na formulação do anteprojeto da LGPD penal,[16] os dois representantes do Ministério Público que compuseram a Comissão de Juristas instituída pela Câmara dos Deputados em 26 de novembro de 2019 propuseram que as competências reservadas à ANPD no tocante ao Ministério Público e ao Poder Judiciário fossem atribuídas ao CNMP e ao Conselho Nacional de Justiça (CNJ), respectivamente, por força do princípio da separação dos Poderes e da independência institucional do Ministério Público.

No entanto, no texto final do anteprojeto,[17] prevaleceu a proposta intermediária de que essas instituições sujeitar-se-iam a uma ANPD especial, que deveria ser o CNJ. O texto do anteprojeto solicitado pelo então presidente da Câmara, deputado Rodrigo Maia, ficou assim redigido, neste ponto:

> UNIDADE ESPECIAL DE PROTEÇÃO DE DADOS EM MATÉRIA PENAL
> Art. 59. O Conselho Nacional de Justiça (CNJ), por meio da sua Unidade Especial de Proteção de Dados em Matéria Penal (UPDP), será responsável por zelar, implementar e fiscalizar a presente lei em todo o território nacional.

A justificativa na exposição de motivos do anteprojeto deixa claras as razões pelas quais a Autoridade Nacional de Proteção de Dados (ANPD) da Lei n° 13.709/2018 não deve ser o órgão de monitoramento do Poder Judiciário e do Ministério Público quanto ao tratamento de dados na instância criminal:

> A escolha do CNJ como a autoridade responsável deu-se em razão da sua autonomia e da pluralidade de sua composição. Sabe-se que a autonomia e imparcialidade do órgão supervisor é fundamental para que um país esteja apto a pleitear uma decisão quanto à adequação de sua legislação de proteção de dados ao nível de proteção europeu, que permitiria às autoridades de investigação no país acessar e compartilhar uma maior

---

[16] Para os fins do art. 4°, §1°, da Lei n° 13.709/2018: "§1° O tratamento de dados pessoais previsto no inciso III será regido por legislação específica, que deverá prever medidas proporcionais e estritamente necessárias ao atendimento do interesse público, observados o devido processo legal, os princípios gerais de proteção e os direitos do titular previstos nesta Lei".

[17] CÂMARA DOS DEPUTADOS. Anteprojeto de Lei de Proteção de Dados para segurança pública e investigação criminal, elaborado pela Comissão de Juristas instituída por Ato do Presidente da Câmara dos Deputados, de 26 de novembro de 2019. Disponível em: https://static.poder360.com.br/2020/11/DADOS-Anteprojeto-comissao-protecao-dados-seguranca-persecucao-FINAL.pdf. Acesso em: 13 abr. 2021.

quantidade de dados com autoridades e instituições europeias, como Europol, Interpol e Eurojust.

Dessa forma, a indicação do CNJ como órgão supervisor é importante na medida em que: (i) evita o dispêndio de novos gastos com a criação de um órgão específico; (ii) aproveita a expertise dos setores, dos Conselheiros e dos servidores do CNJ que já vêm expedindo atos normativos importantes sobre a proteção de dados no âmbito brasileiro (v.g. Recomendação CNJ n. 73, de 20/08/2020 e Portaria CNJ n. 63/2019); e (iii) permite a formulação de políticas públicas uniformes para todo território nacional, a partir de uma composição plural e independente com membros de instituições diversas à luz do art. 103-B, da Constituição Federal (v.g. Poder Judiciário estadual, federal e trabalhista, Ministério Público estadual e federal, Ordem dos Advogados do Brasil, Câmara dos Deputados e Senado Federal).[18]

Evidentemente, tudo o que se afirmou quanto ao CNJ, em tal motivação, aplica-se por simetria ao CNMP, em sua atividade como órgão constitucional de controle externo do Ministério Público e, portanto, competente, à luz do art. 130-A da Constituição Federal,[19] para zelar pela implementação da legislação de proteção de dados e fiscalizar seu cumprimento em todas as unidades do Ministério Público do País.

Como se não bastasse, é inviável que uma agência estatal vinculada diretamente à presidência da República aplique sanções administrativas a membros do Ministério Público e juízes, em caso de violações da legislação geral de proteção de dados. Evidentemente, tais sanções administrativas devem ser impostas, mediante o devido processo legal, pelas próprias corregedorias de justiça, *lato sensu*, assim como pelos órgãos de controle externo, isto é, o CNJ e o CNMP. Não

---

[18] CÂMARA DOS DEPUTADOS. Anteprojeto de Lei de Proteção de Dados para segurança pública e investigação criminal, elaborado pela Comissão de Juristas instituída por Ato do Presidente da Câmara dos Deputados, de 26 de novembro de 2019. Disponível em: https://static.poder360.com.br/2020/11/DADOS-Anteprojeto-comissao-protecao-dados-seguranca-persecucao-FINAL.pdf. Acesso em: 13 abr. 2021.

[19] CONSTITUIÇÃO FEDERAL. Art. 130-A. (...)
§2º Compete ao Conselho Nacional do Ministério Público o controle da atuação administrativa e financeira do Ministério Público e do cumprimento dos deveres funcionais de seus membros, cabendo lhe:
I zelar pela autonomia funcional e administrativa do Ministério Público, podendo expedir atos regulamentares, no âmbito de sua competência, ou recomendar providências;
II zelar pela observância do art. 37 e apreciar, de ofício ou mediante provocação, a legalidade dos atos administrativos praticados por membros ou órgãos do Ministério Público da União e dos Estados, podendo desconstituí-los, revê-los ou fixar prazo para que se adotem as providências necessárias ao exato cumprimento da lei, sem prejuízo da competência dos Tribunais de Contas;

é por outro motivo que o art. 55-J, inciso XXII, da LGPD manda que a ANPD comunique aos órgãos de controle interno o descumprimento da lei por órgãos e entidades da Administração Pública federal.

E assim é, explica Wimmer, porque "o Poder Público já se encontra submetido a mecanismos próprios de controle interno e externo, e que também os agentes públicos possuem regramentos específicos para disciplinar sua atuação".[20] No âmbito do MPU e dos MPs dos Estados, esses mecanismos e sanções estão listados nas respectivas leis orgânicas. Quanto ao Judiciário, o regramento é o da Lei Orgânica da Magistratura, ao passo que para os servidores públicos em geral valerá a Lei nº 8.112/1990 e a Lei de Improbidade Amdinistrativa, neste caso inclusive para as autoridades públicas.

Além dos aspectos indicados, deve-se levar em conta que a ANPD mencionada pelo art. 55-A da Lei nº 13.709/2018 foi criada como órgão da Administração Pública federal, integrante da Presidência da República, com natureza jurídica transitória, podendo ser transformada pelo Poder Executivo em autarquia especial vinculada à Presidência da República. Esse desenho institucional não parece compatível com a organização constitucional do Poder Judiciário e do Ministério Público, nem confere, no atual *status*, suficiente autonomia à ANPD para viabilizar o reconhecimento do nível de proteção adequada da jurisdição brasileira, sobretudo para a transferência internacional de dados e a cooperação jurídica e policial com Estados e instituições supranacionais da União Europeia.

Conforme prevê o projeto de resolução apresentado em 2021, o CNMP passaria a exercer o papel de Autoridade Nacional de Proteção de Dados Pessoais do Ministério Público (ANPD/MP), por meio de um novo órgão interno, a Unidade Especial de Proteção de Dados Pessoais (UEPDAP).[21]

4.4 O CNMP como autoridade de supervisão da política de proteção de dados da Polícia

A distribuição constitucional de competências no âmbito da justiça criminal também aponta para o CNMP como o órgão ao qual deve

---

[20] WIMMER, Miriam. O regime jurídico do tratamento de dados pessoais pelo Poder Público. *In*: MENDES, Laura Schertel; DONEDA; Danilo; SARLET, Ingo Wolfgang; RODRIGUES JR., Otavio Luiz (Coord.). *Tratado de proteção de dados pessoais*. Rio de Janeiro: Forense, 2021, p. 285.

[21] CONSELHO NACIONAL DO MINISTÉRIO PÚBLICO. *Op. cit*.

ser atribuído o monitoramento ou supervisão da política de proteção de dados nas instituições policiais brasileiras. A razão é simples: esta competência não é do Poder Judiciário, e sim do Ministério Público, por força do art. 129, inciso VII, da Constituição de 1988, no exercício do controle externo da atividade policial.[22]

O controle externo da Polícia é inequivocamente uma atividade de supervisão para a proteção de direitos da pessoa humana e para a promoção da eficiência da segurança pública e da persecução criminal, em linha com os princípios do art. 37 da Constituição, que regem a Administração Pública.

Ao regulamentar o inciso VII do art. 109 da Constituição, o art. 3º da Lei Complementar nº 75/1993 (Lei Orgânica do MPU) não deixa dúvidas de que compete ao Ministério Público da União exercer o controle externo da atividade policial tendo em vista o respeito aos fundamentos do Estado Democrático de Direito, aos objetivos fundamentais da República Federativa do Brasil, aos princípios informadores das relações internacionais, bem como aos direitos assegurados na Constituição Federal e na lei. Nesta atividade de controle, cumpre aos membros do MPU ter em mira a preservação da ordem pública, da incolumidade das pessoas e do patrimônio público; e a prevenção e a correção de ilegalidades ou de casos de abuso de poder. Note-se que, segundo o art. 80 da Lei Orgânica Nacional do Ministério Público (Lei nº 8.625/1993), aplicam-se aos Ministérios Públicos dos Estados, subsidiariamente, as normas da Lei Orgânica do Ministério Público da União.

A proposta de resolução preparada pelo grupo de trabalho do CNMP, encarregado do desenho da política nacional de proteção de dados do Ministério Público, prevê que ao Ministério Público, no exercício do controle externo da atividade policial, cabe a fiscalização do cumprimento da legislação de proteção de dados pessoais pelos órgãos de segurança pública previstos no art. 144 da Constituição Federal.[23]

---

[22] CONSTITUIÇÃO FEDERAL. Art. 109. São funções institucionais do Ministério Público: VII - exercer o controle externo da atividade policial, na forma da lei complementar mencionada no artigo anterior.

[23] CONSELHO NACIONAL DO MINISTÉRIO PÚBLICO. Proposta de Resolução que institui a Política Nacional de Proteção de Dados Pessoais e o Sistema Nacional de Proteção de Dados Pessoais do Ministério Público brasileiro, e dá outras providências. Proposição 01.00415/2021-60, autor cons. Marcelo Witzel, rel. cons. Sebastião Caixeta, apresentada em plenário em 23 de março de 2021.

A este controle em geral já estão sujeitas, nos termos da Constituição, da LOMPU e da Resolução CNMP 20/2007, todas as polícias judiciárias, legislativas ou militares e os demais órgãos aos quais seja atribuída parcela de poder de polícia, relacionada à segurança pública e à persecução criminal, inclusive órgãos de perícia técnica.

4.5 O Ministério Público como agente de tratamento de dados em investigações cíveis e criminais

Violações das regras de tratamento de dados e falhas de segurança da informação podem ocorrer no próprio seio das instituições do sistema de justiça. Estes órgãos, não importa o Poder a que pertençam, estão sujeitos às regras gerais de proteção de dados. Diante das informações de que depende cotidianamente, a atividade finalística do Ministério Público pode ser fonte de diversos incidentes de proteção de dados.

Quando pensamos na perspectiva penal relativa à coleta, guarda, processamento, utilização e disseminação, compartilhamento ou transferência de dados pessoais, temos de levar em conta a pessoa do titular dos dados como autor de uma infração ou como vítima dela. Também devemos considerar que numa investigação cível ou criminal dados de testemunhas, peritos ou mesmo de terceiros, sem nenhuma relação direta com o fato a ser provado, poderão ser submetidos à ingerência do Estado, especialmente no curso de apurações em que a autoria é de início indeterminada.

Mesmo antes da LGPD, o ordenamento jurídico brasileiro não ignorava *normas* de proteção de dados no campo da persecução criminal. Basta que recordemos a existência da Lei de Interceptação Telefônica (Lei nº 9.296/1996), que regula as escutas telefônicas e telemáticas e prevê um importante incidente de eliminação de dados no seu art. 9º; da Lei da Identificação Criminal (Lei nº 12.037/2009), que cuida do registro de dados pessoais, inclusive perfis genéticos, para uso em investigações criminais; os arts. 17-B e 17-E da Lei de Lavagem de Dinheiro (Lei nº 9.613/1998) sobre acesso a dados cadastrais mediante requisição; os arts. 15 a 17 da Lei do Crime Organizado (Lei nº 12.850/2013), que também regulam a requisição de dados pela Polícia e pelo Ministério Público; e os arts. 13-A e 13-B do Código de Processo Penal (CPP), que disciplinam o acesso a dados cadastrais e metadados para uso em investigações criminais sobre tráfico de pessoas.

Tampouco se pode ignorar o Marco Civil da Internet (MCI), que, como escrevi alhures, tem uma claríssima questão penal nele embutida, sobretudo na apuração de cibercrimes e como base jurídica para o emprego de modernas técnicas de investigação, como o *geofence* (ou *geofencing*), que impactam diretamente em dados de grupos de indivíduos, não necessariamente todos suspeitos.[24]

Neste sentido, as normas de proteção de dados pessoais devem aplicar-se também ao Estado quando coleta, manipula, difunde, compartilha, transfere, isto é, quando trata dados pessoais de investigados, suspeitos, réus, vítimas, testemunhas, peritos, autoridades e funcionários que atuam na persecução criminal ou em investigações cíveis e de terceiros eventualmente alcançados por medidas de apuração em inquéritos policiais, inquéritos civis ou PICs. Investigações e medidas de segurança pública são atividades estatais que interferem rotineiramente na vida dos cidadãos, tornando-se relevante a perspectiva da privacidade, em sua conjugação com a cláusula do devido processo legal e com as regras probatórias no processo.

Embora a LGPD não se aplique às atividades do Ministério Público e do Judiciário no campo da segurança pública e do processo penal, à luz do art. 4°, inciso III, da Lei n° 13.709/2018, o direito à autodeterminação informativa, como direito constitucional autônomo, assim já reconhecido pelo STF,[25] está sujeito à proteção constitucional, dada sua aplicabilidade imediata (art. 5°, §1°, da Constituição).[26] Deste modo, conquanto o tratamento de dados pessoais em tais atividades deva ser regido por legislação específica, é de se notar que os princípios gerais de proteção e os direitos do titular previstos na LGPD já se aplicam ao tratamento realizado, inclusive no âmbito criminal, pela Polícia, pelo Ministério Público e pelo Poder Judiciário. É evidente que os bens jurídicos em questão não podem ficar desprotegidos até que o legislador ordinário cumpra o mandado regulatório previsto no §1° do art. 4° da LGPD.

Por outro lado, nas atividades finalísticas do Poder Judiciário e do Ministério Público no campo não penal, a LGPD já se aplica por inteiro, o que exige a formulação imediata de políticas nacionais de conformidade para implementação de rotinas de proteção dos direitos em jogo na atuação cível dessas instituições de justiça.

---

[24] ARAS, Vladimir. *Geofencing* como técnica de investigação criminal. Blog do Vlad, 2020. Disponível em: https://vladimiraras.blog/2020/08/27/geofencing-como-tecnica-de-investigacao-criminal/. Acesso em: 13 abr. 2021.

[25] STF, Pleno, ADI 6390 MC-Ref., rel. Min. Rosa Weber, j. 07.05.2020.

[26] CONSTITUIÇÃO FEDERAL. Art. 5°. (...). §1° As normas definidoras dos direitos e garantias fundamentais têm aplicação imediata.

Embora condicionados em certas ocasiões à cláusula de reserva de jurisdição, os poderes do Ministério Público quanto ao tratamento de dados pessoais são amplos. Segundo o art. 8º, inciso VII, da LC nº 75/1993, incumbe ao Ministério Público da União, sempre que necessário ao exercício de suas funções institucionais, "ter acesso incondicional a qualquer banco de dados de caráter público ou relativo a serviço de relevância pública". A Lei de Ação Civil Pública, a Lei de Lavagem de Dinheiro e a Lei do Crime Organizado, assim como o CPP, também conferem à instituição significativos poderes requisitórios, para acesso a dados de várias naturezas, inclusive a dados pessoais. Os riscos de incidentes de proteção e segurança da informação são também ponderáveis.

Como em tudo na vida, a virtude está no plano médio. A implantação de sistemas de proteção aos direitos dos titulares dos dados não deve inviabilizar os métodos operacionais do Estado na elucidação de crimes ou no desvendamento de atos ilícitos em geral, ou na solução de questões relevantes no âmbito da tutela dos direitos coletivos, difusos e individuais indisponíveis. Cada vez mais dependemos de meios tecnológicos de investigação para a descoberta de infrações, especialmente para a determinação de autoria ou para viabilizar reparações e recomposições a populações ou coletividades atingidas por atividades governamentais ou empresariais. A Internet das Coisas (ioT) incrementa a dependência de dados que acomete os órgãos de persecução cível e criminal. A internet exige que a tecnologia seja empregada em larga escala nas investigações em geral. A sociedade de massa demanda o tratamento de grandes conjuntos de dados por órgãos de inteligência[27] e análise nas instâncias estatais competentes. As finalidades desses tratamentos são em regra legítimas e essenciais às sociedades democráticas, diante de ameaças como a criminalidade organizada e o terrorismo, mas também em face de graves violações de direitos humanos ou de infrações ao meio ambiente e aos interesses de coletividades vulneráveis.

Assim vista a questão, é imprescindível que o Ministério Público adote mecanismos de prevenção de incidentes de proteção de dados no curso de suas atividades investigatórias, no cível e no crime, para que a apuração de ilícitos não seja contaminada por uma eventual violação de direitos dos titulares dos dados necessários a essas apurações. Tais

---

[27] O campo da inteligência de segurança pública e da inteligência de Estado para defesa nacional é um dos campos mais sensíveis do confronto com o direito à proteção de dados pessoais.

sistemas de gestão de dados devem evitar também a revitimização das pessoas atingidas pelos atos ilícitos sob apuração, de modo a que seus dados não sejam objeto de incidentes de segurança.

O princípio da precaução é fundamental nesta seara. Transparência e legalidade também são esteios essenciais para qualquer atividade de tratamento de dados realizada pelo Ministério Público no curso de seus inquéritos civis, procedimentos investigatórios criminais, ações coletivas ou nas ações de improbidade, seja na primeira instância ou na etapa recursal, assim também no âmbito da justiça consensual.

Como visto, a principiologia do art. 2º da LGPD já terá aplicação aqui, orientando o *Parquet* ao respeito à privacidade; à autodeterminação informativa; à liberdade de expressão, de informação, de comunicação e de opinião; e à inviolabilidade da intimidade, da honra e da imagem.

Porém, também é indispensável orientar-se nestas apurações, do ponto de vista geral e particular, por princípios mais específicos, estes já listados no art. 6º da LGPD e examinados no tópico 3.

4.6 A proteção de dados como um problema de devido processo legal e de direito probatório

A eficiência do sistema de justiça depende da estrita observância da cláusula do devido processo legal, que é reconhecida como garantia constitucional e convencional no art. 5º da Carta de 1988 e nos arts. 8º e 14 da Convenção Americana de Direitos Humanos e do Pacto Internacional de Direitos Civis e Políticos, respectivamente.

A violação aos direitos materiais de privacidade e de autodeterminação informativa pode ter impactos no bom encaminhamento de uma causa cível e, principalmente, no êxito de uma persecução criminal. A falta de conformidade no tratamento de dados pessoais, quanto à sua coleta ou utilização no curso de uma investigação ou processo, poderá influir no próprio resultado da ação judicial.

Nesta perspectiva, a adoção de regras de conduta rígidas e mecanismos de tratamento adequado dos dados pessoais é fundamental para a atividade-fim da Polícia, do Ministério Público e do Poder Judiciário. As regras sobre cadeia de custódia de dados e de preservação da integridade da prova em geral somam-se aos preceitos e boas práticas relativas à quebra de sigilos e aos limites e condições para a ingerência do Estado sobre os dados em geral (fiscais, bancários, médicos, familiares etc.) e sobre o direito de privacidade em particular. A tutela penal dos segredos e a teoria das nulidades no processo devem ser levadas em conta nesta equação, pois a falta de conformidade digital pode decorrer de falta de mecanismos internos, como autorregulação, sistemas de auditoria e de responsabilização, ou mesmo da falta de treinamento para a boa governança de dados em casos cíveis e criminais. Dados pessoais obtidos fora do esquadro legal e com inobservância de regulamentos setoriais não poderão ser admitidos em juízo, como decorrência da violação do devido processo legal, na dimensão do direito à privacidade e à autodeterminação informativa. Os arts. 2º, 3º, 5º e 9º da Lei nº 9.296/1996 são bons exemplos dessa correlação.

Não é novidade que a violação ao direito de privacidade e a regras que limitam o acesso do Estado a dados pessoais tem fornecido substrato para anulações de sentenças em inúmeros casos. Tem servido também à responsabilização do Estado, como se deu no caso *Escher e Outros vs. Brasil*, julgado pela Corte Interamericana de Direitos Humanos. Na sentença proferida em 2009, a Corte de San José reconheceu a violação pelo Estado brasileiro do direito à privacidade de trabalhadores rurais que foram vítimas de escutas telefônicas clandestinas e tiveram suas conversas expostas em emissora de televisão. Embora estivesse em vigor, a Lei nº 9.296/1996 não foi cumprida, e as estruturas de controle do Poder Judiciário, que autorizou a escuta, e da Polícia Militar do Estado do Paraná, que a pediu, não funcionaram adequadamente para impedir a referida violação.

Por tais razões, o Ministério Público e a Polícia devem sempre ter em conta, no cumprimento de suas competências constitucionais, o princípio da legalidade da atividade investigativa, notadamente quando seu exercício demandar, como é frequente ocorrer, o tratamento de dados pessoais, para fins probatórios.

4.7 O Ministério Público como controlador de dados na sua atividade administrativa

Não é apenas na sua atividade finalística que o Ministério Público pode provocar incidentes de proteção de dados. Na administração da instituição, seus gestores realizam o tratamento de dados pessoais de titulares, como os de seus membros e servidores, de visitantes das instalações do Ministério Público, de usuários de seus serviços de reclamação e de informação, assim como dos contratados, notadamente das pessoas físicas que lhe prestam serviços.

Digno de nota que uma das prerrogativas dos membros do Ministério Público, conforme o art. 40, inciso VI, da Lei Orgânica Nacional

(Lei nº 8.625/1993) é o direito de acesso, retificação e complementação dos dados e informações relativos à sua pessoa, existentes nos órgãos da instituição. É um dos primeiros reconhecimentos normativos da autodeterminação informativa no ordenamento jurídico brasileiro, ainda antes da Lei do Habeas Data.

A possibilidade de vazamentos de dados pessoais desses indivíduos, autoridades ou não, não é de se menosprezar. Por outro lado, não se pode utilizar tais informações pessoais para fins alheios à finalidade de sua recolha. Toda a regulamentação da Lei Geral de Proteção de Dados terá aplicação neste segmento da atividade-meio do Ministério Público, e do próprio CNMP. É o que também consta da proposta de resolução do Conselho Nacional, que, todavia, pretende limitar a aplicação da LGPD à atividade administrativa do Ministério Público.

> Art. 66. A LGPD se aplica somente para o tratamento de dados pessoais que digam respeito à atividade administrativa do Ministério Público brasileiro.
> §1º Considera-se atividade administrativa, para os fins desta Resolução, aquelas estruturantes como de gestão de pessoas, gestão orçamentária e financeira, comunicação social, gestão administrativa e tecnologia da informação, entre outras.
> §2º Não se considera atividade administrativa a desempenhada em prol da produção de conhecimento destinado ao desempenho das atividades dos órgãos de execução e à proteção dos ativos da Instituição.[28]

Para este fim, de todos os contratos, convênios e atos administrativos firmados pelos Ministérios Públicos estaduais, pelos quatro ramos do MPU e pelo CNMP devem constar detalhadamente as responsabilidades dos controladores e dos operadores. A boa governança de dados no âmbito do Ministério Público, que deve responder aos princípios gerais do art. 37 da Constituição, que regem a Administração Pública, é essencial ao respeito aos direitos individuais em questão e para a correta e eficiente execução das atividades finalísticas das Promotorias de Justiça e das Procuradorias da República em todo o País.

---

[28] CONSELHO NACIONAL DO MINISTÉRIO PÚBLICO. Proposta de Resolução que institui a Política Nacional de Proteção de Dados Pessoais e o Sistema Nacional de Proteção de Dados Pessoais do Ministério Público brasileiro e dá outras providências. Proposição 01.00415/2021-60, autor cons. Marcelo Witzel, rel. cons. Sebastião Caixeta, apresentada ao plenário em 23 de março de 2021.

5 *Compliance* e proteção de dados no Ministério Público brasileiro

Com acerto Wimmer afirma que a LGPD "não deixa dúvidas quanto à incidência integral dos seus princípios sobre o Poder Público". A autora chega a essa conclusão pela análise dos arts. 4º, §1º, 6º, 26, 29 e 55-J, §2º, da LGPD.[29] De fato, um exame sistemático destes dispositivos, conjugados, acrescento, com o art. 5º, incisos X e XII, e §1º, e com o art. 37, *caput*, da Constituição, não permite recusar a incidência do sistema de princípios da LGPD sobre todas as atividades públicas, desde já.

5.1 A influência da LGPD na formulação da política de proteção de dados do Ministério Público

Segundo o §3º do art. 55 da Lei nº 13.709/2018, a ANPD e os órgãos e entidades públicos responsáveis pela regulação de setores específicos da atividade econômica e governamental devem coordenar suas atividades, nas correspondentes esferas de atuação, com vistas a assegurar o cumprimento de suas atribuições com a maior eficiência possível e promover o adequado funcionamento dos setores regulados, conforme legislação específica, no tocante ao tratamento de dados pessoais.

O Conselho Nacional de Justiça (CNJ), para o Poder Judiciário, e o Conselho Nacional do Ministério Público (CNMP) são os órgãos responsáveis pela regulação desses setores específicos da atividade governamental.

O art. 50, inciso I, da LGPD determina que os controladores e operadores, no âmbito de suas competências, poderão formular regras de boas práticas e de governança que estabeleçam as condições de organização, o regime de funcionamento, os procedimentos, incluindo reclamações e petições de titulares, as normas de segurança, os padrões técnicos, as obrigações específicas para os diversos envolvidos no tratamento, as ações educativas, os mecanismos internos de supervisão e de mitigação de riscos e outros aspectos relacionados ao tratamento de dados pessoais.

---

[29] WIMMER, Miriam. O regime jurídico do tratamento de dados pessoais pelo Poder Público. *In:* MENDES, Laura Schertel; DONEDA; Danilo; SARLET, Ingo Wolfgang; RODRIGUES JR., Otavio Luiz (Coord.). *Tratado de proteção de dados pessoais*. Rio de Janeiro: Forense, 2021, p. 275.

Para este desiderato, como regras mínimas, incumbe-lhes implementar programas de governança em privacidade que demonstrem o comprometimento do controlador na adoção de processos e políticas internas que assegurem o cumprimento, de forma abrangente, de normas e boas práticas relativas à proteção de dados pessoais. Esses programas devem ser aplicáveis a todo o conjunto de dados pessoais que estejam sob seu controle, independentemente do modo como se realizou sua coleta e devem adaptar-se à estrutura, à escala e ao volume de suas operações, bem como à sensibilidade dos dados tratados na referida organização. Além disso, os programas de governança devem estabelecer políticas e salvaguardas adequadas com base em processo de avaliação sistemática de impactos e riscos à privacidade; observar critérios de transparência, garantir a participação do titular, integrando-se à sua estrutura geral de governança. É essencial também que os programas prevejam mecanismos de supervisão internos e externos; contem com planos de resposta a incidentes e remediação; e sejam atualizados constantemente com base em informações obtidas a partir de monitoramento contínuo e avaliações periódicas.[30]

Ademais, essas boas práticas e tais normas de governança devem ser dinâmicas. Segundo o §3º do art. 50 da LGPD, devem ser publicadas e atualizadas periodicamente e podem ser reconhecidas e divulgadas pela ANPD ou pela agência setorial, como é o caso do CNMP e do CNJ, nos seus respectivos nichos de atuação.

Na forma do art. 46 da LGPD, os agentes de tratamento devem adotar medidas de segurança, técnicas e administrativas aptas a proteger os dados pessoais de acessos não autorizados e de situações acidentais ou ilícitas de destruição, perda, alteração, comunicação ou qualquer forma de tratamento inadequado ou ilegal.

A autoridade nacional de proteção de dados – seja a ANPD, o CNJ ou o CNMP – deve dispor sobre padrões técnicos mínimos para tornar aplicável o previsto no art. 46 da LGPD, considerando os princípios do art. 6º e a natureza das informações tratadas, as características específicas do tratamento e o desenvolvimento da tecnologia, especialmente na hipótese de tratamento de dados pessoais sensíveis.

---

[30] CONSELHO NACIONAL DO MINISTÉRIO PÚBLICO. Proposta de Resolução que institui a Política Nacional de Proteção de Dados Pessoais e o Sistema Nacional de Proteção de Dados Pessoais do Ministério Público brasileiro e dá outras providências. Proposição 01.00415/2021-60, autor cons. Marcelo Witzel, rel. cons. Sebastião Caixeta, apresentada ao plenário em 23 de março de 2021.

5.2 O projeto de resolução do CNMP sobre proteção de dados

Como antes visto, a proposta de resolução que resultou do Grupo de Trabalho do CNMP presidido pelo conselheiro Marcelo Witzel destina-se a regular a Política Nacional de Proteção de Dados Pessoais e o Sistema Nacional de Proteção de Dados Pessoais do Ministério Público brasileiro.[31]

Tal proposta, fortemente inspirada na Diretiva 2016/680 da União Europeia (Diretiva Policial), tem como premissas a autonomia do Ministério Público e também a necessidade de uma regulamentação nacional das diretrizes quanto ao modelo de proteção de dados pessoais que deve vigorar de modo uniforme no âmbito do Ministério Público da União e dos Estados e no próprio órgão nacional de controle externo.

Segundo o art. 1º da proposição, a futura resolução pretende definir diretrizes para as ações de planejamento e de execução das obrigações funcionais e da gestão administrativa do Ministério Público brasileiro em prol da proteção de dados pessoais e da autodeterminação informativa da pessoa natural.[32]

Seu primeiro objetivo é fixar premissas programáticas para que o Ministério Público concretize a tutela do direito fundamental à proteção de dados pessoais por meio de seus órgãos de execução, nas hipóteses de lesão ou ameaça de lesão ocasionadas por pessoa natural ou pessoa jurídica de direito público ou privado, independentemente do meio, de sua sede ou do país onde estejam localizados os dados pessoais, consoante a legislação vigente.

Também se pretende fomentar a capacitação contínua de membros e servidores quanto à proteção de dados pessoais em diferentes relações sociais e à produção do conhecimento necessário ao manejo de medidas administrativas e judiciais adequadas para a tutela integral de direitos violados ou ameaçados.

Como terceiro objetivo, busca-se disseminar a cultura de proteção de dados pessoais, com o objetivo de promover a conscientização sobre

---

[31] A proposição é a de nº 01.00415/2021-60, no CNMP, e tem como relator o conselheiro Sebastião Caixeta.

[32] CONSELHO NACIONAL DO MINISTÉRIO PÚBLICO. Proposta de Resolução que institui a Política Nacional de Proteção de Dados Pessoais e o Sistema Nacional de Proteção de Dados Pessoais do Ministério Público brasileiro e dá outras providências. Proposição 01.00415/2021-60, autor cons. Marcelo Witzel, rel. cons. Sebastião Caixeta, apresentada ao plenário em 23 de março de 2021.

os riscos derivados do tratamento e formas de minimizá-lo em diferentes ambientes, especialmente tecnológicos.

Para o pleno exercício das atividades do Ministério Público no desempenho da defesa do regime democrático e da ordem jurídica, em especial para a tutela dos direitos fundamentais lesados por condutas de terceiros, ainda se pretende assegurar que a instituição realize o tratamento de dados pessoais de forma a conciliar os princípios da publicidade e da eficiência com a proteção da intimidade e da vida privada da pessoa natural.

O quinto objetivo é disciplinar, no âmbito interno dos ramos e das unidades do Ministério Público, estruturas especializadas, procedimentos e medidas necessárias para a conjugação da imprescindibilidade de tratamento de dados pessoais e a proteção à privacidade e à intimidade a eles inerentes.

Por fim, o projeto de resolução do CNMP tentará estabelecer diretrizes que orientarão o aprimoramento contínuo de mecanismos de proteção de dados pessoais, inclusive nos campos do planejamento, governança, administração de processos e procedimentos, elaboração de normas, rotinas operacionais, práticas organizacionais, desenvolvimento e gestão de sistemas de informação e relação com a imprensa.[33]

Para sua implementação, desenhou-se um Sistema Nacional de Proteção de Dados Pessoais do Ministério Público (SINPRODAP/MP), que pretende orientar a atuação nacional da instituição para a proteção integral dos dados pessoais, incluindo a defesa do direito fundamental à autodeterminação informativa contra lesões de terceiros e a observância, pelas estruturas orgânicas que o compõem, das normas que regem a Política Nacional de Proteção de Dados Pessoais do Ministério Público.

Esse Sistema Nacional será composto pela Unidade Especial de Proteção de Dados Pessoais (UEPDAP); pela Secretaria Executiva de Proteção de Dados Pessoais (SEPRODAP); pelo Comitê Nacional de Encarregados de Proteção de Dados Pessoais do Ministério Público (CONEDAP); pelos controladores e pelos encarregados dos ramos do Ministério Público da União e das unidades dos Ministérios Públicos dos Estados e do Conselho Nacional do Ministério Público (CNMP);

---

[33] CONSELHO NACIONAL DO MINISTÉRIO PÚBLICO. Proposta de Resolução que institui a Política Nacional de Proteção de Dados Pessoais e o Sistema Nacional de Proteção de Dados Pessoais do Ministério Público brasileiro, e dá outras providências. Proposição 01.00415/2021-60, autor cons. Marcelo Witzel, rel. cons. Sebastião Caixeta, apresentada ao plenário em 23 de março de 2021.

pelos Comitês Estratégicos de Proteção de Dados Pessoais (CEPDAP); e pelos órgãos de execução do Ministério Público.[34]

São objetivos auspiciosos, audaciosos e desafiadores. Dada a importância do tema, espera-se que os formuladores e os fomentadores dessa nova política pública no âmbito do Ministério Público brasileiro tenham êxito.

6 Conclusão

A tutela plena e eficiente do direito à autodeterminação informativa e da proteção de dados pessoais no Brasil, de parte do Poder Público, exigirá um grande esforço de coordenação entre as diversas agências governamentais. As medidas de prevenção, treinamento e *risk assessment* devem ser priorizadas, mas não se deve perder de vista que deve haver canais adequados para reclamações, no âmbito do Poder Judiciário, do Ministério Público, das Polícias e também da Defensoria Pública, com um sistema adequado de responsabilização.

As corregedorias têm um importante papel a desempenhar, mas a função primordial de induzir a adoção de sistemas de gestão de governança de dados nessas instituições será sem dúvida do Conselho Nacional de Justiça e do Conselho Nacional do Ministério Público. Espera-se que esses conselhos se coordenem entre si, para a aprovação de regulamentos e de políticas nacionais coerentes e simétricas, assim como possam articular-se com a ANPD, para que o sistema brasileiro de proteção de dados que se organiza paulatinamente seja capaz de tutelar esse direito, quando ameaçado por agentes externos, do setor privado ou por outras agências governamentais, mas também em face de ameaças no plano intrainstitucional, quando os incidentes de segurança da informação e eventuais violações a direitos previstos na LGPD forem cometidos pela Polícia, pela Defensoria Pública, pelo Poder Judiciário ou pelo Ministério Público.

Embora o sistema de princípios gerais e específicos da legislação de proteção de dados pessoais aplique-se de imediato a todo o Ministério Público, é de se perceber que a existência de sistemas de conformidade em *data protection* dependerá de regulamentos próprios, de cada uma das

---

[34] CONSELHO NACIONAL DO MINISTÉRIO PÚBLICO. Proposta de Resolução que institui a Política Nacional de Proteção de Dados Pessoais e o Sistema Nacional de Proteção de Dados Pessoais do Ministério Público brasileiro, e dá outras providências. Proposição 01.00415/2021-60, autor cons. Marcelo Witzel, rel. cons. Sebastião Caixeta, apresentada ao plenário em 23 de março de 2021.

unidades nos Estados e no MPU, em cumprimento à política nacional a ser estruturada pelo CNMP. Devido ao desenho institucional do Poder Judiciário e do Ministério Público no Brasil, o fomento e consecução da *compliance* de proteção de dados no sistema de justiça dependerão de um conjunto de estratégias e medidas, nas dimensões subjetiva e objetiva desse direito fundamental, que só estão ao alcance dos órgãos nacionais de controle externo.

Informação bibliográfica deste texto, conforme a NBR 6023:2018 da Associação Brasileira de Normas Técnicas (ABNT):

ARAS, Vladimir. *Compliance* de proteção de dados no Ministério Público brasileiro. *In*: SCHNEIDER, Alexandre; ZIESEMER, Henrique da Rosa (Coord.). *Temas atuais de compliance e Ministério Público*: uma nova visão de gestão e atuação institucional. Belo Horizonte: Fórum, 2021. p. 103-131. ISBN 978-65-5518-220-0.

MINISTÉRIO PÚBLICO E A PROMOÇÃO DO *COMPLIANCE* DIGITAL NA ADMINISTRAÇÃO PÚBLICA

VINÍCIUS SECCO ZOPONI

1 Introdução

Uma das marcas das últimas décadas é o crescimento escalonado e a difusão em todas as áreas da utilização de recursos de tecnologia e acesso à internet. Em pouco mais de 100 (cem) anos, a humanidade mudou a forma de produzir, disseminar e consumir informações e de estabelecer comunicações. É lugar-comum em análise como essas a afirmação de que hoje, em um celular qualquer usado no cotidiano, há mais tecnologia do que no *Apollo Guidance Computer*, o computador que deu todo o suporte para o desenvolvimento das missões Apollo na década de 1960.

Nesse movimento, o setor público é um dos segmentos da sociedade que foi sensivelmente impactado pela utilização de recursos tecnológicos. O Estado, que se conforma por meio da burocracia, passou e passa por mudanças estruturais a partir do emprego massivo da tecnologia. Todavia, tais mudanças, se positivas sob múltiplas óticas, trazem a reboque um espectro de novos riscos à segurança das atividades estatais.

No presente estudo, uma faceta da realidade tecnológica da Administração Pública será examinada, especificamente o gerenciamento de riscos inerentes ao emprego de sistemas de informação, tomando como referência o conceito de *compliance* digital e as possibilidades de atuação do Ministério Público em suas interações com os entes públicos.

2 A Administração Pública e os sistemas de informação

A Administração Pública, a par de diversas outras abordagens, pode ser bem compreendida a partir do pensamento sistêmico. O pensamento sistêmico consiste, grosso modo, em um movimento filosófico-científico em que se busca abordar um objeto de estudo a partir de sua totalidade, compreendendo-se a relação e os processos existentes entre seus diversos elementos e em seus múltiplos níveis de hierarquia. Para tanto, dá-se ao objeto de estudo a conformação referencial de um sistema, assim entendido, em linhas gerais, como um conjunto de elementos que se relacionam entre si para o desempenho de uma atividade precípua determinada.

O impulso da concepção de uma abordagem sistêmica, especialmente na primeira quadra do século XX, foi a constatação do alto grau de complexidade dos problemas enfrentados na contemporaneidade. Para tais problemas, o tradicional método científico, baseado no reducionismo das variáveis, na repetição de experimentos e na discussão de resultados, mostrava-se insuficiente para lidar com problemas complexos, como são os problemas sociais, marcado por muitas variáveis inter-relacionadas e que demandam um direcionamento concreto para a tomada de decisões no mundo real (NICOLAS; ANDRADE; CIDRAL, 2007, p. 13-18).

Por sua vez, esse impulso que marcou o nascimento do pensamento sistêmico também foi o móvel determinante para o surgimento de outras abordagens filosóficas e científicas, em busca de se fazer frente à crescente complexidade do mundo contemporâneo. Nesse movimento, ainda que em especialização a ramos tradicionais das Ciências, encontra-se o conhecimento produzido pela teoria dos jogos, na Matemática e Economia, a teoria da negociação, na Administração e Economia, e a teoria dos autômatos, base da Ciência da Computação e de seus ramos correlatos.

Vale destacar que todas essas novas concepções filosófico-científicas, o que inclui o pensamento sistêmico, buscam ter utilidade para além dos nichos acadêmicos nos quais foram criadas e estruturadas. Assim, ao se examinar os problemas complexos da realidade e, em especial, ao se buscar uma tomada de decisão no mundo real, é possível instrumentalizar esses novos conhecimentos para incrementar a qualidade e consistência do processo decisório. É diante desse cenário que se apresenta a asserção de que a Administração Pública pode ser bem compreendida a partir do pensamento sistêmico.

As contribuições de uma abordagem sistêmica à realidade orgânica do Estado podem ser segmentadas em dois tópicos básicos.

O primeiro deles é a projeção direta do referencial dos sistemas para a própria caracterização da Administração Pública, entendendo-a como um conjunto de elementos (agentes públicos, órgãos públicos e pessoas jurídicas) que se relacionam entre si (regras de competência e o devido processo administrativo) para o desempenho de uma atividade precípua determinada (o exercício em si da função administrativa em sentido amplo). Com essa conformação, habilita-se o emprego de toda a teoria dos sistemas para entender os problemas da Administração Pública e conceber soluções.

Veja que a conceituação de Administração Pública como um sistema, fazendo jus à proposta do pensamento sistêmico de examinar o problema em sua globalidade, consegue articular ambas as acepções de Administração Pública reconhecidas na doutrina de Direito Administrativo: de um lado, a Administração Pública em sentido subjetivo, formal ou orgânica, correspondente às pessoas jurídicas, órgãos e agentes públicos, e de outro lado, a Administração Pública em sentido objetivo, referente à atividade administrativa em si (MARINELA, 2018, p. 143).

O segundo tópico, por sua vez, já integra o objeto de pesquisa imediato deste artigo e, para sua exposição, exige a introdução de conceitos complementares à noção básica de sistema, particularmente a referência aos sistemas de informação, o que será feito já em atenção a aspectos da Administração Pública.

Como é consabido, a Administração Pública desempenha a função administrativa e, para tanto, reúne de modo organizado um grande de conjunto de pessoas (os agentes públicos em sentido amplo) que tem a sua disposição uma gama de recursos (econômico-financeiros, materiais e de gestão) disponibilizados pela própria sociedade para a consecução de atividades de interesse público (MATIAS-PEREIRA, 2018).

O enfoque desta análise segue para os recursos de gestão empregados pela Administração Pública.

Nesta vertente, sob o ponto de vista estritamente jurídico, o estudo dos recursos para a gestão da Administração Pública concentra-se essencialmente em uma base formal e legalista, a partir dos modais ato administrativo, contrato administrativo e processo administrativo. Em alguma medida, a principiologia constitucional da matéria também direcionou a lente jurídica para a referência da eficiência e boa governança, como se vê do art. 37, *caput* e §§8º e 9º, introduzidos pela Emenda Constitucional nº 19/1998.

Porém, a gestão do Estado, conduzida pela Administração Pública, emprega elementos que não se reduzem às categorias apreendidas pelo Direito Administrativo, dada a exigência de manuseio de ferramentas de trabalho para colher, organizar e tratar uma massa de dados necessários para as tomadas de decisão que serão apenas juridicamente formalizadas nos atos, contratos e processos administrativos. Tais ferramentas de trabalho, nas últimas décadas e a reboque do que verificado na iniciativa privada, passaram a contar com o suporte de tecnologias da informática, a partir do emprego generalizado do computador e do acesso disseminado à rede mundial de computadores – a internet.

Com esse recorte, focalizando-se o suporte tecnológico a serviço da gestão da Administração Pública, é possível introduzir o relevante conceito de sistemas de informação. Ainda que pródiga a literatura sobre o tema, é possível conceituar sistema de informação como "qualquer combinação organizada de pessoas, *hardware*, *software*, redes de comunicação, recursos de dados e políticas e procedimentos que armazenam, restauram, transformam e disseminam informações em uma organização" (O'BRIEN; MARAKAS, 2013, p. 2). Em outra proposta conceitual, afirma-se que sistema de informação "é um conjunto de elementos ou componentes inter-relacionados que coleta (entrada), manipula (processo), armazena e dissemina dados (saída) e informações, e fornece reação corretiva (mecanismos de realimentação) para alcançar um objetivo" (STAIR; REYNOLDS, 2015, p. 8).

Ainda que seja uma obviedade, verifica-se que o sistema de informação é uma espécie de sistema e, portanto, em sua definição encontram-se os caracteres básicos da categoria gênero: há os elementos (pessoas, *hardware*, *software*, redes de comunicação e recursos de dados) que se relacionam entre si (por meio de políticas e procedimentos) para o desempenho de uma determinada finalidade (armazenar, restaurar, transformar e disseminar informações em uma organização).

Apresentada essa visão panorâmica, os sistemas de informação podem ser classificados de acordo com a utilidade precípua da informação por ele produzida. Na literatura especializada, são muitas as classificações encontradas, porém, em uma visão ampla, é possível bipartir os sistemas de informação em sistemas de suporte às operações e sistemas de suporte gerencial (O'BRIEN; MARAKAS, 2013, p. 11-14).

O primeiro bloco reúne os sistemas que manejam as informações empregadas diretamente nas operações que são o núcleo de uma organização (o negócio em si de uma empresa ou a atividade-fim de um ente público). Integram também este primeiro grupo os sistemas que permitem a comunicação entre os componentes de uma equipe ou entre os diversos setores de uma organização. Assim sendo, cuida-se aqui dos sistemas eminentemente operacionais, manuseados na ponta de uma organização, oferecendo suporte para a comunicação interna ordinária e a coleta de dados e realização de suas atividades centrais. Nesse grupo, por exemplo, encontram-se o sistema de compras e o sistema de autuações dos órgãos respectivos em uma Prefeitura, o sistema para acesso ao conteúdo e inserção de documentos e peças nos processos jurisdicionais do Poder Judiciário, além dos tradicionais sistemas de e-mail e conversas instantâneas.

O segundo bloco de sistemas de informação, por sua vez, reúne os sistemas que visam produzir as informações úteis à tomada de decisões nos mais diversos níveis de uma organização – gerencial e executivo. Tais sistemas utilizam-se da base de dados abastecida pelos sistemas operacionais para fazer a compilação e tratamento desses dados, de modo a extrair informações relevantes para a gerência do negócio ou da atividade-fim de uma organização. Em geral, empregam-se relatórios e gráficos como meios de exposição da realidade de um determinado segmento da operação ou da organização como um todo.

É possível também que tais sistemas utilizem-se de dados externos à organização, em cruzamento com as informações internas, para a projeção de cenários hipotéticos decorrentes de decisões que precisam ser tomadas no plano executivo. Nesse grupo, por exemplo, encontram-se sistemas que permitam identificar o perfil das autuações de um órgão fiscalizador em um determinado Estado ou região, o fluxo de entradas e saídas de processos ao longo do tempo em uma unidade do Ministério Público ou do Poder Judiciário e a projeção da despesa com pessoal se houver a realização de um novo concurso público, variando-se as previsões orçamentárias para os anos vindouros.

Como se vê desses conceitos básicos da teoria dos sistemas de informação, sua aplicação no âmbito da Administração Pública permite examinar a dimensão do ente público voltada à gestão da informação. Como já antecipado, nas últimas décadas, a gestão da informação na Administração Pública modernizou-se, com o crescente emprego do computador e da internet, que trouxe novas tecnologias de informação para otimizar o desempenho das atividades precípuas de um sistema de informação, tanto no nível operacional quanto no nível gerencial e executivo.

Todavia, vale pontuar que os sistemas de informação não pressupõem, por definição, o emprego de computadores, pois outras bases materiais podem ser aplicadas para viabilizar o seu funcionamento. Nesse sentido, a título exemplificativo e ainda na ambiência pública, o emprego do livro de ponto para controle da jornada de trabalho de servidores, o diário de classe para controle da frequência e atividades desenvolvidas com os alunos e até mesmo o processo licitatório em versão física revelam tecnologias a serviço da informação e, portanto, integrantes de um sistema de informação que não se valem necessariamente do computador e de meios digitais.

Entretanto, dada as limitações temáticas de um estudo como o presente, há de se focalizar os sistemas de informação empregados pela Administração Pública nos quais são utilizados os recursos de informática – *hardware, software*, bancos de dados e redes de comunicação – como a principal tecnologia da informação. Por conseguinte, deste ponto em diante do artigo, a expressão sistema de informação será empregada sempre com a acepção do emprego de recursos de informática, nos termos citados.

Essa categoria especial de sistemas de informação, já amplamente disseminada no âmbito da Administração Pública, é marcada, de um lado, por um enorme potencial de otimização e eficiência da atuação estatal, com a redução de burocracias e ganho de tempo; todavia, de outro lado, abre-se também a um potencial equivalente em riscos, seja no acesso não autorizado às informações de sistemas, seja no manuseio, autorizado ou não, dos sistemas para viabilizar o cometimento de fraudes, por agentes públicos mal-intencionados ou terceiros. Essa realidade será o objeto analítico do próximo segmento.

3 O gerenciamento de riscos nos sistemas de informação da Administração Pública

Posicionada a relevância dos sistemas de informação no contexto de uma organização, em particular na Administração Pública, revela-se a necessidade de se incluir essa dimensão do aparato estatal dentre as demandas de gestão do ente público, integrando-a ao gerenciamento global, mas lhe conferindo um processo de gestão atento a suas especificidades.

Em linhas gerais, por processo de gestão entende-se o conjunto de atividades desempenhadas pelos responsáveis por uma organização para atingir sua missão e objetivos, estruturando-se em etapas de planejamento, execução e controle. A etapa de planejamento, por sua vez, pode ser dividida em planejamento estratégico, planejamento operacional e programação. Uma variável presente em qualquer processo de gestão, em todas as suas etapas, é o risco (PADOVEZE; BERTOLUCCI, 2013, p. 1-4).

O risco, por sua vez, encontra múltiplas definições na literatura especializada. É possível conceituar risco como "a probabilidade de o resultado real de alguma atividade ser diferente do seu resultado esperado", em uma definição que quebra a limitação conceitual que atrela risco apenas a consequências negativas e, via reflexa, apresenta a visão de riscos positivos como oportunidade para o crescimento e consolidação dos resultados de uma corporação (PADOVEZE; BERTOLUCCI, 2013, p. 5-6). Há também a definição de risco como "a possibilidade de ocorrência de um evento que venha a ter impacto no cumprimento dos objetivos" de uma organização, o que projeta a definição para a relação entre probabilidade de ocorrência do evento e repercussão do impacto de sua materialização (FRAPORTI, 2018, p. 11-13).

Com essa apresentação sumária das noções de processos de gestão e de risco e recapitulando-se do tópico anterior a referência de sistemas de informação, é possível aglutiná-las para se afirmar que, nas últimas décadas, com a informatização massificada da Administração Pública em todos os seus níveis, surgiu uma premente necessidade de se conceber e refinar os processos de gestão que têm como objeto os riscos inerentes ao emprego de sistemas de informação, com recursos de informática.

Essa demanda não é uma exclusividade do setor público, sendo encontrada há décadas no âmbito das corporações privadas. O Estado, porém, sempre está em busca de recuperar o tempo perdido e, para tanto, aprender com as experiências do setor privado pode ser um atalho considerável. Não se trata de afirmar, em termos meramente dicotômicos, que o ambiente corporativo privado é melhor ou mais eficiente do que o estatal. Cuida-se aqui de realidades orgânicas que são e sempre serão essencialmente distintas. Todavia, os riscos dos sistemas de informação, com a utilização de recursos de informática, encontrados nas organizações privadas são estruturalmente os mesmos existentes para a Administração Pública, de modo que as variações existentes não afetam as linhas gerais para a implantação de um processo de gestão hábil a essa finalidade.

Essa afirmação tem por base um dado de realidade de fácil constatação e amplamente reconhecido na literatura especializada: os sistemas de informação serão sempre vulneráveis, ou seja, os riscos são inerentes a sua utilização. Logo, não havendo um cenário factível de nulificação de riscos no emprego de sistemas de informação, o único caminho possível para as organizações, públicas ou privadas, é o gerenciamento desses riscos.

Dito isso, como visto anteriormente, independentemente do conceito adotado, o cerne da definição de riscos está propriamente na variabilidade de resultados inesperados. O risco, portanto, exige um esforço de gestão para seu adequado gerenciamento. Este esforço demanda um processo analítico próprio, com o estabelecimento de uma metodologia que inclua, ao menos, três etapas básicas, a saber: a identificação dos riscos existentes para as atividades de uma organização; o cálculo para dimensionar a perspectiva de materialização do risco; e, por fim, a implementação de mecanismos de controle e tratamento dos riscos identificados e ponderados (LIMA, 2018, p. 4-5 e 10-12).

Destaque-se que, para a projeção e implementação de qualquer sistema de gerenciamento de risco, é preciso proceder ao exaustivo e permanente processo de identificação dos riscos existentes, os quais podem ser catalogados a partir da compreensão das vulnerabilidades da realidade endógena à organização, mas também deve se voltar à análise dos elementos externos que podem repercutir nas atividades da organização.

Na ambiência de um sistema de informação, a literatura especializada classifica as vulnerabilidades em vista de sua fonte (VANCIM, 2016, p. 41-43). Nesse sentido, tem-se as vulnerabilidades naturais ou físicas, como a inundação do local em que os equipamentos de informática estão armazenados ou o acesso livre a tais locais por pessoas não autorizadas. Há também as vulnerabilidades de *hardware*, referentes a equipamentos que apresentam defeitos de fabricação ou configuração inadequada, e as vulnerabilidades de *softwares*, atreladas aos programas e aplicações, que podem permitir o acesso a indivíduos não autorizados. Em acréscimo, há as vulnerabilidades de armazenamento e de comunicação, encontradas nos meios empregados para a conservação e tráfego de dados, que também podem ser alvo de tentativa de acesso por terceiros não autorizados. Por fim, há as vulnerabilidades humanas, presentes em usuários e não usuários do sistema e que podem ser intencionais ou não, como o emprego de senhas fracas, o compartilhamento indevido de credenciais de acesso ao sistema e a falta ou inadequado treinamento.

Uma vez identificados os riscos, há uma fase intermediária extremamente relevante, mas igualmente complexa: há de se proceder a uma análise probabilística e estatística acerca da perspectiva de ocorrência ou de materialização de um evento tomado como um risco. A variabilidade de um evento é, grosso modo, o foco do método estatístico, que oferece uma estrutura para descrever matematicamente a variabilidade e para aprender sobre quais são as mais importantes fontes potenciais de variabilidade e aquelas de maior impacto no desempenho de determinada atividade de uma organização (MONTGOMERY; RUNGER, 2021, p. 8).

Esta quantificação é vital para se ordenar os recursos para a implementação de mecanismos de controle e tratamento dos riscos, pois nunca será possível, em termos econômico-financeiros e operacionais, erigir um sistema de gerenciamento de riscos que ofereça a todos os eventos a melhor e mais eficiente cobertura. Nesse sentido, *v.g.*, ainda que nenhum local físico seja incólume a desastres naturais, é possível qualificar a escolha do ambiente que receberá os equipamentos de informática que armazenarão os servidores e banco de dados utilizados por uma organização, evitando-se, por exemplo, imóveis em áreas sujeitas a inundações, assim identificadas a partir de uma análise topográfica e histórica.

Outrossim, ainda que toda rede, com acesso restrito a usuários autorizados, seja passível de invasão, é possível implementar uma política de segurança voltada à constante e sistemática atualização da versão dos programas utilizados dentro da rede, pois é comum que falhas de programação de *software* sejam exploradas para ataques, de modo que as atualizações disponibilizadas para programas em geral incluem correções justamente para superar esses pontos de vulnerabilidade. No mesmo sentido encontram-se outras práticas já consolidadas de gerenciamento de risco, como o emprego de uma política de senhas fortes e periodicamente alteradas e a política de conscientização de usuários para não haver o compartilhamento de credenciais de acesso – usuários e senhas – dentro de um mesmo sistema.

Pelos elementares exemplos apresentados, é possível corroborar uma asserção antes feita, no sentido de que a Administração Pública pode e deve aprender com as experiências do setor privado para a implementação de um sistema de gerenciamento de riscos afetos aos sistemas de informação, marcados pelo emprego de recursos de informática. Como já dito, ainda que os ambientes corporativos e as atividades-fim de organizações públicas e privadas sejam essencialmente diferentes, as tecnologias de informática comumente empregadas em ambos os segmentos tendem a ser as mesmas.

Em outras palavras, os equipamentos que abrigam os servidores e que compõem as redes de comunicação, os sistemas gerenciadores de bancos de dados, as linguagens de programação empregadas para construção de sistemas especialistas e os programas e aplicativos de uso geral, como editores de textos e planilhas e plataformas de e-mail, são massivamente compartilhados pelos setores privado e público. Assim sendo, os riscos na dimensão da tecnologia da informação tendem a ser compartilhados pelas organizações e, por isso, a expertise para um gerenciamento de riscos adequado pode ser também dividida.

Em uma constatação empírica, são inúmeras as notícias de ataques e explorações de vulnerabilidades em organizações privadas e públicas, sendo certo que, para estas últimas, a exposição da fragilidade de sistemas de informação de entes estatais não é exclusividade brasileira.

Nessa linha, ainda em março de 2021, um grupo de *hackers* conseguiu o acesso não autorizado à infraestrutura de uma empresa de vigilância dos Estados Unidos, a partir do encontro de credenciais para uma conta de administrador. Com isso, o grupo obteve o acesso aos arquivos de vídeo de todos os clientes da empresa, o que incluía grandes empresas do Vale do Silício, como a Tesla, mas também bancos, hospitais, delegacias de polícia, prisões e escolas norte-americanas (TURTON, 2021). Por sua vez, no mesmo mês de 2021, um incêndio de grandes proporções atingiu o *data center* de uma das maiores empresas de hospedagem na Europa, prejudicando o serviço de diversas plataformas e sites em todo o mundo (MONTTI, 2021).

Os exemplos recentes no Brasil são pródigos, com destaque para a realidade da Administração Pública, em que muitos casos de vulnerabilidade são decorrentes de equívocos crassos no design de sistemas, a sinalizar a imperiosidade de o tema ser mais bem debatido e enfrentado com mais atenção.

A título ilustrativo, ao longo do mês de dezembro de 2020, uma falha do Ministério da Saúde expôs os dados de 243 milhões de brasileiros na internet, como nome completo, CPF, endereço e telefone, incluindo-se de pessoas já falecidas; previamente, uma exposição do banco de dados deste mesmo Ministério expôs o cadastro de 16 milhões de pessoas, com a explicitação também de doenças preexistentes (DEMARTINE, 2020). A vulnerabilidade explorada consistia em um erro crasso na construção da plataforma de notificações do novo coronavírus, em que os dados credenciais para acesso ao sistema – login e senha – apareciam de maneira limpa, ou seja, sem qualquer espécie de criptografia, diretamente no código fonte da aplicação; assim, mediante o uso de ferramentas básicas de desenvolvedor, disponíveis em qualquer navegador de internet, seria possível consultar o código fonte e identificar as credenciais.

Já no âmbito estadual, há diversos exemplos. No Estado de Santa Catarina, em janeiro de 2021, uma simplória manipulação de dados no endereço URL de um sistema de consultas públicas do site do DETRAN catarinense permitia o acesso ao histórico de multas de trânsito de motoristas aleatórios, com a explicitação de dados como nome completo, CPF do proprietário, modelo e foto do automóvel e identificação do local da infração; para tal acesso, não era exigido nenhum conhecimento de programação, bastando a alteração de dígito componente da URL, o que levava a uma nova página sem a necessidade de inserção de dados credenciais (NAKAGAWA, 2021).

Os exemplos permitem vislumbrar, sem maiores esforços, a lesividade concreta e em potencial para o interesse público que vulnerabilidades como essas apresentam. Há, de pronto, concretude na lesão, em razão da exposição em si dos dados que, a rigor, deveriam ser tratados com restrição pela Administração Pública. Mas há também uma potencialidade lesiva praticamente inesgotável, já que o acesso aos dados pessoais, conjugado com dados de multas concretamente aplicadas, permitiria um sem-número de fraudes com alta escalabilidade, como a emissão de boletos fraudulentos para o pagamento de multas, com o chamariz, por exemplo, da incidência de desconto no valor da autuação, além da recorrente utilização dessas informações para abertura de contas bancárias fraudulentas, emissão de novos documentos etc.

Por conseguinte, é evidente que há uma real demanda de gestão dos sistemas de informação utilizados pela Administração Pública, com a necessária dimensão do gerenciamento dos riscos inerentes a tais sistemas. Logo, há espaço institucional no âmago da Administração Pública e interinstitucional na relação entre a Administração Pública e os órgãos e instituições de controle para se focalizar a questão aqui apresentada. Na perspectiva interinstitucional, no tópico seguinte, será examinado o papel do Ministério Público brasileiro.

4 A indução pelo Ministério Público ao *compliance* digital na Administração Pública

O Ministério Público, na conformação do Estado brasileiro erigida pela Constituição de 1988, é a instituição que desempenha, por vocação constitucional, dois grandes campos de atribuição, a saber: a função fiscalizatória, de modo direto ou indireto, e a função de proteção e promoção de direitos metaindividuais. Ambas as funções se projetam para os segmentos público e privado da sociedade e guardam entre si conexões. Além disso, ambas as funções podem ganhar corpo por intermédio de instrumentos judiciais, mas também e principalmente por meio de ferramentas de natureza extrajudicial.

A principal interação ministerial, no exercício de suas funções constitucionais, é estabelecida com a Administração Pública. Em uma visão panorâmica, a relação entre Ministério Público e Administração Pública comporta três possíveis enfoques, a depender da finalidade precípua visada (ZIESEMER; ZOPONI, 2017, p. 71-106). O primeiro é o enfoque de controle estrito, voltado à defesa da ordem jurídica, em que se busca debelar práticas ilegais no âmbito público. O segundo é o enfoque resolutivo, a partir do qual se busca catalisar a adequação da atuação administrativa à ordem jurídico-constitucional, o que inclui a otimização e o refinamento de suas práticas e mecanismos de controle. O terceiro é o enfoque repressivo, em que se volta o agir ministerial à responsabilização jurídica do administrador público e de eventuais terceiros que agiram em inobservância à ordem jurídica.

Essa interação, entre Ministério Público e Administração Pública, está em um constante movimento, pois ambas as partes recebem influxos, externos e internos, que demandam mudanças e adequações em suas estruturas e em suas práticas. Nesse sentido, um influxo atual que está a mexer na interação entre Ministério Público e Administração Pública é a noção de *compliance*.

Há variações na definição do que é *compliance*. Porém, alguns elementos conceituais são recorrentes, posicionando-se o instituto como "um sistema complexo e organizado de procedimentos de controle de riscos e preservação de valores intangíveis" de uma organização, tendo como objetivo primordial a "criação de um ambiente de segurança jurídica e confiança indispensável para a boa tomada de decisão". O instituto, como se vê, remete à necessária integridade e conformidade das práticas internas de uma organização, visando "prevenir, detectar e corrigir atos não condizentes com os princípios e valores" de uma organização e com a própria ordem jurídico-constitucional (BERTOCCELLI, 2020).

Ainda que nascido no ambiente corporativo privado, há um meritório esforço doutrinário de afirmação da relevância do *compliance* para a Administração Pública direta e suas autarquias, ao lado das empresas estatais, para quem a adequação é mais natural por conta de sua própria natureza jurídica e estrutura de governança. Nesse esforço, vale dizer que a maioria dos elementos do *compliance* sempre esteve presente na compreensão jurídica ordinária da Administração Pública, por força de toda a principiologia, de base constitucional inclusive (artigo 37, *caput*), que rege o Estado brasileiro.

Porém, essa última afirmação não significa dizer que a Administração Pública brasileira não tem nada a ganhar com a incorporação ou, no mínimo, com a reflexão sobre o instituto. Pelo contrário, o *compliance* apresenta-se como uma oportunidade para se atualizar esses elementos já existentes, articulando-os para a montagem de um sistema de integridade pública renovado, com melhores práticas e que conjugue, ao lado da base estritamente jurídica, os valores da eficiência e da ética no Poder Público em uma proposta mais funcional e racional (NETO; DOURADO; MIGUEL, 2020).

Apenas por essa visão introdutória do que é o *compliance* e de sua projeção possível para a Administração Pública, constata-se a pertinência e adequação de se posicionar o instituto como uma das dimensões de uma nova interação entre Ministério Público e Administração Pública. Além disso, recobrando-se o que já sustentado nos tópicos anteriores deste artigo, é também bastante evidente que os paradigmas do *compliance*, enquanto um sistema funcional para controle de riscos e preservação da segurança de uma organização, devem abranger a dimensão tecnológica e os sistemas de informação de uma organização, o que inclui, por evidente, a Administração Pública.

Nessa perspectiva, inclusive, já se encontra na literatura um estudo especializado do *compliance* digital (ARTESE, 2020), em que se tem, grosso modo, a intersecção entre os dois grandes temas sob consideração neste artigo: de um lado, os sistemas de informação, marcados pelo emprego massificado de recursos tecnológicos, e, de outro lado, as práticas próprias a um sistema de *compliance*. Neste segmento analítico deste artigo, busca-se pontuar algumas possibilidades, não exaurientes, de atuação do Ministério Público na indução ao *compliance* digital por parte da Administração Pública brasileira. Os passos para esta caminhada serão apresentados nas linhas seguintes.

Para o desempenho minimamente adequado dessa nova frente de trabalho do Ministério Público brasileiro, um primeiro passo elementar deve ser dado pela instituição: a busca de um conhecimento técnico-científico mínimo sobre o tema.

Nesse sentido, vale relembrar que um dos grandes desafios ao exercício funcional pelos quadros do Ministério Público sempre esteve nas múltiplas especificidades das atividades econômico-sociais que estão de algum modo sujeitas às funções da Instituição Ministerial. Em vista de seu ampliado campo de atribuições e da densificada regulamentação jurídica na sociedade brasileira, o Órgão de Execução do Ministério Público é, por vezes, chamado a apreciar problemas de naturezas diversas, os quais, na maioria das vezes, têm como cerne da discussão questões eminentemente técnicas, que apenas tangenciam a estrita juridicidade. Em tais casos, há de se reconhecer que o domínio tão somente da base jurídica afeta ao problema não será suficiente para o desempenho minimamente adequado da função ministerial. A atuação do Ministério Público direcionada à tecnologia, em particular aos sistemas de informação, é mais um exemplo concreto deste desafio institucional.

Para superar ou no mínimo mitigar esse obstáculo funcional, a solução possível é aparelhar o Ministério Público de um corpo de profissionais que possa dar o suporte técnico necessário às atividades ministeriais em determinadas áreas. Evidentemente, não há como todo Órgão de Execução dispor de um quadro exclusivo de profissionais de diversas especialidades; portanto, alternativas devem ser pensadas.

Uma alternativa mais evidente é valer-se da estrutura dos Centros de Apoio Operacional, órgãos auxiliares do Ministério Público cujo escopo comporta esse trabalho de suporte (artigo 33 da Lei n° 8.625/1993). Porém, a dificuldade de especialização das áreas é tamanha que o desafio institucional transborda da realidade das Promotorias de Justiça e afeta até mesmo os Centros de Apoio, que não raras vezes têm um quadro de servidores limitado e com uma demanda de trabalho represada por conta do volume de solicitações. Diante disso, outra proposta, ainda a ser mais explorada pela administração da instituição, é a conjugação de esforços com outros segmentos do Estado, como universidades públicas e órgãos técnicos do Poder Executivo, e a própria iniciativa privada, para se aproveitar os respectivos quadros de profissionais para trabalharem episodicamente em colaboração com o Ministério Público.

Identificadas as possíveis fontes para acesso ao conhecimento técnico-científico mínimo sobre sistemas de informação, com o emprego de tecnologia, é preciso fixar o escopo deste aprendizado institucional.

Não se trata aqui, por evidente, de dar formação a um Órgão de Execução nesta área – nem em qualquer outra que esteja atrelada às funções ministeriais. O objetivo primário é muito mais modesto: cuida-se aqui de uma verdadeira "alfabetização tecnológica", que permita um nivelamento informativo para todos os quadros do Ministério Público ou, no mínimo, para aqueles com atuação potencial na área do *compliance* digital.

Com isso, habilita-se o Órgão de Execução a um diálogo mais produtivo com a Administração Pública, podendo travar contatos diretamente com o corpo técnico do ente público, já que, por vezes, os próprios gestores – Chefes do Poder Executivo e Secretários – também não terão o conhecimento necessário para o levantamento de informações e aprofundamento da compreensão da gestão dos riscos inerentes aos sistemas de informação empregados pela Administração Pública.

Em paralelo a esse objetivo primário de "alfabetização tecnológica", a dimensão informativa para o trabalho ministerial na área do *compliance* digital deve avançar na busca de uma decodificação multidisciplinar, que permita converter para o modal da atuação do Ministério Público um conjunto de práticas ou medidas de gestão de riscos em sistemas de informação que funcionarão como baliza concreta e minimamente operacional para o início dos diálogos interinstitucionais com a Administração Pública.

Para esse passo, é imprescindível uma atuação conjunta entre os Órgãos de Execução, por intermédio dos Centros de Apoio ou de grupos de trabalho temáticos, e a equipe de suporte técnico-científico, que detém a especialidade em sistemas de informação e práticas de segurança em tecnologia. O produto dessa atuação multidisciplinar integrada, construída *interna corporis*, deverá constituir uma referência institucional para o trabalho na área do *compliance* digital, prestigiando-se o princípio da unidade do Ministério Público (artigo 127, §1º, da Constituição) e, com isso, evitando-se uma atuação casuística e assistemática. É até possível, sob a discricionariedade político-institucional da Administração Superior do Ministério Público, que tal atuação seja elevada à posição de um programa institucional, em uma proposta de maior fôlego.

Tal referência institucional deve ser construída a partir de uma articulação entre padrões e práticas de gestão de risco em sistemas de informação e a pertinente base jurídica para o *compliance* digital e a atuação ministerial nesta área junto à Administração Pública. Porém, o que se quer aqui frisar é que este referencial institucional deve ser primordialmente instrumental, de modo a viabilizar a deflagração operacional da atuação dos Órgãos de Execução nesta matéria.

Com essa construção *interna corporis*, estabelecida a base informativa do Órgão da Execução e fixado um referencial técnico-operacional, é possível avançar e dar os próximos passos, iniciando-se o diálogo interinstitucional com a Administração Pública. Nesta etapa, como se trata de uma frente de trabalho nova para o Ministério Público e, por conseguinte, de uma interação também sem precedentes em sua relação com a Administração Pública, a parcimônia pode se mostrar a diretriz mais adequada, para se evitar procedimentos com objetos demasiadamente amplos ou porosos, que tendem a resultados de baixa concretude ou em intervalos de tempo muito estendidos.

Assim sendo, sempre respeitada a independência funcional de cada Órgão de Execução, para dar corpo a esta primeira interação, é possível iniciar o diálogo com a Administração Pública para se promover um levantamento dos sistemas de informação utilizados pelo ente público. Em termos procedimentais, a instauração de um procedimento administrativo mostra-se o caminho formal mais adequado, em vista do que prevê o artigo 8°, incisos II e IV, da Resolução n° 174/2017 do Conselho Nacional do Ministério Público.

Esse levantamento inaugural visa conhecer os predicados básicos dos sistemas de informação empregados pela Administração Pública, como, por exemplo, o banco de dados utilizado, sua integração ou não com a internet, os critérios de seleção de servidores e terceirizados que terão acesso ao sistema, a existência de níveis de permissão entre os usuários do sistema e a política de senhas. Veja que somente por esses predicados já será possível, em um passo seguinte, escrutinar alguns dos riscos mais recorrentes no emprego ordinário de sistemas de informação.

Além disso, é possível também incluir neste levantamento inicial informações da dimensão dos contratos administrativos e dos recursos humanos. Na ambiência dos contratos administrativos, é viável se identificar o regime de licenças dos sistemas de informação utilizados, ou seja, se são *softwares* desenvolvidos internamente ou se são *softwares* de terceiros; neste último caso, se são *softwares* livres, gratuitos ou proprietários, e se tais licenças estão regulares. Já na ambiência dos recursos humanos, é viável examinar a disponibilidade dos quadros técnicos da Administração Pública na área de tecnologia, o que pode variar sensivelmente a depender da dimensão do ente público com que o Ministério Público está dialogando; além disso, é possível examinar se há um servidor ou grupo responsável pela área de segurança e se há pessoas externas aos quadros que prestam serviço na área.

Como se vê das sugestões citadas, nesta primeira interação, à luz da recomendação de parcimônia, o Ministério Público pode se concentrar no levantamento de uma espécie de inventário tecnológico da Administração Pública. A recomendação de parcimônia permite também sugerir que esse inventário seja concentrado, em um primeiro momento, em determinado segmento do ente público, como a Secretaria de Administração ou a Secretaria de Saúde, por exemplo, para se restringir o conjunto universo de informações e viabilizar, como será apresentado na sequência, o próximo passo da atuação ministerial.

Pontue-se, outrossim, que a depender do grau de consciência institucional já existente no ente público acerca da temática – gerenciamento de riscos em sistemas de informação, a solicitação ou requisição de informações com esse teor advinda do Ministério Público já causará de per si uma salutar demanda interna de gestão administrativa, fazendo com que o gestor e sua equipe examinem, com alguma sistematicidade, o segmento tecnológico do ente público ou da pasta sob sua responsabilidade.

Feito esse levantamento, inicia-se o passo mais difícil da caminhada, qual seja proceder a um exame crítico dos dados apresentados pela Administração Pública. Esse processo analítico, porém, como visto antes, deverá ter como crivo primário o material produzido *interna corporis* como referência institucional, com adaptações casuísticas promovidas por cada Órgão de Execução localmente, em vista do conhecimento básico em tecnologia que foi adquirido na etapa informativa.

Ressalte-se que se tal referência interna foi construída com um apurado viés instrumental e operacional, alguns aspectos do levantamento realizado poderão ser examinados de pronto tão somente pelo Órgão de Execução, sem a necessidade do suporte técnico por especialistas. Nessa linha, riscos decorrentes de práticas grosseiras na gestão de sistemas de informação já podem receber o sinal negativo do Ministério Público, que exigirá o incremento do nível de gerenciamento de riscos a partir de situações concretamente identificadas.

A título exemplificativo, a constatação da inexistência de critérios de seleção dos usuários de um determinado sistema ou do estabelecimento de níveis de permissão para cada tipo de usuário permitirá ao Órgão de Execução externar ao gestor a necessidade de se incrementar tais práticas, sensibilizando-o em vista das potenciais ilicitudes que podem ser praticadas por meio de tais sistemas. Em um sistema de trânsito, por exemplo, acaso não haja a fixação de níveis de permissão, qualquer usuário poderá ter acesso à funcionalidade de cancelamento de multas, o que é, para além de qualquer consideração complementar, um risco que deve receber a atenção de gestão.

Na mesma linha, ainda em caráter exemplificativo, se constatado o emprego de *softwares* proprietários sem a devida licença, como por exemplo editores de textos e planilhas, é possível que o programa esteja sendo utilizado a partir de uma versão desatualizada ou, o que é muito pior, mediante o emprego de uma versão "crackeada", em que se agrega um *software* de terceiro para burlar as restrições da licença do programa visado e, com isso, ter acesso a todas as suas funcionalidades sem o pagamento do valor correspondente. Além de uma flagrante violação à propriedade intelectual, tais práticas trazem em si diversas vulnerabilidades ao programa e às máquinas utilizadas, podendo, portanto, consubstanciar a exigência ministerial para uma solução por parte do gestor, o que pode envolver inclusive a alternativa de *softwares* livres.

Decotados os riscos e vulnerabilidades mais evidentes, como os exemplificados, remanescerá o desafio analítico para as questões de maior tecnicidade, as quais poderão não ser detectadas a partir da aplicação pelo Órgão de Execução da referência técnica instrumental construída pelo Ministério Público. Assim, para se avançar no processo analítico das informações levantadas, será imperioso o suporte técnico de profissionais do ramo. Deste ponto em diante, recai-se nas dificuldades institucionais do Ministério Público, já discorridas linhas atrás, ao se mencionar as limitações do conhecimento jurídico frente à tecnicidade de algumas atividades que estão sob a tutela ministerial.

Essa barreira funcional, todavia, não impedirá a continuidade do agir ministerial, que poderá ao menos articular com o gestor público a concepção e implementação de um sistema de *compliance* digital no âmbito do ente sob sua responsabilidade, tomando o inventário tecnológico já produzido como marco inaugural, em fomento a uma nova cultura de governança tecnológica no âmbito da Administração Pública brasileira.

Como uma última contribuição para o tema, vale apresentar uma alternativa ao próprio modelo de atuação local do Ministério Público, conduzida individualmente por Órgãos de Execução, no tema *compliance* digital. Para tanto, há de se frisar dois dados de realidade irrefutáveis: de um lado, reiterar que a principal dificuldade para a atuação do Ministério Público nesta temática é a tecnicidade das questões de fundo e que essa dificuldade, em geral, é também enfrentada pelos próprios gestores, na realidade ordinária dos entes públicos; de outro lado, reconhecer que há escassez ou insuficiência de recursos humanos, com a necessária especialidade, dentro dos quadros dos entes públicos para uma atuação focada na área.

Conjugados esses dados e admitidas as limitações de uma atuação ministerial local, conduzida por um Órgão de Execução, é possível ao Ministério Público, já no plano político institucional, buscar a conjugação de esforços de todos os ramos do Estado para a construção de uma equipe de profissionais, oriundos dos diversos braços estatais – Poderes Executivo, Legislativo, Judiciário, Tribunal de Contas, empresas estatais e o próprio Ministério Público, que se dedicarão exclusivamente à concepção e implementação de um sistema de gerenciamento de riscos no âmbito da Administração Pública.

Tal equipe poderia atuar sob a coordenação de representantes de cada um dos segmentos do Estado, de maneira integrada, já que, como visto, há um compartilhamento de riscos na área de tecnologia da informação, sendo certo que os próprios sistemas empregados pelo Ministério Público estão sujeitos a vulnerabilidades. Ainda, emulando-se as práticas mais atuais no ambiente privado corporativo, essa equipe de profissionais poderia se desdobrar em times de defesa, responsáveis pela criação e aprimoramento de mecanismos de proteção aos sistemas da Administração Pública, e em times de ataque, que se dedicam a proceder a testes de vulnerabilidade e intrusão (*pentests*) nos portais e sistemas de informação dos entes públicos, em busca de falhas de segurança a serem corrigidas.

Uma estrutura interinstitucional como essa, a depender de sua dimensão, poderia contribuir com diversos outros processos de gestão tecnológica úteis aos segmentos estatais envolvidos, como a criação de sistemas de informação compartilhados ou a criação de interfaces que permitam a relação entre os sistemas já existentes, a unificação ou compartilhamento de bancos de dados e até mesmo a otimização de mecanismos de comunicação entre os diversos entes, considerando-se as constantes interações estabelecidas entre eles.

5 Conclusão

Diante da profusão tecnológica na sociedade contemporânea, a Administração Pública, ao menos nas últimas décadas, passou a empregar massivamente recursos tecnológicos, a partir do manuseio de sistemas de informação como suporte para suas práticas administrativas e da utilização da internet para suas comunicações e interações com o cidadão. Essa nova base tecnológica, todavia, traz a reboque um espectro de novos riscos à segurança das atividades estatais, fazendo surgir uma nova demanda de gestão no ambiente público, voltada ao gerenciamento de riscos decorrentes dos sistemas de informação utilizados. Essa nova demanda amolda-se à referência hodierna do *compliance*, porém com um enfoque digital.

Diante dessa nova realidade estatal, o Ministério Público, instituição constitucionalmente vocacionada a interações de fiscalização e promoção junto à Administração Pública, pode deflagrar a respectiva atuação temática. Para tanto, diante da tecnicidade das questões que serão enfrentadas, deve-se disponibilizar uma base informativa para seus Órgãos de Execução e uma referência técnico-jurídica que viabilize o agir ministerial. Outrossim, há de se projetar alternativas, em arranjos interinstitucionais, que permitam uma atuação articulada pelos entes públicos no fomento da cultura do *compliance* digital.

Referências

ARTESE, Gustavo. *Compliance* Digital. *In*: CARVALHO, André Castro; ALVIM, Tiago Cripa; BERTOCCELLI, Rodrigo; VENTURINI, Otávio (Org.). *Manual de Compliance*. 2. ed. Rio de Janeiro: Forense, 2020.

BRASIL. *Constituição da República Federativa do Brasil*. Disponível em: http://www.planalto.gov.br/ccivil_03/constituicao/constituicao.htm. Acesso em: 15 mar. 2021.

BRASIL. Lei nº 8.625, de 12 de fevereiro de 1993. Disponível em: http://www.planalto.gov.br/ccivil_03/leis/L8625.htm. Acesso em: 18 mar. 2021.

BRASIL. Conselho Nacional do Ministério Público. Resolução nº 174, de 04 de julho de 2017. Disponível em: https://www.cnmp.mp.br/portal/images/Resolucoes/Resoluo-174-1.pdf. Acesso em: 21 mar. 2021.

DEMARTINI, Felipe. *Nova falha no Ministério da Saúde expõe dados de 240 milhões de brasileiros*. Canaltech, 2020. Disponível em: https://canaltech.com.br/seguranca/nova-falha-no-ministerio-da-saude-expoe-dados-de-240-milhoes-de-brasileiros-175578/. Acesso em: 12 mar. 2021.

FRAPORTI, Jeanine Barreto. *Gerenciamento de risco*. Porto Alegre, 2018.

LIMA, Fabiano Guasti. *Análise de riscos*. 2. ed. São Paulo: Atlas, 2018.

MARINELA, Fernanda. *Direito administrativo*. 12. ed. São Paulo: Saraiva, 2018.

MATIAS-PEREIRA, José. *Administração Pública*. 5. ed. São Paulo: Atlas, 2018

MONTGOMERY, Douglas C.; RUNGER, George C. *Estatística aplicada e probabilidade para engenheiros*. Tradução e revisão técnica de Veronica Calado, Antonio Henrique Monteiro da Fonseca Thomé da Silva. 7. ed. Rio de Janeiro: LTC, 2021.

MONTTI, Roger. *OVH data center fire darkens popular sites worldwide*. Search Engine Journal, 2021. Disponível em: https://www.searchenginejournal.com/ovh-data-center-fire-darkens-thousands-of-sites-worldwide/398485/#close. Acesso em: 11 mar. 2021.

NAKAGAWA, Liliane. Detran expõe dados de milhares de motoristas multados. *Olhar Digital*, 2021. Disponível em: https://olhardigital.com.br/2021/01/18/noticias/exclusivo-detran-expoe-dados-de-milhares-de-motoristas-multados/. Acesso em: 12 mar. 2021.

NETO, Giuseppe Giamundo; DOURADO, Guilherme Afonso; MIGUEL, Luiz Felipe Hadlich. Compliance na Administração Pública. In: CARVALHO, André Castro; ALVIM, Tiago Cripa; BERTOCCELLI, Rodrigo; VENTURINI, Otávio (Org.). *Manual de Compliance*. 2. ed. Rio de Janeiro: Forense, 2020.

NICOLAS, A.J.L.; ANDRADE, G.K.; CIDRAL, A. *Fundamentos de Sistemas de Informação*. Porto Alegre: Bookman, 2007.

O'BRIEN, James A.; MARAKAS, George M. *Administração de Sistemas de Informação*. 15. ed. Tradução de Rodrigo Dubal. Porto Alegre: AMGH, 2013.

PADOVEZE, Clóvis Luís; BERTOLUCCI, Ricardo Galinari. *Gerenciamento do risco corporativo em controladoria: enterprise risk management (ERM)*. 2. ed. São Paulo: Atlas, 2013.

BERTOCCELLI, Rodrigo. Compliance. In: CARVALHO, André Castro; ALVIM, Tiago Cripa; BERTOCCELLI, Rodrigo; VENTURINI, Otávio (Org.). *Manual de Compliance*. 2. ed. Rio de Janeiro: Forense, 2020.

STAIR, Ralph M.; REYNOLDS, George W. *Princípios de sistemas de informação*. 3. ed. Tradução de Novertis do Brasil. São Paulo: Cengage Learning, 2015.

TURTON, Willian. Hackers breach thousands of security cameras, exposing Tesla, jails, hospitals. Los Angeles Times, 2021. Disponível em: https://www.latimes.com/business/technology/story/2021-03-09/hackers-breach-thousands-of-security-cameras-exposing-tesla-jails-hospitals. Acesso em: 11 mar. 2021.

VANCIM, Flávia. *Gestão de segurança da informação*. Rio de Janeiro: SESES, 2016.

ZIESEMER, Henrique da Rosa; ZOPONI, Vinícius Secco. *Ministério Público*: desafios e diálogos interinstitucionais. Rio de Janeiro: Lumen Juris, 2017.

Informação bibliográfica deste texto, conforme a NBR 6023:2018 da Associação Brasileira de Normas Técnicas (ABNT):

ZOPONI, Vinícius Secco. Ministério Público e a promoção do *compliance* digital na Administração Pública. In: SCHNEIDER, Alexandre; ZIESEMER, Henrique da Rosa (Coord.). *Temas atuais de compliance e Ministério Público*: uma nova visão de gestão e atuação institucional. Belo Horizonte: Fórum, 2021. p. 133-153. ISBN 978-65-5518-220-0.

A COLABORAÇÃO PREMIADA E O ACORDO DE LENIÊNCIA COMO INCENTIVOS AOS PROGRAMAS DE *COMPLIANCE*

RODRIGO DA SILVA BRANDALISE

Introdução

O momento jurídico brasileiro, especialmente no que diz com as investigações de ilícitos criminais e administrativos, está cada vez mais buscando o que se pode considerar um dinamismo de atuação, ao se permitir superar barreiras às possibilidades consensuais (seja no âmbito processual penal, seja no âmbito administrativo sancionatório). Por outro lado, também se observa uma preocupação com ideias de prevenção da prática do delito ou da infração administrativa, de molde a se fazer com que as pessoas físicas, mas especialmente as jurídicas, vejam-se compelidas a trabalharem com critérios mais voltados à legalidade e à moralidade – os chamados programas de *compliance*.

Em algum momento, essas visões novas encontrar-se-iam, de maneira que uma pudesse ser uma possibilidade de alavancamento da outra, ou por ser uma forma de atenuação ou aplicação de uma responsabilização menor aos responsáveis pelos atos ilícitos criminais e/ou administrativos, ou por ser um apoio importante em investigações futuras.

Os grandes pontos de encontro foram os consensos processuais penais e os em âmbito administrativo, notadamente naqueles que permitem a aproximação entre condutas de pessoas físicas (que podem ser punidas tanto criminal e administrativamente) e pessoas jurídicas (que podem ser punidas administrativamente, com exclusiva hipótese de punição criminal no Brasil, qual seja, a ambiental).

Assim, o presente trabalho quer apreciar os objetivos do acordo de colaboração processual e do acordo de leniência como incentivo aos programas de *compliance* no Direito brasileiro, notadamente porque o último se volta a como as pessoas jurídicas podem contribuir com a prevenção das condutas ilícitas.

1 Os acordos de colaboração processual e os acordos de leniência como instrumentos de dinamismo persecutório

Como dito há pouco, os consensos passaram a ser alternativas em prol da agilização da persecução, seja no que diz com o processo penal, seja no que diz com o Direito Administrativo sancionador. Concretamente, destacam-se as possibilidades de acordos de colaboração processual e de leniência, especialmente quando se voltam ao combate aos atos de corrupção e, por conseguinte, seus consectários, como a lavagem de dinheiro e o crime organizado.

Pelo espectro de condutas envolvidas, as duas formas de acordo podem relacionar-se com atuações de pessoas jurídicas também, para as quais o *compliance* se volta. Portanto, passa-se a uma apresentação dos objetivos dos acordos indicados.[1]

1.1 Uma mirada nos acordos de colaboração premiada

Para a devida compreensão do que se propõe a discutir no presente trabalho, faz-se necessário mostrar o acordo de colaboração

---

[1] Uma consideração inicial: os objetivos do presente trabalho não justificam o estudo de todas as etapas procedimentais da colaboração premiada e do acordo de leniência.

processual no Brasil conforme a Lei nº 12.850/2013,[2] conhecida como Lei do Crime Organizado,[3] já que esta criminalidade demandou uma reinvenção das formas investigativas,[4] especialmente no que diz com os meios de obtenção de prova.

Na essência, a colaboração processual é uma espécie de meio de obtenção de prova,[5] especialmente porque há um procedimento regrado para sua formalização. Objetiva encontrar provas dentro da estrutura criminosa, na medida em que os seus integrantes são aqueles que possuem as informações privilegiadas.[6] É o que se depreende da leitura do art. 3º, inc. I, e do art. 4º da Lei nº 12.850/13.

Consiste, portanto, em uma revelação que é realizada por um ou mais integrantes de uma determinada empreitada criminosa, seja pela identificação dos demais envolvidos, seja pela indicação do local onde estão os bens, valores e interesses que foram obtidos com o crime. Traz consigo uma confissão, e seu objetivo é o sobrestamento da ação, o perdão judicial ou a diminuição do *quantum* de pena aplicável.[7]

Nos termos da Lei nº 12.850/13, art. 4º, incs. I a V, ela estabelece que o juiz poderá, a requerimento das partes, conceder o perdão judicial, reduzir em até dois terços a pena privativa de liberdade ou substituí-la

---

[2] Os termos da lei indicada já estão atualizados conforme o "Pacote Anticrime" (Lei nº 13.964/19).

[3] São notas características de uma criminalidade organizada a divisão de trabalho e a dissolução da responsabilidade individual dentro da organização; a comutatividade dos membros; o segredo; a mescla de atividades legítimas e ilegais; a capacidade de transferência dos ganhos e dos lucros; e a capacidade de neutralização dos esforços de aplicação da lei penal (FONSECA, Jorge Carlos. Reforma do Processo Penal e Criminalidade Organizada. In: PALMA, Maria Fernanda (Coord.). *Jornadas de Direito Processual Penal e Direitos Fundamentais*. Coimbra: Almedina, 2004, p. 417-418, n.r. 12).

[4] TURESSI, Flávio Eduardo. Breves Apontamentos sobre Crime Organizado, Delação Premiada e Proibição da Proteção Penal Insuficiente. *Revista Jurídica da Escola Superior do Ministério Publico de São Paulo*, vol. 3, p. 231-232, 2013.

[5] PACELLI, Eugênio; FISCHER, Douglas. *Comentários ao Código de Processo Penal e sua jurisprudência*. 8. ed. rev., atual. e ampl. São Paulo: Atlas, 2016, p. 351. Na jurisprudência: BRASIL. Supremo Tribunal Federal. Medida Cautelar em *Habeas corpus* nº 144.652.

[6] A prova, assim, não surgiria de outra forma e se torna uma oportunidade de quebra da solidariedade interna do grupo [por todos: AMODIO, Ennio. I Pentiti Nella Common Law. *Rivista Italiana di Diritto e Procedura Penale*, vol. 29, n. 4, p. 1003, ott./dic. 1986].

[7] Quer uma maior efetividade investigativa combinada com uma renúncia parcial da culpabilidade de quem fez a delação (ROMERO, Eneas. A Colaboração Premiada. In: AMBOS, Kai; ROMERO, Eneas (Org.). *Crime Organizado*. Análise da Lei 12.850/2013, São Paulo: Marcial Pons, CEDPAL, 2017, p. 255). Consequentemente, a colaboração processual decorre das declarações de um investigado/acusado e que refletem a admissão da conduta contra si e um efetivo auxílio probatório em prol da persecução penal, a terminar em algum resultado ou benefício de cunho processual e/ou material penal (BRASIL. Supremo Tribunal Federal. *Habeas corpus* nº 127.483).

por pena restritiva de direitos daquele que tenha colaborado efetiva e voluntariamente com a investigação e com o processo criminal.

Para tanto, da colaboração deve advir a identificação dos demais coautores e partícipes da organização criminosa e das infrações penais por eles praticadas; e/ou a revelação da estrutura hierárquica e da divisão de tarefas da organização criminosa; e/ou a prevenção de infrações penais decorrentes das atividades da organização criminosa; e/ou a recuperação total ou parcial do produto ou do proveito das infrações penais praticadas pela organização criminosa; e/ou a localização de eventual vítima com a sua integridade física preservada.[8]

A partir da relevância da colaboração prestada, podem surgir as seguintes situações (Lei nº 12.850/2013, art. 4º, §§2º a 5º): requerimento ou representação ao juízo, por parte do MP, a qualquer tempo, e do delegado de polícia, nos autos do inquérito policial, com a manifestação do MP, pela concessão de perdão judicial ao colaborador; em relação ao colaborador, a suspensão do prazo de oferecimento da denúncia por até 6 (seis) meses, prorrogáveis por até igual período, para que sejam cumpridas as medidas de colaboração, suspendendo-se o respectivo prazo prescricional; o MP poderá deixar de oferecer denúncia se o colaborador não for o líder da organização criminosa e for o primeiro a prestar efetiva colaboração, com a exigência de que a proposta de acordo de colaboração que o envolva refira-se à infração de cuja existência não se tinha prévio conhecimento;[9] e haver a redução da pena até a metade se a colaboração for posterior à sentença, ou a admissão de progressão de regime prisional ainda que ausentes os requisitos objetivos.

Cumpre observar, a partir do que fora exposto, que o Supremo Tribunal Federal, em 2015,[10] definiu que o acordo de colaboração

---

[8] Para tanto, da colaboração deve advir a identificação dos demais coautores e partícipes da organização criminosa e das infrações penais por eles praticadas; e/ou a revelação da estrutura hierárquica e da divisão de tarefas da organização criminosa; e/ou a prevenção de infrações penais decorrentes das atividades da organização criminosa; e/ou a recuperação total ou parcial do produto ou do proveito das infrações penais praticadas pela organização criminosa; e/ou a localização de eventual vítima com a sua integridade física preservada. Como afirma a doutrina, a amplitude dos benefícios a serem concedidos dependerá, por certo, do alcance e relevância da colaboração. Assim, primeiro deve ser conhecido o que pode ser colaborado para que, depois, sejam feitas as promessas ao pretenso colaborador (PACELLI, Eugênio; FISCHER, Douglas. *Comentários ao Código de Processo Penal e sua jurisprudência*. 9. ed. rev., atual. e ampl. São Paulo: Atlas, 2017, p. 335).

[9] Expressamente, considera-se existente o conhecimento prévio da infração quando o Ministério Público ou a autoridade policial competente tenha instaurado inquérito ou procedimento investigatório para apuração dos fatos apresentados pelo colaborador (Lei nº 12.850/2013, art. 4º, §4º-A).

[10] BRASIL. Supremo Tribunal Federal. *Habeas corpus* nº 127.483.

processual consiste em um negócio jurídico processual pessoalíssimo, o que passou a integrar o texto legal. Não obstante, a colaboração processual somente estará justificada se presentes a *utilidade* e o *interesse públicos* que passaram a ser os *pressupostos* do acordo de colaboração premiada (Lei nº 12.850/2013, art. 3º-A).[11]

Interessante notar que o juiz não participará das negociações realizadas entre as partes para a formalização do acordo de colaboração, que ocorrerá entre o delegado de polícia, o investigado e o defensor, com a manifestação do MP (sendo que, neste caso, a manifestação não será vinculativa, cabendo ao Poder Judiciário definir eventual divergência entre o MP e a autoridade policial quanto aos termos do acordo celebrado[12]), ou entre o MP e o investigado ou acusado e seu defensor (Lei nº 12.850/13, art. 4º, §6º).

Logicamente, referidas possibilidades demandam a necessidade de um acordo escrito. O termo de acordo da colaboração premiada deve conter o relato da colaboração (o colaborador deve narrar todos os fatos ilícitos para os quais concorreu e que tenham relação direta com os fatos investigados – Lei nº 12.850/2013, art. 3º-C, §3º[13]) e seus possíveis resultados; as condições da proposta do MP ou do delegado de polícia; a declaração de aceitação do colaborador e de seu defensor; as assinaturas do representante do MP ou do delegado de polícia, do colaborador e de seu defensor; e a especificação das medidas de proteção ao colaborador e à sua família, quando necessário (Lei nº 12.850/2013, art. 6º). Sempre com a compreensão de que não existe óbice para que outras condições constem no acordo, desde que essenciais a ele.[14]

Pela natureza do acordo aqui versado, ele se volta para a investigação, mas produzirá efeitos nele, trazendo consigo uma vontade consciente, livre e de boa-fé acerca da realidade,[15] que se expressam, inicialmente, pelas propostas, que se entendem ser decorrentes da iniciativa do colaborador.[16] Em sendo assim, o primeiro momento da

---

[11] Lei nº 12.850/2013, art. 3º-A, parte final.
[12] BRASIL. Supremo Tribunal Federal. Ação Direta de Inconstitucionalidade nº 5.508-DF.
[13] Salientando que o acordo homologado poderá ser rescindido em caso de omissão dolosa sobre os fatos objeto da colaboração (Lei nº 12.850/2013, art. 4º, §17).
[14] PACELLI, Eugênio; FISCHER, Douglas. *Comentários ao Código de Processo Penal e sua jurisprudência*. 8. ed. rev., atual. e ampl. São Paulo, Atlas: 2016, p. 354.
[15] YARSHELL, Flávio Luiz. Convenção das partes em matéria processual: rumo a uma nova era? *In*: CABRAL, Antônio do Passo; NOGUEIRA, Pedro Henrique (Coord.). *Negócios Processuais*. Salvador: Juspodivm, 2015, p. 68.
[16] É o que se depreende da Lei nº 12.850/13, art. 3º-C, *caput*. Como diz o texto legal, a proposta de colaboração premiada deve estar instruída com *procuração do interessado com poderes específicos para iniciar o procedimento de colaboração e suas tratativas*, ou *firmada pessoalmente*

colaboração processual diz com a negociação propriamente dita e a confecção do acordo de colaboração processual entre as partes. É o que se compreende da leitura do art. 3º-B, do art. 3º-C e do §6º do art. 4º da lei citada.

Uma situação importante está no art. 3º-C, §4º, da Lei nº 12.850/2013: foi estabelecido um ônus da prova que compete à defesa, pois ela que deverá instruir a proposta de colaboração e os anexos com os fatos adequadamente descritos, com todas as circunstâncias, indicando as provas e os elementos que proporcionarão a corroboração do acordo.

Fácil explicar esta previsão: como já visto em momento anterior deste trabalho, a colaboração processual é um meio de obtenção de prova que traz benefícios aos acusados. Se a acusação já dispõe das provas e elementos, não precisa da colaboração. Se não os têm, o meio se justifica porque os benefícios serão conseguidos por quem delas dispõe, quem seja, o investigado! Logo, na medida das exigências expostas para a colaboração, especialmente a confissão de todos os fatos do qual participara, deve o investigado apresentar tudo o que for possível e necessário para que o meio de obtenção de prova seja útil e de interesse público, tanto para quem acusa como para quem colabora.[17]

Após homologado o acordo, ele será devidamente incorporado à investigação original. Ato contínuo, o colaborador poderá, sempre acompanhado pelo seu defensor, ser ouvido pelo membro do Ministério Público ou pelo delegado de polícia responsável pelas investigações. E, ainda que beneficiado por perdão judicial ou não denunciado, o colaborador poderá ser ouvido em juízo a requerimento das partes ou por iniciativa da autoridade judicial (Lei nº 12.850/2013, art. 4º, §§9º e 12).

De todo o exposto, vislumbra-se a necessidade de um comportamento bastante ativo do colaborador em prol da busca pela preservação da ordem jurídica.

1.2 Uma mirada nos acordos de leniência

A Lei nº 12.850/13, no trato da colaboração processual, tem forte impacto na legislação processual penal brasileira, especialmente pelos fins probatórios que busca atingir. Não obstante, ela não é carregada de ineditismo, seja nos benefícios, seja na intenção de coleta de prova futura,

---

pela parte que pretende a colaboração e seu advogado ou defensor público. Nas suas atuações, o Ministério Público e a autoridade policial não precisam de procuração para seus atos.

[17] Afinal, o acordo homologado também poderá ser rescindido em caso de omissão dolosa sobre os fatos objeto da colaboração (Lei nº 12.850/2013, art. 4º, §18).

pois, antes dela, já era conhecido o chamado programa de leniência, que também se baseia na ideia de colaboração com a investigação (inclusive, probatória) e a obtenção de benefícios futuros ao infrator a partir do mesmo comportamento em prol da ordem jurídica.

No Brasil, duas possibilidades estão presentes. A primeira vem indicada na Lei nº 12.529/11, que estrutura o Sistema Brasileiro de Defesa da Concorrência, em seu art. 86.[18] Sucintamente, podem ser concedidos benefícios como a extinção da ação punitiva da Administração Pública ou a redução de 1 (um) a 2/3 (dois terços) da penalidade aplicável com pessoas físicas e jurídicas que forem autoras de infração à ordem econômica.[19] Para tanto, deve haver colaboração efetiva com as investigações e o processo administrativo, assim como resultar na identificação dos demais envolvidos na infração; e na obtenção de informações e documentos que comprovem a infração noticiada ou sob investigação.

Ainda, outros requisitos cumulativos são exigidos (§1º e incs. I a IV): deve a empresa ser a primeira a se qualificar com respeito à infração noticiada ou sob investigação; cessar completamente seu envolvimento na infração noticiada ou sob investigação a partir da data de propositura do acordo; a Superintendência-Geral do Conselho Administrativo de Defesa Econômica (CADE) não dispor de provas suficientes para assegurar a condenação da empresa ou pessoa física

---

[18] De acordo com o art. 87 e parágrafo único da mesma lei, nos crimes contra a ordem econômica, tipificados na Lei nº 8.137/90, e nos demais crimes diretamente relacionados à prática de cartel, tais como os tipificados na Lei nº 8.666/93 e o tipificado no art. 288 do Código Penal, a celebração de acordo de leniência determina a suspensão do curso do prazo prescricional e impede o oferecimento da denúncia com relação ao agente beneficiário da leniência. Cumprido o acordo de leniência pelo agente, extingue-se automaticamente a punibilidade dos crimes deles. Oportuno frisar que entendemos carecer de constitucionalidade a previsão de efeitos penais aos acordos de leniência sem a participação do Ministério Público, uma vez que este é o titular privativo da ação penal pública, nos termos do art. 129, inc. I, da Constituição Brasileira (por todos: MACHADO, Pedro Antonio de Oliveira. *Acordo de Leniência & a Lei de Improbidade Administrativa*. Curitiba: Juruá, 2017, p. 173). Aliás, o próprio CADE externa que é relevante a participação do MP na confecção no acordo de leniência, por ser ele o titular privativo da ação penal pública e detentor de atribuição criminal (BRASIL. Ministério da Justiça. Conselho Administrativo de Defesa Econômica. *Guia. Programa de Leniência Antitruste do CADE*. Brasília: Ministério da Justiça, 2016, p. 41).

[19] Verificado o cumprimento do acordo (§4º, incs. I e II), será decretada a extinção da ação punitiva da Administração Pública em favor do infrator, nas hipóteses em que a proposta de acordo tiver sido apresentada à Superintendência-Geral sem que essa tivesse conhecimento prévio da infração noticiada; ou, nas demais hipóteses, será reduzida de 1 (um) a 2/3 (dois terços) as penas aplicáveis, devendo ainda considerar na gradação da pena a efetividade da colaboração prestada e a boa-fé do infrator no cumprimento do acordo de leniência. Serão estendidos às empresas do mesmo grupo, de facto ou de direito, e aos seus dirigentes, administradores e empregados envolvidos na infração os efeitos do acordo de leniência, desde que o firmem em conjunto, respeitadas as condições impostas (Lei nº 12.529/11, art. 86, §6º).

por ocasião da propositura do acordo; confessar sua participação no ilícito e cooperar plena e permanentemente com as investigações e o processo administrativo, comparecendo, sob suas expensas, sempre que solicitada, a todos os atos processuais, até seu encerramento.[20]

A outra hipótese brasileira é estampada na Lei n° 12.846/13, que dispõe sobre a responsabilização administrativa e civil de pessoas jurídicas pela prática de atos contra a Administração Pública, nacional ou estrangeira.[21] Como dispõe o art. 16, incs. I e II, a autoridade máxima de cada órgão ou entidade pública poderá celebrar acordo de leniência com as pessoas jurídicas responsáveis pela prática dos atos nela previstos se estas colaborarem efetivamente com as investigações e o processo administrativo, sendo que dessa colaboração deve resultar a identificação dos demais envolvidos na infração, quando couber; e a obtenção célere de informações e documentos que comprovem o ilícito sob apuração.[22]

De acordo com o §1°, cumulativamente, deve a pessoa jurídica ser a primeira a se manifestar sobre seu interesse em cooperar para a apuração do ato ilícito; cessar completamente seu envolvimento na infração investigada a partir da data de propositura do acordo; admitir sua participação no ilícito e cooperar plena e permanentemente com as investigações e o processo administrativo, comparecendo, sob suas expensas, sempre que solicitada, a todos os atos processuais, até seu encerramento.[23]

A proposta de acordo de leniência não importará em reconhecimento da prática do fato ilícito investigado se rejeitada (§7°). Ainda, sua

---

[20] Poderá ser celebrado o acordo com as pessoas físicas, desde que previstas as três últimas hipóteses anteriores (§2°). O acordo de leniência firmado com o CADE, por intermédio da Superintendência-Geral, estipulará as condições necessárias para assegurar a efetividade da colaboração e o resultado útil do processo (§3°).

[21] A lei em questão surgiu para fechar uma lacuna relacionada à punição das pessoas jurídicas pelos atos lesivos que causaram contra a Administração Pública (CARLI, Carla Veríssimo. *Compliance*. Incentivo à adoção de medidas anticorrupção. São Paulo: Saraiva, 2017, p. 173).

[22] Nesta Lei, a celebração do acordo de leniência isentará (§2°) a pessoa jurídica de sanção judicial de proibição de recebimento de incentivos, subsídios, subvenções, doações ou empréstimos de órgãos ou entidades públicas e de instituições financeiras públicas ou controladas pelo poder público, pelo prazo mínimo de 1 (um) e máximo de 5 (cinco) anos) e reduzirá em até 2/3 (dois terços) o valor da multa aplicável. Não eximirá a pessoa jurídica da obrigação de reparar integralmente o dano causado e estipulará as condições necessárias para assegurar a efetividade da colaboração e o resultado útil do processo (§3° e §4°).

[23] "(...) Mais do que confessar lisamente sua participação na prática da infração, deverá a delatora expor, detalhadamente, o grau de participação das demais empresas envoltas no esquema corruptivo, cooperando mediante o fornecimento de todas as informações de que dispuser a respeito do ilícito" (SILVA, Rodrigo Chamorro da. *Acordo de leniência e compliance:* perspectivas no enfrentamento da corrupção empresarial. Dissertação (Mestrado). Fundação Escola Superior do Ministério Público: Porto Alegre, 2018, p. 190.

celebração interrompe o prazo prescricional dos atos ilícitos previstos na lei mencionada (§9º).

Da mesma forma que a colaboração processual, tem a intenção de afetar os elos de confiança, segredo e sigilo que se formam entre corruptor e corruptores. Noutro passo, quer se mostrar mais eficaz na produção de resultados que tutelem os interesses públicos e sociais.[24]

Do exposto, é possível anotar semelhanças com a colaboração processual no que diz com o plano probatório: necessidade de confissão da participação do colaborador, a exigência de que os auxílios prometidos se efetivem quando das investigações, a disponibilidade de provas que estiverem ao seu dispor (com o fim de contribuir com as investigações ou medidas específicas, como o mandado de busca). Some-se a isto a necessidade do cumprimento das hipóteses legais para que o acordo exista, a exigência de uma vontade válida e a posterior produção dos efeitos prometidos.[25]

2 O principal ponto de encontro dos acordos com o *compliance*

No final do tópico anterior, foram apresentadas importantes similitudes entre os acordos de leniência e de colaboração processual. Porém, propositalmente, deixou-se um para este momento do trabalho, por sua relevância no que diz com o programa de *compliance*: em qualquer das modalidades de acordo antes referidas, *exige-se a cessação do envolvimento em conduta ilícita relacionada ao objeto dos pactos*, sob pena de rescisão (Lei nº 12.529/2011, art. 86, §1º, inc. II; Lei nº 12.846/13, art. 16, §1º, inc. II; e Lei nº 12.850/13, art. 4º, §18).

Ressalta-se isso porque o *compliance* está relacionado com a criminalidade e as condutas punidas pelo Direito Administrativo sancionador que envolvem empresas, notadamente porque se volta à prevenção de inúmeros riscos empresariais e das suas respectivas atividades. Para tanto, a organização empresarial deve ter uma cultura

---

[24] MACHADO, Pedro Antonio de Oliveira. *Acordo de Leniência & a Lei de Improbidade Administrativa*. Curitiba: Juruá, 2017, p. 104-105.

[25] "Os institutos da colaboração premiada e acordo de leniência, embora apresentem algumas diferenças cruciais entre si, têm, em comum, a natureza de causa de diminuição de pena, o que permite, após sua celebração e efetivo cumprimento, que as sanções criminais e previstas nas leis anticorrupção, respectivamente, sejam minoradas pelas autoridades julgadoras" (SOUZA, Renee do Ó. *Os efeitos transversais da colaboração premiada e do acordo de leniência*. Belo Horizonte: D'Plácido, 2019, p. 83).

voltada à observância do ordenamento jurídico e que resulte em valores, códigos, regras e procedimentos que se destinem à prevenção, revelação e sanção dos ilícitos.[26]

Assim, pautará sua estrutura organizacional, delimitará as funções e competências de cada agente dentro da empresa, com que será diminuída a possibilidade de uma irresponsabilidade coletiva, que estaria pautada na complexidade da organização empresarial como um todo (inclusive, caso for, com a devida acreditação de seus programas, a evitar-se o uso do *compliance* como uma modalidade de proteção, ao invés de qualificação de valores).[27]

Noutros termos, o *compliance* apresenta-se como uma autorregulação (regulada) de caráter voluntário e preventiva estimulada para as pessoas jurídicas.[28] Para tanto, haverá a designação de funções a determinada(s) pessoa(s) na estrutura da empresa que ficará responsável pela prevenção de práticas das infrações (o que caminha com a ideia de cessação das condutas, conforme exigência já apontada). Saliente-se, porém, que eventual criação do *compliance* dentro da empresa não faz

---

[26] REYNA ALFARO, Luis Miguel. Implementación de los *compliance programs* y sus efectos de exclusión o atenuación de responsabilidad penal de los sujetos obligados. *In*: AMBOS, Kai; CARO CORIA, Dino Carlos; MALARINO, Ezequiel. *Lavado de activos y compliance.* Perspectiva internacional y derecho comparado. Lima: Jurista Editores, 2015, p. 462-463.

[27] REYNA ALFARO, Luis Miguel. Implementación de los *compliance programs* y sus efectos de exclusión o atenuación de responsabilidad penal de los sujetos obligados. *In*: AMBOS, Kai; CARO CORIA, Dino Carlos; MALARINO, Ezequiel. *Lavado de activos y compliance.* Perspectiva internacional y derecho comparado. Lima: Jurista Editores, 2015, p. 465-466. Afinal, "[A] divisão do trabalho e a estruturação de papéis em contextos marcados pelo anonimato e pela multiplicidade de operações econômicas, sem delimitação de tempo, espaço e lugar, são características cada vez mais inseridas no âmbito das organizações criminosas, sobretudo aquelas voltadas ao branqueamento de ativos. As legislações que regem a matéria, em geral, estabelecem os deveres de colaboração dos particulares com o sistema econômico-financeiro, em face da necessidade de prevenção em face da indigitada criminalidade" (LIMA, Vinicíus de Melo; GULARTE, Caroline de Melo Lima. *Compliance* e prevenção ao crime de lavagem de dinheiro. *Revista do Ministério Público do Rio Grande do Sul*, n. 82, p. 134, 2017).

[28] "Además, como el Estado (...) es incapaz de regular y quizás de fiscalizar desde afuera a las empresas (por innumerables raciones, para empezar por la falta de información necesaria y de presupuesto para contratación de personal con la capacidad técnica exigible para la fiscalización de todo el tipo de actividad empresarial desarrollada), imprescindible que sea garantizado el ejercicio de la libertad empresarial dentro de unos niveles tolerables de riesgo, riesgos esos que deberá asumir en caso de consumación. Surge así la idea de autorregulación regulada, que nada más es si no la empresa, por medio de la estructuración de un programa de *compliance* en su seno, objetivar controlar los riesgos de su actividad." (FLORES, Júlia Schütt. *Compliance como instrumento de privatización de la tutela del derecho penal.* Trabajo fin de Master. Salamanca: Universidad de Salamanca, 2019, p. 58).

com que o empresário deixe de lado sua função de garante, mas permite que ele venha a delegá-la também a outrem.[29]

Portanto, vai exigido que seja conferido que os responsáveis pelo *compliance* tenham poder de autoridade e de disciplina no âmbito do trato com os trabalhadores para fins de implementação e execução das medidas respectivas.[30]

Observa-se, dessa forma, que a responsabilidade da empresa também passará a ser vista a partir de sua própria falta no que diz com a correta implementação de programas de *compliance* que lhe são exigidos e apropriados. A empresa passa, dessa forma, a funcionar com uma colaboradora com o Estado na prevenção dos delitos (se não o impedir, também auxiliará na investigação e apuração dele).[31] Exemplificativamente, pode-se citar que, com base na Lei nº 12.846/13,

---

[29] NUNES, Duarte Rodrigues. Posição de garante do *compliance officer* na criminalidade de empresa? *In*: AAVV. *Homenagem ao Professor Doutor Germano Marques da Silva*. Vol. I. Lisboa: Universidade Católica, 2020, p. 675-676. Vale o ensinamento doutrinário: "O dever de garante do empresário poderá ser alvo de delegação, embora tal não o exonere do seu dever de garante, apenas ocorrendo uma transferência e uma transformação desse dever de garante, passando o empresário a ser apenas garante relativamente à correta seleção, formação e informação do delegado, à dotação do delegado com os meios necessários para exercer as competências que lhe foram delegadas, à coordenação da atuação dos vários delegados e à vigilância/controlo do exercício, pelo delegado, das competências que foram alvo de delegação (dever secundário de garante). (...) A posição de garante do *compliance officer* apenas incidirá sobre os deveres que, por via dessa delegação de competências, o compliance officer tiver assumido efetivamente" (NUNES, Duarte Rodrigues. Posição de garante do *compliance officer* na criminalidade de empresa? *In*: AAVV. *Homenagem ao Professor Doutor Germano Marques da Silva*. Vol. I. Lisboa: Universidade Católica, 2020, p. 675-676). Em complementação: "É neste quadro que surgem os *gatekeepers* internos da empresa, em que se incluem, nomeadamente, os responsáveis pela fiscalização societária interna, os auditores internos e os mencionados *compliance officers*. A estes últimos, normalmente membros da administração ou seus delegados, compete-lhes controlar riscos legais, incluindo sancionatórios (penais ou contra-ordenacionais), gerados pela actividade empresarial (...)" (GERALDO, Tiago. A responsabilidade penal do *compliance officer*: fundamentos e limites do dever de autovigilância empresarial. *In*: PALMA, Maria Fernanda; DIAS, Augusto Silva; MENDES, Paulo de Sousa (Coord.). *Estudos sobre Law Enforcement, Compliance e Direito Penal*. 2. ed. Coimbra: Almedina, 2018, p. 272).

[30] NUNES, Duarte Rodrigues. Posição de garante do *compliance officer* na criminalidade de empresa? *In*: AAVV. *Homenagem ao Professor Doutor Germano Marques da Silva*. Vol. I. Lisboa: Universidade Católica, 2020, p. 677.

[31] SILVA, Rodrigo Chamorro da. *Acordo de leniência e compliance*: perspectivas no enfrentamento da corrupção empresarial. Dissertação (Mestrado). Fundação Escola Superior do Ministério Público: Porto Alegre, 2018 p. 190. "En términos generales, cuando un programa de cumplimiento es estructurado en una determinada empresa, lo que se pretende "inmediatamente" es reducir y prevenir los riesgos de la actividad empresarial desarrollada por una determinada organización, en la medida en que se le impone el estricto cumplimiento de las normas jurídicas que regulan el ejercicio de esa actividad" (SCHÜTT, Júlia Flores. *Compliance como instrumento de privatización de la tutela del derecho penal*. Trabajo fin de Master. Salamanca: Universidad de Salamanca, 2019, p. 56).

art. 7º, inc. VIII, a existência de mecanismos e procedimentos internos de integridade, auditoria e incentivo à denúncia de irregularidades e a aplicação efetiva de códigos de ética e de conduta no âmbito da pessoa jurídica será levada em consideração na aplicação de eventuais sanções dela decorrentes.

O que se pode dizer, em síntese, é que o programa de *compliance* deve surgir para diminuir o risco de que as infrações penais ou administrativas sejam cometidas no seio da empresa, por ela ou por seus membros, notadamente naquilo que envolve a criminalidade organizada e os atos de corrupção; serve para melhorar as possibilidades de influência positiva na persecução sancionatória e proteger os valores das empresas; e diminui as possibilidades de danos à imagem das pessoas jurídicas nos mercados onde atua.[32]

Como mandamento importante para esse desiderato, o Ministério Público deve, para avaliar se a empresa possui um adequado programa de *compliance*, compreender a empresa a partir de uma visão comercial, a partir das identificações, avaliações, definições do perfil de risco, bem como o grau de aproximação para investigação e os recursos para tanto.[33] Também deve visualizar as responsabilidades dentro da hierarquia de

---

[32] FLORES, Júlia Schütt. *Compliance como instrumento de privatización de la tutela del derecho penal*. Trabajo fin de Master. Salamanca: Universidad de Salamanca, 2019, p. 60. Em adição: "Esse tipo de efeito comercial pode, para além de mera manobra de *marketing*, agregar valor imaterial à pessoa jurídica que realiza Compliance, seja em decorrência da melhora de sua imagem e reputação perante o mercado, seja na eliminação dos prejuízos que os atos de corrupção costumam representar" (CUNHA, Rogério Sanches; SOUZA, Renee do Ó. *Lei Anticorrupção Empresarial*. 2. ed., rev., atual. e ampl. Salvador: Juspodivum, 2018, p. 112).

[33] UNITED STATES OF AMERICA. Department of Justice. Criminal Division. *Evaluation of Corporate Compliance Programs* (updated June 2020), p. 2. A título exemplificativo: "(...) For example, prosecutors should consider whether the company has analyzed and addressed the varying risks presented by, among other factors, the location of its operations, the industry sector, the competitiveness of the market, the regulatory landscape, potential clients and business partners, transactions with foreign governments, payments to foreign officials, use of third parties, gifts, travel, and entertainment expenses, and charitable and political donations" (UNITED STATES OF AMERICA. Department of Justice. Criminal Division. *Evaluation of Corporate Compliance Programs* (updated June 2020), p. 3). Na doutrina: "O dever de identificação e diligência (...) pode ser visto como o dever-chave dos deveres de *compliance*, cujo objetivo é normalmente apontado como sendo o acompanhamento contínuo de clientes e transações, tendo em vista prevenir e comunicar operações idóneas e suspeitas de revelarem branqueamento. Impõe uma análise de risco, que implica, em qualquer dos níveis em que é configurado – normal, simplificado e reforçado – o cumprimento de um dever de informação acrescido" (RODRIGUES, Anabela Miranda. *Direito Penal Económico*. Uma política criminal na era do *compliance*. Coimbra: Almedina, 2019, p. 133). É a linha muito assemelhada da que vem exposta na Lei de Lavagem de Dinheiro (Lei nº 9.613/98), art. 10, inc. III, c/c seu art. 9º e seu art. 11 (fala na adoção de políticas, procedimentos e controles internos, compatíveis com porte e volume de operações, que permitam o atendimento de deveres de comunicação de operações financeiras pelas pessoas indicadas na legislação referida).

trabalho, o alcance de informações que são coletadas pelo programa, as respectivas sanções que são passíveis de aplicação e a instrução externada sobre o programa para repasse de informações, identificação e esclarecimento dos fatos.[34]

Considerando todo o exposto, a figura e os objetivos inerentes ao *compliance* encontram, nas exigências de cessação do envolvimento em infrações penais e administrativas dos acordos de colaboração premiada e de leniência, um importante instrumento para seu fomento. Na mesma linha, os acordos referidos têm, no *compliance*, uma possibilidade forte de preparar não apenas termos de suas condições, mas de estabelecerem uma mais larga e vasta atuação estatal em prol da repressão e da persecução das infrações em si,[35] inclusive para o futuro.

Afinal, não se pode esquecer que faz parte das ideias dos acordos, além da criação de desconfianças que tornem incabível a associação para a prática de ilícitos, a possibilidade de ampliar a atividade sancionadora estatal e, principalmente no que toca ao presente estudo, ampliar a prevenção de reincidências.[36]

Por último, apenas deve ser dito que os comentários que aqui foram feitos podem ser emprestados às possibilidades de acordo de não persecução penal (Código de Processo Penal, art. 28-A) e de não persecução civil em improbidade administrativa (Lei nº 8.429/92, art. 17, §1º), haja vista que a lógica da composição de seus termos segue uma linha muito próxima à da colaboração processual e da leniência.

3 Conclusão

No presente estudo, não se analisou nenhum acordo em específico no qual tenha sido incluído o programa de *compliance* como uma de suas condições, o que, certamente, já ocorrera nas diversas atuações de combate aos atos de corrupção e de criminalidade organizada.

---

[34] SARAIVA, Renata Machado. *Criminal compliance como instrumento de tutela ambiental*: a propósito da responsabilidade penal de empresas. São Paulo: LiberArs, 2018, p. 76.

[35] "Nessa linha, a administração pública moderna exige por parte dos gestores e dos demais agentes públicos e políticos uma condução responsável, com a adoção de esquemas procedimentais e organizativos da boa governança (*"good governance"*), voltados principalmente para o atendimento das demandas sociais, não se apartando da premissa de que a administração pública deve estar a serviço das pessoas, que não podem ser tratadas como cidadãos de segunda classe" (SENNA, Gustavo. *Combate à má governança e à corrupção*: uma questão de direitos fundamentais e de direitos humanos. Belo Horizonte: D'Plácido, 2019, p. 45).

[36] CANETTI, Rafaela Coutinho. *Acordo de leniência*. Fundamentos do instituto e os problemas de seu transplante ao ordenamento jurídico brasileiro. Belo Horizonte: Fórum, 2015, p. 29.

O que se quis apresentar, até pelos próprios objetivos da obra, é que há plenas condições de que a nova visão consensual que atinge o direito sancionatório brasileiro, tanto no aspecto penal como no aspecto administrativo, não serve apenas como forma de atenuação de punições previstas, mas também funciona como fomento para prevenção criminal futura. Isto porque se exige a cessação da participação nas atividades criminosas, seja na leniência administrativa, seja na colaboração processual penal.

Para isso, os acordos encontram na aproximação com o *compliance* um importante apoio, pois, quanto ao último: (a) seus objetivos de prevenção e de investigação de condutas criminais coincidem com intenções dos acordos, que servem de catalisadores para suas implementações; (b) representa uma ampliação da atuação estatal em prol da repressão e da persecução das infrações em si, contando com a firme colaboração das empresas para tanto.

Referências

AMODIO, Ennio. I Pentiti Nella Common Law. *Rivista Italiana di Diritto e Procedura Penale*, vol. 29, n. 4, p. 991-1003, ott./dic. 1986.

BRASIL. Ministério da Justiça. Conselho Administrativo de Defesa Econômica. *Guia. Programa de Leniência Antitruste do CADE*. Brasília: Ministério da Justiça, 2016. Disponível em: https://cdn.cade.gov.br/Portal/centrais-de-conteudo/publicacoes/guias-do-cade/2020-06-02-guia-do-programa-de-leniencia-do-cade.pdf?_ga=2.212493712.508715565.1611001274-894591229.1611001274 . Acesso em: 18 jan. 2021.

BRASIL. Supremo Tribunal Federal. Ação Direta de Inconstitucionalidade n° 5.508-DF. Brasília, DF, 20 de junho de 2018. Brasília: STF, 2018. Disponível em: http://redir.stf.jus.br/paginadorpub/paginador.jsp?docTP=TP&docID=751303490. Acesso em: 18 jan. 2021.

BRASIL. Supremo Tribunal Federal. *Habeas corpus* n° 127.483. Brasília, DF, 27 de agosto de 2015. Brasília: STF, 2015. Disponível em: http://redir.stf.jus.br/paginadorpub/paginador.jsp?docTP=TP&docID=10199666 . Acesso em: 18 jan. 2021.

BRASIL. Supremo Tribunal Federal. Medida Cautelar em *Habeas corpus* n° 144.652. Brasília, DF, 12 de junho de 2017. Brasília: STF, 2017. Disponível em: http://portal.stf.jus.br/processos/downloadPeca.asp?id=312005882&ext=.pdf. Acesso em: 18 jan. 2021.

CANETTI, Rafaela Coutinho. *Acordo de leniência*. Fundamentos do instituto e os problemas de seu transplante ao ordenamento jurídico brasileiro. Belo Horizonte: Fórum, 2015.

CARLI, Carla Veríssimo. *Compliance*. Incentivo à adoção de medidas anticorrupção. São Paulo: Saraiva, 2017.

CUNHA, Rogério Sanches; SOUZA, Renee do Ó. *Lei Anticorrupção Empresarial*. 2. ed., rev., atual. e ampl. Salvador: Juspodivum, 2018.

FONSECA, Jorge Carlos. Reforma do Processo Penal e Criminalidade Organizada. In: PALMA, Maria Fernanda (Coord.). *Jornadas de Direito Processual Penal e Direitos Fundamentais*. Coimbra: Almedina, 2004, p. 411-448.

GERALDO, Tiago. A responsabilidade penal do *compliance officer*: fundamentos e limites do dever de autovigilância empresarial. In: PALMA, Maria Fernanda; DIAS, Augusto Silva; MENDES, Paulo de Sousa (Coord.). *Estudos sobre Law Enforcement, Compliance e Direito Penal*. 2. ed. Coimbra: Almedina, 2018, p. 267-302.

LIMA, Vinicíus de Melo; GULARTE, Caroline de Melo Lima. *Compliance* e prevenção ao crime de lavagem de dinheiro. *Revista do Ministério Público do Rio Grande do Sul*, n. 82, p. 119-145, 2017.

MACHADO, Pedro Antonio de Oliveira. *Acordo de Leniência & a Lei de Improbidade Administrativa*. Curitiba: Juruá, 2017.

NUNES, Duarte Rodrigues. Posição de garante do *compliance officer* na criminalidade de empresa? In: AAVV. *Homenagem ao Professor Doutor Germano Marques da Silva*. Vol. I. Lisboa: Universidade Católica, 2020, p. 651-680.

PACELLI, Eugênio; FISCHER, Douglas. *Comentários ao Código de Processo Penal e sua jurisprudência*. 8. ed. rev., atual. e ampl. São Paulo: Atlas, 2016.

PACELLI, Eugênio; FISCHER, Douglas. *Comentários ao Código de Processo Penal e sua jurisprudência*. 9. ed. rev., atual. e ampl. São Paulo: Atlas, 2017.

REYNA ALFARO, Luis Miguel. Implementación de los *compliance programs* y sus efectos de exclusión o atenuación de responsabilidad penal de los sujetos obligados. In: AMBOS, Kai; CARO CORIA, Dino Carlos; MALARINO, Ezequiel. *Lavado de activos y compliance*. Perspectiva internacional y derecho comparado. Lima: Jurista Editores, 2015, p. 449-485.

RODRIGUES, Anabela Miranda. *Direito Penal Económico*. Uma política criminal na era do *compliance*. Coimbra: Almedina, 2019.

ROMERO, Eneas. A Colaboração Premiada. In: AMBOS, Kai; ROMERO, Eneas (Org.). *Crime Organizado*. Análise da Lei 12.850/2013, São Paulo: Marcial Pons, CEDPAL, 2017, p. 253-277.

SARAIVA, Renata Machado. *Criminal compliance como instrumento de tutela ambiental*: a propósito da responsabilidade penal de empresas. São Paulo: LiberArs, 2018.

SCHÜTT, Júlia Flores. *Compliance como instrumento de privatización de la tutela del derecho penal*. Trabajo fin de Master. Salamanca: Universidad de Salamanca, 2019.

SENNA, Gustavo. *Combate à má governança e à corrupção*: uma questão de direitos fundamentais e de direitos humanos. Belo Horizonte: D'Plácido, 2019.

SILVA, Rodrigo Chamorro da. *Acordo de leniência e compliance*: perspectivas no enfrentamento da corrupção empresarial. Dissertação (Mestrado). Fundação Escola Superior do Ministério Público: Porto Alegre, 2018.

SOUZA, Renee do Ó. *Os efeitos transversais da colaboração premiada e do acordo de leniência*. Belo Horizonte: D'Plácido, 2019.

TURESSI, Flávio Eduardo. Breves Apontamentos sobre Crime Organizado, Delação Premiada e Proibição da Proteção Penal Insuficiente. *Revista Jurídica da Escola Superior do Ministério Publico de São Paulo*, vol. 3, 2013, p. 229-246.

UNITED STATES OF AMERICA. Department of Justice. Criminal Division. *Evaluation of Corporate Compliance Programs* (updated June 2020). Disponível em https://www.justice.gov/criminal-fraud/page/file/937501/download. Acesso em: 18 jan. 2021.

YARSHELL, Flávio Luiz. Convenção das partes em matéria processual: rumo a uma nova era? *In*: CABRAL, Antônio do Passo; NOGUEIRA, Pedro Henrique (Coord.). *Negócios Processuais*. Salvador: Juspodivm, 2015, p. 63-80.

Informação bibliográfica deste texto, conforme a NBR 6023:2018 da Associação Brasileira de Normas Técnicas (ABNT):

BRANDALISE, Rodrigo da Silva. A colaboração premiada e o acordo de leniência como incentivos aos programas de *compliance*. *In*: SCHNEIDER, Alexandre; ZIESEMER, Henrique da Rosa (Coord.). *Temas atuais de compliance e Ministério Público:* uma nova visão de gestão e atuação institucional. Belo Horizonte: Fórum, 2021. p. 155-170. ISBN 978-65-5518-220-0.

NEGOCIAÇÃO E ACORDO EM SEDE DE IMPROBIDADE ADMINISTRATIVA E A NECESSIDADE DE EFETIVIDADE DE UM SISTEMA DE INTEGRIDADE

ROCHELLE JELINEK

Introdução

A Lei nº 8.429/92 alcançou a eficácia desejada no mundo jurídico, mas ainda caminha a passos lentos para alcançar a aspirada efetividade e razoabilidade. Há um abismo entre a realidade concreta e a realidade positivada. Se a doutrina é quase uniforme em compreender que a referida lei trouxe perspectivas sancionatórias significativas no âmbito da Administração Pública no Brasil, ela já não é unânime para os operadores do Direito nem para a sociedade quanto à sua justicialidade ou razoabilidade. Há segmentos que a criticam enquanto modelo normativo de repressão à corrupção e à improbidade administrativa, com tentativas de sua reformulação, inclusive por meio de emendas constitucionais, no intuito de retirar força sancionatória da lei em questão.

No advento da Lei de Improbidade Administrativa (Lei nº 8.429/92), o que se observava era um sem-número de ações propostas em todo e qualquer caso relativo a irregularidades, ilegalidades ou distorções na Administração Pública. Em contrapartida, como resultado, dezenas de julgamentos condescendentes com agentes públicos. Passado algum tempo de vigência da norma, foi possível constatar mudanças de paradigmas no acesso à justiça, não mais no sentido de "acesso ao Judiciário", mas de um sistema multiportas para a efetiva solução de conflitos.

Anos atrás, seria impensável a uma autoridade pública dialogar com um responsável por fraudes em licitações e desvios milionários de recursos financeiros, descortinando-se à Administração apenas a via do tradicional processo acusatório, no qual ela deveria esforçar-se para levantar provas idôneas à punição dos infratores. Mas, frente à nova realidade, muitos Estados se depararam com a escolha entre negociar com base em processos administrativos com colaboração cooperativa ou não negociar e conformar-se com o crescimento da impunidade, com os processos de acusação dificultados pelas técnicas tradicionais de instrução, com a demora dos processos intermináveis – que afeta todas as partes envolvidas – e com a insegurança jurídica de julgamentos ideológicos.[1]

No Brasil, a experiência na consensualidade entre o Estado e o autor de uma infração iniciou com o compromisso de ajustamento de conduta na Lei da Ação Civil Pública (Lei nº 7.347/85). Em 1995 foram introduzidos os institutos da transação penal e da suspensão condicional do processo pela Lei dos Juizados Especiais (Lei nº 9.099/95). Relativamente a questões ligadas à Administração Pública, o acordo

---

[1] Ideologia e julgamento: As partes que planejam se engajar na resolução consensual de conflitos sabem dos vieses cognitivos a que estão sujeitas se a questão vier a ser decidida pelo Judiciário. Psicólogos, cientistas políticos e juristas já aprenderam sobre os juízos decisórios dos magistrados, a partir de pesquisas de negociação e das ciências sociais: suas decisões são propensas a tendências cognitivas. Cada um forma seu juízo de valor com base em suas perspectivas cognitivas e, depois, busca dar a sua interpretação à lei para justificar a decisão. Os juízes possuem visões antecedentes, ideologias, atitudes ou predisposições que podem levá-los a julgar de maneira consistente com sua ideologia subjacente. Essas persianas atitudinais podem influenciar suas decisões. No Brasil, especialmente nos tribunais superiores, em que os ministros são nomeados pelo Executivo, isso fica muito evidente. A insegurança jurídica é tanto ruim para uma quanto para a outra parte, dada a incerteza da distribuição dos feitos para julgamento. Nesse sentido: CARP, Robert A.; ROWLAND, C.K. *Politics and judgment in federal district courts*. Lawrence, Kan: University Press of Kansas, 1996. Também sobre o modelo de decisão judicial baseado em critérios e vieses pessoais, Lenio Streck faz uma sofisticada crítica na obra: STRECK, Lenio Luiz. *O que é isto? Decido conforme minha consciência?* Porto Alegre: Livraria do Advogado, 2010.

de "delação premiada"[2] foi previsto, inicialmente, na Lei de Crimes Hediondos (art. 8º da Lei nº 8.072/90) e depois o acordo de "colaboração premiada" foi positivado em várias normas do ordenamento jurídico: Lei dos Crimes contra o sistema Financeiro (Lei nº 7.492/86), Lei dos Crimes contra a Ordem Tributária (Lei nº 8.137/90), Lei de Lavagem de Dinheiro (Lei nº 9.613/98) e, de forma mais detalhada, na Lei de Combate às Organizações Criminosas (Lei nº 12.850/13). O "acordo de leniência", por sua vez, foi previsto na Lei Anticorrupção (Lei nº 12.846/13). Mais recentemente, a Lei da Segurança e Eficiência na Aplicação do Direito Público (Lei nº 13.655/18) incentiva a Administração Pública a utilizar o consenso e não a autoridade como método para a solução de questões. E por fim, o recente "Pacote Anticrime", positivado na Lei nº 13.964/19, que entrou em vigor em janeiro de 2020, introduziu na legislação o acordo de não persecução penal e o acordo de não persecução cível.

1 Autocomposição em conflitos envolvendo patrimônio público e probidade administrativa

A velha ótica de que não se poderia negociar o interesse público está ultrapassada.[3] Em todas as modalidades preventivas e de composição de conflitos relacionados à Administração Pública, no âmbito do Direito Administrativo, não se cogita negociar o interesse público em si, mas "negociar os modos de atingi-lo com maior eficiência". A disposição em apaziguar as ordens social e econômica justifica que se busquem meios alternativos de atendimento ao interesse público, os quais nem sempre serão aqueles que a Administração executa ou impõe de modo unilateral. Nesse sentido, os acordos constituem instrumentos administrativos que poderão ser manejados pelo Poder Público sempre que "uma decisão unilateral de um processo possa ser vantajosamente substituída por um acordo em que o interesse público, a cargo do

---

[2] Como existe mais de uma forma de colaboração a ser prestada pelo infrator, a delação seria apenas a incriminação de terceiros, enquanto a colaboração premiada envolveria, além da própria delação, outras maneiras colaborativas, a exemplo da recuperação de proveitos da infração penal e da localização da eventual vítima.

[3] MOREIRA NETO, Diogo de Figueiredo. Novas tendências da democracia: consenso e direito público na virada do século: o caso brasileiro. *Revista Eletrônica sobre a Reforma do Estado (RERE)*, Salvador, n. 13, mar./maio 2008. Disponível em: http://www.direitodoestado.com.br/rere.asp. Acesso em: 18 jul. 2018.

Estado, possa ser atendido de modo mais eficiente, mais duradouro, mais célere ou com menos custos".[4]

Nessa nova perspectiva de resolução consensual e negociada das questões envolvendo patrimônio público, probidade administrativa e combate à corrupção,[5] em busca não somente do "sim" para firmar um termo de acordo, mas da efetiva implantação de medidas para resultados mais efetivos, os acordos negociados assumem um novo caráter. Deixam de figurar como uma espécie de "contrato de adesão" – tal qual antes era tratado o compromisso de ajustamento, por exemplo –, para serem instrumentos de efetiva negociação entre as partes envolvidas, na busca de eficaz solução dos problemas.

A tarefa não se revela singela em face da natureza pública dos direitos envolvidos, aliada ao fato de que a Administração Pública segue vinculada ao princípio da legalidade. Assim, cumpre analisar as possibilidades, as condições e os limites do exercício negociado de competências administrativas.

Segundo Egon Bockmann Moreira e Andreia Cristina Bagatin,[6] mostra-se consideravelmente complexo, na atualidade, o exercício de atividades estatais destinadas a regular os novos setores econômicos e a disciplinar a atuação de seus agentes. Aos poucos, vê-se que a participação dos particulares em soluções negociadas pode ser benéfica não só para os eventuais interessados, mas, igualmente, para o exercício das competências administrativas, até então tradicionalmente autoritárias e unilaterais e, bem por isso, sem efetividade – isso não é sobre Direito, é a neurociência explicando por que o que é fruto de imposição não é cumprido.

Os limites da negociação envolvendo essa matéria de patrimônio público e probidade administrativa devem ser pautados pelas normas aplicáveis à espécie. O estabelecido em lei serve de parâmetro primeiro

---

[4] MOREIRA NETO, Diogo de Figueiredo. Novos institutos consensuais da ação administrativa. *Revista de Direito Administrativo*, Rio de Janeiro, n. 231, p. 153-154, 2003.

[5] Nas palavras de Marrara: "[...] negociar não para beneficiar gratuitamente, não para dispor dos interesses públicos que lhe cabe zelar, não para se omitir na execução das funções públicas. Negociar sim, mas com o intuito de obter suporte à execução bem sucedida de processos acusatórios e atingir um grau satisfatório de repressão de práticas ilícitas altamente nocivas que sequer se descobririam pelos meios persecutórios e fiscalizatórios clássicos". MARRARA, Thiago. Acordos de leniência no processo administrativo brasileiro: modalidades, regime jurídico e problemas emergentes. *Revista Digital de Direito Administrativo*, São Paulo, v. 2, n. 2, p. 509- 527, jun. 2015.

[6] MOREIRA, Egon Bockmann; BAGATIN, Andreia Cristina. Lei anticorrupção e quatro de seus principais temas: responsabilidade objetiva, desconsideração societária, acordos de leniência e regulamentos administrativos. *Revista de Direito Público da Economia – RDPE*, Belo Horizonte, v. 12, n. 47, p. 55-84, jul./set. 2014, p. 77.

para as soluções. A legalidade tem especial "peso" na definição do espaço de atuação dos agentes públicos que representam os entes partícipes da negociação, porém, por ser bastante comum a utilização, pelos textos normativos, de termos genéricos e conceitos jurídicos indeterminados, há margem para um campo significativo de discricionariedade no momento da interpretação da norma.

É comum a ocorrência, em determinado conflito, de duas ou mais interpretações em face do quadro normativo. Verifica-se, então, que a mera referência ao sistema jurídico ou a princípios não é suficiente para a solução do conflito – daí a utilidade da negociação consensual, inclusive para construir uma interpretação do conjunto normativo que seja aceita por todos os envolvidos para solucionar de forma efetiva um problema. A legitimidade dessa interpretação perpassa pela exaustiva demonstração da construção do pensamento e da formação do juízo de valor sobre a incidência das normas sobre os fatos. É necessária a justificativa racional dos motivos pelos quais, à vista dos fatos concretos, chega-se a determinada solução e seus limites.

Na margem de negociação nessa matéria, há que se considerar: 1) o ordenamento jurídico, via de regra, não esgota as diferentes possibilidades de exercício de um direito ou de cumprimento de um dever, as partes podem negociar os meios de cumprir os ditames legais; 2) o ordenamento pode ser (e frequentemente é) omisso em relação a outros parâmetros relevantes para os envolvidos – por exemplo, situações peculiares de um determinado momento, local ou de uma determinada pessoa ou empresa – os quais podem influenciar na negociação do acordo, não para substituir as normas (que são estáticas), mas para complementar os parâmetros fornecidos pelo legislador. Em suma, a ordem jurídica traz o "esqueleto" que deve ser observado na negociação, mas às partes cabe sua complementação adequada ao caso concreto, definindo os meios e dando funcionalidade e possibilidade real de implantação que melhor atenda aos interesses de todos os envolvidos.

Em sede de improbidade administrativa, as peculiaridades da situação concreta, as muitas variáveis consideradas, as provas e informações disponibilizadas de forma colaborativa, a reparação do erário público, o ressarcimento do proveito econômico auferido com os ilícitos, e o fato de envolver – para além das pessoas jurídicas que representam – indivíduos que têm seus próprios "pontos de reserva" e "regras de limiar"[7] exigem de todas as partes envolvidas uma ampla compreensão dos limites e potencialidades do uso dos métodos e técnicas de autocomposição. O intuito é que a negociação seja ética, efetiva e adequada.

Na autocomposição, o objetivo é conseguir um resultado melhor do que poderia ser obtido sem negociação – seja quanto a valores, tempo, forma, eficácia. Para tanto, é necessário conhecer as alternativas que se terá se não houver acordo (BATNA – *Best Alternative to a Negotiated Agreement*),[8] o que permite soluções criativas e consensuais na negociação do acordo. A avaliação dos caminhos existentes fora do acordo negociado é fundamental para estabelecer os limites de aceitação ou rejeição de um acordo.

Em vez de descartar qualquer solução que não alcance o resultado inicialmente pretendido, é relevante que as partes, para definir os limites e a margem de negociação, bem como a "zona de possível acordo" (ZOPA – *Zone of Possible Agreement*),[9] comparem as que estão construindo com o provável ou possível teor de uma decisão judicial a respeito do mesmo conflito (com todos os seus reveses de demora, insegurança jurídica, vieses cognitivos ideológicos, custos, imposição de uma solução que não atenda aos interesses de uma ou de ambas). Dentro desse quadro é que buscarão construir uma saída que pareça mais adequada, célere e eficaz aos seus interesses do que a decisão que decorreria de um eventual julgamento.

Nesse viés, as diferentes técnicas de negociação mostram a potencialidade da solução consensual direcionada preferencialmente à prevenção e cessação via extrajudicial dos ilícitos. Valem-se, para isso, de todos os instrumentos existentes, tais como a colaboração premiada, o acordo de leniência, o compromisso de ajustamento de conduta e os acordos de não persecução cível e penal, visando a soluções mais

---

[7] Toda negociação tem o "ponto de reserva" de cada parte, ou seja, até que limite cada uma está disposta a chegar para um acordo, de modo a respeitar as suas "regras de limiar", que são aqueles valores ou princípios que jamais aceitariam violar. A negociação ocorre dentro dessa zona, chamada ZOPA – Zona de Possível Acordo. Sobre os diferentes interesses subjacentes, pontos de reserva, regras de limiar e margens de negociação, ver mais no capítulo sobre a negociação baseada em princípios.

[8] Analisar as probabilidades do que seria definido, por exemplo, em uma decisão judicial, ou em um acordo de leniência, ou em uma colaboração premiada. Mais informações sobre o tema: HARVARD LAW SCHOOL. Program on Negotiation. *BATNA basics:* boost your power at the bargaining table. Disponível em: https://www.pon.harvard.edu/freemium/batna-basics-boost-your-power-at-the-bargaining-table. Acesso em: 22 nov. 2020.

[9] Sobre as estratégias de negociação BATNA e ZOPA, ver: FISHER, Roger; URY, William. *Como chegar ao sim:* como negociar acordos sem fazer concessões. Rio de Janeiro: Sextante, 2018.

efetivas, céleres e menos custosas (não só para o erário público como para o próprio investigado – pessoa física e/ou jurídica).

Em que pese a ausência de especificação normativa expressa sobre o momento para a deflagração de medidas de tutela do patrimônio público e da probidade administrativa, os novos paradigmas jurídicos e sociais exigem de todos uma atuação cada vez mais voltada para a consensualidade e horizontalidade na solução dos problemas. Busca-se, por conseguinte, um viés mais preventivo dos conflitos, tendo em vista, inclusive e principalmente, o custo social da corrupção.[10]

2 Dos limites e das possibilidades da negociação na improbidade administrativa

Alexandre Gavronski[11] aponta três critérios principais para análise dos limites e possibilidades em negociações nessa matéria: 1) a indisponibilidade dos direitos tutelados e os limites por ela impostos à negociação; 2) a interpretação e concretização do direito para o caso concreto, via métodos autocompositivos; e 3) a legitimidade da autocomposição, o consenso válido e a adequação da solução à luz do ordenamento jurídico.

Na tutela coletiva do patrimônio público e da probidade administrativa, o ente legitimado atua como autêntico negociador, compondo diretamente com os responsáveis pelo ilícito ou dano a solução jurídica

---

[10] Nesse sentido, é a lição de Gregório Assagra de Almeida: [...] muitos danos, especialmente os de dimensão social (aqueles que afetam o ambiente; a saúde do consumidor; a criança e o adolescente; o idoso; a saúde pública etc.), não são possíveis de reparação *in natura*. Portanto, só restaria nesses casos uma tutela repressiva do tipo compensatória ou do tipo punitiva, que é espécie de tutela jurídica apequenada, já que não responde ao direito, a uma tutela jurídica genuinamente adequada, na sua condição de garantia fundamental do Estado Democrático de Direito (arts. 1º, 3º e art. 5º, XXXV, da CF/88). [...] Além de combater repressivamente os atos de improbidade, é razoável priorizar a atuação para evitar que ocorram atos dessa natureza, especialmente os que geram dano ao Erário [sic]. Muitas vezes torna-se impossível a recuperação dos ativos desviados, o que resulta em enormes prejuízos para a sociedade. A priorização da atuação preventiva pelos Promotores de Justiça, Procuradores de Justiça e Procuradores da República será um caminho legítimo e eficaz para proteger o patrimônio público. (ALMEIDA, Gregório Assagra de. O Ministério Público no neoconstitucionalismo: perfil constitucional e alguns fatores da ampliação de sua legitimação social. In: CHAVES, Cristiano et al. (Coord.) *Temas atuais do Ministério Público*: a atuação do Parquet nos 20 anos da Constituição Federal. 2. ed. Rio de Janeiro: Lumen Juris, 2010, p. 17-60).

[11] GAVRONSKI, Alexandre Amaral. Potencialidades e limites da negociação e mediação conduzida pelo Ministério Público. In: MANUAL de mediação e negociação. Disponível em: http://www.cnmp.mp.br/portal/images/MANUAL_DE_NEGOCIACAO_E_MEDIACAO_PARA_MEMBROS_DO_MP_ISBN_2_1.pdf. Acesso em: 10 ago. 2018, p. 145.

para a questão. Agindo em defesa dos direitos da coletividade, o ente público não pode dispor desses direitos nem a eles renunciar. Daí dizer-se que os direitos difusos e coletivos (*in casu*, a preservação do patrimônio público e da probidade administrativa) são indisponíveis para os legitimados. Porém, não se pode confundir indisponibilidade com intransigibilidade.

A indisponibilidade dos direitos difusos e coletivos não significa impossibilidade de composição consensual. É possível a negociação em tutela coletiva sem haver disposição sobre os direitos difusos ou coletivos. O equívoco reside na confusão entre essa negociação jurídica e a transação do direito civil. Essa negociação não comporta concessões ou renúncia sobre o conteúdo do direito material principal e resulta sempre em um negócio jurídico *sui generis*.[12]

O termo de acordo utilizado para formalizar negociações dessa natureza pode ser celebrado para especificar modo, tempo, lugar, condições para implementação de obrigações e deveres relativos ao direito tutelado. Esses limites para negociação do acordo, porém, são insuficientes para explicar as potencialidades da autocomposição de questões relativas à tutela coletiva do patrimônio público e da probidade administrativa.

A negociação pode ser utilizada para definir conceitos jurídicos indeterminados sobre cuja interpretação haja controvérsia, bem como para dimensionar, no caso concreto, a aplicação da norma e o alcance dos princípios jurídicos, permitindo-se com isso uma interpretação relativa ao conteúdo específico da regra jurídica aplicável para uma determinada situação.[13] Em outras palavras, o instrumento de acordo serve para definir a tipificação ou não de um ato às tipologias da Lei de Improbidade Administrativa e, a partir daí, estabelecer, de forma negociada, o modo, o tempo, as condições para realização das obrigações pertinentes à espécie (prevenção, correção, remoção, anulação, reparação) e, se for o caso, as sanções.

Nessa negociação jurídica ocorre uma interpretação do direito posto – não apenas de eventual regra jurídica específica aplicável ao

---

[12] Sobre a natureza jurídica dessa negociação e a diferença em relação à transação do direito civil, ver o capítulo sobre compromisso de ajustamento – principal instrumento extraprocessual de negociação –, no item "natureza jurídica".

[13] Nesse sentido: GAVRONSKI, Alexandre Amaral. Potencialidades e limites da negociação e mediação conduzida pelo Ministério Público. *In:* MANUAL de mediação e negociação. Disponível em: http://www.cnmp.mp.br/portal/images/MANUAL_DE_NEGOCIACAO_E_MEDIACAO_PARA_MEMBROS_DO_MP_ISBN_2_1.pdf. Acesso em: 10 ago. 2018, p. 151.

caso, mas de todo o sistema jurídico – para o caso concreto, sendo definidos os elementos para a materialização do direito.[14] Não há disposição do direito transindividual, mas um ajuste consensual dos meios e a definição das condições para sua implementação, de modo que a solução satisfaça a ambas as partes.

Ainda que os estudos sobre concretização do direito usualmente se voltem para a função do Judiciário no sistema de justiça, há que se ampliar o círculo de intérpretes-concretizadores em diferentes searas e momentos, como consequência do crescente pluralismo social e da preocupação com a democratização da interpretação do direito, o que resulta na adaptabilidade aos desafios jurídicos e paradigmas contemporâneos, em especial quando envolvem os 'direitos de massa'. Quando o próprio sistema jurídico prevê outras formas de título executivo que não somente a sentença (por exemplo, o compromisso de ajustamento), está conferindo poder de exegese a outros intérpretes. Assim, podem as partes entabular, de forma negociada, as condições de implementação do direito, sem obrigatoriedade de processo judicial. Essa negociação não se confunde com disposição do direito tutelado, o que só ocorreria se o ente público legitimado concordasse com a continuidade do ilícito (ajustando, por exemplo, somente uma multa e permitindo a manutenção dos efeitos de um contrato fraudado).

Sinala-se, contudo, que quando no instrumento da autocomposição a especificação das condições é inadequada, insuficiente ou desproporcional à tutela do direito – como, por exemplo, em caso de fixação de um prazo injustificadamente dilatado para adoção de providências de correção ou remoção do ilícito ou ressarcimento ao erário em valor inferior ao especificado em parecer técnico ou laudo pericial – pode ser pleiteada por outro ente legitimado a anulação, a correção ou a complementação do acordo, inclusive pela via judicial. A legitimidade da solução compositiva está no consenso válido, livre, bem informado e de boa-fé, gerando adequado nível de comprometimento em busca de uma solução consensual, em que as partes se assegurem da correta compreensão do ajuste, das obrigações pactuadas e das condições para eventual abrandamento da dimensão punitiva.

---

[14] A doutrina alemã que introduziu, no meio jurídico, a denominação 'concretização' ou 'concreção' do direito para descrever o processo hermenêutico que, superando a chamada 'subsunção' típica do Positivismo Jurídico, faz uma interpretação do sistema jurídico como um todo – princípios e regras – para o caso concreto, e não apenas da regra específica aplicável por mera dedução lógica. Sobre o tema, ver: LARENZ, Karl. *Metodologia da ciência do direito*. Lisboa: Fundação Calouste Gunbekian, 1997. FREITAS, Juarez. *A interpretação sistemática do direito*. São Paulo: Malheiros, 2010.

Todavia, em razão das peculiaridades já analisadas em relação a este tipo de composição, o consenso válido das partes não basta, sendo imprescindível que a solução jurídica entabulada possa ser considerada adequada, suficiente e proporcional, à luz do sistema jurídico vigente.

Há critérios mais pragmáticos que influenciam a margem da negociação jurídica e da composição em improbidade administrativa, como se passará a ver.

3 Critérios para negociação nos casos de improbidade administrativa

3.1 Adequação típica de atos ilícitos *à* Lei de Improbidade Administrativa

Para se examinar o cabimento da solução consensual de questões ligadas à defesa do patrimônio público e da improbidade administrativa via negociação, é imperativo analisar, primeiramente, a adequação típica das condutas à Lei da Improbidade Administrativa (LIA). Quando a tipicidade não está configurada, a margem de negociação ou zona de possível acordo é mais ampla, uma vez que há casos de tutela da probidade e do patrimônio público sem haver enquadramento à LIA.

A Lei nº 8.429/92 dispõe que os atos de improbidade praticados por qualquer agente público, servidor ou não, contra a administração direta, indireta ou fundacional de qualquer dos Poderes da União, dos Estados, do Distrito Federal, dos Municípios, de Território, de empresa incorporada ao patrimônio público ou de entidade para cuja criação ou custeio o erário haja concorrido ou concorra com mais de cinquenta por cento do patrimônio ou da receita anual, serão punidos na forma da referida lei. Da leitura do dispositivo já se extrai que é necessária a adequação típica às suas tipologias para possibilitar a aplicação das sanções previstas no art. 12, assim como as medidas cautelares.

Os arts. 9º, 10, 10-A e 11 da LIA contêm as três tipologias[15] de improbidade administrativa: 1) enriquecimento ilícito, 2) prejuízo ao erário público e 3) violação aos princípios constitucionais da Administração Pública. As hipóteses elencadas na lei não são *numerus clausus*, sendo meramente exemplificativas. Afora as previsões das

---

[15] Consideram-se "tipos" as descrições de comportamento material, geral e abstrato, contemplado na norma de conduta. A adequação típica se dá quando o comportamento concreto se subsume à previsão em lei.

hipóteses específicas que configuram improbidade, a LIA possui conceitos jurídicos indeterminados que se apresentam como meio para enquadramento (ou não) de infindável número de ilícitos ou irregularidades. Emerson Garcia[16] aduz que:

> [...] a utilização dos conceitos jurídicos indeterminados exigirá do intérprete a realização de uma operação de valoração das circunstâncias periféricas do caso, o que permitirá a densificação do seu conteúdo e a correlata concretização da norma. [...] será imprescindível a intermediação, entre a disposição normativa e o fato, de uma formação de índole valorativa. Essa operação, pela sua própria natureza, exigirá uma atitude responsável do intérprete, o que permitirá a consecução de resultados dotados de plena aceitabilidade.

A superação do positivismo jurídico e de seu processo hermenêutico exclusivamente lógico de subsunção (aplicação mecânica da lei vista como aplicável à espécie), amparado numa mera confrontação entre tipo legal e fato concreto; a edição crescente de normas com conceitos jurídicos indeterminados e o reconhecimento da força normativa dos princípios ensejaram uma revolução na hermenêutica jurídica moderna, abrindo diferentes possibilidades de interpretação das normas.[17] Assim, faz-se necessária uma análise do sistema jurídico como um todo, incluindo normas, regras e princípios, para valoração do fato e das circunstâncias no caso concreto, para enquadramento (ou não) da conduta ao tipo sancionador específico da improbidade administrativa. No entendimento de César Asfor Rocha:

> [...] Nem toda conduta ilícita é, automaticamente, conduta ímproba, ou seja, o âmbito compreensivo da ilicitude administrativa é muito mais amplo, e muito mais largo, do que o âmbito compreensivo da improbidade administrativa, isso porque a conduta ímproba, sendo ilegal ou ilícita, deve também ser típica.[18]

Legalidade, moralidade e improbidade são conceitos autônomos, embora possa existir conexão entre eles num caso concreto. Um agente

---

[16] GARCIA, Emerson; ALVES, Rogério Pacheco. *Improbidade administrativa*. São Paulo: Saraiva, 2013, p. 350.

[17] Sobre o tema, ver: ALEXY, Robert. *Teoria da argumentação jurídica*: a teoria do discurso racional como teoria da fundamentação jurídica. Tradução de Zilda Hutchinson Silva. São Paulo: Landy, 2005.

[18] ROCHA, César Asfor. *Breves reflexões críticas sobre a ação de improbidade administrativa*. Ribeirão Preto: Migalhas 2012, p.52.

pode praticar um ato de acordo com a lei e ao mesmo tempo ser afrontoso à moralidade administrativa, ou agir com infração a dispositivo legal, mas sem, necessariamente, caracterizar uma imoralidade. Da mesma forma, para configurar improbidade administrativa, não basta que o ato seja ilegal, ou imoral, ou ilícito, sendo necessário que se enquadre em tipos legais específicos, além do *animus* do agente voltado para a prática de uma conduta proibida. Um erro formal de procedimento ou conduta, por exemplo, por si só, não é fato gerador suficiente para sustentar improbidade administrativa se não estiver revestido de outras circunstâncias que revelem má-fé, desonestidade ou extrema incompetência.[19]

A Lei da Segurança Jurídica e Eficiência na Aplicação do Direito Público (Lei n° 13.655/18), que alterou a Lei de Introdução às Normas do Direito Brasileiro, traz esse entendimento, referindo que a motivação demonstrará a necessidade e a adequação da medida adotada ou da invalidação de ato, contrato, ajuste, processo ou norma administrativa, em face das possíveis alternativas existentes, e indicará as condições de eventual regularização. Isso não significa que determinados atos irregulares, ilícitos ou ilegais dispensem correção ou retirada do mundo jurídico, mas sim que *não* é caso de aplicação das *sanções* do art. 12 da Lei n° 8.429/92. Podem tais atos ser objeto de autocomposição pela via extrajudicial ou ainda de ação judicial diversa – mandado de segurança, ação popular, ação civil pública (*lato sensu*) – para estabelecer obrigações de fazer e/ou não fazer.

Para que o vício ou defeito de um ato seja caracterizado como mera irregularidade *ou* como improbidade administrativa, deve ser feita uma valoração nos planos qualitativo e quantitativo, com base em regras e princípios, e com atenção especial para os bens jurídicos tutelados pela Constituição Federal, pela Lei de Improbidade Administrativa, pela Lei Anticorrupção, pela Lei das Licitações, pela Lei da Responsabilidade Fiscal e por outras normas aplicáveis à espécie. Há de existir um exame minucioso dos fatos e das circunstâncias periféricas que os envolvem,

---

[19] Nesse sentido: PAZZAGLINI FILHO, Marino. *Lei de improbidade administrativa comentada:* aspectos constitucionais, administrativos, civis, criminais, processuais e de responsabilidade fiscal; legislação e jurisprudência atualizadas. São Paulo: Atlas, 2011, p. 2; FIGUEIREDO, Marcelo. Ação de improbidade administrativa, suas peculiaridades e inovações. *In:* BUENO, Cassio Scarpinella; PORTO FILHO, Pedro Paulo de Rezende (Coord.). *Improbidade administrativa:* questões polêmicas e atuais. São Paulo: Malheiros, 2001, p. 286; ZIMMER JÚNIOR, Aloísio. *Corrupção e improbidade administrativa:* cenários de risco e a responsabilização dos agentes públicos municipais. São Paulo: Revista dos Tribunais, 2018, p. 205.

com motivação que demonstre a construção de juízo crítico acerca da tipicidade (ou não) do ato.

Emerson Garcia divide em cinco momentos a operação de identificação do enquadramento de um ato à Lei de Improbidade, sendo os quatro primeiros para configurar a improbidade formal e o último para caracterizar a improbidade material: (1) comprovação da incompatibilidade da conduta com os princípios da Administração Pública; (2) elemento volitivo do agente; (3) fim buscado pelo agente e se a conduta gerou outros efeitos (dano ao erário ou enriquecimento ilícito); (4) vínculo entre o responsável pelo ato e qualquer dos entes públicos; e (5) utilização do critério de proporcionalidade para aplicação razoável da lei.[20]

Com fundamento na pauta hermenêutica da proporcionalidade, Silvio Roberto Oliveira de Amorim Júnior, por seu turno, propõe algumas contribuições para delimitação da efetiva existência de atos ímprobos, diferenciando o juízo de tipificação da improbidade administrativa do juízo de dosimetria das sanções. Aduz que, para caracterizar o ato ímprobo, é preciso analisar: (1) se o ato praticado se amolda, formalmente, a alguma das condutas descritas (exemplificativamente) na LIA; (2) se a prática, dolosa ou culposa, tornou-se materialmente ímproba; (3) individualização da conduta de quem pratica o ilícito (pessoa física – agente público ou particular – ou pessoa jurídica); (4) relação de causalidade entre o ato ímprobo do causador e o prejuízo jurídico imposto ao ente lesado.[21]

Primeiro filtro para apurar se um ato ilícito configura improbidade administrativa: estar o ilícito inserido em alguma das hipóteses dos tipos dos arts. 9º, 10, 10-A e/ou 11 da LIA ou ser passível de enquadramento nas suas normas de extensão. A consequência lógica da inexistência de ato formalmente ímprobo é a desnecessidade de prosseguir na verificação do caso sob a ótica de aplicação da LIA. O fato pode ser visto como um ato jurídico nulo ou anulável, ou irregularidade administrativa, ou falta funcional,[22] ou mesmo uma querela particular, podendo ensejar

---

[20] Garcia aduz que o princípio da proporcionalidade afasta a aplicação desarrazoada da lei, servindo como instrumento inibidor de injustiças, porém não pode ser utilizado para legitimar uma "atipicidade generalizada". GARCIA, Emerson; ALVES, Rogério Pacheco. *Improbidade administrativa*. São Paulo: Saraiva, 2013, p. 422-425.

[21] AMORIM JUNIOR, Silvio Roberto Oliveira de. *Improbidade administrativa*: procedimento, sanções e aplicação racional. Belo Horizonte: Fórum, 2017, p. 91 *et seq*.

[22] Passível de apuração e penalização na via administrativa, em sindicância e/ou processo administrativo disciplinar.

alguma atuação ou intervenção para que seja sanado ou regularizado,[23] inclusive com ampla margem de negociação e acordo, sem que se cogite, contudo, a aplicação das sanções da LIA.

Se, à primeira vista, o ato pode ser enquadrado formalmente como ímprobo, passa-se à segunda fase, para verificar a caracterização material da improbidade. Para tanto, "torna-se relevante perscrutar a presença do elemento subjetivo na prática do ato ilícito [...] de maneira dolosa ou, ao menos, culposa e se o administrador público agiu com boa ou má-fé".[24]

O dolo exigido para configuração da improbidade é o dolo genérico, consistente na vontade consciente de aderir à conduta descrita no tipo, produzindo resultados vedados pelas normas jurídicas.[25] E como identificar se houve dolo ou culpa? Segundo Emerson Garcia,[26] em razão da "impossibilidade de se penetrar na consciência e no psiquismo do agente, o seu elemento subjetivo há de ser individualizado de acordo com as circunstâncias periféricas ao caso concreto", especificidades essas que podem ser objeto de prova por ambas as partes na fase de planejamento e preparação para a negociação.

O dolo ou a culpa devem ser avaliados à vista de elementos e circunstâncias que sejam claros o bastante para apontar que o agente público agiu deliberadamente para cometer ou permitir que fosse cometido algum ilícito. A alegação de ausência de dolo ou culpa perde força quando o contexto demonstra que aquele agente, a despeito de possuir conhecimento dos fatos e condições para evitar uma atuação que pudesse redundar em ato ímprobo, ainda assim, permaneceu inerte ou agiu de forma a agravar o ilícito. Razões diversas – como vultosos valores pecuniários envolvidos, a magnitude do desvio de verbas públicas, a astúcia da fraude, o tempo que o gestor teve para analisar a questão e proferir decisão sobre ela, a prevenção ou advertência que recebeu sobre aquele determinado ato (por exemplo, recomendação ministerial, advertência do Tribunal de Contas ou parecer jurídico de procuradoria

---

[23] Via recomendação ou compromisso de ajustamento de conduta, por exemplo, ou mesmo via ação civil pública (*lato sensu*) ou mandado de segurança.

[24] AMORIM JUNIOR, Silvio Roberto Oliveira de. *Improbidade administrativa:* procedimento, sanções e aplicação racional. Belo Horizonte: Fórum, 2017, p. 106.

[25] Linha de entendimento reiterada nas decisões do STJ, como seguem, a título de exemplo: Recurso Especial 1.275.469, rel. Min. Napoleão Nunes Maia Filho, j.12.02.2015; Agravo Regimental em Recurso Especial 595.152, rel. Min. Humberto Martins, j.12.02.2015; Recurso Especial 826.678, rel. Min. Castro Meira, j.05.10.2006.

[26] GARCIA, Emerson; ALVES, Rogério Pacheco. *Improbidade administrativa.* São Paulo: Saraiva, 2013, p. 406.

que lhe assessora) – poderão nortear a interpretação sobre a existência de dolo ou culpa a caracterizar a ocorrência material da improbidade.

Impõe-se uma análise objetiva e subjetiva do comportamento do agente, examinando se houve busca da finalidade estatal pública no ato realizado (ou na omissão), o que indicará, dentro da razoabilidade, a existência ou não, guindada pela boa ou má-fé,[27] de improbidade administrativa.[28]

Ainda, para caracterização da improbidade deve ser encontrado o nexo de causalidade entre a prática do ato ímprobo e o prejuízo ao ente lesado. Para que ocorra a imputação de improbidade administrativa, é imprescindível "observar a relação causal do ato *improbus* com a competência funcional do agente, seja na ação, seja na omissão", com a verificação de que a conduta é "potencialmente lesiva ao bem jurídico tutelado".[29] A relação causal é imprescindível no Direito Administrativo Sancionador como o é para o Direito Penal e para todas as esferas que guardam pressuposto punitivo para práticas consideradas ilícitas. O ato ímprobo, pois, se aperfeiçoa ante a constatação do nexo causal entre a conduta do agente e o prejuízo jurídico por ele gerado, com relevância social para formar um fato típico.

Dito isso, pode-se afirmar que nem toda irregularidade, ilicitude ou falta funcional configura improbidade administrativa a ensejar a dimensão punitiva da LIA, podendo o ato ser objeto somente de *anulação, revogação, cessação, correção* (via autocomposição ou ação judicial) *ou penalização na via administrativa*, e não de aplicação das penalidades do art. 12 da LIA. E, nessas hipóteses, são amplas a margem de negociação e a zona de possível acordo (ZOPA), sendo as técnicas de *brainstorming, question burst* e da negociação baseada em princípios extremamente eficientes para encontrar soluções criativas e justas para os casos concretos.[30]

---

[27] Má-fé não se confunde com dolo. Má-fé consiste, na verdade, na má-intenção, no objetivo deliberado de afrontar a norma. Daí a conclusão de que mera irregularidade administrativa, destituída de potencial lesivo, não seria alcançada pelas sanções da LIA. GARCIA, Emerson; ALVES, Rogério Pacheco. *Improbidade administrativa*. São Paulo: Saraiva, 2013, p. 172-177.

[28] Sobre a questão, ver: MARTINS, Fernando Rodrigues. *Controle do patrimônio público*. São Paulo: Revista dos Tribunais, 2013, p. 216. AMORIM JUNIOR, Silvio Roberto Oliveira de. *Improbidade administrativa*: procedimento, sanções e aplicação racional. Belo Horizonte: Fórum, 2017, p. 109.

[29] OSÓRIO, Fábio Medina. *Teoria da improbidade administrativa*. São Paulo: Revista dos Tribunais, 2013, p. 251-252. No mesmo sentido, AMORIM JUNIOR, Silvio Roberto Oliveira de. *Improbidade administrativa*: procedimento, sanções e aplicação racional. Belo Horizonte: Fórum, 2017, p. 111.

[30] JELINEK, Rochelle. *Negociação Jurídica*: um passo a passo guiado para qualquer negociação de acordo. Porto Alegre: SD Marini, 2020, p.43 e 74.

3.2 Enquadramento às tipologias da Lei de Improbidade Administrativa: arts. 9º, 10, 10-A e 11

Em havendo adequação típica (formal e material) do ato ilícito a uma ou mais tipologias da LIA ou suas normas de extensão, a margem de negociação para solução consensual da questão que envolve improbidade administrativa é mais restrita, devendo atender certos requisitos quanto à essência do objeto.

Definida a tipificação de ato ímprobo, podem surgir dúvidas para uma ou qualquer das partes. Qual o melhor ou mais adequado meio para solução do conflito: autocomposição ou ação judicial? Se as partes optam pela negociação, que medidas (prestações) e sanções se mostram razoáveis no caso concreto? Qual a margem e limites da negociação? Há uma ordem de prioridade de medidas ou uma "escala de atuação progressiva"?[31]

O acordo negociado, com base em critérios objetivos e justos, tendente a satisfazer os interesses de ambas as partes, tem uma maior probabilidade de cumprimento e de efetiva composição do conflito.[32] Via de regra, as medidas extrajudiciais se mostram mais efetivas, menos custosas para ambas as partes e mais céleres que processos judiciais que somente demonstram a capacidade de ação e adiam a solução dos problemas.

Para além dessas questões pragmáticas, as partes devem levar em consideração a outra alternativa que possuem se não houver acordo (BATNA ou "plano B"),[33] comparando o teor de um acordo proposto

---

[31] WANIS, Rodrigo Otávio Mazieiro. A intervenção preventiva extrajurisdicional do Ministério Público no combate à corrupção: escala de ação progressiva como fator de emancipação social. In: CONGRESSO DO PATRIMÔNIO PÚBLICO E SOCIAL DO MINISTÉRIO PÚBLICO DO ESTADO DE SÃO PAULO, 3, 2015, São Paulo. *Caderno de teses*. Disponível em: http://www.mpsp.mp.br/portal/page/portal/Congresso_PatPublico_III/Teses/Livro%20de%20teses.pdf. Acesso em: 11 set. 2017, p. 9-19.

[32] Se descumprido o acordo, nada impede que seja ajuizada a competente ação de improbidade administrativa. Especificamente nos casos de improbidade administrativa, pode mostrar-se insuficiente o mero ajuizamento de ação de execução de título extrajudicial (das obrigações contidas no compromisso de ajustamento). A recalcitrância do agente em corrigir ou cessar o ilícito e em reparar o dano deixa evidentes o dolo e a má-fé, e ainda maior a reprovabilidade da conduta, a ensejar não só a execução específica das obrigações de fazer e de eventual multa, como também o ajuizamento de ação de improbidade visando à aplicação das sanções do art. 12 da LIA.

[33] HARVARD LAW SCHOOL. Program on Negotiation. *BATNA basics:* boost your power at the bargaining table. Disponível em: https://www.pon.harvard.edu/freemium/batna-basics-boost-your-power-at-the-bargaining-table. Acesso em: 22 nov. 2020.

com o provável ou possível teor de eventual decisão judicial a respeito do conflito, ponto a ponto, inclusive no tocante à dimensão punitiva.[34]

Consoante já explicitado alhures, não há dispositivo expresso em lei definindo as condições para eventual acordo negociado. Da normativa vigente e dos princípios que regem a Administração Pública, infere-se a impossibilidade de concessões que contrariem os interesses públicos tutelados, que representem renúncia ao ressarcimento integral do dano ao erário e à devolução das vantagens indevidas obtidas.

A margem de negociação dependerá de cada caso concreto, balizada pelos princípios da proporcionalidade, da razoabilidade, da realidade e da eficiência, e com base em critérios objetivos como laudos técnicos, valor de mercado, média de valores, precedentes, praxe em casos similares, os quais devem ser estabelecidos no início da negociação, antes de adentrar nas questões essenciais dos termos do acordo. Quanto mais as partes usam parâmetros objetivos, maiores as chances de um acordo consistente e menos vulnerável a ataques ou a inadimplemento. Critérios objetivos são justos e legítimos quando têm aceitação pelo senso comum.[35]

O enquadramento do ato a uma ou outra tipologia de improbidade (arts. 9º, 10, 10-A e 11 da LIA) é o primeiro filtro para definir a margem de negociação das questões essenciais e a zona de possível acordo (ZOPA). Assim, a redação de eventual termo de acordo – compromisso de ajustamento ou acordo de não persecução cível – deve conter sucinta descrição dos fatos e fundamentação com exposição racional quanto ao enquadramento legal (ou não) do ilícito em uma ou mais tipologias da LIA, o que definirá as medidas a serem estabelecidas nas cláusulas do acordo.

Da leitura do art. 12 da LIA extrai-se o primeiro parâmetro para a margem de negociação, pois comina penas maiores para as hipóteses de enriquecimento ilícito (art. 9º), penas médias para os casos de prejuízo ao erário público (art. 10) e mais leves para as violações de princípios (art. 11).[36] O segundo critério estabelecido está no parágrafo único do art. 12: devem ser levados em conta "a extensão do dano causado, assim como o proveito patrimonial obtido pelo agente" (situações de dano ao

---

[34] Sobre como fazer a comparação da proposta de acordo com a BATNA, ver mais informações no capítulo sobre a negociação baseada em princípios.

[35] JELINEK, Rochelle. *Negociação Jurídica*: um passo a passo guiado para qualquer negociação de acordo. Porto Alegre: SD Marini, 2020, p.84 e seg.

[36] AMORIM JUNIOR, Silvio Roberto Oliveira de. *Improbidade administrativa:* procedimento, sanções e aplicação racional. Belo Horizonte: Fórum, 2017, p. 114.

erário e enriquecimento ilícito, respectivamente). O terceiro parâmetro da LIA está no *caput* do art. 12, que dispõe que a aplicação isolada ou cumulativa das sanções deve se dar com base na "gravidade do fato".

Em todas as hipóteses (arts. 9º, 10, 10-A e 11 da LIA), dado que se trata de uma negociação jurídica *sui generis*, deve o acordo contemplar: 1) declaração de prática dos atos; 2) medidas para cessação, correção ou regularização do ilícito; 3) reparação integral do dano; 4) devolução dos valores que representem vantagem ou proveito obtido com a infração – quando for o caso; 5) uma ou mais sanções cominadas para a tipologia, quando a devolução dos valores e a reparação do dano forem insuficientes no caso concreto. A zona de possível acordo (ZOPA) está em definir quais, como e em que prazo essas obrigações serão implementadas, havendo uma ampla margem de negociação entre os pontos de reserva[37] das partes.

Para tanto, é preciso abandonar a ideia de que só há uma resposta correta (a proposta-âncora inicial),[38] pois isso impede uma negociação sensata na qual pode ser selecionada uma dentre várias respostas possíveis para um caso concreto. Não existe uma única solução correta para a maioria das questões.[39] É importante pensar, com antecedência, numa ampla gama de opções que conciliem os interesses divergentes de forma criativa, preparando várias propostas equivalentes (*MESO – Multiple Equivalent Simultaneous Offers*)[40] e várias versões, começando pelas mais simples, que permitam espaço para a negociação, com escala de prioridades e trocas inteligentes de concessões.

O ressarcimento do dano e a devolução dos bens e valores acrescidos ilicitamente ao patrimônio não são penalidades, e sim medidas

---

[37] Ponto de reserva é o limite (mínimo ou máximo) que cada parte está disposta a chegar para um acordo.

[38] A "proposta âncora" é o "lance de abertura", um ponto de referência em torno do qual a negociação gira, de modo que esse lance, em geral, baliza toda a negociação e molda a percepção da outra parte sobre o que é possível negociar, servindo como paradigma, porém não deve constituir uma proposta engessada.

[39] Sobre a controvérsia "única resposta correta X melhor resposta possível", ver: FREITAS, Juarez. A melhor interpretação "versus" a única resposta correta. *In:* SILVA, Vergílio Afonso da (Org.). *Interpretação constitucional*. São Paulo: Malheiros, 2005. Também: WEINGERTNER NETO, Jaime. *Existe a única resposta jurídica correta?* Disponível em: http://www.periodicos.ulbra.br/index.php/direito/article/view/2474. Acesso em: 18 ago. 2018.

[40] HARVARD LAW SCHOOL. Program on Negotiation. *MESO negotiation:* the benefits of making multiple equivalent simultaneous offers in business negotiations. Daily Blog 28th August 2018. Disponível em: https://www.pon.harvard.edu/daily/dealmaking-daily/the-benefits-of-multiple-offers/. Acesso em: 22 nov. 2020. JELINEK, Rochelle. *Negociação Jurídica:* um passo a passo guiado para qualquer negociação de acordo. Porto Alegre: SD Marini, 2020, p.76.

para retorno do patrimônio público ao *status quo ante*,[41] restringindo a margem de sua negociação à forma e prazos de pagamento (por exemplo, parcelamento, desconto em folha de pagamento, diferentes índices de correção), dada a impossibilidade de haver qualquer desconto sobre o valor a ser ressarcido. Em qualquer hipótese, o ressarcimento deve ser de acordo com os valores apontados em laudo pericial, parecer técnico ou apontamento feito por órgão técnico, e os prazos de pagamento encontram limite máximo (termo final) nos prazos prescricionais previstos no art. 23 da LIA.

Não se olvida, contudo, que a quantificação do ressarcimento nem sempre é tarefa fácil, e não raras vezes é feita por estimativa ou arbitramento e pode depender de diversificadas metodologias de cálculos. Entretanto, não pode ser um obstáculo intransponível ao acordo, e sim um ponto a ser negociado, servindo, inclusive, para o balanceamento das demais sanções.

A margem de negociação encontra limites em relação às medidas (que podem ser estipuladas isolada ou cumulativamente), aos valores e aos prazos mínimos e máximos definidos no próprio art. 12 da LIA. Destaca-se.

> 1) Na hipótese de adequação típica ao art. 9º: perda dos bens ou valores acrescidos ilicitamente ao patrimônio; ressarcimento integral do dano, quando houver; perda da função pública; suspensão dos direitos políticos de oito a dez anos; pagamento de multa civil de até três vezes o valor do acréscimo patrimonial; e proibição de contratar com o Poder Público ou receber benefícios ou incentivos fiscais ou creditícios, pelo prazo de dez anos;
>
> 2) Na hipótese de enquadramento no art. 10: ressarcimento integral do dano; perda dos bens ou valores acrescidos ilicitamente ao patrimônio, se concorrer esta circunstância; perda da função pública; suspensão dos direitos políticos de cinco a oito anos; pagamento de multa civil de até duas vezes o valor do dano; e proibição de contratar com o Poder Público ou receber benefícios ou incentivos fiscais ou creditícios pelo prazo de cinco anos;

---

[41] O ressarcimento do dano não constitui sanção ou penalidade, e sim consequência incontornável do prejuízo causado, devendo haver o retorno ao *status quo ante*, como condição para o acordo. Em sentido contrário, entendendo não ser requisito obrigatório: OSÓRIO, Fábio Medina. *Natureza jurídica do instituto de não persecução cível previsto na Lei de Improbidade Administrativa e seus reflexos na Lei de Improbidade Empresarial*. Disponível em: https://migalhas.uol.com.br/depeso/321402/natureza-juridica-do-instituto-da-nao-persecucao-civel-previsto-na-lei-de-improbidade-administrativa-e-seus-reflexos-na-lei-de-improbidade-empresarial Acesso em: 22 nov. 2020.

3) Na hipótese de configuração do tipo do art. 11: ressarcimento integral do dano, se houver; perda da função pública; suspensão dos direitos políticos de três a cinco anos; pagamento de multa civil de até cem vezes o valor da remuneração percebida pelo agente; e proibição de contratar com o Poder Público ou receber benefícios ou incentivos fiscais ou creditícios pelo prazo de três anos;

4) Na hipótese prevista no art. 10-A: perda da função pública; suspensão dos direitos políticos de cinco a oito anos; e multa civil de até três vezes o valor do benefício financeiro ou tributário concedido.

Menor margem de negociação há nos casos definidos como enriquecimento ilícito (art. 9°), visto que tratam das condutas mais graves e às quais são cominadas sanções mais severas – que podem importar, inclusive, diante de condenação por órgão colegiado, na inelegibilidade do agente, por força da Lei da Ficha Limpa (Lei Complementar n° 135/2010). Desse modo, não pode haver composição que afaste os efeitos da lei, ou seja, que deixe de estabelecer sanção equivalente a abster-se de concorrer a mandato eletivo por oito anos.

Nos casos em que ajustada medida que inclua proibição de contratar com o Poder Público (abstenção de participar de licitações e de contratar), perda do cargo público (pedido de exoneração, renúncia a mandato eletivo e compromisso de não assumir novo cargo), suspensão dos direitos políticos (compromisso de não exercer cargo/função pública)[42] e/ou que reclame o efeito da inelegibilidade (compromisso de não concorrer a cargo eletivo), entende-se recomendável a homologação judicial do acordo, para dar segurança jurídica e revestir o título de efeito executivo judicial, inclusive para fins de possibilitar as providências necessárias como determinação de inclusão no cadastro de proibidos de contratar e de inscrição da suspensão dos direitos políticos junto à Justiça Eleitoral por meio do Sistema de Informações de Direitos Políticos – INFODIP. De todo modo, o ajuste dessas sanções se dá em uma negociação em troca de benefícios como a programação financeira para o pagamento da reparação do dano, a celeridade, o equacionamento

---

[42] Sobre a possibilidade de ajuste dessas sanções em sede de acordo de não persecução cível, entendimento com o qual nos afiliamos, ver: ANDRADE, Landolfo. *Os limites materiais da solução negociada do conflito no domínio da improbidade administrativa*. Disponível em: http://genjuridico.com.br/2020/09/02/improbidade-administrativa-limites-solucao/. Acesso em: 22 nov. 2020. Em outro sentido, Fabiana do Prado adverte que, embora em tese seja possível o acordo versar sobre o mesmo resultado prático das sanções do art. 12 da LIA, há inexequibilidade ou dificuldade da sua execução: PRADO, Fabian Lemes Zamalloa. *Reflexões sobre o acordo de não persecução cível*. Disponível em: http://www.mpgo.mp.br/boletimdompgo/2020/02-fev/artigos/artigo-FabianaLemes.pdf. Acesso em: 22 nov. 2020.

da controvérsia, a manutenção de reputação pública e economia de custas processuais.

Em não sendo possível acordo com os envolvidos, pode ser firmado compromisso de ajustamento com o órgão público pertinente, com cláusulas para sanar as irregularidades ou ilícitos, com a ressalva, contudo, de que o termo de ajuste será firmado sem prejuízo da responsabilização criminal e da responsabilização político-administrativo-civil, via ação de improbidade, contra os agentes ímprobos (pessoas físicas e/ou jurídicas), para aplicação das medidas e sanções pertinentes.

4 *Compliance* e autocomposição de conflitos

Um sistema de "integridade" é a forma mais efetiva, no ambiente corporativo ou institucional, para o combate à corrupção, fraudes e demais ilicitudes contra a Administração Pública. Baseia-se em três pilares de sustentação: prevenção, detecção e correção. A mais efetiva abordagem no combate à corrupção e tutela do patrimônio público e da probidade administrativa não é aquela que tem por foco a repressão dessas condutas, mas a que se concentra na prevenção de atos ilícitos da espécie.

Esse controle interno e externo pode ser exercido com a ajuda de diversos instrumentos, inclusive o compromisso de ajustamento (que pode ter viés preventivo). Entre os mecanismos de controle, destacam-se os programas de *compliance*, também chamados de programas de integridade, que são sistemas de processos e políticas desenvolvidos para garantir a conformidade das ações de uma organização à ética, às regras internas, às leis e às regulações. Embora também possa ter eficácia no tratamento repressivo de atos de corrupção, a função precípua do *compliance* é o combate a esses ilícitos pela via preventiva.

A Lei Anticorrupção tem previsão objetiva de diminuição da reprimenda no âmbito administrativo caso a pessoa jurídica envolvida em ilícitos possua um bom "programa de integridade". Trata-se de incentivo às ações corporativas para que implementem mecanismos de controles internos que previnam as áreas sujeitas a problemas de adequação legal contra os riscos de eles virem a se tornar concretos. Porém, a legislação deixou claro que os "programas de integridade", para terem reflexo na sanção premiada, não podem ser previsões meramente formais,[43] devendo efetivamente haver ações concretas que demonstrem a prevenção, detecção e correção de ilícitos. Nesse sentido, o Decreto nº 8.420/2015, que regulamentou a Lei Anticorrupção, traz, em seu capítulo IV, um regramento geral que permite que a autoridade examine a qualidade do programa, de modo objetivo.

Gize-se, contudo, que a Lei Anticorrupção somente prevê o instituto do *compliance* como instrumento apto a abrandar eventual pena de multa aplicada à pessoa jurídica, com base na responsabilidade objetiva civil e administrativa, não havendo previsão legal de benefício a seus dirigentes ou administradores ou de qualquer pessoa natural, autora, coautora ou partícipe do ato ilícito. A ausência de previsão, ou mesmo a dificuldade na obtenção de benefícios na esfera criminal, cível e em outras esferas administrativas, representa um desincentivo ao acordo.

Reconhecendo que a participação de pessoas físicas representa uma relação de colaboração necessária para o enfrentamento dos sofisticados atos de corrupção, os reflexos para os indivíduos passaram a ser recorrentes nos instrumentos anticorrupção, especialmente no âmbito federal. Uma forma consistente de incentivar a colaboração de pessoas físicas relacionadas à empresa envolvida em ilícitos e, consequentemente, estimular a cessação dos delitos associativos é colocar em prática um agrupamento harmônico e isonômico de benefícios que abranjam imunidades ou abrandamentos em relação às diversas formas de responsabilização pessoal e corporativa. A experiência demonstra que quanto mais se dá segurança jurídica e operacional a esse tipo de acordo, abarcando todas as esferas de responsabilização – cível, administrativa e penal –, maior é o incentivo à adesão e à efetividade do acordado.

---

[43] Adotar um sistema de *"compliance fake"* é uma contradição em si mesma, porquanto vai de encontro ao objetivo precípuo do instituto, que é "o agir em conformidade ao Direito e às regras éticas exigidas pela sociedade". Tal postura – reprovável, registre-se – pode até conferir efeitos de conformidade aparente, mas não tem qualquer validade jurídica, podendo ser considerada, inclusive, como ato de simulação, praticado com o fito de iludir clientes, reguladores, governo e a sociedade – o que pode ser ainda pior do que não ter um programa de *compliance*.
De mais a mais, é preciso dizer que a nada se prestam extensos códigos de condutas ou eloquentes conjuntos de políticas corporativas se não houver ações concretas direcionadas à prevenção, detecção e punição de atos em desconformidade com o sistema.
Um programa cujas medidas não são personalizadas de acordo com as especificidades da organização, mas meras cópias de programas disponíveis até mesmo na internet ou reproduzidos em massa em escritórios de advocacia e/ou administração e gestão de empresas, tende a ser ineficaz e pode ser considerado inexistente – ou até mesmo agravante – em um processo de responsabilização.

O *compliance* não é requisito ou condição[44] para a realização de compromisso de ajustamento ou acordo de não persecução em sede de improbidade administrativa, assim como a inexistência do programa não é impeditivo da negociação de acordo nessa seara. Por outro lado, se existente e efetivo o sistema de integridade, deve ser considerado como circunstância atenuante para balizar as sanções a serem definidas no acordo. A se entender de outra forma, não haveria razão ou incentivo para sua implantação se não houver um tratamento diferenciado mais benéfico para as organizações que o adotaram de modo efetivo, em comparação ao tratamento sancionatório aplicado às que não o fizeram. Contudo, se não houver efetividade, não há que se falar em sistema de integridade – e sim, mera simulação ou ficção jurídica, o que pode proporcionar danos reputacionais ainda mais graves para quem buscar se valer de tal artifício, inclusive no balizamento das sanções.

Conclusão

O acordo sempre existiu, mas não com as metodologias, técnicas e amplitude de hoje. O Código de Processo Civil de 2016, além das leis esparsas, trouxe um amplo incentivo ao uso de formas autocompositivas de solução de conflitos e à Justiça Negociada. Trata-se de uma mudança de cultura e de postura na forma de atuar, da tradicional atuação demandista e adversarial para a resolutiva e colaborativa. Abre-se espaço para ideias antes não pensadas e para a utilização de variadas técnicas, estratégias e ferramentas, inclusive e especialmente de outras áreas para além do Direito, como o mundo inter e multidisciplinar exige, pois não há divisão geográfica entre os vários aspectos da vida em sociedade.

Análise econômica do direito, psicologia, neurociência, estatística, administração, gestão, são apenas alguns exemplos de como ideias inspiradas em outras áreas e a nova postura podem ajudar a resolver os gargalos dos problemas jurídicos. A ideia passa, sobretudo, pela adoção de técnicas e estratégias de negociação de acordos em que se possam utilizar formas alternativas e criativas de compor conflitos ou tutelar direitos violados.

As ideias aqui propostas são parte de uma adaptação a uma nova realidade jurídica e social. O sistema jurídico mudou, a sociedade

---

[44] O acordo, como negócio jurídico, supõe pressupostos de existência e requisitos de validade: capacidade das partes, licitude de objeto, forma prescrita em lei. Já a condição intervém não para dar vida jurídica ao acordo, mas para condicionar a eficácia, suspendendo ou impedindo o desenvolver dos efeitos potencialmente próprios.

mudou, o mundo mudou. Não é mais possível ficar-se afeto a dogmas e paradigmas antigos e dotados de ineficiência, sob pena de uma obsolescência avisada. É preciso nova visão, novas habilidades e novas práticas. Mudanças de postura são importantes para atualizar o conhecimento, o pensamento e o resultado da atuação. Mudanças geram descobertas. E novas descobertas geram mudanças.

Referências

ALEXY, Robert. *Teoria da argumentação jurídica*: a teoria do discurso racional como teoria da fundamentação jurídica. Tradução de Zilda Hutchinson Silva. São Paulo: Landy, 2005.

ANDRADE, Landolfo. *Os limites materiais da solução negociada do conflito no domínio da improbidade administrativa*. Disponível em: http://genjuridico.com.br/2020/09/02/improbidade-administrativa-limites-solucao/. Acesso em: 22 nov. 2020.

AMORIM JUNIOR, Silvio Roberto Oliveira de. *Improbidade administrativa*: procedimento, sanções e aplicação racional. Belo Horizonte: Fórum, 2017.

CARP, Robert A.; ROWLAND, C.K. *Politics and judgment in federal district courts*. Lawrence, Kan: University Press of Kansas, 1996.

CHAVES, Cristiano *et al*. (Coord.) *Temas atuais do Ministério Público*: a atuação do Parquet nos 20 anos da Constituição Federal. 2. ed. Rio de Janeiro: Lumen Juris, 2010, p. 17-60.

FIGUEIREDO, Marcelo. Ação de improbidade administrativa, suas peculiaridades e inovações. *In*: BUENO, Cassio Scarpinella; PORTO FILHO, Pedro Paulo de Rezende (Coord.). *Improbidade administrativa*: questões polêmicas e atuais. São Paulo: Malheiros, 2001.

FISHER, Roger; URY, William. *Como chegar ao sim*: como negociar acordos sem fazer concessões. Rio de Janeiro: Sextante, 2018.

FREITAS, Juarez. *A interpretação sistemática do direito*. São Paulo: Malheiros, 2010.

FREITAS, Juarez. A melhor interpretação "versus" a única resposta correta. *In*: SILVA, Vergílio Afonso da (Org.). *Interpretação constitucional*. São Paulo: Malheiros, 2005.

GARCIA, Emerson; ALVES, Rogério Pacheco. *Improbidade administrativa*. São Paulo: Saraiva, 2013.

GAVRONSKI, Alexandre Amaral. Potencialidades e limites da negociação e mediação conduzida pelo Ministério Público. *In*: MANUAL de mediação e negociação. Disponível em: http://www.cnmp.mp.br/portal/images/MANUAL_DE_NEGOCIACAO_E_MEDIACAO_PARA_MEMBROS_DO_MP_ISBN_2_1.pdf. Acesso em: 10 ago. 2018.

HARVARD LAW SCHOOL. Program on Negotiation. *BATNA basics*: boost your power at the bargaining table. Disponível em: https://www.pon.harvard.edu/freemium/batna-basics-boost-your-power-at-the-bargaining-table. Acesso em: 22 nov. 2020.

HARVARD LAW SCHOOL. Program on Negotiation. *MESO negotiation*: the benefits of making multiple equivalent simultaneous offers in business negotiations. Daily Blog 28th August 2018. Disponível em: https://www.pon.harvard.edu/daily/dealmaking-daily/the-benefits-of-multiple-offers/. Acesso em: 22 nov. 2020.

JELINEK, Rochelle. *Negociação Jurídica*: um passo a passo guiado para qualquer negociação de acordo. Porto Alegre: SD Marini, 2020.

LARENZ, Karl. *Metodologia da ciência do direito*. Lisboa: Fundação Calouste Gunbekian, 1997.

MALHOTRA, Deepak. *Acordos quase impossíveis:* como superar impasses e resolver conflitos difíceis sem usar dinheiro ou força. Tradução: Francisco Araújo da Costa. Porto Alegre: Bookman, 2017.

MARRARA, Thiago. Acordos de leniência no processo administrativo brasileiro: modalidades, regime jurídico e problemas emergentes. *Revista Digital de Direito Administrativo*, São Paulo, v. 2, n. 2, 2015.

MARTINS, Fernando Rodrigues. *Controle do patrimônio público*. São Paulo: Revista dos Tribunais, 2013.

MONTEIRO, Rodrigo; PEDRA, Anderson. *Improbidade administrativa:* uso profissional. Salvador: Juspodivum, 2019.

MOREIRA NETO, Diogo de Figueiredo. Novos institutos consensuais da ação administrativa. *Revista de Direito Administrativo*, Rio de Janeiro, n. 231, 2003.

MOREIRA NETO, Diogo de Figueiredo. Novas tendências da democracia: consenso e direito público na virada do século: o caso brasileiro. *Revista Eletrônica sobre a Reforma do Estado (RERE)*, Salvador, n. 13, mar./maio 2008. Disponível em: http://www.direitodoestado.com.br/rere.asp. Acesso em: 18 jul. 2018.

MOREIRA, Egon Bockmann; BAGATIN, Andreia Cristina. Lei anticorrupção e quatro de seus principais temas: responsabilidade objetiva, desconsideração societária, acordos de leniência e regulamentos administrativos. *Revista de Direito Público da Economia – RDPE*, Belo Horizonte, v. 12, n. 47, p. 55-84, jul./set. 2014.

OSÓRIO, Fábio Medina. *Natureza jurídica do instituto de não persecução cível* previsto na Lei de Improbidade Administrativa e seus reflexos na Lei de Improbidade Empresarial. Disponível em: https://migalhas.uol.com.br/depeso/321402/natureza-juridica-do-instituto-da-nao-persecucao-civel-previsto-na-lei-de-improbidade-administrativa-e-seus-reflexos-na-lei-de-improbidade-empresarial Acesso em: 22 nov. 2020.

OSÓRIO, Fábio Medina. *Teoria da improbidade administrativa*. São Paulo: Revista dos Tribunais, 2013.

PAZZAGLINI FILHO, Marino. *Lei de improbidade administrativa comentada:* aspectos constitucionais, administrativos, civis, criminais, processuais e de responsabilidade fiscal; legislação e jurisprudência atualizadas. São Paulo: Atlas, 2011.

PRADO, Fabian Lemes Zamalloa. *Reflexões sobre o acordo de não persecução cível*. Disponível em: http://www.mpgo.mp.br/boletimdompgo/2020/02-fev/artigos/artigo-FabianaLemes.pdf. Acesso em: 22 nov. 2020.

ROCHA, César Asfor. *Breves reflexões críticas sobre a ação de improbidade administrativa*. Ribeirão Preto: Migalhas 2012.

SHELL, Richard G. *Negociar é preciso:* estratégias de negociação para pessoas de bom senso. São Paulo: Negócio Editora, 2001.

STRECK, Lenio Luiz. *O que é isto? Decido conforme minha consciência?* Porto Alegre: Livraria do Advogado, 2010.

WANIS, Rodrigo Otávio Mazieiro. A intervenção preventiva extrajurisdicional do Ministério Público no combate à corrupção: escala de ação progressiva como fator de emancipação social. *In:* CONGRESSO DO PATRIMÔNIO PÚBLICO E SOCIAL DO MINISTÉRIO PÚBLICO DO ESTADO DE SÃO PAULO, 3, 2015, São Paulo. *Caderno de teses.* Disponível em: http://www.mpsp.mp.br/portal/page/portal/Congresso_PatPublico_III/ Teses/Livro%20de%20teses.pdf. Acesso em: 11 set. 2017.

ZIMMER JÚNIOR, Aloísio. *Corrupção e improbidade administrativa:* cenários de risco e a responsabilização dos agentes públicos municipais. São Paulo: Revista dos Tribunais, 2018.

WEINGERTNER NETO, Jaime. *Existe a única resposta jurídica correta?* Disponível em: http://www.periodicos.ulbra.br/index.php/direito/article/view/2474. Acesso em: 18 ago. 2018.

Informação bibliográfica deste texto, conforme a NBR 6023:2018 da Associação Brasileira de Normas Técnicas (ABNT):

JELINEK, Rochelle. Negociação e acordo em sede de improbidade administrativa e a necessidade de efetividade de um sistema de integridade. *In:* SCHNEIDER, Alexandre; ZIESEMER, Henrique da Rosa (Coord.). *Temas atuais de compliance e Ministério Público:* uma nova visão de gestão e atuação institucional. Belo Horizonte: Fórum, 2021. p. 171-196. ISBN 978-65-5518-220-0.

AS RECOMENDAÇÕES DO CONSELHO DA ORGANIZAÇÃO PARA COOPERAÇÃO E DESENVOLVIMENTO ECONÔMICO (OCDE) SOBRE INTEGRIDADE PÚBLICA E SEUS REFLEXOS NO MINISTÉRIO PÚBLICO BRASILEIRO

MARCELO ZENKNER

1 Conexões preliminares entre o Ministério Público e a integridade

É inegável que o Ministério Público acabou sendo a instituição mais prestigiada pela Constituição de 1988, deixando de ser, com isso, um organismo público cujo posicionamento constitucional não era bem definido e cuja preocupação primordial era com o enfrentamento da criminalidade urbana, e assim mesmo de forma reflexa à atividade de Polícia Judiciária, para se fortalecer e se tornar uma das instituições com mais garantias e prerrogativas na República Brasileira.

O Ministério Público, assim, passou a desempenhar um papel fundamental na defesa do Estado Democrático de Direito, estando, talvez, na fase final de estabilização do perfil que a Constituição de 1988 lhe deu. Superadas as fases parecerista e demandista, de caráter exclusivamente judicial, o *Parquet* se encontra, atualmente, em sua *fase resolutiva*, empregando cada vez mais formas extrajudiciais de resolução de conflitos como instrumentos de acesso à justiça, diante da inarredável constatação de que via processual não vinha dando a resposta que dela se esperava.

Gregório Assagra de Almeida fala, inclusive, na obrigatória prevalência do modo de atuação resolutivo sobre o demandista, sendo, para tanto, "necessário que o órgão de execução do Ministério Público tenha consciência dos instrumentos de atuação que estão à sua disposição, como o inquérito civil – agora concebido como ferramenta capaz de levar a cabo, por si só, a missão constitucional do Ministério Público –, a recomendação ministerial, a audiência pública e o termo de ajustamento de conduta, fazendo dos mesmos uso efetivo e legítimo".[1]

O fato é que se percebeu que a atuação do Ministério Público, preconizada no artigo 127 da Constituição Federal, de modo nenhum está vinculada à necessidade de um "processo judicial" e muito menos à atividade que é inerente ao Poder Judiciário. A missão ali confiada pelo legislador constituinte é nobre e, quanto maior for o alcance da instituição na consecução desses objetivos, maior será a sua credibilidade.

A evolução do Ministério Público caminha, assim, no sentido de oferecer cada vez mais entregas perceptíveis ao cidadão, tanto em caráter quantitativo como qualitativo, para buscar um maior fortalecimento de sua credibilidade perante a opinião pública. A reputação institucional, aliás, apresenta-se como um ativo real, presente e, atualmente, bastante substancial para qualquer organização. Charles Fombrum, ex-professor de pesquisa da Stern School of Business e fundador do *Reputation Institute*, agora conhecido como RepTrak, conceitua a reputação como sendo "a avaliação geral que é mantida por seus *stakeholders* internos e externos a partir de suas ações passadas e da probabilidade de seu comportamento futuro".

A reputação institucional, portanto, estará sempre atrelada ao grau de confiança que a sociedade deve possuir em relação à atuação do Ministério Público, confiança esta que será maior ou menor

---

[1] ALMEIDA, Gregório Assagra de. *Direito Processual Coletivo Brasileiro* – um novo ramo do direito processual. São Paulo: Saraiva, 2003, p. 510/511.

principalmente em vista da aderência (ou não) de seus membros e, via de consequência, da instituição como um todo, aos valores da integridade.

Os primeiros movimentos rumo à implementação de sistemas de integridade pública no Brasil vieram precisamente com a edição do Decreto Federal n° 9.203/2017, o qual dispõe sobre a política de governança da Administração Pública federal direta, autárquica e fundacional, estabelece a integridade dentre os princípios da governança pública e impõe aos órgãos e às entidades da administração direta, autárquica e fundacional a instituição de sistemas de integridade, com o objetivo de promover a adoção de medidas e ações institucionais destinadas à prevenção, à detecção, à punição e à remediação de fraudes e atos de corrupção.

Como principais fontes conceituais usadas para a elaboração do Decreto n° 9.203/2017, foram utilizadas recomendações da literatura especializada e de organizações internacionais, notadamente da Organização para Cooperação e Desenvolvimento Econômico (OCDE), as quais sintetizam as melhores práticas mundiais de governança. A OCDE, criada há quase 60 anos para administrar a ajuda oriunda do Plano Marshall, atua pesquisando, discutindo e fomentando a implementação das melhores políticas públicas e econômicas capazes de guiar os países que dela fazem parte. Em sua própria página na Internet, a OCDE assim se descreve:

> A Organização para Cooperação e Desenvolvimento Econômico (OCDE) é uma organização internacional que trabalha para implementar as melhores políticas em prol do aprimoramento do padrão de vida dos cidadãos. Nosso objetivo é moldar políticas que promovam prosperidade, igualdade, oportunidade e bem-estar para todos. Contamos com quase 60 anos de experiência e percepções para preparar melhor o mundo de amanhã. Juntamente com governos, formuladores de políticas e cidadãos, trabalhamos para estabelecer padrões internacionais baseados em evidências e para encontrar soluções para uma série de questões sociais, desafios econômicos e ambientais. Buscando melhorar o desempenho econômico e a criação de empregos para promover uma educação sólida e combater a evasão escolar, oferecemos um fórum e um centro de conhecimento exclusivo para dados e análises, troca de experiências, compartilhamento de melhores práticas e aconselhamento sobre políticas públicas e estabelecimento de padrões internacionais.[2]

---

[2] Disponível em: https://www.oecd.org/about/, acesso em: 3 maio 2021.

O Brasil, nos últimos anos, vem explicitamente olvidando elevados esforços no sentido de passar a figurar como um dos países membros da OCDE. Isso porque tal posição daria ao país uma excelente plataforma de discussão para suas próprias políticas públicas e, via de consequência, isso certamente influenciaria na percepção de outros países, fundos e organizações que ainda não enxergam o Brasil como detentor de potencial para futuros investimentos. Nessa linha, se o Brasil vier a atingir esse objetivo, inúmeros benefícios poderiam ser alcançados, tais como: a) a evolução da cadeia comercial em patamares superiores aos da participação em outras organizações internacionais, como a Organização Mundial do Comércio (OMC) e o Fundo Monetário Internacional (FMI); b) o incremento na atração de investimentos de empresas multinacionais, o que impulsionaria significativamente a produtividade; c) o aumento da velocidade de expansão do sistema educacional em favor de sua população, em todos os níveis (primário, secundário e terciário); d) melhores resultados de governança, principalmente a partir de uma agenda de combate à corrupção e de transparência geradora do aumento de eficácia do governo e da eficiência nos gastos públicos.

Aliás, de acordo com Otaviano Canuto e Tiago Ribeiro dos Santos,

> Todos os fatores considerados, uma contundente estimativa dos benefícios de ingressar na OCDE corresponderia à metade dos benefícios médios adesão à UE, ou seja, 0,4% do PIB por ano. Esses seriam benefícios consideráveis. De acordo com dados do Banco Mundial, o crescimento do PIB *per capita* no Brasil desde 1960 (o primeiro ano já registrado), em média, é de cerca de 2% ao ano, o que representou um crescimento total de 225% do PIB *per capita* no período. Tivesse o crescimento do PIB *per capita* brasileiro sido 0,4% maior em cada um desses anos, teria ele sido 25% maior em 2019. Os únicos custos claros são os custos de participação que, para uma economia do tamanho da do Brasil, giraria em torno de US$ 20 milhões. Comparado a um potencial benefício de 0,4% do PIB (cerca de US$ 7 bilhões), seria uma barganha absoluta.[3]

Assim, a partir do movimento realizado inicialmente pelo Governo Federal, o Conselho Nacional do Ministério Público (CNMP), pela Portaria PRESI nº 120, de 13 de agosto de 2019, e "considerando a importância de uma gestão participativa que, em busca de um ambiente eticamente saudável, estimule a construção coletiva de ferramentas

---

[3] *"What can Brazil expect from joining the OECD?"* Disponível em: https://www.ipea.gov.br/portal/images/stories/PDFs/rtm/210426_rtm_25_art_2.pdf, acesso em: 4 maio 2021.

de aperfeiçoamento e transformação social, tendo não apenas as ações de responsabilidade social, como também as de solidariedade como fomento aos objetivos do estado democrático de direito, na forma do art. 3º da Constituição Federal", instituiu o Programa de Integridade do Conselho Nacional do Ministério Público, conceituado como sendo "o conjunto estruturado de diretrizes e medidas institucionais de integridade voltadas para a construção da cultura da integridade" (inciso I do artigo 2º da Portaria).

A Portaria PRESI nº 120/2019 foi muito feliz ao se reportar à *integridade*, e não ao *compliance* (apesar de ter utilizado a expressão "programa"[4]). Isso porque, enquanto um sistema de *compliance* está escorado no tripé prevenção-detecção-correção de casos de fraude e corrupção, um sistema de integridade busca disseminar e gerar a absorção da cultura de integridade para alcançar resultados muito mais amplos. Um sistema de *compliance* clássico está escorado na criação de mais regras, numa conformidade mais rigorosa e na exigência mais rígida de cumprimento às normas, pois o objetivo é evitar que aquilo que é errado venha a ocorrer. Já um sistema de integridade efetivo almeja valorizar e estimular as condutas corretas a partir da implementação de ferramentas e políticas modernas, sendo essencial ao bem-estar econômico e social e à prosperidade dos indivíduos e das sociedades como um todo.

É exatamente a partir dessa distinção que sempre defendi que a reputação, ao lado do *compliance*, da transparência, da meritocracia, da lealdade organizacional, da inovação, da responsabilidade social e da sustentabilidade, é parte integrante, fundamental e indispensável de qualquer sistema de integridade, seja ele público ou privado. Assim, como se estivesse em uma espiral, a organização precisa alcançar índices reputacionais positivos para que seja considerada íntegra; ao mesmo tempo, para que seja reconhecida por sua boa reputação, ela também precisa possuir em seus quadros profissionais aderentes aos valores da integridade.

---

[4] Num sentido geral, o termo "programa" se refere a algo que se planeja com a intenção de executar mais tarde. Este vocábulo é utilizado em todas as atividades que exigem certa organização anterior, com início meio e fim. Entretanto, aqui estamos tratando de algo que é perene, definitivo e que apenas se aprimora ao longo do tempo. A ideia de que um "programa de integridade" pode, um dia, terminar, soa equivocada. Mostra-se, por isso, muito mais adequada a utilização do vocábulo "sistema", que pode ser conceituado como uma rede de componentes interdependentes que trabalham juntos para alcançar um objetivo comum.

2 As recomendações do Conselho da OCDE sobre integridade pública

Deixando um pouco de lado neste ensaio a chamada "integridade corporativa", atualmente pedra fundamental para qualquer empresa com protagonismo no mercado, vale lembrar que a OCDE – Organização para Cooperação e Desenvolvimento Econômico conceitua a "integridade pública" como sendo o alinhamento consistente e a adesão de valores, princípios e normas éticas comuns para sustentar e priorizar o interesse público sobre os interesses privados no setor público.

A partir dessa conceituação, o Conselho da OCDE estabeleceu algumas premissas para elaborar e publicizar suas recomendações,[5] a saber: a) reconhecer que a integridade é vital para a governança pública, salvaguardando o interesse público e reforçando valores fundamentais como o compromisso com uma democracia pluralista baseada no estado de direito e no respeito dos direitos humanos; b) reconhecer que a integridade é uma pedra angular do sistema geral de boa governança e que a orientação atualizada sobre a integridade pública deve, portanto, promover a coerência com outros elementos-chave da governança pública; c) reconhecer que os riscos de integridade existem nas várias interações entre o setor público e o setor privado, a sociedade civil e os indivíduos em todas as etapas do processo político e de políticas, portanto, essa interconectividade requer uma abordagem integrativa de toda a sociedade para aumentar a integridade pública e reduzir a corrupção no setor público; e d) considerar que o reforço da integridade pública é uma missão compartilhada e responsabilidade para todos os níveis de governo, por meio de seus diferentes mandatos e níveis de autonomia, de acordo com os quadros jurídicos e institucionais nacionais, sendo fundamental para fomentar a confiança pública.

As recomendações apresentadas pelo Conselho da OCDE, nessa trilha, fornecem aos formuladores de políticas uma visão para uma estratégia de integridade pública e deslocam o foco das políticas de integridade *ad hoc* para uma abordagem dependente do contexto, com ênfase em cultivar uma cultura de integridade não apenas no âmbito da própria organização, mas também de toda a sociedade.

O objetivo central desse documento da OCDE é, expressamente, o de auxiliar a Administração Pública em todos os seus níveis a conceber e implementar políticas estratégicas, baseadas em inovações capazes de

---

[5] Disponível em: https://www.oecd.org/gov/ethics/integrity-recommendation-brazilian-portuguese.pdf, acesso em: 15 abr. 2021.

fortalecer a governança pública, de responder eficazmente a desafios econômicos, sociais e ambientais diversos e turbulentos e de cumprir os compromissos do governo com os cidadãos.

Para efeito de suas recomendações, a OCDE insere na conceituação de "setor público", dentre outros, todos os órgãos legislativos, executivos, administrativos e judiciais, bem como seus agentes públicos nomeados ou eleitos, pagos ou não remunerados, em uma posição permanente ou temporária nos níveis central e subnacional de governo. Isso significa que não apenas o Poder Judiciário, *mas também o Ministério Público*, em suas respectivas estruturas administrativas, são destinatários dos estudos e das recomendações da OCDE, os quais já vêm sendo utilizados e aplicados pelos países mais desenvolvidos do mundo.

Deve ser reconhecida, por tudo isso, a necessidade de se implementar um novo modelo de gestão e de governança no Ministério Público, seguindo a legislação brasileira em vigor, as diretrizes dos Objetivos de Desenvolvimento Sustentável da ONU e, *principalmente*, as Recomendações do Conselho da Organização para Cooperação e Desenvolvimento Econômico (OCDE), de modo a disseminar a cultura de integridade e a aprimorar os mecanismos de prevenção, detecção e correção de condutas ilícitas e antiéticas.

3 O *enforcement* das recomendações da OCDE no âmbito do Ministério Público

3.1 Primeira recomendação – criação de um sistema público de integridade coerente e abrangente

A OCDE recomenda, antes de qualquer outra coisa, seja demonstrado um compromisso dos mais altos níveis políticos e administrativos do setor público no sentido de aumentar a integridade pública e reduzir a corrupção, com as seguintes ações: a) garantir que o sistema de integridade pública defina, apoie, controle e aplique a integridade pública e seja integrado ao quadro geral de gestão e governança pública; b) garantir que os quadros legislativo e institucional adequados estejam em vigor para permitir que as organizações do setor público assumam a responsabilidade de gerenciar efetivamente a integridade de suas atividades, bem como a dos agentes públicos que realizam essas atividades; c) estabelecer expectativas claras para os mais altos níveis políticos e de gestão que irão apoiar o sistema de integridade pública através de um comportamento pessoal exemplar, incluindo a demonstração de um alto padrão de propriedade na execução de funções oficiais.

Isso porque é natural que haja uma tendência dos membros de uma organização de seguirem os exemplos de seus líderes, o que se torna especialmente problemático diante do envolvimento daqueles que ocupam os cargos mais altos com práticas ilícitas ou distanciadas dos valores da integridade. Esse compromisso deve ser demonstrado pelo exemplo pessoal e pela adoção de medidas que reforçam o comportamento ético e criam sanções contra os diversos tipos de ilicitudes que podem macular a Administração Pública (*tone at the top*).[6]

No âmbito empresarial, o inciso I do art. 42 do Decreto Federal nº 8.420, de 18 de março de 2015, estabelece como primeiro requisito para um efetivo programa de *compliance* o "comprometimento da alta direção da pessoa jurídica, incluídos os conselhos, evidenciado pelo apoio visível e inequívoco ao programa". Já no Ministério Público, o artigo 5º da Lei nº 8.625/93 (Lei Orgânica Nacional do Ministério Público) estabelece que são órgãos da Administração Superior: I - a Procuradoria-Geral de Justiça; II - o Colégio de Procuradores de Justiça; III - o Conselho Superior do Ministério Público; IV - a Corregedoria-Geral do Ministério Público. É fundamental, nessa esteira, que o Chefe do Ministério Público, seja ele o Procurador-Geral da República ou o Procurador-Geral de Justiça, seja uma pessoa publicamente reconhecida como íntegra para que se possa pensar em um sistema público de integridade efetivo em pleno funcionalmente no *Parquet*. A contaminação (positiva ou negativa) que, a partir do comando da instituição, é gerada em relação aos demais integrantes fica muito bem delineada nas letras de Susan Rose-Ackerman e Bonnie J. Palifka:

> Kleptocrats may face additional problems of bureaucratic control not faced by benevolent rulers. Corruption at the top creates expectations among bureaucrats that they should share in the wealth and reduces the moral and psychological constraints on lower-level officials. Low-level

---

[6] "Escrevendo por volta de 122 a.C., os autores do Huai-nan Tzu assim se expressaram: 'O poder de conseguir sucesso ou insucesso reside no governante. Se a estratégia for correta, então o procedimento também o será, não porque se faça um esforço especial, mas porque o que é feito mecanicamente tem um resultado inexorável. Da mesma forma, se o governante é sincero e ereto, então os funcionários honestos servirão em seu governo e os canalhas se esconderão, mas, se o governante não for correto, os homens maus terão sua vez e os leais se afastarão'" (KLITGAARD, *A Corrupção sob Controle*. Trad. Octavio Alves Velho. Rio de Janeiro: Jorge Zahar Editora, 1994, p. 105-106).

malfeasance that can be kept under control by an honest ruler may become endemic with a dishonest ruler.[7]

Uma excelente demonstração de desprendimento, integridade e espírito público se dá quando a lista tríplice é formada e o terceiro e o segundo colocados na eleição se unem para buscar, junto ao Chefe do Poder Executivo, seja escolhido para chefiar o Ministério Público o candidato mais bem votado. Ficam de lado, assim, os desejos e as ambições pessoais e, ao mesmo tempo, prestigia-se a democracia interna e a vontade da maioria dos membros da instituição, fortalecendo-se o Ministério Público.

A OCDE também recomenda sejam bem esclarecidas as responsabilidades institucionais em todo o setor público, a fim de fortalecer a eficácia do sistema de integridade pública, em particular através de: a) estabelecer responsabilidades claras nos níveis relevantes (organizacionais, subnacionais ou nacionais) para projetar, liderar e implementar os elementos do sistema de integridade para o setor público; b) assegurar que todos os agentes públicos, unidades ou órgãos (incluindo autônomos e/ou independentes) com responsabilidade central pelo desenvolvimento, implementação, cumprimento e/ou monitoramento de elementos do sistema de integridade pública dentro de sua jurisdição tenham o mandato e a capacidade apropriados para cumprir suas responsabilidades; c) promover mecanismos de cooperação horizontal e vertical entre esses agentes públicos, unidades ou órgãos e, sempre que possível, com e entre os níveis de governo subnacionais, através de meios formais ou informais para apoiar a coerência e evitar sobreposições e lacunas e compartilhar e desenvolver lições aprendidas com as boas práticas.

Nessa linha, a gestão do sistema de integridade do Ministério Público não pode ser confundida com as competências do Corregedor-Geral, a quem incumbe precipuamente "orientar e fiscalizar as atividades funcionais e a conduta dos membros do Ministério Público". Em termos bastante pragmáticos, o CCO-MP – *Chief Compliance Officer*

---

[7] ROSE-ACKERMAN; PALIFKA, *Corruption and government*: Causes, consequences, and reform. 2. ed. New York: Cambridge University Press, 2016, p. 284. Tradução livre: Os cleptocratas podem enfrentar problemas adicionais de controle burocrático não enfrentados por governantes mais benevolentes. A corrupção no topo da pirâmide cria expectativas entre os burocratas com quem eles devem repartir a riqueza e reduz os constrangimentos morais e psicológicos nos funcionários menos categorizados. As prevaricações ao nível mais baixo da Administração Pública podem ser mantidas sob controle de um governante honesto e podem tornar-se endêmicas com um governante desonesto.

do Ministério Público (ou qualquer outra expressão equivalente) poderia absorver as funções do Ouvidor-Geral, teria por prerrogativa a absoluta independência e seria dotado de estrutura e de autoridade não apenas para fazer valer o sistema de integridade, mas também para supervisionar o seu cumprimento.

Após ser escolhido para exercer mandato, o CCO-MP ficaria expressamente responsável pelo canal de denúncias e irregularidades; pelos padrões de conduta, pelo Código de Conduta Ética, políticas e procedimentos de integridade, aplicáveis a todos os membros e servidores do Ministério Público, independentemente de cargo ou função exercidos; pelos treinamentos periódicos sobre o sistema de integridade; pela análise periódica de riscos para realizar adaptações necessárias ao sistema de integridade; pelos controles internos que assegurem a pronta elaboração e confiabilidade de relatórios e demonstrações financeiras do Ministério Público; pelos procedimentos específicos para prevenir trocas de favores, fraudes e ilícitos no âmbito de processos licitatórios, na execução de contratos administrativos ou em qualquer interação com outros órgãos do setor público; pelos procedimentos que assegurem a pronta interrupção de irregularidades ou infrações detectadas na condução administrativa do Ministério Público, bem como a tempestiva remediação dos danos gerados; pelas diligências apropriadas para contratação e, conforme o caso, supervisão, de terceiros, tais como, fornecedores, prestadores de serviço, agentes intermediários e associados; pelo monitoramento contínuo do sistema de integridade visando seu aperfeiçoamento na prevenção, detecção e combate à ocorrência dos atos lesivos previstos no artigo 5º da Lei nº 12.846/2013, aí incluída a condução do processo administrativo de responsabilização; pela transparência do Ministério Público, inclusive a gestão do respectivo portal.

Dentre as recomendações da OCDE figura, também, o desenvolvimento de uma abordagem estratégica para o setor público que se baseie em evidências e vise atenuar os riscos de integridade pública, em particular através de: a) estabelecer objetivos estratégicos e prioridades para o sistema de integridade pública com base em uma abordagem baseada em risco para violar os padrões de integridade pública e que considere os fatores que contribuem para políticas efetivas de integridade pública; b) desenvolver *benchmarks* e indicadores e reunir dados convincentes e relevantes sobre o nível de implementação, desempenho e eficácia geral do sistema de integridade pública.

A sugestão, aplicada ao Ministério Público, envolveria a implementação do modelo de controle interno concebido pelo Instituto dos

Auditores Internos (*Institute of Internal Auditors – IIA*), conhecido como "As três linhas de defesa em gestão de riscos e controle".[8] Esse modelo propõe que o controle interno seja realizado em três camadas, a saber: gestão operacional, gestão de riscos e funções de conformidade e, por último, auditoria interna. O CCO-MP, assim, ficaria responsável pelo planejamento de aprimoramento da gestão operacional, cuidaria da gestão de riscos e, quando fosse o caso, demandaria a realização de uma auditoria interna.

A OCDE recomenda, por fim, sejam definidos os altos padrões de conduta para agentes públicos, em particular através de: a) ir além dos requisitos mínimos, priorizando o interesse público, a adesão aos valores do serviço público, uma cultura aberta que facilite e recomende a aprendizagem organizacional e encoraje a boa governança; b) incluir padrões de integridade no sistema legal e políticas organizacionais (como códigos de conduta ou códigos de ética) para esclarecer as expectativas e servir de base para a investigação e sanções disciplinares, administrativas, civis e/ou criminais, conforme apropriado; c) estabelecer procedimentos claros e proporcionais para ajudar a prevenir violações dos padrões de integridade pública e para gerir conflitos de interesse reais ou potenciais; d) comunicar valores e padrões do setor público internamente em organizações do setor público e externamente para o setor privado, sociedade civil e indivíduos e pedir a esses parceiros que respeitem esses valores e padrões em suas interações com agentes públicos.

Para atender tal recomendação, o *Parquet* poderia implementar, por ato normativo próprio, o procedimento denominado "*Background Check* de Integridade" (BCI) para conhecer e avaliar o perfil de candidatos, servidores e membros do Ministério Público. A pontuação lançada no BCI, revista anualmente, consideraria positivamente a aderência de candidatos, membros e servidores do Ministério Público aos valores da integridade, especialmente o engajamento em causas sociais e de respeito ao meio ambiente. Pelo viés negativo, consideraria, dentre outras condutas, eventual vinculação a grupos de ódio e/ou preconceituosos, desrespeito à vedação de atividade político-partidária, bem como assédio e discriminação no âmbito das relações socioprofissionais e da organização do trabalho, inclusive do próprio Ministério Público, praticadas presencialmente ou por meios virtuais.

---

[8] IIA – Institute of Internal Auditors, IIA Position Paper: *The Three Lines of Defense in Effective Risk Management and Control*, Altamonte Springs, FL, The Institute of Internal Auditors, 2013.

Além disso, o BCI seria considerado fonte de consulta obrigatória nos concursos públicos de acesso à carreira de servidores e membros do Ministério Público, para a ocupação de cargos comissionados, para avaliação do estágio probatório e para a avaliação do desempenho funcional na aferição do merecimento.

Para impor às pessoas jurídicas que contratam com o Ministério Público os valores da integridade, ficaria, ainda, sob responsabilidade do CCO-MP o procedimento denominado *"Due Diligence* de Integridade" (DDI), o qual tem o objetivo de conhecer e avaliar os riscos de integridade aos quais seus órgãos podem ficar expostos em suas contratações públicas. Esse procedimento tomaria por base a avaliação do perfil, do histórico, da reputação, dos sistemas e práticas de prevenção à fraude e à corrupção das empresas fornecedoras de produtos e prestadores de serviços para o Ministério Público.

Ao final do procedimento, seria atribuído um Grau de Risco de Integridade (GRI) aos fornecedores do Ministério Público, classificado em baixo, médio ou alto, e que seria revisto a qualquer tempo, mediante solicitação da pessoa jurídica interessada. Esse GRI poderia ser considerado nas seguintes hipóteses, dentre outras: a) na habilitação para disputar licitação ou participar da execução de contrato, direta ou indiretamente, em vista do disposto nos incisos III, IV e VI do artigo 14 da Lei nº 14.133/2021; b) como critério de desempate entre duas ou mais propostas, conforme previsão do inciso IV do artigo 60 da Lei nº 14.133/2021; c) na aplicação de sanções administrativas, conforme previsão contida no inciso V do §1º do artigo 156 da Lei nº 14.133/2021; d) como condição para reabilitação de licitante ou contratado diante da aplicação de determinadas sanções, conforme previsão do parágrafo único do artigo 163 da Lei nº 14.133/2021.

3.2 Segunda recomendação – disseminação da cultura de integridade

A segunda recomendação deixa muito claro que o OCDE vislumbra a implementação de sistemas de integridade efetivos no âmbito do Poder Público, e não meros sistemas de *compliance* clássicos, pois trata, explicitamente, da disseminação da cultura de integridade, valorizando e fomentando as condutas corretas.

Para tanto, sugere que o órgão público aderente promova uma cultura de integridade pública a toda a sociedade, em parceria com o setor privado, com a sociedade civil e com os indivíduos, em particular através de: a) reconhecer no sistema de integridade pública o papel do setor privado, da sociedade civil e dos indivíduos em respeitar os valores de integridade pública em suas interações com o setor público, em particular encorajando o setor privado, a sociedade civil e os indivíduos a defender esses valores como uma responsabilidade compartilhada; b) envolver partes interessadas relevantes no desenvolvimento, atualização regular e implementação do sistema de integridade pública; c) aumentar a conscientização na sociedade dos benefícios da integridade pública e reduzir a tolerância das violações dos padrões de integridade pública e realizar, quando apropriado, campanhas para promover a educação cívica sobre a integridade pública, entre os indivíduos e particularmente nas escolas; d) envolver o setor privado e a sociedade civil sobre os benefícios complementares para a integridade pública que decorrem da manutenção da integridade nos negócios e nas atividades sem fins lucrativos, compartilhamento e desenvolvimento, lições aprendidas com as boas práticas.

O Ministério Público não é e nem pode ser uma ilha, razão pela qual essa recomendação da OCDE reforça exatamente a ideia da necessidade de interação. Se o fortalecimento dos controles, o aprimoramento do código de conduta ética e o fomento aos treinamentos forem voltados apenas para o público e para o ambiente interno, a instituição se fecharia em clausura e perderia a chance de apresentar suas boas práticas para a sociedade na qual está inserida, fortalecendo sua reputação. Perderia, ao mesmo tempo, o poder de atrair e manter membros e servidores qualificados e aderentes aos valores da integridade.

A OCDE também recomenda haja investimentos em liderança de integridade para demonstrar o compromisso da organização do setor público com a integridade, em particular através de: a) incluir a liderança de integridade no perfil para gerentes em todos os níveis de uma organização, bem como um requisito para seleção, nomeação ou promoção para um cargo de gerência e avaliação do desempenho dos gerentes em relação ao sistema de integridade pública em todos os níveis da organização; b) apoiar os gerentes em seu papel como líderes éticos, estabelecendo mandatos claros, fornecendo apoio organizacional (como controle interno, instrumentos de recursos humanos e assessoria jurídica) e treinamento e orientação periódicos para aumentar a conscientização e desenvolver habilidades sobre o exercício do julgamento apropriado em assuntos em que questões de integridade pública possam estar envolvidas; e c) desenvolver estruturas de gestão que promovam responsabilidades gerenciais para identificar e mitigar riscos de integridade pública.

Seriam excelentes catalisadores para essa recomendação específica a designação de agentes de integridade do Ministério Público. A CGU – Controladoria-Geral da União já saiu na frente e, conforme previsão constante de seu Plano de Integridade, "Os Agentes de Integridade são servidores designados pelos Superintendentes das Controladorias Regionais da União nos Estados para representar suas unidades nas discussões e decisões e no apoio à implementação e à evolução do Programa de Integridade da CGU". Atualmente, cada Controladoria Regional da União possui, pelo menos, um Agente de Integridade, o que também poderia acontecer no âmbito de cada unidade administrativa do Ministério Público.

Aconselha a OCDE, ainda, a promoção de um setor público profissional, baseado em mérito, dedicado aos valores do serviço público e à boa governança, em particular através de: a) assegurar gestão de recursos humanos que aplique consistentemente princípios básicos, como mérito e transparência, para apoiar o profissionalismo do serviço público, evitar o favoritismo e o nepotismo, proteger contra interferências políticas indevidas e mitigar riscos de abuso de posição e falta de conduta; b) assegurar um sistema justo e aberto para recrutamento, seleção e promoção, com base em critérios objetivos e em um procedimento formalizado, e um sistema de avaliação que suporte a prestação de contas e um espírito de serviço público.

A meritocracia é absolutamente fundamental para o bom funcionamento de um sistema público de integridade. Essa é uma barreira que a Administração Pública brasileira ainda precisa superar, pois uma forte feição patrimonialista ainda se mantém muito presente e próxima do modelo observado na Inglaterra do século XIX, o qual somente foi superado a partir das concepções de "Estado Liberal" formuladas por John Stuart Mill:

> O velho sistema de patronagem permitia que a aristocracia usasse o serviço público como prebenda para seus membros menos talentosos, os 'ociosos e inúteis, os tolos da família, os tísicos, os hipocondríacos, os propensos à insanidade'. Nas profissões bem dirigidas, argumentavam Northcote e Trevelyan, 'os capazes e vigorosos ascendem ao topo, enquanto os néscios e ineptos continuam no fundo. Nos estabelecimentos públicos, ao contrário, a regra geral é que todos se ergam juntos'. A solução deles era selecionar candidatos com base no desempenho em concursos públicos e depois promovê-los com base em suas realizações. Os concursos públicos testariam a inteligência geral, em vez de somente

as realizações acadêmicas dos candidatos. A proposta era de reforma moral e de eficiência administrativa. Eles queriam promover as virtudes do trabalho árduo e da autoconfiança e expurgar as 'doenças morais' da dependência e da corrupção. John Stuart Mill era um notório entusiasta de tudo isso e ansiava por uma 'grande e salutar revolução moral, em que o governo concederia 'cargos de acordo com o mérito, não como favores'.[9]

A superação dessas graves distorções passa não apenas pela observância da regra constitucional de acesso aos cargos públicos pela via do concurso público (meritocracia de primeiro grau), mas também pela implementação de um sistema de evolução profissional que prestigie os resultados produzidos e as habilidades (meritocracia de segundo grau). A promoção por antiguidade, assim, deveria ser extinta, pois configura um nefasto incentivo ao membro do Ministério Público no sentido de procurar funções menos relevantes ou de se esconder dos desafios que são inerentes à função até chegar o momento de ser promovido. A palavra *meritocracia* vem do latim *mereo*, que significa "merecer", e ninguém merece absolutamente nada se fica apenas esperando o tempo passar.

Como estratégia de evolução profissional, a meritocracia pode ser definida como a prevalência do mérito na conquista de posições hierárquicas e outras recompensas a partir de critérios previamente estabelecidos e de acordo com a apresentação pelos agentes públicos das competências técnicas e estratégicas desenvolvidas e dos resultados produzidos. O objetivo, assim, seria não apenas o de manter membros e servidores motivados pela valorização profissional, mas também o de reter aqueles que se destacam e fazem a diferença em prol do crescimento constante do Ministério Público.

Isso é fundamental para o alcance da integridade pública, pois os agentes íntegros são totalmente avessos à troca de favores e, por isso, sem a necessária e legítima meritocracia, grandes valores certamente serão perdidos ou ficarão obscurecidos diante da ocupação de cargos estratégicos por medíocres que pouco ou nada acrescentarão em favor da instituição, até porque continuamente precisarão pagar pelo indevido benefício que receberam, como explica José Ingenieros:

> A fraqueza e a ignorância favorecem a domesticação dos caracteres medíocres, adaptando-os a uma vida confortável; a coragem e a cultura

---

[9] MICKLETHWAIT, J.; WOOLDRIDGE, A. *A quarta revolução* – a corrida global para reinventar o Estado. São Paulo: Portfolio-Penguin, 2015, p. 56.

exaltam a personalidade dos excelentes, prosperando-os na dignidade. O lacaio pede, o digno merece. Aquele implora por favor o que este espera por mérito. Ser digno significa não pedir aquilo que se merece, tampouco aceitar o imerecido. Enquanto os servis progridem valendo-se da rede de favores, os íntegros se valem das escadas de suas virtudes. Ou não sobem por nenhuma. [...] O pão ensopado na adulação, que engorda o servil, envenena o digno. Este prefere perder um direito a obter um favor; mil anos lhe serão mais leves que prosperar de maneira indigna.[10]

A conclusão, por tudo isso, só pode ser uma: a difusão da cultura meritocrática no Ministério Público é, sem dúvida nenhuma, uma das pedras angulares para a superação das estruturas arcaicas – e ainda vigentes – de gestão de pessoas, fazendo valer, assim, princípios administrativos já consagrados constitucionalmente, nomeadamente o da impessoalidade, o da eficiência e, principalmente, o da equidade, dispensando-se tratamento desigual para os membros e servidores do Ministério Público que "carregam o piano", muitas vezes arriscam suas vidas e fazem a diferença em prol da sociedade.

Outra recomendação da OCDE vem no sentido de que sejam fornecidas informações suficientes, treinamento, orientação e conselhos em tempo hábil para que os agentes públicos apliquem padrões de integridade pública no local de trabalho, especialmente através de: a) abastecer os agentes públicos ao longo de suas carreiras com informações claras e atualizadas sobre as políticas, regras e procedimentos administrativos da organização relevantes para a manutenção de altos padrões de integridade pública; b) oferecer indução e treinamento de integridade no trabalho para agentes públicos ao longo de suas carreiras, a fim de aumentar a conscientização e desenvolver habilidades essenciais

---

[10] INGENIEROS, J. *O Homem Medíocre*. Trad. Douglas Dias Ferreira. São Paulo: Quartier Latin, 2004, p. 172. O autor, na mesma obra, explica as vantagens da meritocracia: "Um regime em que o valor do mérito individual preponderasse seria perfeito. Excluiria qualquer influência numérica ou oligárquica. Não haveria interesses criados. O voto anônimo teria tão pouco valor quanto o brasão fortuito. Os homens buscariam ser cada vez mais desiguais entre si, preferindo qualquer originalidade criadora à mais tradicional das rotinas. Seria possível a seleção natural, e os méritos de cada um beneficiariam a sociedade como um todo. O respeito por parte dos menos úteis estimularia os favorecidos pela natureza. As sombras valorizariam os homens. O privilégio se mediria pela eficácia das aptidões, e se perderia com elas. É transparente, pois, a crença que, em política, o idealismo fundado na experiência poderia nos sugerir. Opõe-se à democracia quantitativa, que busca a justiça na igualdade, na medida em que afirma o privilégio baseado no mérito. E também à aristocracia oligárquica, que assenta o privilégio nos interesses criados, na medida em que afirma o mérito como base natural do privilégio. A aristocracia do mérito é o regime ideal frente a duas mediocracias que obscurecem a história. Tem sua fórmula absoluta: 'a justiça na igualdade'" (*id. ibidem*, p. 253-254).

para a análise de dilemas éticos e tornar os padrões de integridade pública aplicáveis e significativos em seus próprios contextos pessoais; c) oferecer mecanismos de orientação e consulta formais e informais facilmente acessíveis para ajudar os agentes públicos a aplicar padrões de integridade pública em seu trabalho diário, bem como gerir situações de conflito de interesses.

Dan Ariely, em sua obra, registra que é falsa a percepção de que as pessoas, de modo geral, sejam imorais ou irão cometer ilicitudes sempre que a oportunidade surgir, mas que é verdade que a maioria precisa de lembretes sobre padrões éticos para se manter no caminho correto.[11] Por isso, qualquer sistema de integridade necessita de vias de comunicação claras e efetivas, voltadas para todos aqueles que de alguma forma se encontram vinculados à organização, exatamente para que as práticas nele desenhadas possam ser devidamente incorporadas ao dia a dia desta.

De acordo com Wagner Giovanini,[12] os responsáveis por esse processo deverão, para tanto, adotar as seguintes providências: a) informar a organização sobre os fatos mais relevantes; b) manter vivo o assunto e garantir o aumento do número de adeptos e apoiadores ao tema; c) incentivar e reconhecer o sucesso parcial das pessoas e equipe, à medida que os desafios vão sendo vencidos; d) acostumar toda a organização com o tema "integridade", inclusive por meio de palestras ou de pronunciamentos da alta administração; e) distribuir encartes, folhetos e cartilhas; f) utilizar mídia eletrônica, com informações sucintas, buscando atrair a atenção dos destinatários paulatinamente.[13]

Muito mais importante do que a quantidade é a qualidade do treinamento, pois, em verdade, o que realmente importa é o seu conteúdo e os seus efeitos, os quais devem ser avaliados na percepção do comportamento ético e nas relações de causalidade entre aquilo que consta no código de conduta e o comprometimento dos agentes públicos – membros de servidores do Ministério Público.

Recomenda a OCDE, ainda, o apoio a uma cultura organizacional aberta no setor público que responda a preocupações de integridade, em particular através de: a) encorajar uma cultura aberta onde os dilemas éticos, as preocupações de integridade pública e os erros podem ser discutidos livremente e, quando apropriado, com os representantes dos funcionários e onde a liderança é responsiva e comprometida em

---

[11] ARIELY, D. *A mais pura verdade sobre a desonestidade*. Rio de Janeiro: Elsevier, 2012, p. 33.
[12] GIOVANINI, W. *Compliance* – A excelência na prática. São Paulo: 2014, p. 99.
[13] *Id., ibidem*, p. 99-100.

fornecer conselhos oportunos e resolver problemas relevantes; b) fornecer regras e procedimentos claros para denunciar suspeitas de violação dos padrões de integridade e assegurar, de acordo com os princípios fundamentais do direito interno, proteção em direito e prática contra todos os tipos de tratamentos injustificados como resultado de denúncia de boa-fé e por motivos razoáveis; c) fornecer canais alternativos para denunciar violações suspeitas de padrões de integridade, incluindo, quando apropriado, a possibilidade de informar confidencialmente a um órgão com permissão e capacidade para realizar uma investigação independente.

Integridade é diferente de perfeição e, por isso, inclusive com o fito de encorajar o aperfeiçoamento institucional e a inovação, o erro honesto, ou seja, aquele praticado de boa-fé, deve receber tratamento diferenciado no âmbito da responsabilização disciplinar. O mesmo tratamento deve ser dispensado aos posicionamentos de vanguarda dos membros do Ministério Público, desde que obedeçam à técnica e à juridicidade, inclusive tendo em vista a própria independência funcional consagrada constitucionalmente em favor dos membros do *Parquet*.

Recebi, ao longo de minha carreira no Ministério Público, várias ameaças de sanção disciplinar por defender posicionamentos que, anos mais tarde, vieram a ser consolidados com fruto da própria evolução institucional. Isso aconteceu, por exemplo, quando defendi nulidade absoluta no processo penal em hipótese de recurso de apelação apresentado pelo advogado do réu desacompanhado de defesa técnica (artigo 600, §4º, do CPP), por entender ser necessário parecer de mérito do Ministério Público em mandado de segurança apenas quando evidenciada a existência de interesse público no objeto da causa e por registrar em minhas peças recursais que, se o Ministério Público funciona como parte no procedimento de 1º grau, assim deve continuar funcionando em segundo grau, sob pena de haver, em grau recursal, um processo tramitando sem autor. Apesar de alguns desses posicionamentos estarem, atualmente, sacramentados por atos normativos emanados do próprio Conselho Nacional do Ministério Público, o dissabor e o desestímulo gerados pelas iniciativas correicionais certamente minaram, ao longo do tempo, a motivação e o idealismo, o que é profundamente prejudicial aos nobres objetivos constitucionais do Ministério Público brasileiro. Colegas que já passaram pela mesma situação certamente entenderão muito bem quais são as consequências desta narrativa.

Outro ponto destacado pela OCDE apresenta-se no sentido de que seja implementado um quadro de gestão de riscos e controle interno para salvaguardar a integridade nas organizações do setor público, em particular através de: a) garantir um ambiente de controle com objetivos claros que demonstrem o compromisso dos gerentes com integridade pública e os valores do serviço público, e que forneça um nível razoável de garantia de eficiência, desempenho e conformidade de uma organização em leis e práticas; b) garantir uma abordagem estratégica para a gestão de riscos que inclua a avaliação dos riscos para a integridade pública, abordando as deficiências de controle (incluindo a construção de sinais de alerta em processos críticos), bem como a criação de um mecanismo eficiente de monitoramento e garantia de qualidade para o sistema de gestão de riscos; c) garantir que os mecanismos de controle sejam coerentes e que incluam procedimentos claros para responder a possíveis suspeitas de violações de leis e regulamentos e facilitando o envio de relatórios às autoridades competentes, sem receio de represálias.

A efetividade do controle interno de qualquer órgão da Administração Pública, inclusive do Ministério Público, depende da identificação e da avaliação contínua dos riscos de origem interna e externa. Assim, em cada movimentação operacional realizada, deve ser considerada a probabilidade de ocorrência de irregularidades e ilícitos de qualquer natureza, bem como os impactos financeiros que eles podem causar no orçamento ou as atividades desempenhadas pela instituição.

Para tanto, é muito importante que seja realizado, como já mencionado, um estudo e um desenho de cada órgão administrativo e de execução do Ministério Público, aí incluídas suas competências e atribuições, seus riscos inerentes e residuais,[14] a legislação e os atos normativos internos aplicáveis, o ambiente interno e externo, os destinatários da atuação, dentre outros, para só depois ser montado e estruturado o sistema de integridade.

Os órgãos de execução do Ministério Público, por isso, deveriam ser classificados de acordo com os riscos que lhes são inerentes, classificação esta que seria considerada, posteriormente, até mesmo para fins meritocráticos. Não é possível comparar, nessa linha, o risco que corre um membro do Ministério Público desempenhando suas funções em uma promotoria de combate à improbidade administrativa com os riscos enfrentados pelo Promotor de Justiça titular de uma promotoria que trata de órfãos e sucessões. Ao longo de minha carreira trabalhei

---

[14] Riscos inerentes são aqueles a que a organização está naturalmente sujeita, sem considerar a ação dos controles; já os riscos residuais são aqueles considerados remanescentes após o efeito do controle aplicado sobre cada uma das atividades da organização.

em ambas e, sem desmerecer a segunda, posso atestar que os riscos enfrentados na primeira foram infinitamente superiores.

Por derradeiro, e não menos importante, a OCDE recomenda seja incentivada a transparência e o envolvimento das partes interessadas em todas as etapas do processo político e do ciclo político para promover a prestação de contas e o interesse público, em particular através de: a) promover a transparência e um governo aberto, incluindo garantir o acesso à informação e dados abertos, juntamente com respostas oportunas aos pedidos de informação; b) conceder a todas as partes interessadas – incluindo o setor privado, a sociedade civil e os indivíduos – acesso no desenvolvimento e implementação de políticas públicas; c) evitar a captura de políticas públicas por grupos de interesse particulares através da gestão de situações de conflito de interesses e promover a transparência nas atividades de *lobby* e no financiamento de partidos políticos e campanhas eleitorais; d) incentivar uma sociedade que inclua organizações de "supervisores", grupos de cidadãos, sindicatos e meios de comunicação independentes.

"Nas coisas do poder, o melhor desinfetante é a luz do sol". A frase, dita em 1914 por Louis Brandeis, ex-juiz da Suprema Corte dos EUA, revela perfeitamente que a visibilidade plena das ações administrativas funciona como um componente fundamental para a integridade pública. Em outras palavras: a imposição no sentido de que os atos administrativos sejam praticados às claras e sob fiscalização dos cidadãos impede, ou pelo menos obstaculiza, condutas de agentes públicos interessados em agir em desacordo com os valores da integridade.

A transparência e o acesso à informação são fundamentais em três áreas: na busca da eficiência, na prevenção da corrupção e de outros tipos de irregularidades e na análise, articulação e aceitação das escolhas políticas a serem implementadas. São essas as ferramentas que permitem que os cidadãos participem de perto das decisões tomadas pelo Poder Público e, principalmente, vigiem os gastos das autoridades e a eficiência das instituições públicas.

A transparência envolve o direito que todo e qualquer cidadão possui de obter e interpretar a informação transmitida de forma completa, relevante, objetiva, oportuna, pertinente e confiável acerca da gestão, do manejo de recursos e da conduta dos agentes públicos.[15] Assim, quanto maior for o grau de transparência de uma organização, maior será a sua

---

[15] Juarez Freitas fala no princípio da *máxima transparência*, o qual "[...] quer significar que a Administração há de agir de sorte a nada ocultar e, para além disso, suscitando a participação fiscalizatória da cidadania, na certeza de que nada há, com raras exceções constitucionais,

legitimidade e a sua credibilidade, ao mesmo tempo em que menores serão as chances da prática de violações ao seu sistema de integridade.

Não há um só caso de sucesso na implementação de sistemas públicos de integridade no qual a regra da completa e total transparência dos atos administrativos não tenha sido observada. Em se tratando de Ministério Público, ressalvadas as informações de caráter sigiloso e estratégico, todas as informações devem ser disponibilizadas de maneira simples e amigável no portal da transparência e, ao mesmo tempo, deve a instituição ser exemplar no cumprimento das regras da Lei de Acesso à Informação, até para que possa cobrar de outros órgãos públicos a mesma eficiência.

Conclusões finais

No Brasil, a primeira onda de integridade impactou diretamente as empresas privadas e foi inaugurada pela Lei nº 12.846/2013, enquanto que segunda atingiu as empresas públicas e as sociedades de economia mista, a partir da entrada em vigor da Lei nº 13.303/2016. Sem que se possa descartar os efeitos das duas ondas anteriores, apresenta-se com muita força e velocidade, principalmente a partir do impulso dado pela OCDE, a terceira onda brasileira de integridade, direcionada à Administração Pública direta.

Para as empresas privadas não há nenhuma obrigatoriedade de implementação de sistemas de integridade, apesar de ser isso fortemente recomendável. Já para as empresas estatais há uma imposição legal prevista na lei de regência, caminho este que fatalmente será também seguido pela Administração Pública federal, estadual e municipal direta, autárquica e fundacional.

O Poder Judiciário, inclusive, vem se movimentando fortemente nesse sentido: no final de 2020, o Conselho Nacional de Justiça (CNJ) instituiu um grupo de trabalho, do qual honrosamente faço parte, que vai propor o desenvolvimento de sistemas de *compliance* e de integridade no âmbito do Poder Judiciário (Portaria CNJ nº 273, de 9 de dezembro de 2020). Os objetivos, dentre outros, envolvem a propositura de medidas para a prevenção, detecção, monitoramento, controle e repressão de condutas ilícitas e antiéticas; de arranjos normativos, institucionais e organizacionais para disseminar políticas e mecanismos de prevenção

---

que não deva vir a público" (FREITAS, J. *O controle dos atos administrativos e os princípios fundamentais*. São Paulo: Malheiros, 1997, p. 70).

e combate à corrupção; promover debates sobre o tema e a legislação em vigor, realizando os respectivos diagnósticos; e atuar para a criação de uma cultura que encoraje a conduta ética e a aderência ao *compliance* no Poder Judiciário.

É fato que a disseminação da cultura de integridade não acontece de um dia para o outro e muito menos pelas histórias que são contadas para as pessoas, mas sim pelos exemplos que são dados a elas ao longo do tempo. Por essa razão, se o Ministério Público realmente deseja se inserir em contexto moderno de integridade pública, precisa dar o exemplo, adotando imediatamente providências no mesmo sentido. Se uma determinada empresa estatal, obrigada por lei a implementar o seu sistema de integridade, permanece omissa, como o Ministério Público poderia cobrar uma iniciativa se, até o momento, praticamente nada fez a esse respeito *interna corporis*? Eventual atraso certamente impactará na credibilidade da instituição e, via de consequência, em sua reputação.

Por isso, mãos à obra! É hora de deixar a zona de conforto e verdadeiramente modernizar o Ministério Público, aproximando-o das melhores práticas públicas internacionais de governança e *compliance*.

Referências

ARIELY, D. *A mais pura verdade sobre a desonestidade*. Rio de Janeiro: Elsevier, 2012.

ASSAGRA DE ALMEIDA, G. *Direito Processual Coletivo Brasileiro* – um novo ramo do direito processual. São Paulo: Saraiva, 2003.

CANUTO, O.; SANTOS, T. R. *What can Brazil expect from joining the OECD?* Disponível em: https://www.ipea.gov.br/portal/images/stories/PDFs/rtm/210426_rtm_25_art_2.pdf.

FREITAS, J. *O controle dos atos administrativos e os princípios fundamentais*. São Paulo: Malheiros, 1997.

GIOVANINI, W. *Compliance* – A excelência na prática. São Paulo: 2014.

INGENIEROS, J. *O Homem Medíocre*. Trad. Douglas Dias Ferreira. São Paulo: Quartier Latin, 2004.

KLITGAARD, R. *A Corrupção sob Controle*. Trad. Octavio Alves Velho. Rio de Janeiro: Jorge Zahar Editora, 1994.

MICKLETHWAIT, J.; WOOLDRIDGE, A. *A quarta revolução* – a corrida global para reinventar o Estado. São Paulo: Portfolio-Penguin, 2015.

ROSE-ACKERMAN, S.; PALIFKA, B. J. *Corruption and government*: Causes, consequences, and reform. 2. ed. New York: Cambridge University Press, 2016.

Informação bibliográfica deste texto, conforme a NBR 6023:2018 da Associação Brasileira de Normas Técnicas (ABNT):

ZENKNER, Marcelo. As recomendações do Conselho da Organização para Cooperação e Desenvolvimento Econômico (OCDE) sobre integridade pública e seus reflexos no Ministério Público brasileiro. *In*: SCHNEIDER, Alexandre; ZIESEMER, Henrique da Rosa (Coord.). *Temas atuais de compliance e Ministério Público*: uma nova visão de gestão e atuação institucional. Belo Horizonte: Fórum, 2021. p. 197-219. ISBN 978-65-5518-220-0.

ANÁLISE ECONÔMICA DA ATUAÇÃO DO MINISTÉRIO PÚBLICO E *COMPLIANCE*

ALEXANDRE CARRINHO MUNIZ

HENRIQUE DA ROSA ZIESEMER

Introdução

A Administração Pública vem alterando sua forma de gestão, com a adoção de vários conceitos de Direito Privado, considerando que o modelo antigo se torna extremamente obsoleto às finalidades que possui. Estabelecer estratégias de atuação e definir resultados passam a fazer parte do cotidiano da atividade pública, sem descuidar as regras próprias que a Administração Pública deve obedecer. No caso do Ministério Público, verifica-se a possibilidade de que também adote métodos de governança que lhe permitam obter resultados sociais da forma mais eficiente possível, permitindo que gere seus recursos de maneira a se tornar sustentável, do ponto de vista financeiro, e eficaz, do ponto de vista social. No primeiro item, serão analisados os paradigmas que balizam a atuação do Ministério Público, bem como as atribuições que a Constituição lhe outorgou, cujas funções, no que tange à coletividade, são indeclináveis, mas nem por isso racionalizáveis. No segundo item, tratar-se-á da aproximação da gestão pública e privada, traçando-se paralelos de convergência e divergência, extraindo-se dali, nos pontos concordantes, aquilo que pode ser utilizado na Administração Pública e, notadamente, no Ministério Público. No terceiro item, tratar-se-á da atuação econômica do Ministério Público, em especial na forma de priorizar suas ações e estabelecer estratégias de atuação, levando em consideração métodos da iniciativa privada. Por fim, no quarto item, será exposta a *compliance* como instrumento para que o Ministério Público possa, ao se utilizar de métodos de instituições privadas, manter-se dentro das balizas normativas e, com isso, alcançar os melhores resultados do ponto de vista social.

1 Paradigmas da gestão institucional do Ministério Público

O Ministério Público, desde a sua gênese mais consolidada, em especial quando países com perfil democrático passaram a separar o papel do estado-juiz do estado-acusador, vem adquirindo uma série de atribuições, todas com a finalidade de tutela do bem comum e da sociedade.

A atuação criminal do Ministério Público, matriz de sua atuação, ainda relevante, qualitativa e quantitativamente, não vem mais isolada, pois cerra fileiras com outras atribuições igualmente importantes, tais como a proteção do meio ambiente, do consumidor, dos vulneráveis (crianças, adolescentes, pessoas com necessidades especiais, idosos, etc.), da moralidade pública, da saúde pública, dentre outras.

Desde a Constituição da República de 1988, o Ministério Público vem acumulando um sem-número de atribuições, não só aquelas previstas no *caput* do artigo 127 e nos incisos I a IX do artigo 129, vários são os diplomas legais que passam a definir, dentro daquela matriz constitucional, outras funções de natureza legal, provocando uma demanda cada vez mais numerosa e também cada vez mais complexa.

Especificamente na atuação criminal, em que pese a criação de institutos despenalizadores, não só há incidência de novos crimes (aumentando a quantidade de casos a serem analisados) como também a criação de novas atuações institucionais, fazendo com que, cada vez mais, o Ministério Público passe a ter que se manifestar em inúmeros casos que lhe sejam encaminhados.

Apesar das tentativas de ampliação do quadro de Membros do Ministério Público, tais providências esbarram em obstáculos muitas vezes intransponíveis, como legislações que restringem as contratações ou concursos públicos, falta de espaço físico e, dentre outros, a falta de disposição de numerário capaz de fazer frente à demanda.

Portanto, a gestão institucional precisar revisar os critérios até então adotados, a fim de que, com eficiência e menor custo, consiga-se acolher as demandas e cumprir suas funções constitucionais e legais. O estabelecimento de prioridades, exclusão de ações com alto custo e baixa resolução, delegação de funções, dentre outras medidas, podem constituir num passo inicial rumo a uma gestão mais eficiente.

A mudança de paradigma na tomada de decisões, no âmbito da gestão pública, talvez seja necessária para que tenhamos resultados melhores e mais úteis. Guardar-se na sombra da resolução individual dos problemas cria entraves na consecução de objetivos com maior amplitude.

Por mais que pareça na contramão das funções institucionais do Ministério Público, adotar uma postura de análise econômica de suas ações, deixando de lado aquelas que custam tempo, recursos humano e financeiro, para optar pelas que atingem melhores e maiores resultados, é uma escolha imperiosa.

Segundo Posner (2011):

> Seguindo uma linha de definição diferente, a análise de custo-benefício pode caracterizar-se como um método de avaliação pura, conduzido independentemente do uso possível de seus resultados em uma decisão; com um dos fatores a serem levados em uma decisão, o que deixa a pessoa livre para rejeitar os resultados da análise com base em outras considerações; ou ainda como o próprio método de decisão.[1]

Uma alternativa que desponta no horizonte é a adoção de medidas baseadas em critérios econômicos, aplicadas no ambiente jurídico, levando em conta fatores tais como "os impactos do Direito e de suas instituições sobre o comportamento dos agentes econômicos e sobre as relações sociais, bem como a qualidade e eficiência dos instrumentos legais"[2] (JAKOBI, 2014).

---

[1] POSNER, Richard A. *Fronteiras da teoria do direito*. São Paulo: Martins Fontes, 2011. p. 133.
[2] JAKOBI, Karin Bergit; RIBEIRO, Marcia Carla Pereira. *Análise econômica do direito e a regulação do mercado de capitais*. São Paulo: Atlas, 2014. Livro digital. p. 30.

Gonçalves, Stelzer e Bonmann (2015) citam que a eficiência advém do equilíbrio entre a maximização da produção e a prevenção de dano futuro, podendo-se encontrar um meio termo que permita se pensar na obtenção do máximo de resultado com o mínimo de prejuízo a terceiros.[3]

Cria-se, assim, a eficiência como resultado de uma equação feita entre a produção e a ponderação dos seus efeitos.

A gestão institucional, levada a efeito para que os serviços prestados à sociedade possam trazer os melhores resultados, não pode restar engessada por princípios obsoletos, que mais prejudicam a sociedade do que a beneficiam, mas também não pode usar de uma lógica mercantilista, de máxima produção e mínimo custo, sem compreender as peculiaridades do seu papel no Estado.

Gonçalves, Stelzer e Bonmann (2015) mencionam que o "critério de Kaldor-Hicks, ao partir de modelos de utilidade, preconiza que as normas devem ser elaboradas de modo a gerar o máximo de bem-estar para o maior número de pessoas,"[4] confirmando-se que o esquadro a ser utilizado na consecução de objetivos de macroimportância deva ser aquele que não só prevê a máxima efetividade, mas também a reflexão no uso de seus instrumentos, de forma a permitir que objetivos não matemáticos possam também ser alcançados e/ou preservados.

As funções institucionais do Ministério Público são eminentemente humanas, no sentido de que se trabalham, diretamente, relações que atingem cada indivíduo de maneira muito profunda, não só nas ações que impactam diretamente o interessado, mas também naquelas cujo resultado transforma a vida coletiva, como nas questões ambientais e nas de moralidade administrativa.

Portanto, a compreensão do ser humano e suas relações é essencial para se propor um objetivo e as hipóteses de resultados, devendo-se estudar o papel do Ministério Público para compreender a sabedoria coletiva que o incorpora[5] (MACKAAY; ROUSSEAU, 2014).

A compreensão da relação humana e a consecução dos objetivos institucionais, especialmente na forma com que se os persegue, são essenciais para se conseguir atingir melhores resultados.

---

[3] GONÇALVES, Ecerton das Neves; STELZER, Joana; BONMANN, Eltos Dias. O nível eficiente de proteção e de punição segundo a análise econômica do direito ambiental. *Veredas do Direito*, Belo Horizonte, v. 12, n. 24, p.175-206, jul./dez. 2015. p. 185.

[4] GONÇALVES, Ecerton das Neves; STELZER, Joana; BONMANN, Eltos Dias. O nível eficiente de proteção e de punição segundo a análise econômica do direito ambiental. *Veredas do Direito*, Belo Horizonte. p. 40.

[5] MACKAAY, Ejan; ROUSSEAU, Stéphane. *Análise econômica do direito*. 2. ed. São Paulo: Atlas, 2014. p. 5-6.

Os modelos de gestão institucional adotados, especialmente no âmbito do Direito Público, acabam se tornando obsoletos à finalidade que pretendem atingir, assimilando custos enormes e pouca produtividade. Ou seja, num modelo ultrapassado, deixamos de conquistar importantes objetivos e gastamos demais, refratando-se o propósito inicial de tutelar a ordem jurídica, o regime democrático, os interesses sociais e individuais indisponíveis.

Nesse ponto, faz-se necessária a mudança de paradigma de gestão, mantendo-se os princípios que balizam a conduta do administrador público e dos propósitos da própria instituição em si, mas deixando de lado aqueles que criam empecilhos aos resultados pretendidos.

Adotar uma postura arrojada, especialmente na gestão da coisa pública, exige não só coragem, mas também conhecimento de técnicas que permitam avançar numa administração menos complicada e mais efetiva.

Nesse ponto, é inevitável olhar para a gestão privada, especialmente quando se constata que os resultados são rápidos e eficazes. Claro que não é possível transplantar princípios do Direito Privado à gestão da coisa pública, mas é sim possível adotar certas posturas que permitam melhorar a administração e atingir objetivos de forma mais eficiente.

Interessante é a lição que Torres (2014) nos traz, acerca da análise econômica de projetos, do ponto de vista do Direito Privado:

> A abordagem clássica da decisão na incerteza, usando como critério de decisão os valores esperados do VAL(i), ou qualquer outro critério equivalente, conforme foi exposto nos Capítulos 6 e 7, é rígida, no sentido que supõe os fluxos de caixa, embora incertos, imutáveis. Não leva em conta o fato de que, à medida que o tempo passa e a incerteza transforma-se em realidade, os gestores do projeto não ficam assistindo passivamente à evolução dos negócios. Se as coisas vão mal, podem decidir fazer cortes e até abortar o projeto. Se as coisas vão bem, podem ampliar. São decisões que afetam os fluxos de caixa subsequentes e/ou a própria vida do projeto. Resultado: o valor do projeto é subestimado pelos métodos clássicos da teoria da decisão, que não levam em conta a flexibilidade gerencial, isto é, a flexibilidade para alterar decisões antigas quando as condições mudam. Por esta razão, na vida real, esses métodos clássicos muitas vezes não são preponderantes na hora da decisão.
> Veja-se que mesmo critérios de gestão da coisa privada que, em um momento ou outro, são dados como imutáveis, acabam tendo de se flexibilizar para que seus objetivos possam ser atingidos.[6]

---

[6] TORRES, Oswaldo Fadigas Fontes. *Fundamentos da engenharia econômica e da análise econômica de projetos*. São Paulo: Cengage Learning, 2014. p. 123.

Relembrando que não se pretende, aqui, simplesmente transmudar conceitos de empreendimento privado à gestão da atuação do Ministério Público, a ideia principal é refletir sobre alguns critérios que orbitam no direito privado e que poderiam ser utilizados na Administração Pública, sem que isso fizesse desvirtuar balizas próprias do Direito Público e, especialmente, das funções institucionais constitucionalmente estabelecidas.

A atuação do Ministério Público visa atingir objetivos claros previstos na Constituição da República, e assim deve ser feito sempre. No entanto, a forma com que tais objetivos devam ser atingidos é que precisa de reflexão, para que as intenções não se transformem em vapor ao longo do caminho entre propósito e concreção, e acabem fazendo pouco efeito naquilo que a sociedade espera da instituição.

Assim, embora a gestão da coisa pública e da privada obedeça a sistemas principiológicos diversos, há muitas ações numa e noutra que podem ser adotadas reciprocamente, inclusive na atuação do Ministério Público, para que prioridades se estabeleçam e modelos de gestão possam ser melhor desenvolvidos.

2 A aproximação da gestão pública com a privada

Os setores público e privado são regulados de forma diferente pelo ordenamento jurídico. No caso do setor público, há uma grande vinculação à lei, retirando do administrador uma boa parcela de suas escolhas pessoais. Sem pretensão de esgotar ou adentrar neste tema, tal fato se dá porque o administrador não é dono do que administra, mas sim a sociedade. Nesse prisma, as regras devem ser rígidas, com parâmetros sólidos e de modo a contemplar a ideia de que a Administração Pública não pode ceder à pessoalidade. No caso do setor privado, as regras são mais flexíveis, dando às pessoas, sejam elas físicas ou jurídicas, maior liberdade para negociarem, praticarem atos de gestão, comércio, regulação das condições de trabalho, dentro outras.

Rebouças (2017) nos coloca certos aspectos que demonstram as balizas da atuação no âmbito privado, que facilitam a consecução de seus objetivos:

> Face à evolução do direito privado e do próprio direito contratual até aqui apresentada, especialmente pela dinâmica do princípio da autonomia privada, com a prevalência da ética, da cooperação e da busca pela eficiência no trato das relações contratuais, tanto em relação às partes

interessadas (força obrigatória do contrato e eficiência econômica), como também em relação a eficiência em face de terceiros e da função social conforme os da tríade função da pilares do capitalismo consciente, é possível identificar a aplicação dinâmica e em constante "transformação da sociedade" teoria geral dos contratos (socioeconômica e jurídica).[7]

Uma das características do setor privado é que este pode ser gerido com o intuito de lucro, crescimento e inclusive reinvestimento de ativos. A busca pelo lucro e crescimento é uma constante baliza nas atividades econômicas, onde se pode observar bons resultados e o crescimento de diversos setores da economia. Não obstante as abissais diferenças entre ambos os setores, há uma tendência em se aplicar boas práticas do setor privado ao setor público, na ideia de aprimorar este. Isso se dá, notadamente, em razão do já reconhecido excesso de burocracia, o qual o Brasil não consegue ultrapassar, cujos efeitos são deletérios ao administrador público e, por consequência, para as necessárias políticas públicas e a sociedade.

O excesso de burocracia ao qual o Estado brasileiro está submetido tem o condão de emperrar obras públicas, fomentar e esconder atos de corrupção, desperdiçar tempo e inibir investimentos necessários para o desenvolvimento nacional. Nesse contexto e levando em consideração o histórico brasileiro em relação a várias obras públicas inacabadas, vem ganhando corpo a utilização de mecanismos e ferramentas do setor privado junto à Administração Pública.

As ferramentas e mecanismos mencionados devem ser regulamentados e vistos como uma forma de desprendimento ao passado, gerando contornos de modernidade ao setor público, trazendo uma releitura do princípio constitucional da eficiência, previsto no artigo 37 da Constituição da República.

Exatamente nesse ponto é que alimentam as ideias de aplicação de conceitos e programas de *compliance*, alinhados com a análise econômica do Direito, ou da atuação jurídica das instituições, de modo que essas possam contribuir sobremaneira para o bem coletivo e aprimorar suas atuações.

O Ministério Público assume papel de protagonismo nesse cenário, mormente em razão da – por todos – almejada segurança jurídica, que tem o condão de melhorar diversos segmentos da máquina estatal e sua relação com o setor privado.

---

[7] REBOUÇAS, Rodrigo Fernandes. *Autonomia privada e a análise econômica do contrato*. São Paulo: Almedina, 2017. p. 149.

Eficiência, eficácia, qualidade e governança, no dizer de Maximiano (2017), são algumas das características exigidas em organizações que constituem instrumentos essenciais para se atingir um bom desempenho. Nesse ponto, disserta o autor:

> Eficiência é um princípio de administração de recursos; é o princípio da relação entre esforço e resultado. Quanto menor o esforço necessário para produzir um resultado, mais eficiente é o processo. Esse princípio é universal e deve-se entendê-lo muito além da aplicação do esforço humano (ou de qualquer outro tipo de recurso) à produção de bens e serviços. A facilidade de consultar títulos em uma biblioteca, graças ao sistema de classificação; o fluxo contínuo de veículos, que evita a perda de tempo; a reciclagem de materiais reaproveitáveis – são todos exemplos de eficiência. A antítese da eficiência é o desperdício. É o que ocorre quando: - São usados mais recursos que o necessário para realizar um objetivo. - Consomem-se recursos e nenhum objetivo é realizado. - São realizados produtos e serviços (objetivos) desnecessários. Eliminar desperdícios significa reduzir ao mínimo a atividade que não agrega valor ao produto ou serviço. Agregação de valor é a contrapartida da eliminação de desperdícios. É, também, um dos conceitos mais importantes da administração moderna. Depois de eliminados ou reduzidos ao mínimo indispensável os desperdícios, o que resta é atividade ou esforço que agrega valor ao produto. Agregar valor significa realizar operações estritamente relacionadas com a elaboração do produto ou prestação do serviço. São as operações de transformação de materiais e componentes e de atendimento de clientes. Um produto ou serviço fornecido sem desperdícios tem o máximo possível de valor agregado para o cliente. Assim, a eliminação de desperdícios diminui os custos de produção, sem que o valor do produto para o cliente fique comprometido.[8]

A ideia de aproximação de conceitos inicialmente utilizados pelo setor privado na administração da coisa pública não é nova, mas ainda passa por dilemas e questionamentos, além da própria resistência natural e decorrente da manutenção do *status quo*.

De qualquer forma, determinados conceitos, em especial na atualidade, parecem irrecusáveis, como o objetivo de não desperdiçar, fazendo com que resultados sejam maiores que os esforços, resultando em eficiência, ou, do contrário, teremos apenas desperdício (MAXIMIANO,

---

[8] MAXIMIANO, Antonio Cesar Amaru. *Gestão pública*: abordagem integrada da Administração e do Direito Administrativo. São Paulo: Atlas, 2017. p. 235.

2017).[9] E desperdício, por maiores que sejam as resistências (intencional ou não) de aplicação da análise econômica sobre a atuação da Administração Pública, é um resultado que ninguém pretende defender.

Nesse ponto, é importante salientar que o conceito de desperdício não tem relação estanque com finanças, embora sejam predominantes no tema, mas sim se os objetivos pretendidos são alcançados com o menor uso de esforços possíveis, para que possam ser direcionados a outros objetivos igualmente importantes.

Assim, se uma determinada política pública de atuação envida esforços de determinada natureza e quantidade, canalizados de tal modo que frustram seus objetivos, ou até os atingem, mas de maneira deficitária, quando poderiam atingir resultados maiores e melhores, teremos o desperdício presente, seja ele financeiro, seja ele de outra característica.

Aliás, não é incomum constatar o desperdício na Administração Pública, justamente porque o conceito de análise econômica passa ao largo de todas as decisões, criando impactos negativos de conceito social e financeiro, aumentando o abismo de injustiça social, já que, para fazer frente a tais resultados, o Estado terá de recorrer mais e mais aos tributos, gerando uma espiral negativa de atuação.

Maximiano (2017)[10] coloca a questão do desperdício não apenas como uma questão financeira, mas sim de benefício social dos métodos propostos, pois, enquanto a administração privada pretende o lucro, a pública intenta promover o bem social, um resultado não expresso em dinheiro, mas sim em qualidade de vida e felicidade dos cidadãos em geral.

Por óbvio que cada uma delas tem características diversas, como as contratações, seja de recursos humanos ou prestadores de serviços, nas quais são muito mais livres no setor privado do que no público, já que, no caso do último, há a necessidade de dotar a decisão de impessoalidade e transparência, sendo essa a razão de ser de concursos públicos e licitações, por exemplo.

Outrossim, os objetivos *stricto sensu* também são diversos, pois enquanto num objetiva-se o lucro, noutro o bem-estar social; num há uma volatilidade decorrente do comportamento mercantil, noutro a universalidade e permanência do serviço; num há a possibilidade

---

[9] MAXIMIANO, Antonio Cesar Amaru. *Gestão pública*: abordagem integrada da Administração e do Direito Administrativo. São Paulo: Atlas, 2017. p. 235.

[10] MAXIMIANO, Antonio Cesar Amaru. *Gestão pública*: abordagem integrada da Administração e do Direito Administrativo. São Paulo: Atlas, 2017. p. 239.

de admissão em processo simplificado de escolha e demissão sem justa causa e noutro a contratação mediante certame específico, com demissão possível apenas em casos previstos em lei, mediante processo em contraditório e ampla defesa. Assim, são inúmeras as distinções entre um e outro, o que não impede que, em determinados conceitos, possam surgir métodos similares ou mesmo idênticos na tomada de decisões (MAXIMIANO, 2017).[11]

Assim, por vezes, os conceitos e métodos acabam convergindo, como, por exemplo, a necessidade de respeito à ética e boa-fé; a busca pela eficiência e a sustentabilidade dos métodos empregados.

Matias-Pereira (2010)[12] traz quatro princípios comuns à governança pública e à privada, como: a) relações éticas; b) conformidade, em todas as suas dimensões; c) transparência e d) prestação responsável de contas, deixando claro que isso não significa que uma ou outra deva adotar métodos específicos sem análise da peculiaridade, em especial na Administração Pública.

Nesse sentido, faz uma distinção entre governança e governabilidade, pois "enquanto a governabilidade diz respeito às condições do exercício da autoridade política, governança qualifica o modo de uso dessa autoridade" (MATIAS-PEREIRA, 2010).[13] Assim, a forma como se governa tem ligação intrínseca com a administração, mas com diferenças conceituais.

A visão de governança deve levar em conta os objetivos pretendidos, demanda e capacidade de atenção, e o método empregado, circunstâncias comuns à iniciativa privada.

É possível substituir, no âmbito público, o objetivo de lucro pelo objetivo de satisfação social no intento originalmente pretendido. Exemplo disso é a questão educacional: se se pretende eliminar ou diminuir o índice de analfabetismo entre adolescentes, é necessário apontar quais objetivos se pretende atingir (100% ou menos; determinada faixa etária); quantos adolescentes estão nessa condição e quantos deles se pode encaixá-los em programas de alfabetização, considerando a capacidade financeira do Estado em garantir esse programa; qual o processo a ser utilizado. O alcance mais próximo possível desse objetivo, com o menor dispêndio de tempo, dinheiro e recursos humanos, é o que caracterizará o verdadeiro lucro à governança pública.

---

[11] MAXIMIANO, Antonio Cesar Amaru. *Gestão pública*: abordagem integrada da Administração e do Direito Administrativo. São Paulo: Atlas, 2017. p. 239.
[12] MATIAS-PEREIRA, José. *Governança no setor público*. São Paulo: Atlas, 2010. p. 123.
[13] MATIAS-PEREIRA, José. *Governança no setor público*. São Paulo: Atlas, 2010. p. 109.

Nesse mesmo exemplo, a governança privada analisaria as receitas, despesas e lucro a ser almejado, ou mesmo superávit, no caso de sociedades, fundações ou associações sem fins lucrativos, mas que utilizem as sobras como forma de reinvestimento.

Silva (2014) faz referência à demonstração do resultado econômico no setor público:

> A crescente exigência popular acerca da transparência na gestão dos recursos públicos, objetivando a verificação da otimização dos benefícios gerados à sociedade, revela a necessidade de implantação de um sistema de informações que permita a evidenciação de resultados alcançados sob a égide da eficiência, eficácia e efetividade da gestão. No Brasil, a maioria dos gestores não sabe dizer se ações oferecidas à sociedade são bem-sucedidas ou não. Quando eles, por exemplo, impõem cortes ao orçamento, não sabem se estão cortando "supérfluos" ou "essenciais". Faltando-lhes, muitas vezes, informações objetivas quanto aos resultados alcançados. A busca de alternativas que reduzam os custos e otimizem a efetividade e a eficiência (preceito instituído pela Carta Constitucional de 1988 no art. 74, inciso II: comprovar a legalidade e avaliar os resultados, quanto à eficácia e eficiência, da gestão orçamentária, financeira e patrimonial nos órgãos e entidades da administração federal, bem como da aplicação de recursos públicos por entidades de direito privado) dos serviços prestados à sociedade, pelos órgãos públicos, tem sido o grande desafio dos estudiosos e administradores da área pública no Brasil, pois, em realidade, a preocupação até então se restringia, fundamentalmente, a procedimentos mais voltados ao atendimento das prerrogativas legais vigentes no país, não se analisando os aspectos concernentes à gestão de custos e consequentes resultados, que já são demasiadamente conhecidos no setor privado. Para tanto, a NBCT 16.6 criou um novo demonstrativo, a Demonstração do Resultado Econômico (DRE), que evidencia eficiência na gestão dos recursos no serviço público. Surge, pois, a necessidade de implementação de um sistema que objetive resultados. Sugere-se que, no mínimo, as ações e/ou serviços públicos sejam monitoradas passo a passo por um sistema de contabilidade e controladoria estritamente técnico e dotado de instrumental normativo perfeitamente definido; caso contrário, poderão ensejar evasão de recursos oriundos dos cidadãos, que os entrega à instituição Estado para serem aplicados nas necessidades essenciais de uma sociedade. Nesse contexto, o Conselho Federal de Contabilidade, por meio da Resolução no 1.129/08, que aprovou a NBCT 16. 2 – Patrimônio e Sistemas Contábeis, estabeleceu o Subsistema de Custos que tem como objetivo registrar, processar e evidenciar os custos dos bens e serviços, produzidos e ofertados à sociedade pela entidade pública. Segundo a

norma, o subsistema de custos, integrado com os demais – orçamentário, financeiro, patrimonial e compensação – deve subsidiar a Administração Pública sobre: a) desempenho da unidade contábil no cumprimento da sua missão; b) avaliação dos resultados obtidos na execução dos programas de trabalho com relação a economicidade, eficiência, eficácia e efetividade; c) avaliação das metas estabelecidas pelo planejamento; d) avaliação dos riscos e das contingências.[14]

Assim, embora os objetivos, em sentido estrito, possam ser diversos, e alguns métodos sejam próprios de um e outro tipo de governança, há uma série de conceitos que convergem para a mesma finalidade, qual seja, a eficiência.

Medeiros (2018),[15] ao tratar do programa de TV conhecido como "O Sócio", cujo protagonista, Marcus Lemonis, é um *CEO* de sucesso que procura recuperar empresas à beira da falência, expõe que o empresário utiliza o método dos três 'Ps', quais sejam, pessoas, produtos e processo, definindo que as pessoas certas e nas funções certas é que farão o negócio prosperar; o processo diz respeito ao conhecimento do negócio em si (em todos os termos, financeiro, estoque, patrimônio, ativos e passivos, etc.) e o método empregado para a continuidade e crescimento dele e, por fim, o produto a ser oferecido, capaz de atrair um grande número de clientes.

Dadas as devidas proporções, o mesmo mecanismo pode, por exemplo, ser utilizado na governança pública, pois as pessoas, o processo e o produto oferecido é que podem tornar uma política pública um sucesso ou não.

Determinados conceitos econômicos adotados pelo setor privado são perfeitamente compatíveis com a Administração Pública, e sua utilização pode muito bem tornar mais eficiente seus resultados.

3 A atuação do Ministério Público sob o prisma da análise econômica

Exposto o paradigma da atuação do Ministério Público e a convergência de conceitos do setor privado à Administração Pública,

---

[14] SILVA, Valmir Leôncio da. *A nova contabilidade aplicada ao setor público*: uma abordagem prática. 3. ed. São Paulo: Atlas, 2014. p. 278.

[15] MEDEIROS, Robert Esteves Freitas de. *O Sócio*: ferramentas na gestão de negócios. Disponível em: https://www.candidomendes.edu.br/wp-content/uploads/2019/10/O-SO%CC%81CIO.pdf. Acesso em: 1 fev. 2021.

cabe, agora, analisar como a instituição poderia utilizar mecanismos de análise econômica para melhor atingir seus objetivos constitucionais e legais, da forma mais eficiente possível.

Um dos grandes desafios nessa ideia é que o Ministério Público deve estrita observância à lei e aos comandos e princípios constitucionais, sendo, em sua atividade meio dotado de menos liberdade do que o setor privado. Não obstante as limitações, deve-se ter em mente os objetivos e funções institucionais que devem guiar as atividades institucionais.

A análise econômica da atuação do Ministério Público pode ser pautada por critérios objetivos, conferindo maior atuação em situações que demandam maior complexidade, urgência, relevância social ou outro critério a ser estabelecido. A tarefa não é fácil, pois a interpretação subjetiva do artigo 127, *caput*, da Constituição da República e dispositivos legais que regulam a atuação do Ministério Público fazem-no atuar praticamente em todos os segmentos e, mais que isso, abre campo a um ativismo que deve ser evitado.

O perigo desta interpretação reside justamente na possibilidade de invasão de atribuição, aliada ao fato de que não se pode dar conta de todos os problemas em todas as áreas, o que, se for tentado, pode trazer um fracasso na atuação e revés institucional. Por outro lado, e reforçando a dificuldade do tema, reconhece-se que em muitas oportunidades o Ministério Público é chamado a atuar, como última esperança da sociedade, mesmo que em temas que, comparando com outros, são de pequena monta.

Assim, uma das ideias que se dá na equalização do problema é que a atuação do Ministério Público deve ser pautada em critérios mais objetivos, estatísticos, de modo a prestigiar e atuar com mais intensidade em questões que vão melhorar a vida da sociedade ou recompor/reparar algum dano causado. As demais situações que não se encaixem nos parâmetros estipulados devem ser encaminhadas (e demandadas) às instituições de atuação originária, onde o Ministério Público poderia criar um núcleo de fiscalização típica do Poder Público.

Como dito alhures, o Ministério Público, especialmente após a promulgação da Constituição de 1988, abarcou uma série de atribuições, além daquelas já previstas em legislações anteriores, acarretando uma carga de trabalho sobre-humana, notadamente se exercer as funções literalmente em cada caso que lhe seja apresentado, desde um simples atendimento para a prestação de informações jurídicas até o desmantelamento de uma organização criminosa envolvendo integrantes de poder político e/ou econômico.

O princípio da eficiência, erigido à categoria constitucional pela Emenda nº 19/98, é emblemático ao determinar à Administração Pública que as políticas de atuação e a tomada de decisões levem em consideração os custos e benefícios, com o resultado útil mais eficaz possível.

Manejar instrumentos que, dentre as suas finalidades sociais, possam atingir objetivos da melhor forma possível, especialmente sob o prisma de princípios assegurados constitucional e legalmente, é o objeto de que se assegura o administrador público. Mas deve fazê-lo da forma mais eficiente possível, e isso significa conhecer a estrutura que tem à disposição, ponderar custos e resultados, a fim de que consiga manter um modelo sustentável de Estado.

Não é diferente, no que tange ao Ministério Público, que deve traçar rotas de atuação, dentre aquelas inúmeras prescritas na Constituição e nas leis, que atinjam os objetivos da forma mais eficiente possível.

E só se atinge a eficiência nas suas ações com o estabelecimento de planos estratégicos de atuação, conforme expõe Garcia (2017):

> Especificamente em relação ao planejamento estratégico do Ministério Público, projeção direta de sua autonomia administrativa e funcional, a definição do resultado a ser alcançado será tanto mais legítima quanto maior a interface realizada com as diferentes partes do sistema, como são as pessoas privadas em geral, físicas ou jurídicas (v. g.: ONGs), os próprios órgãos da Instituição e os demais órgãos públicos. A informação, por sua vez, que permitirá visualizar o futuro a partir das singularidades do presente, pode ser apreendida de múltiplas formas, como a realização de audiências públicas, a disponibilização de ouvidorias e a elaboração de relatórios estatísticos identificando as principais demandas e as áreas em que se manifestam, isso sem olvidar a extrema relevância das campanhas publicitárias que a Instituição pode veicular na mídia, o que pode despertar a ideologia participativa e a consequente realimentação desse ciclo. A partir das informações recebidas, será necessário definir as prioridades, tendo-se sempre presente que a escassez de recursos é uma realidade em países de modernidade tardia como o Brasil. Essas prioridades, o quanto possível, devem ter caráter vinculativo, tanto para os órgãos administrativos como para os órgãos de execução. Em relação aos últimos, não visualizamos propriamente uma violação ao princípio da independência funcional. Afinal, poderão praticar livremente os atos que lhes pareçam mais adequados à obtenção do resultado almejado. A definição de estratégias e de prioridades de atuação, enquanto manifestação da unidade do Ministério Público, encontra-se em total harmonia com a plena liberdade na forma de atuação, inerente e indissociável da independência funcional. Quanto aos órgãos administrativos, o

planejamento é um relevante mecanismo para o aprimoramento da gestão. No que tange aos meios empregados, em sentido lato, não propriamente em sentido estrito, pois este último, em relação aos órgãos de execução, diz respeito à independência funcional, tem-se o apoio técnico-logístico a ser oferecido pela Instituição. Nesse particular, merecem especial realce o investimento em tecnologia da informação, o aparelhamento do setor de inteligência, o constante aprimoramento dos recursos humanos e a disponibilização do conhecimento, de modo que cada integrante da Instituição possa evoluir em sua atividade a partir do ponto alcançado por outro membro. Em relação a esse último aspecto, o que mais se observa é que os membros do Ministério Público costumam atuar de modo isolado, desenvolvendo esforços paralelos para alcançar o mesmo resultado, o que evidencia nítido desperdício de tempo e de dinheiro público. A utilização do planejamento como ferramenta constante permitirá que o Ministério Público deixe de agir por "instinto", limitando-se a reagir às demandas imediatas, e passe a atuar amparado pela razão, projetando as transformações sociais e maximizando a sua atuação em prol da coletividade.[16]

Um dos exemplos utilizados por diferentes unidades do Ministério Público é o Plano Geral de Atuação,[17] no qual se definem, em cada área de atuação, diferentes tópicos prioritários de atuação, estabelecendo um critério de atuação prevalente sobre os demais, a fim de que tais temas possam ter resultados melhores e mais rápidos.

No entanto, embora isso seja um grande passo, é necessário que haja a adesão de cada promotoria de justiça em tais prioridades, servindo mais como uma referência do que, propriamente, uma política de amplitude institucional.

4 *Compliance* como forma de aprimoramento institucional

Não é tarefa deste artigo explicitar temas sobre *compliance*, partindo-se da compressão do leitor sobre este instituto. A questão central reside, como abordado anteriormente, em aproximar a gestão privada da pública, de modo que o *compliance* possa fazer parte do cotidiano, não só do Ministério Público, como da Administração Pública em geral.

---

[16] GARCIA, Emerson. *Ministério Público*: organização, atribuições e regime jurídico. 6. ed. São Paulo: Saraiva, 2017. p. 196.

[17] No MPSC, está previsto no artigo 89 da Lei Orgânica Estadual do Ministério Público de Santa Catarina (Lei Complementar Estadual nº 738/19).

Trata-se de uma releitura dos princípios constitucionais da legalidade, publicidade e eficiência, fazendo com que o setor público se aproxime da sociedade que o fiscaliza e atenda a parâmetros de excelência hoje apresentados no setor privado, com êxito.

Práticas e programas de *compliance* são hoje largamente utilizados em grandes empresas e corporações como a Google, BMW, Petrobras, dentre outras, podendo-se extrair bons exemplos para implementação interna. Nesse ponto, convém trazer a seguinte passagem (SCHNEIDER; ZIESEMER, 2020):

> A par de defender a adoção de práticas e conceitos de *compliance* no Ministério Público, é de se ponderar que estas devam abranger não somente o *Parquet*, mas também o poder público como um todo. A mudança de visão e de cultura são necessárias, propondo-se uma verdadeira releitura do art. 37 da Constituição. O aprimoramento dos princípios da impessoalidade e eficiência podem ser considerados os alicerces dos programas de *compliance* perante a administração pública. [...]
> Na prevenção, o *compliance* redunda no deslocamento do eixo de atenção da governança pública, cambiando o momento da fiscalização e se revelando como uma proposta de atividade de prevenção, de auxílio ao gestor previamente à realização da despesa e visando a que, no momento oportuno, seja realizada da melhor forma possível. Outro ponto nevrálgico que desponta na temática do *compliance* no setor público é a eficiência. A eficiência, aliás, é outra premissa que deve ser levada a efeito para a concretização dos objetivos fundamentais previstos na República Federativa do Brasil; tornar um Estado eficiente, contudo, vai além de simples conceitos.[18]

Com efeito, o tema ainda é pouco explorado no segmento público, em que pese sejam reconhecidos avanços na implementação de programas de *compliance* e integridade. Para um significativo avanço neste campo, há que se implementar uma gradativa mudança de cultura e a superação de alguns dogmas que persistem no setor público, como sua própria e autofiscalização, tão criticada, com boa parte de razão. O destinatário final dos serviços do Estado, qual seja a sociedade, pode e

---

[18] SCHNEIDER, Alexandre; ZIESEMER, Henrique da Rosa. *Compliance* não só para os outros. *Revista do Ministério Público Militar*, n. 32, 2020. Disponível em: https://revista.mpm.mp.br/artigos/?idedicao=32. Acesso em: 1 fev. 2021.

deve exigir uma maior transparência e eficiência dos serviços prestados, os quais podem ser incrementados com a ideia apresentada.

Eficiência, no dizer de Gazoto (2003),[19] é mais que um princípio, sobrepondo-se a todos os demais princípios, a partir do momento em que todas as ações da Administração Pública devem se pautar pela busca do resultado pretendido, não sendo diferente na atuação do Ministério Público, que precisa adotar, tanto nas políticas institucionais internas quanto nas externas, a prática de planejamento, ação e avaliação que permitam atingir as melhores resoluções com os menores custos (financeiros e humanos), com o propósito do que chamamos de lucro social, ou seja, não de lucro meramente econômico, mas sim de consecução de objetivos sociais, que permitam ao cidadão a percepção de transformação social positiva.

Por óbvio que o Ministério Público, apesar da essência eminentemente fiscalizadora, também se sujeita a prestar contas, seja ao Poder Executivo (que escolhe seus chefes institucionais a partir de lista tríplice, no Ministério Público estadual, e de livre escolha, no Ministério Público Federal), ao Poder Legislativo (que pode demandar informações e pode sujeitar seus chefes institucionais a processo por crime de responsabilidade), ao Tribunal de Contas (do Estado e da União) e, por fim, ao Conselho Nacional do Ministério Público, mas isso não o exime de estruturar internamente sua face autocrítica, com atuação intensa de suas corregedorias, ouvidorias e demais órgãos que permitam a realização de avaliação das ações e resultados, permitindo definições estratégicas que alcancem os melhores resultados possíveis, pautando-se dentro de linhas éticas e orientados por princípios da Administração Pública.

Conforme o conceito extraído de Assaf Neto (2014), o *"compliance pode ser entendido como estar em conformidade com as normas e procedimentos legais impostos às instituições"*,[20] atendendo o que está disposto em leis e regulamentos, sob pena de incorrer em sanções.

Portanto, a par dos instrumentos de auditoria já existentes (internos e externos), é necessário que a instituição preveja mecanismos complementares (e permanentes) que mantenham não só a ordem interna de conformidade normativa, mas também de utilização racional de seus recursos, impedindo o surgimento de resultados deficientes.

---

[19] GAZOTO, Luís Wanderley. *O princípio da não obrigatoriedade da ação penal pública*: uma crítica ao formalismo no Ministério Público. Barueri: Manole, 2003. p. 107.
[20] ASSAF NETO, Alexandre. *Mercado financeiro*. 12. ed. São Paulo: Atlas. 2014. p. 289.

Nesse ponto, interessante a colocação do termo *compliance* por Carvalho Filho (2017):

> Em termos de administração empresarial, desenvolve-se na atualidade, portanto, o sistema de compliance, verdadeiro compromisso, pelo qual a empresa institui autonormatização com o fim de submeter-se ao cumprimento das normas legais e regulamentares externas, e também as normas que traduzem as políticas e as diretrizes estabelecidas para o negócio e para as atividades da instituição, buscando, inclusive, impedir, identificar e regular eventuais desvios ou inconformidades nas ações e estratégias empresariais.[21]

É de se observar que a adoção do sistema de *compliance*, em especial no Ministério Público, não significa a suspeita (por ações ilícitas) com a atuação de seus agentes políticos, tampouco da conduta da própria instituição em si, mas de perfectibilização das suas ações em conformidade com seus objetivos constitucionais, evitando a todo o custo qualquer espécie de desperdício e a racionalização da sua estrutura, com planejamento, ação e avaliação.

Constitui-se, nesse ponto, muito mais como um método de alcance ideal dos objetivos propostos do que a auditoria de suas ações (de que se preocupam seus órgãos correicionais internos e externos), fazendo que com que suas atribuições possam redundar em transformações sociais positivas.

Portanto, a *compliance*, mais do que a pretensão meramente fiscalizatória ou correicional, ou mesmo de manutenção da conformidade, visa a consecução dos objetivos, propostas e métodos de ação, a fim de que a estratégia utilizada ainda mantenha hígidos os princípios da Administração Pública aos quais o Ministério Público, tal qual qualquer outro ente federado ou instituição, também deve obediência.

Conclusão

O Ministério Público vem abarcando uma série de atribuições ao longo da história, desde a Constituição de 1988, que, no entanto, não acompanham o respectivo crescimento estrutural, merecendo que o binômio atribuições e estrutura seja ponderado, para que um não

---

[21] FILHO CARVALHO, José dos Santos. *Manual de direito administrativo*. 31. ed. rev., atual. e ampl. São Paulo: Atlas, 2017. p. 339.

elimine o outro, fazendo com que a instituição se torne autossustentável e atinja todos os objetivos essenciais à sua existência.

O modelo obsoleto de gestão na Administração Pública tem levado gestores à escolha de ações, métodos e avaliações mais comuns na administração privada, que, por sua liberdade de ação, acaba conseguindo atingir resultados com mais dinamismo e eficiência.

No entanto, nem sempre a atuação em ambas atinge pontos convergentes, tais como forma de contratação e demissão de funcionários, aquisição de bens e serviços, negociação de valores, etc. Já há outros pontos que são convergentes, tais como planejamento e estratégia, escolha e execução de ações e avaliação dos resultados obtidos, além do estabelecimento de prioridades.

Assim, deve a Administração Pública se utilizar de mecanismos comuns a empresas privadas para definir suas ações e objetivos propostos, a fim de que consiga atingir algo comum a ambas: eficiência.

A palavra eficiência tem uma definição diversa entre um e outro: enquanto na iniciativa privada, a leitura da palavra eficiência deságua no lucro financeiro, na Administração Pública ela se constitui em conquistas sociais, perceptíveis ao cidadão.

A atuação do Ministério Público deve se pautar nos princípios da Administração Pública, mas sem descuidar o mais moderno deles, que é o da eficiência, devendo se pautar em métodos comuns à iniciativa privada, naquilo que não conflite com suas balizas constitucionais e legais. Portanto, estratégias devem ser adotadas, cuidando para que os custos das ações tenham resultados compatíveis ou até mesmo superem as expectativas.

Por fim, a atuação deve levar em consideração o sistema de *compliance* para que não só suas ações levem em conta as exigências e/ou restrições normativas, como também elas sejam consideradas para a estipulação de métodos na consecução de seus objetivos, a fim de que a eficiência seja almejada e atingida predominantemente.

Referências

ASSAF NETO, Alexandre. *Mercado financeiro*. 12. ed. São Paulo: Atlas, 2014.

BRASIL. Constituição da República Federativa do Brasil. Acesso em: 1 fev. 2021.

BRASIL. Lei Orgânica do Ministério Público do Estado de Santa Catarina. Acesso em: 1 fev. 2021.

FILHO CARVALHO, José dos Santos. Manual de direito administrativo. 31. ed. rev., atual. e ampl. São Paulo: Atlas, 2017.

GARCIA, Emerson. *Ministério Público*: organização, atribuições e regime jurídico. 6. ed. São Paulo: Saraiva, 2017.

GAZOTO, Luís Wanderley. *O princípio da não obrigatoriedade da ação penal pública*: uma crítica ao formalismo no Ministério Público. Barueri: Manole, 2003.

GONÇALVES, Ecerton das Neves; STELZER, Joana; BONMANN, Eltos Dias. O nível eficiente de proteção e de punição segundo a análise econômica do direito ambiental. *Veredas do Direito*, Belo Horizonte, v. 12, n. 24, p.175-206, jul./dez. 2015.

JAKOBI, Karin Bergit; RIBEIRO, Marcia Carla Pereira. *Análise econômica do direito e a regulação do mercado de capitais*. São Paulo: Atlas, 2014. Livro digital.

MACKAAY, Ejan; ROUSSEAU, Stéphane. *Análise econômica do direito*. 2. ed. São Paulo: Atlas, 2014.

MATIAS-PEREIRA, José. *Governança no setor público*. São Paulo: Atlas, 2010.

MAXIMIANO, Antonio Cesar Amaru. *Gestão pública*: abordagem integrada da Administração e do Direito Administrativo. São Paulo: Atlas, 2017.

MEDEIROS, Robert Esteves Freitas de. O Sócio: ferramentas na gestão de negócios. Disponível em: https://www.candidomendes.edu.br/wp-content/uploads/2019/10/O-SO%CC%81CIO.pdf. Acesso em: 1 fev. 2021.

POSNER, Richard A. *Fronteiras da teoria do direito*. São Paulo: Martins Fontes, 2011.

REBOUÇAS, Rodrigo Fernandes. *Autonomia privada e a análise econômica do contrato*. São Paulo: Almedina, 2017.

SCHNEIDER, Alexandre; ZIESEMER, Henrique da Rosa. Compliance não só para os outros. *Revista do Ministério Público Militar*, n. 32, 2020. Disponível em: https://revista.mpm.mp.br/artigos/?idedicao=32. Acesso em: 1 fev. 2021.

SILVA, Valmir Leôncio da. *A nova contabilidade aplicada ao setor público*: uma abordagem prática. 3. ed. São Paulo: Atlas, 2014.

TORRES, Oswaldo Fadigas Fontes. *Fundamentos da engenharia econômica e da análise econômica de projetos*. São Paulo: Cengage Learning, 2014.

Informação bibliográfica deste texto, conforme a NBR 6023:2018 da Associação Brasileira de Normas Técnicas (ABNT):

MUNIZ, Alexandre Carrinho; ZIESEMER, Henrique da Rosa. Análise econômica da atuação do Ministério Público e *compliance*. In: SCHNEIDER, Alexandre; ZIESEMER, Henrique da Rosa (Coord.). *Temas atuais de compliance e Ministério Público*: uma nova visão de gestão e atuação institucional. Belo Horizonte: Fórum, 2021. p. 221-240. ISBN 978-65-5518-220-0.

COMPLIANCE CRIMINAL COMO FORMA DE PREVENÇÃO CRIMINAL: POR UMA ATUAÇÃO CONTEMPORÂNEA DO MINISTÉRIO PÚBLICO

GUSTAVO SENNA

Prenúncio

> *Quereis prevenir delitos? Fazei com que as leis sejam claras, simples e que toda a força da nação se concentre em defendê-las e nenhuma parte seja empregada para destruí-las. Fazei com que as leis favoreçam menos as classes dos homens do que os próprios homens. Fazei com que os homens as temam, e temam só a elas. O temor das*

leis é salutar, mas o temor de homem a homem é fatal e fecundo em delitos.

BECCARIA[1]

No ano de 1764 Beccaria, anonimamente, publicou em Milão a sua célebre e festejada obra "Dos Delitos e das Penas", considerada um marco do Direito Penal de tradição liberal, que trouxe e ainda traz importantes reflexões para os atores do sistema de justiça criminal, sem prejuízo de algumas críticas que possam ser endereçadas ao seu pensamento.

Sem adentrar em questões a respeito do homem por detrás da obra ou de sua originalidade, várias lições do jovem pensador milanês ainda são de uma atualidade impressionante. Assim, são pertinentes as ponderações de Basileu Garcia, quando destacou que era "algo inédito e emocionante que um marquês de vinte e seis anos, poderoso e feliz, se preocupasse com a sorte dos desgraçados que sofriam as cruezas de uma legislação retrógrada, servida por métodos punitivos verdadeiramente bárbaros".[2]

No que se refere à prevenção de crimes, pode-se dizer que Beccaria foi pioneiro. Realmente, conforme destaca Urs Kindhäuser: "Dificilmente otra obra que apuntara a semejantes objetivos podría haber tenido el éxito que tuvo el tratado de Beccaria. Bien podría esto estar relacionado con que Beccaria haya sido el primer teórico en ocuparse del problema de la prevención criminal".[3]

É verdade que no contexto atual algumas críticas podem ser endereçadas a um ou outro ponto do pensamento de Beccaria, como é o caso de sua defesa à corrente filosófica denominada comunitarismo, o que acaba exigindo uma adesão interna do cidadão que poderia restringir demasiadamente a sua liberdade de consciência, algo muito caro ao próprio pensador milanês. Porém, ainda assim, sua contribuição é relevante, uma vez que é louvável quando enfatiza que o comunitarismo entenda o bem comum como dependente do compromisso dos cidadãos.

---

[1] BECCARIA, Cesare. *Dos Delitos e das Penas*. 2. ed. São Paulo: Martins Fontes, 2002, p. 131.
[2] GARCIA, Basileu. *Instituições de direito penal*. 4. ed. São Paulo: Max Limonad, 1973, v. 1, t. 1, p. 44.
[3] KINDHÄUSER, Urs. Capítulo XLI. Cómo se evitan los delictos. Acerca de la Concepción de la prevención criminal de Cesare Beccaria. *In*: MATUS, Jean Pierre (Dir.). *Beccaria 250 años después*. Dei delitti e dele pene: de la obra maestra a los becarios. Buenos Aires: IBdef, 2011, p. 468.

Esse último aspecto ressaltado do pensamento de Beccaria merece aprovação e pode evoluir, alçando voos maiores que não poderiam ser imaginados por ele na época e na realidade em que viveu. Realmente, podemos ver nos seus escritos ecos do princípio da integridade, que "é o que leva o ser humano, por sua própria consciência, a trilhar o caminho que o conduzirá ao estado de integridade por meio de suas palavras, ações, omissões, atitudes e decisões. É o que leva o ser humano a decidir fazer o próprio caminho da integridade".[4]

E é com sustentáculo nessa linha de integridade, de caminhos para a prevenção de infrações penais, que o presente ensaio visa refletir, valendo-se, para tanto, dos programas de *compliance*. Objetiva-se demonstrar que tais programas podem contribuir para a tão desejada prevenção criminal. Nessa linha, busca-se também trazer à reflexão o papel do Ministério Público nesse modelo de atuação contemporânea.

1 Ministério Público na sociedade de risco: passado, presente e futuro

É sabido que o Ministério Público, desde o seu surgimento, vem gerando intenso debate pelo mundo afora, despertando paixões e ódios, críticas e elogios, necessitando urgentemente sair da zona de conforto na qual se encontra boa parte de seus integrantes na área criminal, sob pena de cada vez mais a instituição perder espaço e legitimidade perante a coletividade.

Tradicionalmente o Ministério Público no Brasil sempre desempenhou relevante papel no sistema de justiça criminal, sendo um de seus maiores protagonistas. Aliás, não é raro no imaginário popular vislumbrar na figura dos promotores de justiça os responsáveis pela acusação daqueles que cometem crimes, ligando a instituição quase sempre a uma atuação puramente repressiva e punitivista, apesar das inúmeras e importantíssimas atribuições que desempenha na esfera extrapenal, judicial e extrajudicialmente.

Não se duvida que o relevante papel desempenhado pelo Ministério Público na esfera criminal restou ainda mais fortalecido com o advento da Constituição Federal de 1988, destacando-se o artigo

---

[4] LUCAS, Luiz Fernando. *A era da integridade*: Homo Conscious: a próxima evolução: o impacto da consciência e da cultura de valores para encontrar propósito, paz espiritual e abundância material na sua vida pessoal, profissional e na sociedade. São Paulo: Editora Gente, 2020, p. 77.

129 que, dentre outras atribuições, confere ao *Parquet* a função de promover, privativamente, a ação penal pública, de exercer o controle externo da atividade policial, de requisitar diligências investigatórias e a instauração de inquérito policial, além de exercer outras funções que lhe forem conferidas, desde que compatíveis com a sua finalidade.

Porém, as aludidas atribuições não podem estar divorciadas daquele que é o principal artigo da Constituição Federal em relação ao Ministério Público, o seu coração: o art. 127, que tem o seguinte e emblemático teor: "O Ministério Público é instituição permanente, essencial à função jurisdicional do Estado, incumbindo-lhe a defesa da ordem jurídica, do regime democrático e dos interesses sociais e individuais indisponíveis". Esse artigo deixa claro que no sistema constitucional pátrio o Ministério Público foi elevado à condição de "*gatekeeper* del sistema penal",[5] sendo o ponto extremo de canalização do Poder Judiciário e da execução de política criminal do Estado.

O citado artigo, infelizmente, parece ser esquecido por parte de alguns integrantes da instituição. Daí por que nunca é demais relembrá-lo, pois serve de espécie de bússola para guiar os caminhos do Ministério Público contemporâneo, rumo a uma instituição verdadeiramente democrática, que vele pelos interesses sociais e individuais indisponíveis, fundamental para a defesa dos direitos humanos.

Não bastasse o perfil constitucional, não pode a atuação do Ministério Público estar em descompasso com os desafios de uma sociedade complexa e de riscos, como a atual. Muito menos pode desconsiderar a necessidade cada vez maior de se buscar uma atuação preventiva e resolutiva, inclusive na esfera criminal, que não pode mais ser olhada apenas sob o viés puramente repressivo e punitivista, como se o Ministério Público fosse um mero acusador sistemático e cego de tempos pretéritos e sombrios, ou um personagem que representa a encarnação do mal, como se vê na literatura.[6]

Esse novo olhar é fundamental, especialmente em tempos de elevado encarceramento, de exagerada e irrazoável inflação legislativa em relação a tipos penais incriminadores, de impunidade da criminalidade

---

[5] ASSIS, Adriano Marcus Brito de. *Ministerio Público y combate a la corrupción política*: cuestiones constitucionales y procesales sobre la configuración orgánica de la institución. Valencia: Tirant lo Blanch, 2020, p. 133.

[6] Basta aqui lembrar a fala do personagem João Grilo do livro "Auto da Compadecida", de Ariano Suassuna, quando se refere ao "Encourado", o demônio, que o acusava naquela liturgia de responsabilização: "Foi gente que eu nunca suportei: promotor, sacristão, cachorro e soldado de polícia. Esse aí é uma mistura de tudo isso" (SUASSUNA, Ariano. *Auto da compadecida*. Rio de Janeiro: Nova Fronteira, 2016, p. 111).

de poder, de um crescimento da criminalidade de massa[7] e, também, de uma criminalidade difusa cada vez mais complexa, que em geral não é muito sentida pela coletividade, mas que possui efeitos devastadores e nefastos, minando os objetivos estratégicos do Estado Democrático de Direito (Constituição Federal, art. 3º).

É verdade que o Ministério Público teve e ainda tem um papel fundamental no enfrentamento da denominada criminalidade de massa, tradicional. Porém, nos dias atuais vivemos em uma sociedade do consumo, complexa e de riscos, que acaba dando ensejo ao o florescimento de um tipo de criminalidade difusa, a reclamar um novo olhar que não pode ficar restrito apenas a uma visão monocular, punitivista. É oportuno lembrar aqui Ulrich Beck:

> Nesse sentido, a sociedade de risco produz novas oposições de interesse e um novo tipo de solidariedade diante da ameaça, sem, porém, que se saiba ainda quanta carga ela pode comportar. Na medida em que as ameaças da modernização se acentuam e generalizam, revogando, portanto, as zonas residuais de imunidade, a sociedade de risco (em contraposição à sociedade de classes) desenvolve uma tendência à unificação objetiva das suscetibilidades em situações de ameaça global. Assim, amigo e inimigo, leste e oeste, em cima e embaixo, cidade e campo, preto e branco, sul e norte são todos submetidos, no limite, à pressão equalizante dos riscos civilizacionais que se exacerbam. Elas contêm em si uma dinâmica evolutiva de base democrática que ultrapassa fronteiras, através da qual a humanidade é forçada a se congregar na situação unitária, através da qual a humanidade é forçada a se congregar na situação unitária das autoameaças civilizacionais.[8]

O mundo mudou e vem mudando de forma cada vez mais veloz, com novos desafios, novos riscos, como revelou tristemente o ano de 2020, que ficou marcado como um dos momentos mais difíceis e tristes da história da humanidade, com o advento de uma megacrise que paralisou a vida social e econômica de 177 países. Como é notório, 2020 foi tomado pela terrível pandemia imposta por um minúsculo vírus

---

[7] A expressão "criminalidade de massa" aqui empregada diz respeito ao tipo de criminalidade mais aparente, aquela em que a população se encontra realmente sobressaltada e agredida, podendo citar, como exemplo, os crimes patrimoniais, relacionados às drogas ilícitas, de sangue (homicídio) etc. Sobre o tema: HASSEMER, Winfried. Segurança Pública no Estado de Direito. In: Direito Penal: fundamentos, estrutura, política. Porto Alegre: Sérgio Antônio Fabris, 2008.

[8] BECK, Ulrich. Sociedade de risco: rumo a uma outra modernidade. São Paulo: Editora 34, 2010, p. 57.

(covid-19) surgido numa cidade da China, que contaminou milhões de pessoas em todo o mundo, já ceifando a vida de quase três milhões,[9] além de nos roubar inúmeras coisas que antes passavam desapercebidas, como um simples abraço.

Bilhões de pessoas sentiram a angústia de serem privadas da vida que costumavam levar, da liberdade, esse direito tão caro e fundamental ao ser humano. O mundo ficou literalmente de joelhos perante uma ameaça invisível aos olhos. É verdade que a incerteza sempre acompanhou e acompanhará a humanidade,[10] mas no ano de 2020 – e ainda no ano de 2021 – as incertezas foram turbinadas a um nível sem precedentes na história do mundo contemporâneo. Incertezas sobre o vírus, sobre as formas de contágio, sobre medicamentos já existentes, sobre uma possível vacina, sobre a efetividade de uma vacina etc.

Diversos fatores contribuíram para o surgimento do referido vírus, a exemplo de outros que surgiram ao longo da história, sendo assustadora a lista de vírus emergentes em seres humanos no mundo moderno.[11] Contudo, muitos especialistas e teóricos destacam a questão ambiental e o crescimento econômico a qualquer custo como alguns desses fatores. Só para se ter uma ideia, num artigo recente publicado pelo IPBES (Plataforma Intergovernamental de Políticas Científicas em Serviços de Biodiversidade e Ecossistema) – que é uma organização intergovernamental que foi criada com o objetivo de melhorar a interface entre a ciência e a política em questões de biodiversidade e serviços ecossistêmicos – pode ser lido o seguinte:

---

[9] No momento em que escrevemos o presente ensaio os escritórios da OPAS (Organização Pan-Americana de Saúde) e da OMS (Organização Mundial de Saúde) divulgaram que foram confirmados no mundo 139.501.934 casos de covid-19 e 2.992.192 mortes até 17 de abril de 2021 (disponível em: https://covid19.who.int/, acesso em: 18 abr. 2021).

[10] Como destaca Edgar Morin: "Isso nos incita a reconhecer que, mesmo escondida e recalcada, a incerteza acompanha a grande aventura da humanidade, cada história nacional, cada vida 'normal'. Pois toda vida é uma aventura incerta: não sabemos de antemão o que serão para nós a vida pessoal, a saúde, a atividade profissional, o amor, nem quando ocorrerá a morte, ainda que esta seja indubitável. Com o vírus e com as crises que se seguirão, provavelmente conheceremos mais incertezas que antes e precisamos nos aguerrir para aprender a conviver com isso" (MORIN, Edgar. *É hora de mudarmos de via*: as lições do coronavírus. Rio de Janeiro: Bertrand Brasil, 2020, p. 26).

[11] Boaventura de Sousa Santos elenca alguns casos: "A lista de vírus emergentes sem eres humanos é longa e assustadora: Machupo, Bolívia, 1961; Marburg, Alemanha, 1967; Ebola, Zaire e Sudão, 1976; HIV, reconhecido em Nova York e na Califórnia, 1981; uma forma de Hanta (agora conhecida como Sin Nombre), Sudoeste dos Estados Unidos, 1993; Hendra, Austrália, 1994; gripe aviária, Hong Kong, 1997; Nipah, Malásia, 1998; West Nile, Nova York, 1999; Sars, China, 2002-2003; Mers, Arábia Saudita, 2012; Ebola novamente, África Ocidental, 2014" (SANTOS, Boaventura de Sousa. *O futuro começa agora*: da pandemia à utopia. São Paulo: Boitempo, 2021, p. 182).

Existe uma única espécie responsável pela pandemia de COVID-19 – nós. Tal como aconteceu com as crises de clima e biodiversidade, as pandemias recentes são uma consequência direta da atividade humana – particularmente nossos sistemas financeiros e econômicos globais, baseados em um paradigma limitado que valoriza o crescimento econômico a qualquer custo. Temos uma pequena janela de oportunidade, em superar os desafios da crise atual, para não lançarmos as sementes das futuras.

Doenças como a COVID-19 são causadas por microrganismos que infectam nossos corpos – com mais de 70% de todas as doenças emergentes que afetam as pessoas tendo origem na vida selvagem e em animais domésticos. As pandemias, entretanto, são causadas por atividades que colocam um número cada vez maior de pessoas em contato direto e frequentemente entram em conflito com os animais que carregam esses patógenos.

O desmatamento desenfreado, a expansão descontrolada da agricultura, a agricultura intensiva, a mineração e o desenvolvimento de infraestrutura, bem como a exploração de espécies selvagens, criaram uma 'tempestade perfeita' para o alastramento de doenças da vida selvagem para as pessoas. Isso geralmente ocorre em áreas onde vivem comunidades que são mais vulneráveis a doenças infecciosas.

Nossas ações impactaram significativamente mais de três quartos da superfície terrestre da Terra, destruíram mais de 85% das áreas úmidas e dedicaram mais de um terço de todas as terras e quase 75% da água doce disponível para plantações e produção de gado.

Adicione a isso o comércio não regulamentado de animais selvagens e o crescimento explosivo das viagens aéreas globais e fica claro como um vírus que antes circulava inofensivamente entre uma espécie de morcego no sudeste da Ásia já infectou quase 3 milhões de pessoas, trouxe sofrimento humano incalculável e deteve economias e sociedades em todo o mundo. Esta é a mão humana em emergência pandêmica.

No entanto, isso pode ser apenas o começo. Embora as doenças de animais para humanos já causem cerca de 700.000 mortes a cada ano, o potencial para futuras pandemias é vasto. Acredita-se que até 1,7 milhão de vírus não identificados do tipo conhecido por infectar pessoas ainda existam em mamíferos e aves aquáticas. Qualquer um desses poderia ser a próxima 'Doença X' – potencialmente ainda mais perturbador e letal do que COVID-19.

É provável que futuras pandemias aconteçam com mais frequência, se espalhem mais rapidamente, tenham maior impacto econômico e matem mais pessoas se não formos extremamente cuidadosos com os possíveis impactos das escolhas que fazemos hoje.

Como pode ser notado, diante dessa nova face da criminalidade moderna e difusa, o desafio não é uma tarefa fácil, mormente em tempos de crise do sistema de justiça criminal, com elevado descrédito e desencanto da população em relação às instituições responsáveis pelo controle e repressão aos crimes.

Não por outra razão que a atuação na esfera criminal é considerada um dos maiores desafios do Ministério Público contemporâneo, cabendo à instituição definir, com precisão, qual o papel tem a cumprir nesse campo, conforme destaca, com acerto, Marcelo Pedroso Gulart,[12] em especial para que possa aliar sua atuação com os direitos e garantias fundamentais, sem cair nas tentações de um populismo penal midiático, "com o emprego simbólico do direito e do processo penal como técnica de dominação e reprodução de poder",[13] pois tal postura é contrária ao seu perfil constitucional.

É importante destacar, por óbvio, que a atuação repressiva do Ministério Público irá continuar por muito tempo, pois o sonho de Radbruch[14] de que a evolução do Direito Penal ocorrerá quando se encontrar algo melhor que o Direito Penal e, simultaneamente, mais inteligente e mais humano do que ele, possivelmente não se concretizará em um mundo de seres imperfeitos, como são os homens.

Por isso que entendemos que tendências como a corrente abolicionista,[15] apesar dos seus inegáveis méritos, configuram uma vertente

---

[12] *Elementos para uma teoria geral do Ministério Público*. Belo Horizonte: Arraes, 2013, p. 169.

[13] CHOUKR, Fauzi Hassan. *Processo Penal de Emergência*. Rio de Janeiro: Lumen Juris, 2002, p. 46.

[14] RADBRUCH, Gustav. *Filosofia do Direito*. Tradução e prefácios do Prof. L. Cabral de Moncada. 6. ed. Coimbra: Arménio Amado, 1997, p. 324.

[15] Uma crítica aguda ao abolicionismo é feita por Jesús-Maria Silva Sánchez, que destaca que seus defensores "utilizam exemplos triviais, de bagatela, completamente dissociados da realidade do sistema penal, o que demonstra perfeitamente as limitações da 'alternativa abolicionista'". (*Aproximação ao Direito Penal Contemporâneo*. São Paulo: Revista dos Tribunais, 2011, p. 41), sendo exatamente por isso que levam "o carimbo da utopia". Também critica o abolicionismo Luigi Ferrajoli: "O paradoxo, na verdade, está exatamente nas doutrinas abolicionistas de inspiração progressista, vez que o direito penal representa o maior esforço realizado para minimizar e disciplinar o arbítrio e a prepotência punitiva. O abolicionismo penal – independentemente dos seus intentos liberatórios e humanitários – configura-se, portanto, como uma utopia regressiva que projeta, sobre pressupostos ilusórios de uma sociedade boa ou de um Estado bom, modelos concretamente desregulados ou auto-reguláveis de vigilância e/ou punição, em relação aos quais é exatamente o direito penal –

que desconsidera a importância do Direito Penal para a proteção dos direitos humanos,[16] muito embora – é importante dizer – não se defenda aqui a ideia de que o Direito Penal seja a panaceia para resolver todos os males da sociedade, principalmente porque "La solución de los problemas sociales no puede servir de apoyo para utilizar el Derecho penal como arma principal".[17]

Com efeito, num mundo de seres humanos imperfeitos, o Direito Penal é e continuará a ser necessário por muito tempo, cabendo ao Ministério Público estudá-lo e analisá-lo cada vez mais, para que sirva verdadeiramente como instrumento de proteção de bens jurídicos e de mudança social. Nesse sentido, são válidas as observações de Francisco Muñoz Conde:

> Enquanto existir o direito penal, e nas atuais circunstâncias parece que haverá "direito penal por muito tempo", é necessário que haja alguém que se encarregue de estudá-lo e analisá-lo racionalmente para convertê-lo em instrumento de mudança e progresso para uma sociedade mais justa e igualitária, denunciando, além de suas contradições, as do sistema econômico que o condicionam. Tão absurdo aceitar globalmente de modo acrítico o direito penal como rechaçá-lo também globalmente, qualificando-o pejorativamente de "braço armado da classe dominante". Em todo caso, uma atitude dessa índole não pode ser adotada como atitude a *priori* ante o direito penal, qualquer que seja o modo de sociedade a que serva ou a razão do Estado a que obedeça, pois isto levaria a uma contradição com o próprio ponto de partida, aceitando como hipótese o caráter superestrutural do direito penal, e uma subutilização perigosa

---

com o seu complexo, difícil e precário sistema de garantias – que constitui, histórica e axiológicamente, uma alternativa progressista" (FERRAJOLI, Luigi. *Direito e razão*: teoria do garantismo penal. 2 ed. São Paulo: Revista dos Tribunais, 2006, p. 317).

[16] Não bastasse isso, como observa um dos maiores expoentes da doutrina abolicionista, Nils Christie, "O mais radical dos abolicionistas quer eliminar a lei penal e, de resto, toda a punição formal. No entanto, levada ao extremo, essa posição leva a graves problemas" (CHRISTIE, Nils. *Uma razoável quantidade de crime*. Rio de Janeiro: Revan, 2011, p. 124), dentre os quais destaca o desejo daqueles que querem participar de um processo de reconciliação ou qualquer tipo de acordo, o risco de deterioração de tais processos, destacando ainda que "os procedimentos judiciais podem tornar certos conflitos suportáveis, assim como as liturgias religiosas – ou os 'rituais humanos éticos', em rápido desenvolvimento na atualidade – amenizam o sofrimento no funeral de um ente querido" (*Ibid.*, p. 125). Porém, cabe observar que os problemas apontados não impedem que se busque, em alguns conflitos penais, o caminho da justiça restaurativa.

[17] DONINI, Massimo. *El Derecho Penal Frente a los Desafíos de la Modernidad*. Perú: Ara, 2010, p. 402.

do instrumento mais radical de que dispõe o Estado para impor suas razões ou as razões que representa.[18]

Realmente, a atuação na esfera criminal deve ser repensada, não podendo apenas mais ficar ancorada numa visão puramente repressiva, punitivista e seletiva, porque essa visão monocular de atuação acaba revelando-se ineficiente. E a eficiência, não há como negar, ao lado de outros princípios informadores da boa gestão pública, deve também pautar a atuação do Ministério Público.

A eficiência não é um termo exclusivo e originário do Direito, ao contrário, pois de há muito permeia outras áreas e ciências, como a economia. Assim, não se desconhece que estamos diante de um termo que, além de polissêmico,[19] é dotado de certa vagueza, já que seu conteúdo é muito amplo.

Não obstante, embora a eficiência já fosse reconhecida como um princípio implícito, com a Emenda Constitucional nº 19/1998 ela passou a integrar expressamente o rol dos cinco princípios basilares da boa administração pública, como pode ser intuído do art. 37, *caput*, da Constituição Federal. Com isso, tornou-se ainda mais clara a determinação de que "a Administração Pública cumpra bem as suas tarefas, empregando, em tempo razoável, os meios apropriados e pertinentes".[20]

E basta fazer uma leitura sistemática da Constituição Federal para concluir que o sentido de Administração Pública empregado no seu art. 37 não se restringe ao Executivo, pois abarca também as demais

---

[18] CONDE, Francisco Muñoz. *Direito Penal e Controle Social*. Rio de Janeiro: Forense, 2005, p. 33.

[19] Como destaca Eduardo Luiz Cavalcanti Campos: "O termo é polissêmico e não é autóctone do direito. Na administração de empresas a eficiência é uma qualidade do processo produtivo e, mais que isso, um princípio na administração dos recursos. Nas ciências econômicas, eficiência é uma medida de desempenho, podendo-se falar em eficiência técnica e alocativa. Na própria ciência jurídica, eficiência é um conceito que pode ser analisado sob diversas perspectivas. Para a chamada Escola da Análise Econômica do Direito (*Law and Economics*), a eficiência é um *standard* ético que deve auxiliar o jurista na perspectiva de uma decisão justa. Para o Direito Administrativo, por sua vez, eficiência é um princípio (norma jurídica) que estabelece uma finalidade a ser alcançada pelo administrador público, que deve tomar os comportamentos necessários para atingir essa finalidade" (CAMPOS, Eduardo Luiz Cavalcanti. O princípio da eficiência no processo civil brasileiro. Dissertação de Mestrado em Direito – Universidade Federal de Pernambuco. Centro de Ciências Jurídicas. Faculdade de Direito do Recife. Programa de Pós-Graduação em Direito, 2017, p. 10).

[20] FREITAS, Juarez. *Controle dos atos administrativos e os princípios fundamentais*. 4. ed. São Paulo: Malheiros, 2009, p. 125.

funções do Estado, como o Legislativo e o Judiciário, bem como outras instituições de garantia,[21] como o Ministério Público.

Portanto, ao lado da tradicional atuação demandista repressiva, é fundamental que o Ministério Público contemporâneo volte os seus olhos também para uma atuação resolutiva e preventiva, uma vez que é inquestionável que o caminho da prevenção, em muitas situações, revela-se mais eficiente. E um dos horizontes é o princípio da integridade, por meio da adoção de programas de *compliance*, como será demonstrado a seguir.

2 *Compliance* criminal como forma de prevenção à criminalidade tradicional e difusa

2.1 A criminalidade difusa como uma nova realidade da criminalidade contemporânea: decifrando o enigma da esfinge

Uma das marcas da Administração Pública moderna é atuar, sempre que possível, por meio da prevenção,[22] pois esse é o caminho para evitar, em certas situações, danos irreversíveis para os interesses da

---

[21] A expressão é de Luigi Ferrajoli, que assim destacou: (...) la legitimidad del juicio reside en la garantía de la imparcial comprobación de lo verdadero, no puede depender del consentimiento de la mayoría. Ninguna mayoría, ni siquiera la unanimidad de los consensos o lo disensos, puede hacer verdadero lo que es falso ni falso lo que es verdadero. Consensos y disensos no añaden nada a la falsedad o la verdad de las motivaciones. Por eso el carácter electivo de los magistrados, que caracteriza por ejemplo la experiencia constitucional americana, está en contradicción, al igual que la electividad o, peor, la dependencia del ministerio público respecto del ejecutivo, con la fuente de legitimación de la jurisdicción. El sentido de la famosa frase "todavía hay jueces en Berlín", es que debe haber siempre un juez capaz, por su independencia, de absolver a un ciudadano a falta de pruebas de su culpabilidad, incluso cuando el soberano o la opinión pública piden su condena, o de condenarlo en presencia de pruebas incluso cuando los mismos poderes desearían su absolución. Y también debe haber, por las mismas razones, una acusación pública igualmente independiente – aunque a su vez separada de la función de juzgar – en situación que le permita valorar, sin condicionamientos de poder, la existencia de los presupuestos de la acción penal. En suma, el poder judicial es un poder-saber: tanto más legítimo cuanto mayor es el saber y tanto más ilegítimo cuanto mayor es el poder" (*Principia iuris*. Teoría del derecho y la democracia. 2. Teoría de la democracia. Madrid: Trotta, 2011, p. 207-208).

[22] Com efeito, conforme observa Juarez Freitas: "O Estado precisa agir com precaução, na sua versão balanceada, se e quando tiver motivos idôneos a ensejar uma intervenção antecipatória proporcional. Se não o fizer, aí, sim, poderá ser partícipe da cristalização de dano irreversível ou de difícil reparação. Em outros termos, forçoso que o Poder Público, no exercício da discricionariedade administrativa, deixe de operar com demasia ou com apática indiferença no cumprimento de seus deveres, inclusive de precaução e prevenção, na implementação das políticas públicas" (FREITAS, Juarez. *Direito fundamental à boa administração pública*. 3. ed. São Paulo: Malheiros, 2014 p. 126).

coletividade, sem contar a inegável economicidade. E esse novo modelo de atuação não pode ser indiferente ao Ministério Público, inclusive em sua atividade fim nas diversas esferas de atuação, como a criminal, na qual ganha destaque nos dias atuais, como se viu, a criminalidade moderna e difusa, típica da sociedade de risco.

Claro que não temos a ilusão de que o Direito Penal é o único caminho para uma adequada tutela desses riscos, especialmente quando é sabido que a sua intervenção deve sempre ocorrer de forma seletiva, sem contar que o Direito Penal não se mostra, em certos casos, vocacionado para algumas situações criadoras de riscos e ameaças.

Contudo, é inquestionável a necessidade de intervenção do Direito Penal para exercer o gerenciamento de certos riscos e ameaças a bens jurídicos fundamentais para os objetivos estratégicos do Estado Democrático de Direito quando é percebido que a esfera extrapenal não é suficiente para a proteção desses bens. Aliás, essa intervenção é cada vez mais reclamada.[23] Tal percepção é ainda mais gritante nos países do terceiro mundo, onde os riscos não afetam a todos por igual, o que não passou despercebido por Nieves Sanz Mulas, ao destacar que

> ... é óbvio que os países do terceiro mundo sofrem em maior grau os perigos e catástrofes ecológicas, já que são as vítimas da face mais escura do progresso tecnológico e industrial (ex. desflorestamento e deslizamento de terras e inundações). A progressiva degradação ambiental degrada a qualidade de vida, afetando os recursos naturais, a biodiversidade e a própria saúde humana, mediante a proliferação de enfermidades e ameaça permanente de riscos, por vezes não abordáveis. Isso sem falar dos riscos de caráter sanitário-alimentar, manifestado não apenas nos efeitos da contaminação ambiental, mas também na aparição de infecções desconhecidas, na adulteração de alimentos ou nas consequências do emprego de inovações genéticas nos produtos de consumo humano. Tudo isso unido às novas patologias – físicas e psíquicas – vinculadas ao atual modo de vida, que somam a pandemias não superadas (ex. ebola).[24]

---

[23] "O Direito Penal, enquanto aparato mais forte da esfera jurídica, pode ser utilizado para essa finalidade gerencial, inclusive, é mister salientar a existência cada vez maior de clamores para que isso ocorra. Todavia, essa utilização não pode ser desenfreada. Faz-se imprescindível a observância da missão e da função, dos limites e dos princípios do Direito Penal" (TAMBORLIN, Fábio Augusto; SANTANA, Vinícius Cruz. Sociedade de risco e a democratização da gestão de riscos. In: BUSATO, Paulo César; GUARAGNI (Coord.). Compliance e direito penal. São Paulo: Atlas, 2015, p. 10).

[24] MULAS, Nieves Sanz. Manual de política criminal. Florianópolis: Tirant lo Blanch, 2019, p. 63.

E muitos desses tipos de criminalidade difusa enquadram-se no que é denominado criminalidade dourada,[25] difusa ou de colarinho branco, essa última expressão conforme consagrado termo cunhado por Edwin H. Sutherland. Nesse tipo de criminalidade a punição no âmbito penal não parece atingir o andar de cima com a mesma eficácia que atinge a criminalidade do andar de baixo, especialmente as práticas corruptas perpetradas pelos governantes. Infelizmente, o que é notado é uma persistente seletividade a atingir mais fortemente a classe baixa,[26] o que é, inegavelmente, uma constatação inequívoca diante dos dados estatísticos relacionados à condenação dos agentes responsáveis por esses tipos de crimes.

São muitos os casos que campeiam pelo mundo afora a respeito desse tipo de criminalidade e a constatação da baixa eficiência do sistema de justiça criminal. Um dos exemplos clássicos, citado por Eugenio Raúl Zaffaroni e Ílison Dias dos Santos, é a impunidade gritante relacionada aos "crimes ecológicos do totalitarismo, que não são mencionados de forma alguma na mídia monopolista",[27] sendo esse apenas um dos tipos de delitos de colarinho branco. Em relação a eles, valendo-se da expressão utilizada pelos autores citados, percebe-se uma espécie de impunidade seletiva.[28]

---

[25] A expressão remete a Versele, o qual observa que seriam os delitos não tratados no sistema penal relativo aos indivíduos que dispõem de poder político e econômico (VERSELE, Severin C. Las cifras doradas de la delinquencia. In: Revista del ILANUD AL DÍA, San José da Costa Rica, año 1, p. 21, 1978). Conforme observa Ela Wiecko V. Castilho (O controle penal nos crimes contra o sistema financeiro nacional. Belo Horizonte: Del Rey, 2001, p. 52-53), a expressão cunhada por Versele serve "para designar a cifra oculta dos crimes praticados pelos agentes que têm o poder político e o exercem impunemente em benefício próprio ou de uma minoria, bem como os agentes que dispõem de poder econômico, utilizando-o em detrimento da sociedade (...) as formas delitivas que são características dessa classe social: fraudes refinadas em prejuízo de uma coletividade, manipulação fraudulenta do crédito, falências fraudulentas, autoria intelectual e crimes de colarinho branco".

[26] Sobre a distinção entre o Direito Penal da classe baixa e o Direito Penal da classe alta, conferir: SCHÜNEMANN, Bernd. Del derecho penal de la clase baja al derecho penal de la clase alta. ¿Un cambio de paradigma como exigencia moral? Traducción de Lourdes Baza. In: Obras. Tomo II. Buenos Aires: Rubinzal-Culzoni, 2009, p. 13-40.

[27] ZAFFARONI, Eugenio Raúl; SANTOS, Ílison Dias dos. A nova crítica criminológica: criminologia em tempos de totalitarismo financeiro. Florianópolis: Tirant lo Blanch, 2020, p. 124.

[28] "O outro lado da seletividade criminalizante é a impunidade seletiva. Assim, nos próprios países pós-soberanos toma-se especial cuidado para não se 'tocar' nos autocratas corporativos e seus aliados, desde que estes não quebrem os códigos vigentes entre os participantes dos seus bandos ou que não surjam conflitos entre eles, o que às vezes acontece, resultando em escândalos como o da Enron (perdas de 64.000.000.000 de dólares), Worldcom (3.850.000.000 de dólares), Lesson e a falência do Baring (1.300.000.000 de dólares), o fundo Madoff (500.000.000 de dólares), Kerviel e a Société Générale (7.000.000.000 de dólares), etc. A criminalização desses poucos macrodelinquentes caídos em desgraça é útil para mostrá-los

E não é difícil concluir, pelas características desses crimes de natureza difusa e em vista do bem jurídico por eles atingido, que o seu custo financeiro é bem superior do que o custo financeiro de todos os crimes que comumente são considerados o "problema da criminalidade", ou seja, a criminalidade de rua e de massa. Não só, apesar de não percebido pela maioria da população, Edwin E. Sutherland, em observação que continua atual, já advertia que os "crimes de colarinho branco violam a confiança e, consequentemente, criam desconfiança, isto diminui a moralidade social e produz desorganização em larga escala. Crimes comuns, por outro lado, produzem pouco efeito nas instituições e organizações sociais".[29]

Desse modo, é preciso decifrar o "enigma da esfinge",[30] sob pena de a sociedade sucumbir e ser "devorada" por essa espécie de criminalidade. Assim, sem desconsiderar o caminho demandista, que também merece ser aprimorado diante dos novos desafios que se apresentam, é fundamental buscar outros caminhos para uma tutela mais efetiva dos bens jurídicos atingidos pela criminalidade difusa e, assim, decifrar esse enigma. E um dos caminhos, que é defendido no presente ensaio, é o da promoção do princípio da integridade por meio dos programas de *compliance* como prevenção criminal.

---

como a outra face do *self-made man* e vender ao público a ilusão de uma punição igualitária" (*ibid.*, p. 123).

[29] SUTHERLAND, Edwin H. *Crime de colarinho branco*: versão sem cortes. Rio de Janeiro: Revan, 2015, p. 37-38.

[30] "Havia uma única esfinge na mitologia grega, um demônio exclusivo de destruição e má sorte, de acordo com Hesíodo uma filha da Quimera e de Ortros ou, de acordo com outros, de Tifão e de Equidna – todas destas figuras ctônicas. Ela era representada em pintura de vaso e baixos-relevos mais frequentemente assentada ereta de preferência do que estendida, como um leão alado com uma cabeça de mulher; ou ela foi uma mulher com as patas, garras e peitos de um leão, uma cauda de serpente e asas de águia. Hera ou Ares mandaram a esfinge de sua casa na Etiópia (os gregos lembraram a origem estrangeira da esfinge) para Tebas e, em *Édipo Rei* de Sófocles, pergunta a todos que passam o quebra-cabeça mais famoso da história, conhecido como o enigma da esfinge, decifra-me ou devoro-te: *Que criatura pela manhã tem quatro pés, ao meio-dia tem dois, e à tarde tem três?* Ela estrangulava qualquer inábil a responder, daí a origem do nome *esfinge*, que deriva do grego *sphingo*, querendo dizer *estrangular*. Édipo resolveu o quebra-cabeça: O homem – engatinha como bebê, anda sobre dois pés na idade adulta, e usa um arrimo (bengala) quando é ancião" (Disponível em: http://pt.wikipedia.org/wiki/Esfinge. Acesso em: 20 nov. 2014).

2.2 *Compliance* criminal como forma de prevenção criminal

O caminho para se tornar uma pessoa íntegra não é fácil. Considerando a sua falibilidade natural, o ser humano, motivado por interesses egoístas ou até mesmo desonestos, às vezes é levado a violar regras e praticar ilícitos que atingem bens jurídicos fundamentais para uma vida digna. Por isso o fomento da aplicação do princípio da integridade, de implementação de políticas públicas em diversas áreas, revela-se uma das metas mais importantes para a prevenção da criminalidade, especialmente quando se tem a noção de que o Direito Penal, isoladamente, não é apto a realizar a gestão de todas as situações criadoras de riscos e ameaças que caracterizam crimes.

Em outras palavras, o enfrentamento do crime, como já destaco, não pode mais ficar apenas sob a responsabilidade do Estado, o que, aliás, pode ser extraído da Constituição Federal, como não deixa dúvida o seu art. 144: "A segurança pública, dever do Estado, direito e responsabilidade de todos, é exercida para a preservação da ordem pública e da incolumidade das pessoas e do patrimônio".

Encarar o enfrentamento da criminalidade com os olhos voltados para a prevenção revela-se importante não só para a tutela dos bens jurídicos penalmente protegidos, mas também porque acaba gerando outros efeitos positivos importantes, como a economicidade.[31] Porém, é preciso uma mudança radical de comportamento por parte das instituições privadas e públicas e, também, por parte do cidadão, resgatando valores como a virtude.

Não obstante a palavra "integridade", em razão da origem da própria expressão, tenha um caráter polissêmico, concorda-se aqui com Marcelo Zenkner, que, fundamentado na filosofia kantiana, descreve as características de uma pessoa que pode ser considerada íntegra da seguinte forma:

> Pode-se descrever uma pessoa íntegra na medida em que todas as suas crenças, métodos, medidas e princípios derivarem de um único núcleo de valores, ou seja, de uma lei universal imposta a ela própria, com reflexos em todas as suas ações. A integridade, por isso, não autoriza

---

[31] Segundo o Anuário de Segurança Pública 2019, o gasto anual com segurança pública alcançou a considerável cifra de R$ 91 bilhões (disponível em: https://www.forumseguranca.org.br/wp-content/uploads/2019/10/Anuario-2019-FINAL_21.10.19.pdf. Acesso em: 17 abr. 2021).

que uma pessoa aja de modo contrário a uma regra que ela própria deseja ver seguida universalmente.[32]

E essa perspectiva se alinha com perfeição ao ideal de prevenção criminal, o que, felizmente, começa a ser percebido, como pode ser visto com o surgimento de leis criadoras de regras que transferem aos particulares a obrigatoriedade não só do envio de informações, como também de instalações de programas internos que visem a dificultar a prática de crimes, sendo um dos exemplos emblemáticos a Lei nº 9.613/1998 (denominada de "Lei de Lavagem de Capitais"), que depois das alterações promovidas pela Lei nº 12.683/2012 tornou ainda mais incisivas essas obrigações, em especial no ambiente empresarial, no qual vem se falando de sustentabilidade das práticas empresariais,[33] que nada mais é do que uma consequência natural e positiva da integridade.

E entre esses programas sobressai-se o *compliance* (deriva verbo *to comply*), que consiste numa prática há muito difundida no ambiente empresarial,[34] quando as empresas internalizaram a preocupação relativa à sustentabilidade empresarial, ou seja, de adotar boas práticas que transmitissem uma boa imagem pública. Os programas de *compliance* têm por objetivo primordial prevenir riscos que possam repercutir negativamente na imagem, na reputação e na economia das empresas, funcionando desse modo como um importante mecanismo para auxiliar na organização e no cumprimento das disposições legais, revelando-se

---

[32] ZENKNER, Marcelo. *Integridade governamental e empresarial*: um espectro da repressão e da prevenção à corrupção no Brasil e em Portugal. Belo Horizonte: Fórum, 2019, p. 48.

[33] "O ingresso da noção de sustentabilidade na vida econômica vem, sobretudo, da intensificação da percepção de riscos procedentes em larga medida do emprego de tecnologias no bojo da atuação empresarial. Tais riscos protagonizam a tomada de decisões políticas, eis que refletem sobre a humanidade, e esta, a seu turno, passa a refletir sobre eles, gerando um ambiente de 'modernidade reflexiva'. Tudo faz entrarem em cena novas palavras de ordem. Assim, por exemplo, a governança corporativa, que deve orientar-se pela preservação de quatro valores: a) *fairness*, enquanto 'senso de justiça' no trato de acionistas majoritários e minoritários, de modo equânime; b) *disclosure*, como transparência plena das relações entre a empresa e os demais agentes da vida econômica com ela interagem; c) *accoutability*, tangente à veracidade na prestação de contas, efetuada mediante práticas de auditoria e contabilidade consistentes; d) *compliance*" (GUARAGNI, Fábio André. Princípio da confiança no direito penal como argumento em favor de órgãos empresariais em posição de comando e *compliance*: relações e possibilidades. *In*: BUSATO, Paulo César; GUARAGNI (Coord.). *Compliance e direito penal*. São Paulo: Atlas, 2015, p. 73).

[34] Nesse sentido pode ser lembrado Bacigalupo, que observou que se estima, por exemplo, que "85% de los bancos europeos han establecido actualmente amplias normativas sobre conductas adecuadas a derecho y directivas de *compliance*" (BACIGALUPO, Enrique. *Compliance y derecho penal*. Pamplona: Thomson Reuteurs, 2011, p. 86).

um instrumento fundamental para uma boa governança corporativa, conforme observam Célia Lima Negrão e Juliana de Fátima Pontelo:

> A atividade de *compliance* é o pilar da governança corporativa, que visa garantir o cumprimento das normas existentes na organização e, ao mesmo tempo, assegurar a devida supervisão contínua e preventiva. A missão da área de *compliance* em uma organização é assegurar que a existência de políticas e normas e os pontos de controle nos processos sejam capazes de mitigar riscos e atuar na definição e verificação dos controles internos e práticas saudáveis de governança corporativa (...). A implementação de ações *compliance* passa pelo reconhecimento da cultura, estrutura, procedimentos e fluxos operacionais da organização. Quando uma organização está em *compliance*, significa que ela está em conformidade, ou seja, está cumprindo as leis e regulamentos internos e externos. Para que esta conformidade ocorra, é imprescindível que todos os empregados e colaboradores se envolvam, executando suas tarefas sob o prisma da ética, da conformidade e da transparência.[35]

Inegável, portanto, a importância dos programas de *compliance* para a prevenção de variados tipos de ilícitos criminais difusos cometidos no ambiente empresarial, como os crimes financeiros (*v.g.*, sonegação fiscal, crimes contra o sistema financeiro nacional), de lavagem de capitais, contra a saúde, contra as relações de consumo, contra o meio ambiente[36] etc., merecendo essa prática ser impulsionada pelos órgãos e instituições responsáveis pela fiscalização, como o Ministério Público, que, desse modo, estará atuando de forma mais eficiente na tutela desses bens e, assim, agir como uma verdadeira instituição de garantia.

A propósito, dois tristes casos merecem ser lembrados, que são os casos Mariana (em 2015) e Brumadinho (em 2019). O primeiro, aliás, é considerado o maior desastre ambiental da história do Brasil,[37] tendo

---

[35] NEGRÃO, Célia Lima; PONTELO, Juliana de Fátima. *Compliance, controles internos de riscos*: a importância da área de gestão de pessoas. Brasília: Editora Senac, 2014, p. 19.

[36] "Portanto, a função dos programas de *compliance* é essencial para que haja efetiva proteção ao meio ambiente ecologicamente equilibrado, servindo para as presentes e futuras gerações como instrumento preventivo e precaucional, que assegura o dever de cumprir, de estar em conformidade e fazer cumprir leis, diretrizes, regulamentos internos e externos, buscando mitigar ao máximo os riscos oriundos da sociedade de risco global. Afinal, o que está em jogo és a proteção de um macrobem, e não de um microbem ambiental" (CAMARGO, Luan José Jorge; BOM, Luiz Fernando Oliveira; FURLAN, Priscila Rizk. *Compliance* em matéria ambiental penal e extrapenal. *In*: BUSATO, Paulo César; GUARAGNI (Coord.). *Compliance e direito penal*. São Paulo: Atlas, 2015, p. 287).

[37] Disponível em: http://www.florestalbrasil.com/2019/01/maiores-desastres-ambientais-do-brasil.html. Acesso em: 12 abr. 2021.

provocado a liberação de uma onda de lama de mais de dez metros de altura e com isso a liberação de 62 milhões de metros cúbicos de rejeitos, atingindo os Estado de MG e ES por meio do Rio Doce (que não é mais doce, tornando-se um "rio de lama"), alcançando o litoral, com destaque para a Praia de Regência no ES, que até o episódio era um paraíso dos surfistas, mas que depois da tragédia ambiental virou um mar de lama, fazendo com que a vila de mesmo nome se tornasse quase uma vila fantasma.

Especialistas destacam que as barragens que se romperam foram erguidas com a mesma técnica, que é considerada obsoleta e de maior risco. Há fortes indícios de que o aspecto econômico prevaleceu em detrimento da proteção do meio ambiente natural e urbano, pois no modelo de alteamento a montante a construção de novas etapas da barragem é feita sobre os rejeitos depositados, na parte interna da estrutura. É o formato mais comum de depósitos de rejeitos na mineração,[38] mas que em vista de suas características reclamam maior observância das regras de prevenção, de modo a evitar danos irreversíveis.

Não é tudo, infelizmente é percebido em certos casos como os citados que essa visão contrária aos interesses da coletividade também ocorre em relação ao comportamento de agentes pertencentes aos órgãos públicos responsáveis pela fiscalização ambiental, seja por desídia ou corrupção. Assim, tem-se uma proteção deficiente do meio ambiente, na medida em que é permitido o normal funcionamento de empresas em descompasso com as regras e princípios existentes.

É claro que agora cabe responsabilizar civil e criminalmente os responsáveis por tais fatos, a título de culpa ou dolo. Porém, ainda que um processo criminal chegue ao fim e venha a absolver os inocentes e condenar os culpados, os danos provocados foram irreversíveis. E o mais trágico é que possivelmente esses ilícitos ambientais poderiam ser evitados caso fossem observados rigorosamente programas de *compliance* no ambiente empresarial e público, poupando-se o meio ambiente, vidas e sonhos que foram terrivelmente interrompidos.

Desse modo, como já destacado, nota-se a inquestionável vocação dos programas de *compliance* para a prevenção da criminalidade difusa,[39] com ganhos inegáveis para os interesses da coletividade. Não obstante, entendemos que essa política pública pode também revelar-se eficiente

---

[38] Disponível em: https://www.correiobraziliense.com.br/app/noticia/brasil/2019/01/29/interna-brasil,7338 14/barragens-que-ruiram-em-brumadinho-mariana-tinham-modelo-ultrapassado.shtml. Acesso em: 12 abr. 2021.

[39] O que reclama um estudo mais aprofundado que foge aos limites do presente ensaio.

para a prevenção de uma gama variada de crimes tradicionais, de massa, praticados por culpa ou dolo. Inclusive, alguns casos de alto impacto na sociedade e de repercussão nacional merecem ser lembrados, como os seguintes: incêndio na Boate Kiss (casa noturna, ocorrido em 2013, que tirou a vida de 242 jovens), incêndio no alojamento do Flamengo (provocando a morte de 10 jovens jogadores, ocorrido em 2019), incêndio no edifício histórico do Museu Nacional no Rio de Janeiro (em 2018). Certamente que a probabilidade da ocorrência desses casos teria sido drasticamente diminuída na hipótese de adoção dos programas de *compliance*.

Outro exemplo que pode e deve ser destacado são as situações de crimes praticados por policiais contra civis, uma vez que a adoção dos programas de *compliance* no cotidiano das instituições policiais, em especial a militar em vista da sua atividade ostensiva, pode indubitavelmente prevenir variados ilícitos comuns perpetrados por esses agentes, como homicídios,[40] lesões corporais, abusos de autoridades etc. Fundamental prevenir esses delitos, pois acabam gerando um efeito perverso, que é a percepção equivocada, por parte do cidadão, de um "Estado criminoso" ou um "Estado Infrator",[41] perdendo o Estado, assim, a sua legitimidade democrática.

Por fim, referência especial merece a corrupção pública, que é, inquestionavelmente, um dos ilícitos criminais mais emblemáticos para a implantação dos programas de *compliance* visando à prevenção. Aliás, esse caminho está em consonância com a ideia de promoção de integridade na Administração Pública, que deve criar mecanismos e instrumentos de prevenção de riscos no cotidiano da gestão, de modo a prevenir o cometimento de atos ilícitos, sendo um exemplo a implantação e estruturação dos órgãos de controle interno. Inclusive, sobre esse ponto, são apropriadas as seguintes observações de Aloísio Zimmer Júnior:

> Cabe também ao gestor proporcionar as adequadas condições para seu funcionamento e eficácia designando profissional competente e com perfil adequado para o cargo máximo do Sistema de Controle Interno Municipal, que pode ser a chefia da Unidade ou apenas um

---

[40] No ano de 2018, segundo o Anuário de Segurança Pública 2019, 6.220 pessoas foram mortas em virtude de intervenções policiais. 11 a cada cem mortes violentas foram provocadas pelas polícias, 17 pessoas por dia (Disponível em: https://www.forumseguranca.org.br/wp-content/uploads/2019/10/Anuario-2019-FINAL_21.10.19.pdf. Acesso em: 17 abr. 2021). É um número estarrecedor, que merece uma urgente reflexão por parte de toda a sociedade.

[41] FIGUEIREDO, Nelson Lopes de. *O Estado infrator*. Belo Horizonte: Fórum, 2012.

cargo de Assessor do Prefeito em municípios menores; realizando concurso público para provimento dos cargos dos servidores que atuarão no Controle Interno; promovendo capacitação permanente desses servidores; adotando as melhores práticas de gestão; ajudando a prevenir desperdícios, abusos, fraudes e desfalques; atentando para as irregularidades apontadas pelas Unidades ou servidores do Controle, e tomando providências para saná-las. Lembre-se que o gestor poderá incorrer em responsabilidade solidária, em caso de omissão.[42]

A conclusão inexorável é que medidas isoladas no enfrentamento da corrupção pública revelam-se de baixa eficiência, sendo fundamental quebrar resistências em relação à promoção da integridade nas administrações públicas.[43] Nessa linha, a título de exemplo, é recomendável que em relação às concorrências públicas a Administração Pública promova planos de capacitação dos servidores, notadamente para a governança de aquisição e fraudes em licitação, incentivando a participação do público interno nos eventos de capacitação, fomentando inclusive uma sensação de pertencimento para com a administração.

Inclusive, a tradução desse tipo de política pública administrativa foi cristalizada ainda mais pela Lei n° 12.846/2013, conhecida como "Lei Anticorrupção", que reforça a importância da prevenção no enfrentamento do grave problema da corrupção e, consequentemente, de órgãos internos fundamentais da administração, como os de controle interno, ouvidorias e corregedorias, que precisa urgentemente sair do papel.

Nessa esteira, como mecanismo de prevenção a esse tipo de comportamento, não há mais como desconsiderar esse tipo de política pública na Administração Pública, uma vez que, como observa Aloísio Zimmer Júnior, "os programas de *compliance* aplicados ao setor público devem ser pensados como catalisadores para o cumprimento desse dever pelos servidores. Deve-se fomentar uma cultura de boa gestão na instituição, permitindo que os servidores – subordinados ou da Alta

---

[42] ZIMMER JÚNIOR, Aloísio. *Corrupção e improbidade administrativa*: cenários de risco e a responsabilização dos agentes públicos municipais. São Paulo: Thomson Reuters, 2018, p. 426.

[43] "Ainda existe uma forte resistência no âmbito das administrações públicas em substituir os sistemas que dependem da integridade pessoal de determinados agentes públicos que, em operações de risco, isoladas e quixotescas, partem para o enfrentamento de sistemas extremamente corruptos, por abordagens baseadas na implementação de políticas públicas de prevenção à corrupção. Medidas isoladas produzem efeitos apenas temporários e, no mais das vezes, geram apenas o afastamento de determinado grupo corrupto e sua substituição por outro" (ZENKNER, Marcelo. Integridade governamental e empresarial: um espectro da repressão e da prevenção à corrupção no Brasil e em Portugal, ob. cit., p. 255).

Administração – participem da fiscalização institucional para o devido cumprimento das normas legais".[44]

Realmente, a adoção de programas de integridade na Administração Pública está em perfeita harmonia com um modelo de boa gestão, contribuindo com a criação de um sentimento de fidelidade às instituições, sem contar o fato de que também colabora com as autoridades superiores quanto à detecção de irregularidades, inibindo inclusive a atuação de agentes públicos "Macunaímas",[45] cujo comportamento representa inequivocamente um duro golpe na meritocracia, sem contar que pode acabar consagrando uma verdadeira ode à mediocridade na Administração Pública, criando terreno fértil para o homem "que prospera e se reproduz no silêncio e nas sombras",[46] isto é, o medíocre que, em conjunto, pode causar efeitos deletérios para a democracia, com sérios reflexos para os interesses da coletividade.

Com efeito, fazendo as devidas adaptações, são válidas as seguintes palavras de José Ingerinos para o rechaço da figura do "homem medíocre" na vida e na Administração Pública:

> Há épocas em que o equilíbrio social se rompe a seu favor. O ambiente se torna refratário a todo anseio de perfeição; os ideais se esgotam e a dignidade se ausenta; os indivíduos acomodados têm, então, sua primavera florida. Os Estados se convertem em mediocracias; a falta de aspirações, que mantenham alto o nível de moral e de cultura, aprofunda incansavelmente o lamaçal. Embora isolados não merecem atenção; em conjunto, formam um regime, representam um sistema especial de interesses inarredáveis. Subvertem o critério dos valores morais, falseando nomes, desvirtuando conceitos: é lirismo a justiça; a sinceridade é tolice; a admiração, uma imprudência; a paixão ingenuidade; e a virtude uma estupidez.[47]

Enfim, os atos de má governança reveladores de demérito administrativo acabam funcionando como verdadeiras usinas de criação de espaços na Administração Pública que venham a favorecer

---

[44] ZIMMER JÚNIOR, Aloísio. *Corrupção e improbidade administrativa*: cenários de risco e a responsabilização dos agentes públicos municipais, ob. cit., p. 459.
[45] Na sua clássica e famosa obra, "Macunaíma: herói sem nenhum caráter", Mário de Andrade conclui que "o brasileiro não tem caráter" porque não tem uma civilização própria. Macunaíma é retratado como índio, negro e, também, branco. Ele simplesmente não tinha identidade e por essa razão mudava de caráter conforme a situação (ANDRADE, Mario de. *Macunaíma*: herói sem caráter. 2 ed. São Paulo: Penguin, 2016).
[46] INGERINOS, José. *O homem medíocre*. São Paulo: Quartier Latin, 2004, p. 62.
[47] *Ibid.*, p. 78.

o florescimento da corrupção em suas diversas formas. Por isso, buscar soluções para evitar os atos de má governança e de demérito administrativo surge como tarefa de primeira grandeza se se quer realmente prevenir a corrupção. A prevenção de riscos é essencial nessa matéria, o que reclama lançar um olhar para a integridade, para a Lei Anticorrupção (Lei nº 12.846/2013).

Sem embargo de a referida lei ser mais voltada para o setor privado, é recomendável e desejável que as boas práticas de prevenção aos atos de corrupção também sejam implantadas no setor público, e isso tanto na administração direta como, também, na indireta. Aliás, como bem observa Aloísio Zimmer Júnior, "Nesse sentido, a Controladoria-Geral da União elaborou uma série de Cartilhas nos últimos anos, reafirmando a importância da implantação desses mecanismos de integridade no âmbito público. Tratando-se de corrupção, não há como exigir apenas dos entes privados que adotem mecanismos de combate, devendo o próprio Estado adotar instrumental exemplar".[48]

Dessa forma, não há como questionar a necessidade de que as administrações públicas adotem programa de integridade que, de acordo com a Controladoria-Geral da União – CGU, pode ser definido como "o conjunto de arranjos institucionais que visam a fazer com que a Administração Pública não se desvie de seu objetivo precípuo: entregar os resultados esperados pela população de forma adequada, imparcial e eficiente. A corrupção impede que tais resultados sejam atingidos e compromete, em última instância, a própria credibilidade

---

[48] ZIMMER JÚNIOR, Aloísio. Corrupção e improbidade administrativa: cenários de risco e a responsabilização dos agentes públicos municipais, ob. cit., p. 519. Merece registro o seguinte trecho contido no *Guia de implantação de programa de integridade nas empresas estatais: orientação para gestão da integridade nas empresas estatais federais*, elaborado pela CGU: "Nos últimos anos, têm ganhado grande destaque as medidas de governança e, especificamente, de conformidade ('*compliance*') adotadas por empresas em todo o mundo, consolidando entre o público a noção de que estas empresas não têm apenas obrigação de gerar lucros para seus acionistas, mas, também, obrigações mais amplas para a sociedade. Atualmente, faz parte da estratégia de posicionamento e imagem das grandes empresas demonstrar que são responsáveis social e ambientalmente, o que inclui, de forma crescente, a demonstração do compromisso destas empresas em evitar a ocorrência de fraude e corrupção. No caso das empresas estatais, este compromisso em atuar de forma socialmente responsável não está vinculado apenas a uma estratégia de posicionamento empresarial e de imagem, mas, de forma intrínseca, à sua responsabilidade como entidade gestora de recursos públicos, comprometida com os princípios da administração pública" (Controladoria-Geral da União. Guia de implantação de programas de integridade nas empresas estatais: orientações para a gestão da integridade nas empresas estatais federais. Brasília: CGU, dez. 2015, p. 9-10. Disponível em: http://www.cgu.gov.br/Publicacoes/etica-e-integridade/arquivos/guia-de-integridade-publica.pdf. Acesso em: 13 abr. 2021).

das instituições públicas".[49] Embora as orientações da CGU tenham sido endereçadas para o âmbito da Administração Pública federal, o conceito pode servir como fonte inspiradora para outras administrações (Estados e Municípios), bem como para o Legislativo, o Judiciário e instituições, como as policiais e o Ministério Público,[50] que, de acordo com sua respectiva realidade, poderão elaborar outra definição em eventual legislação que regulamentar o tema.[51]

Referidos programas, como destaca Marcelo Zenkner, integrarão uma espécie de microssistema anticorrupção na Administração Pública,[52] criando anticorpos para a detecção de fraudes e atos de corrupção, tornando-a forte na prevenção, ou seja, uma administração antifrágil.[53] Nessa linha, são perfeitamente válidas e adequadas as seguintes observações da CGU: "Tais medidas, no entanto, não podem ser entendidas como partes isoladas, sem conexão. São peças de um mesmo quebra-cabeça que, devidamente montado e estruturado, tem por objetivos proteger a Administração Pública contra riscos de corrupção e garantir a adequada prestação de serviços à sociedade, fim último de

---

[49] Controladoria-Geral da União. Guia de integridade pública: orientações para a administração pública federal: direta, autárquica e fundacional. Brasília: CGU, dez. 2015, p. 5. Disponível em: http://www.cgu.gov.br/Publicacoes/etica-e-integridade/arquivos/guia-de-integridade-publica.pdf. Acesso em: 10 abr. 2021.

[50] Inclusive, em relação aos Ministérios Públicos, considerando a forma de escolha dos procuradores gerais de justiça, seria muito interessante refletir seriamente sobre a adoção de programas de *compliance* para resguardar, dentre outros valores, o princípio da impessoalidade na atuação dos órgãos de execução que atuam nos primeiro e segundo grau. É um tema fascinante, que foge aos limites do presente ensaio e que merece estudo próprio, o que pretendemos fazer no futuro.

[51] Como exemplo, cita-se o Decreto Federal 8.420/15, que regulamentou a Lei 12.846/13 no âmbito do Poder Executivo Federal e que no seu art. 41 trouxe a seguinte definição: "Art. 41. Para fins do disposto neste Decreto, programa de integridade consiste, no âmbito de uma pessoa jurídica, no conjunto de mecanismos e procedimentos internos de integridade, auditoria e incentivo à denúncia de irregularidades e na aplicação efetiva de códigos de ética e de conduta, políticas e diretrizes com objetivo de detectar e sanar desvios, fraudes, irregularidades e atos ilícitos praticados contra a administração pública, nacional ou estrangeira".

[52] ZENKNER, Marcelo. *Integridade governamental e empresarial*: um espectro da repressão e da prevenção à corrupção no Brasil e em Portugal, ob. cit., especialmente p. 197-201. 255

[53] Que é, antes de tudo, "preocupada com a realização máxima do interesse público, com corpo técnico capacitado e valorizado e com procedimentos claros e éticos de atuação para a efetivação de uma justiça social plena e para um sustentável desenvolvimento do Estado" (CASTRO, Rodrigo Pironti Aguirre de. Administração pública antifrágil. In: PONTES FILHO, Valmir; MOTTA, Fabrício; GABARDO, Emerson (Coord.). *Administração Pública*: desafios para a transparência, probidade e desenvolvimento – XXIX Congresso Brasileiro de Direito Administrativo. Belo Horizonte: Fórum, 2017, p. 290).

qualquer política pública".[54] Enfim, é curial que o objetivo primordial de tais medidas é a tutela do direito fundamental à boa administração pública,[55] o que, dentre outros fatores positivos, acaba refletindo na prevenção de ilícitos de corrupção.

Obviamente que todas as iniciativas relativas ao microssistema de prevenção à corrupção estão em permanente construção. Mas, para a sua efetiva implantação, considerando a recalcitrância de muitos gestores, é fundamental também um protagonismo dos órgãos de fiscalização e repressão, como o Ministério Público, que dispõe de variados instrumentos para fomentar práticas de boa gestão, não só por meio de uma atuação proativa, resolutiva e preventiva, como também, quando necessário, repressiva.

Esse é o caminho para resguardar o direito fundamental à boa gestão pública e a consequente prevenção de crimes de corrupção e outras inúmeras infrações penais. Com efeito, criar mecanismos para que se tenha uma Administração Pública antifrágil, fomentando práticas de *good governance*, pode representar o ponto de partida para finalmente iniciar o percurso do caminho traçado pela Constituição Federal, que consagrou expressamente regras e princípios que devem nortear a atuação de todos os que lidam com a coisa pública, irradiando-se esses efeitos para a sociedade civil. Portanto, essa é uma questão ética, de integridade, uma vez que muitos crimes como os de corrupção, em vista das suas consequências, cobra vidas e ameaça a democracia, pois solapa seus fundamentos.

Epílogo

> *O momento atual não permite troca de acusação e transferência de responsabilidades entre os atores do sistema – o que deve ser buscado são convergências*

---

[54] Controladoria-Geral da União. Guia de integridade pública: orientações para a administração pública federal: direta, autárquica e fundacional, ob. cit., p. 5. Disponível em: http://www.cgu.gov.br/ Publicacoes/etica-e-integridade/arquivos/guia-de-integridade-publica.pdf. Acesso em: 10 abr. 2021.

[55] Sobre algumas propostas para esse microssistema ver: SENNA, Gustavo. *Combate à má governança e à corrupção*: uma questão de direitos fundamentais e de direitos humanos. Belo Horizonte: D'Plácido, 2019, p. 298-301.

e soluções para a ruptura dos processos corruptivos.
Marcelo Zenkner[56]

É tempo de encerrar o presente ensaio. Por isso o epílogo poderia ser acompanhado de um posfácio, esclarecendo que essa história não acaba aqui, uma vez que avançar é preciso, pois ainda existem muitos caminhos pela frente. Lembrando Machado de Assis: "Esquecer é uma necessidade. A vida é uma lousa, em que o destino, para escrever um novo caso, precisa de apagar o caso escrito".[57] Assim, inspirado no genial escritor, a questão do enfrentamento da criminalidade pode ser comparada a uma lousa, porque, afinal, trata de vidas, estando em constante desenvolvimento. Logo, é necessário sempre buscar novos caminhos para enfrentar esse fenômeno, mais eficientes e adequados com os postulados de um Estado Democrático e de Direito. É o que propomos.

Falando de forma metafórica, para que se concretize o sonho de uma sociedade mais justa e igualitária, na qual os direitos humanos sejam respeitados e efetivamente preservados, é fundamental que a integridade penetre na aorta da sociedade e chegue ao seu coração.

Como demonstrado ao longo do presente ensaio, esse é um caminho possível e viável para a prevenção criminal, sendo um modo de pensar contemporâneo, consciente de que o enfrentamento da criminalidade sob o viés puramente punitivista, sem levar em conta também a prevenção, tende a um retumbante fracasso, passando a imagem de um Estado débil e ineficiente, frustrando, desse modo, as expectativas da coletividade.

Não só, pois o caminho da prevenção é também mais humano, uma vez que poupa muitos bens jurídicos caros para a sobrevivência humana com dignidade, como a integridade física, o meio ambiente, a saúde, a vida etc. Enfim, tudo o que se propõe por essa via é preservar sonhos que são interrompidos com a prática de crimes que poderiam ser evitados.

Valendo-se das palavras de Marcelo Zenkner, na epígrafe que abre o presente epílogo, não é o momento de apontar possíveis culpados,

---

[56] Integridade governamental e empresarial: um espectro da repressão e da prevenção à corrupção no Brasil e em Portugal, ob. cit., p. 27.

[57] Conto "Verba Testamentaria", da obra "Papeis Avulsos". *In:* ASSIS, Machado. *Obra Completa de Machado de Assis.* Vol. II. Rio de Janeiro: Nova Aguillar, 1994, p. 87.

mas sim de uma união de esforços convergentes, na busca de soluções para o enfrentamento do grave problema da criminalidade, rompendo com a ultrapassada visão de que o único caminho é a punição, o Direito Penal, que é e ainda será necessário na sociedade, mas que não é a única porta possível. Outras portas precisam ser abertas, e uma delas, indubitavelmente, é o caminho da integridade por meio da implantação de programas de *compliance* como prevenção criminal.

Enfim, invocando o pensamento do filósofo da alteridade, o francês Emmanuel Lévinas:

> O outro vem antes de mim, sou o outro. O que o outro tem como deveres para comigo é problema dele não meu!... No que se refere à relação com o outro, sempre volto à minha frase de Dostoievski. É uma frase central dos Irmãos Karamazov: "Somos todos responsáveis por tudo e por todos, e eu mais do que os outros".[58]

Referências

ANDRADE, Mario de. *Macunaíma*: herói sem caráter. 2 ed. São Paulo: Penguin, 2016.

ASSIS, Adriano Marcus Brito de. *Ministerio Público y combate a la corrupción política*: cuestiones constitucionales y procesales sobre la configuración orgánica de la institución. Valencia: Tirant lo Blanch, 2020.

ASSIS, Machado. *Obra Completa de Machado de Assis*. Vol. II. Rio de Janeiro: Nova Aguillar, 1994.

BECCARIA, Cesare. *Dos Delitos e das Penas*. 2. ed. São Paulo: Martins Fontes, 2002.

BACIGALUPO, Enrique. *Compliance y derecho penal*. Pamplona: Thomson Reuteurs, 2011.

BECK, Ulrich. *Sociedade de risco*: rumo a uma outra modernidade. São Paulo: Editora 34, 2010.

CAMARGO, Luan José Jorge; BOM, Luiz Fernando Oliveira; FURLAN, Priscila Rizk. *Compliance* em matéria ambiental penal e extrapenal. *In*: BUSATO, Paulo César; GUARAGNI (Coord.). *Compliance e direito penal*. São Paulo: Atlas, 2015.

CAMPOS, Eduardo Luiz Cavalcanti. *O princípio da eficiência no processo civil brasileiro*. Dissertação de Mestrado em Direito – Universidade Federal de Pernambuco. Centro de Ciências Jurídicas. Faculdade de Direito do Recife. Programa de Pós-Graduação em Direito, 2017.

CASTILHO, Ela Wiecko V. Castilho. *O controle penal nos crimes contra o sistema financeiro nacional*. Belo Horizonte: Del Rey, 2001.

---

[58] *Qui êtes-vous?* La Manufacture, 1987, p. 101-3.

CASTRO, Rodrigo Pironti Aguirre de. Administração pública antifrágil. *In*: PONTES FILHO, Valmir; MOTTA, Fabrício; GABARDO, Emerson (Coord.). *Administração Pública*: desafios para a transparência, probidade e desenvolvimento – XXIX Congresso Brasileiro de Direito Administrativo. Belo Horizonte: Fórum, 2017.

CGU – Controladoria-Geral da União. *Guia de implantação de programas de integridade nas empresas estatais*: orientações para a gestão da integridade nas empresas estatais federais. Brasília: CGU, dez. 2015. Disponível em: http://www.cgu.gov.br/Publicacoes/etica-e-integridade/arquivos/guia-de-integridade-publica.pdf.

CHOUKR, Fauzi Hassan. *Processo Penal de Emergência*. Rio de Janeiro: Lumen Juris, 2002.

CHRISTIE, Nils. *Uma razoável quantidade de crime*. Rio de Janeiro: Revan, 2011.

CONDE, Francisco Muñoz. *Direito Penal e Controle Social*. Rio de Janeiro: Forense, 2005.

DONINI, Massimo. *El Derecho Penal Frente a los Desafíos de la Modernidad*. Peru: Ara, 2010.

FERRAJOLI, Luigi. *Direito e razão*: teoria do garantismo penal. 2 ed. São Paulo: Revista dos Tribunais, 2006.

FERRAJOLI, Luigi. *Principia iuris. Teoría del derecho y la democracia*. 2. Teoría de la democracia. Madrid: Trotta, 2011.

FIGUEIREDO, Nelson Lopes de. *O Estado infrator*. Belo Horizonte: Fórum, 2012.

FÓRUM BRASILEIRO DE SEGURANÇA PÚBLICA. *Anuário de Segurança Pública 2019*. Disponível em: https://www.forumseguranca.org.br/wp-content/uploads/2019/10/Anuario-2019-FINAL_21.10.19.pdf.

FREITAS, Juarez. *Controle dos atos administrativos e os princípios fundamentais*. 4. ed. São Paulo: Malheiros, 2009.

FREITAS, Juarez. *Direito fundamental à boa administração pública*. 3. ed. São Paulo: Malheiros, 2014.

GARCIA, Basileu. *Instituições de direito penal*. v. 1, t. 1. 4. ed. São Paulo: Max Limonad, 1973.

GOULART, Marcelo Pedroso. *Elementos para uma teoria geral do Ministério Público*. Belo Horizonte: Arraes, 2013.

GUARAGNI, Fábio André. Princípio da confiança no direito penal como argumento em favor de órgãos empresariais em posição de comando e *compliance*: relações e possibilidades. *In*: BUSATO, Paulo César; GUARAGNI (Coord.). *Compliance e direito penal*. São Paulo: Atlas, 2015.

HASSEMER, Winfried. Segurança Pública no Estado de Direito. *In: Direito Penal: fundamentos, estrutura, política*. Porto Alegre: Sérgio Antônio Fabris, 2008.

INGERINOS, José. *O homem medíocre*. São Paulo: Quartier Latin, 2004.

KINDHÄUSER, Urs. Capítulo XLI. Cómo se evitan los delictos. Acerca de la Concepción de la prevención criminal de Cesare Beccaria. *In*: MATUS, Jean Pierre (Dir.). *Beccaria 250 años después*. Dei delitti e dele pene: de la obra maestra a los becarios. Buenos Aires: IBdef, 2011.

LÉVINAS, Emmanuel. *Qui êtes-vous?* La Manufacture, 1987.

LUCAS, Luiz Fernando. *A era da integridade:* Homo Conscious: a próxima evolução: o impacto da consciência e da cultura de valores para encontrar propósito, paz espiritual e abundância material na sua vida pessoal, profissional e na sociedade. São Paulo: Editora Gente, 2020.

MORIN, Edgar. *É hora de mudarmos de via*: as lições do coronavírus. Rio de Janeiro: Bertrand Brasil, 2020.

MULAS, Nieves Sanz. *Manual de política criminal*. Florianópolis: Tirant lo Blanch, 2019.

NEGRÃO, Célia Lima; PONTELO, Juliana de Fátima. *Compliance, controles internos de riscos*: a importância da área de gestão de pessoas. Brasília: Editora Senac, 2014.

RADBRUCH, Gustav. *Filosofia do Direito*. Tradução e prefácios do Prof. L. Cabral de Moncada. 6. ed. Coimbra: Arménio Amado, 1997.

SANTOS, Boaventura de Sousa. *O futuro começa agora:* da pandemia à utopia. São Paulo: Boitempo, 2021.

SCHÜNEMANN, Bernd. *Del derecho penal de la clase baja al derecho penal de la clase alta. ¿Un cambio de paradigma como exigencia moral?* Traducción de Lourdes Baza. In: Obras. Tomo II. Buenos Aires: Rubinzal-Culzoni, 2009.

SENNA, Gustavo. *Combate à má governança e à corrupção:* uma questão de direitos fundamentais e de direitos humanos. Belo Horizonte: D'Plácido, 2019.

SILVA SÁNCHEZ, Jesús-María. *Aproximação ao Direito Penal Contemporâneo*. São Paulo: Revista dos Tribunais, 2011.

SUASSUNA, Ariano. *Auto da compadecida*. Rio de Janeiro: Nova Fronteira, 2016.

SUTHERLAND, Edwin H. *Crime de colarinho branco:* versão sem cortes. Rio de Janeiro: Revan, 2015.

TAMBORLIN, Fábio Augusto; SANTANA, Vinícius Cruz. Sociedade de risco e a democratização da gestão de riscos. *In*: BUSATO, Paulo César; GUARAGNI (Coord.). *Compliance e direito penal*. São Paulo: Atlas, 2015.

VERSELE, Severin C. Las cifras doradas de la delinquencia. *In: Revista del ILANUD AL DÍA*, San José da Costa Rica, año 1, 1978.

ZAFFARONI, Eugenio Raúl; SANTOS, Ílison Dias dos. *A nova crítica criminológica:* criminologia em tempos de totalitarismo financeiro. Florianópolis: Tirant lo Blanch, 2020.

ZENKNER, Marcelo. *Integridade governamental e empresarial:* um espectro da repressão e da prevenção à corrupção no Brasil e em Portugal. Belo Horizonte: Fórum, 2019.

ZIMMER JÚNIOR, Aloísio. *Corrupção e improbidade administrativa:* cenários de risco e a responsabilização dos agentes públicos municipais. São Paulo: Thomson Reuters, 2018.

Informação bibliográfica deste texto, conforme a NBR 6023:2018 da Associação Brasileira de Normas Técnicas (ABNT):

SENNA, Gustavo. *Compliance* criminal como forma de prevenção criminal: por uma atuação contemporânea do Ministério Público. *In*: SCHNEIDER, Alexandre; ZIESEMER, Henrique da Rosa (Coord.). *Temas atuais de compliance e Ministério Público:* uma nova visão de gestão e atuação institucional. Belo Horizonte: Fórum, 2021. p. 241-268. ISBN 978-65-5518-220-0.

COMPLIANCE, BACKGROUND CHECKS E MINISTÉRIO PÚBLICO

FLÁVIO PEREIRA DA COSTA MATIAS

1 Introdução

É cabível o estabelecimento de *background checks* para o ingresso nas carreiras do Ministério Público? Provocar a reflexão sobre essa pergunta é o objetivo geral deste texto. Para tanto, iniciaremos por expor as noções de *compliance, pre-employment screening* e *background checks* e logo após mostraremos os fundamentos para a execução de *background checks* no setor privado. Posteriormente, faremos uma breve incursão na aplicação do *compliance* na Administração Pública, especialmente no Ministério Público. Em seguida, analisaremos a tese fixada em repercussão geral pelo Supremo Tribunal Federal em recente decisão sobre matéria correlata ao objeto deste estudo. Ao final, discutiremos a possibilidade de os *backgrounds checks* serem instituídos como requisitos para o ingresso nas carreiras do Ministério Público.

2 Compliance, pre-employment screening e background checks

A palavra *compliance* deriva do verbo inglês *to comply with*, que significa sujeitar-se a, estar de acordo, cumprir ou realizar.[1] Mas, como questiona Lamounier, estar em conformidade a quê? Às leis, às regras e procedimentos internos de uma organização, à conduta ética e à forma correta de fazer negócios.[2] Nessa perspectiva, Claydon[3] conceitua o *legal compliance* como o conjunto de processos e procedimentos dentro de um programa específico para assegurar aderência às leis e às regulamentações do governo.

A definição de *compliance* enquanto "programa" é criticada por Zenkner,[4] que atribui ao termo programa uma noção de finitude, de algo delimitado temporalmente, ao passo que "sistema" (no caso, sistema de integridade) seria algo perene, definitivo, em constante aprimoramento. Nada obstante, a locução "programa de integridade" é fartamente utilizada, sendo adotada inclusive para denominar o Capítulo IV do Decreto Federal n° 8.420/2015 (que regulamenta a Lei n° 12.846/2013), sendo ilustrativa da similitude entre os termos a afirmação de Freeman[5] de que "programa de *compliance* empresarial é um sistema destinado a detectar e prevenir violações da lei pelos agentes, empregados e diretores de uma empresa".

O *compliance* é multifacetado, sobressaindo-se no cenário normativo brasileiro o *compliance* antilavagem, o *compliance* anticorrupção e o *compliance* antitruste.[6] Para o presente texto, interessa-nos

---

[1] UBALDO, Flávia Safadi. Lei Anticorrupção: a importância do programa de *compliance* no cenário atual. *In*: PORTO, Vinicius; MARQUES, Jader (Org.). *O compliance como instrumento de prevenção e combate à corrupção*. Porto Alegre: Livraria do Advogado, 2017. p. 121.

[2] LAMOUNIER, Najla Ribeiro Nazar. *Compliance* na prática: seus elementos e desafios. *In*: OLIVEIRA, Luis Gustavo Miranda de (Org.). *Compliance e integridade*: aspectos práticos e teóricos. Belo Horizonte: Editora D'Plácido, 2017. p. 275.

[3] CLAYDON, Jane. Compliance/Legal Compliance. *In*: IDOWU S.O.; CAPALDI N.; ZU L., Gupta A.D. (Ed.) *Encyclopedia of Corporate Social Responsibility*. Springer, Berlin, Heidelberg. https://doi.org/10.1007/978-3-642-28036-8_353.

[4] ZENKNER, Marcelo. Sistemas públicos de integridade: evolução e modernização da administração pública brasileira. *In*: ZENKNER, Marcelo; CASTRO, Rodrigo Pironti Aguirre de (Org.). *Compliance no setor público*. Belo Horizonte: Fórum, 2020. p. 188-189.

[5] FREEMAN, Edward H.; JD and MCP and MCT (2007). Regulatory Compliance and the Chief Compliance Officer, *Information Systems Security*, 16:6, 357-361, DOI: http://10.1080/1065 8980701805050. Tradução nossa. No original, lê-se: "A corporate compliance program is a system designed to detect and prevent violations of law by the agents, employees, officers, and directors of a business".

[6] CARDOSO NETO, Lauro Pinto; CORDEIRO, Nefi; PAES, José Eduardo Sabo. Criminal compliance antilavagem: prevenção penal por agentes privados e o direito ao silêncio. *Revista da Faculdade de Direito UFPR*, Curitiba, v. 64, n. 2, p. 89-110, maio/ago. 2019. ISSN

particularmente o *compliance* anticorrupção, que é facultativo, ao contrário do *compliance* antilavagem, de natureza obrigatória.[7]

Ao estudar o assunto, uma questão relevante é saber quando os programas de *compliance* podem ser considerados efetivos.

A partir de levantamento nas principais referências internacionais sobre o tema, Maeda[8] elenca cinco pilares que devem ser observados para que programas de *compliance* anticorrupção possam ser considerados efetivos. São eles: 1) Suporte da Administração e Liderança; 2) Mapeamento e Análise de Riscos; 3) Políticas, Controles e Procedimentos; 4) Comunicação e Treinamento; e 5) Monitoramento, Auditoria e Remediação. Ao tratar de todos esses itens, Maeda acentua a necessidade de haver procedimentos de controle que prevejam auditorias internas para aferir o cumprimento do programa de integridade, o que pressuporia uma estrutura de *compliance* formada por profissionais de estatura hierárquica apropriada, recursos suficientes e acesso direto aos mais altos níveis de governança da empresa.[9]

Aguiar e Matias[10] anotam que, nos Estados Unidos, o *United States Federal Sentencing Guidelines*, que serve de baliza para a aplicação da pena pelas cortes federais, prevê um conjunto de medidas a serem contempladas nos programas de *compliance* para que eles possam ser considerados efetivos e, consequentemente, possam levar à redução das penas fixadas em processos nos quais se discuta o cometimento de crimes de naturezas diversas. Segundo estabelece o citado documento, "a sociedade empresária deve usar meios razoáveis a fim de escolher para exercer cargos de chefia pessoas que ninguém da empresa soubesse ou devesse saber, por força do dever de diligência, ter envolvimento com atividades ilícitas ou outras condutas incompatíveis com um

---

2236-7284. Disponível em: https://revistas.ufpr.br/direito/article/view/63741. Acesso em: 31 ago. 2019. DOI: http://dx.doi.org/10.5380/rfdufpr.v64i2.63741. p. 92.

[7] VERÍSSIMO, Carla. *Compliance*: incentivo de adoção de medidas anticorrupção. São Paulo: Saraiva, 2017. p. 17.

[8] MAEDA, Bruno Carneiro. Programas de *Compliance* Anticorrupção: importância e elementos essenciais. *In*: DEL DEBBIO, Alessandra; MAEDA, Bruno Carneiro; AYRES, Carlos Henrique da Silva (Org.). *Temas de Anticorrupção e Compliance*. Rio de Janeiro: Elsevier, 2013. p. 181.

[9] MAEDA, Bruno Carneiro. Programas de *Compliance* Anticorrupção: importância e elementos essenciais. *In*: DEL DEBBIO, Alessandra; MAEDA, Bruno Carneiro; AYRES, Carlos Henrique da Silva (Org.). *Temas de Anticorrupção e Compliance*. Rio de Janeiro: Elsevier, 2013. p. 183.

[10] AGUIAR, Julio Cesar de; MATIAS, Flávio Pereira da Costa. Teste de integridade no setor privado: estado da arte. *Revista Eletrônica do Curso de Direito da UFSM*, Santa Maria, v. 14, n. 3, e33399, set./dez. 2019. ISSN 1981-3694. DOI: http://dx.doi.org/10.5902/1981369433399. Acesso em: 21 nov. 2020. p. 19.

programa de *compliance* efetivo".[11] Essa avaliação impacta especialmente nas sanções decorrentes da aplicação do *Foreign Corrupt Practices Act* (FCPA), de 1977, principal norma anticorrupção dos Estados Unidos, o qual, contudo, não faz nenhuma referência às exigências de *compliance*, o que se justifica historicamente pelo fato de o FPCA anteceder a abertura de mercado que marcou os governos norte-americano e britânico na década de 80 (governos Reagan e Thatcher, respectivamente).[12]

Essa ênfase no dever de diligência (*due diligence*) e cuidado ao recrutar empregados e escolher candidatos a cargos de liderança nas corporações (diretores e executivos em geral), decorrente da busca pela implementação de um programa de *compliance* efetivo, é bastante rotineira nos Estados Unidos, onde ainda no início da década de 90 estimava-se que cerca de cinco a seis mil empresas se utilizavam de diferentes mecanismos de *pre-employment screening*,[13] a exemplo de testes de integridade, testes psicológicos e outras formas de *background checks*.[14]

No Reino Unido, o *United Kingdom Bribery Act* (UKBA), recente lei anticorrupção britânica, foi editado em 2010 e é considerado bastante inovador, o que pode ser exemplificado pela tipificação na Seção 7 do crime de falhar (a pessoa jurídica) em prevenir a prática de corrupção.[15] Analisando a legislação do Reino Unido, Carvalho explica que, ao erigir à categoria de ilícito penal autônomo a simples conduta de falhar na prevenção da corrupção, o UKBA transfere ao particular todo o ônus de prevenir a prática de atos de corrupção em qualquer elo da cadeia de negócios da empresa, tornando-o responsável por desenhar,

---

[11] UNITED STATES SENTENCING COMMISSION. *Guidelines Manual*. Washington, 1 nov. 2016. Disponível em: https://www.ussc.gov/sites/default/files/pdf/guidelines-manual/2016/GLMFull.pdf. Acesso em: 9 jun. 2018. p. 534. Tradução nossa. No original, lê-se: "The organization shall use reasonable efforts not to include within the substantial authority personnel of the organization any individual whom the organization knew, or should have known through the exercise of due diligence, has engaged in illegal activities or other conduct inconsistent with an effective compliance and ethics program".

[12] CARVALHO, Paulo Roberto Galvão de. Legislação anticorrupção no mundo: análise comparativa entre a Lei Anticorrupção brasileira, o *Foreign Corrupt Practices Act* norte-americano e o *Bribery Act* do Reino Unido. In: QUEIROZ, Ronaldo Pinheiro de; SOUZA, Jorge Munhós (Org.). *Lei Anticorrupção*. Salvador: Juspodivm, 2015. p. 52.

[13] Em síntese, pode-se traduzir *pre-employment screening* como qualquer medida adotada na fase pré-contratual ou pré-seleção que tenha por finalidade avaliar e aferir a compatibilidade do perfil de candidato a emprego ou cargo com os valores, princípios e grau de ética desejados pela companhia. Para mais detalhes, vide, dentre outros: https://national-employment-screening.com/employment-screening-definition/.

[14] OFFICE OF TECHNOLOGY ASSESSMENT (OTA), U.S. CONGRESS. *The Use of Integrity Tests for Pre-Employment Screening*. Sep. 1990, p. 1. Disponível em: http://ota.fas.org/reports/9042.pdf. Acesso em: 20 nov. 2017.

[15] Vide: https://www.legislation.gov.uk/ukpga/2010/23/section/7.

implementar, aplicar e avaliar sua própria regulamentação.[16] Por essa razão, Aguiar e Matias afirmam que, "ao criminalizar a falha em prevenir a corrupção, o *Bribery Act* confere um estímulo à adoção de programas de *compliance* bem mais impactante do que o existente no FCPA, em que o *compliance* efetivo é basicamente avaliado no momento de se oferecer ou não uma ação criminal, bem como ao se fixar a sanção adequada".[17]

A Seção 9 do UKBA impôs ao Secretário de Estado do Reino Unido o dever de publicar um guia com os procedimentos que as empresas devem adotar para evitar a responsabilização pelo crime da Seção 7 do UKBA.[18] Atendendo essa obrigação, o governo britânico publicou o "The Bribery Act 2010 Guidance",[19] em que se informam quais procedimentos devem ser adotados pelas sociedades empresárias para não serem responsabilizadas nos termos da Seção 7(1), prevendo seis princípios que devem ser seguidos pelas empresas para se utilizar da defesa da Seção 7(2): Princípio 1 – proporcionalidade nos procedimentos a serem observados; Princípio 2 – compromisso da cúpula da empresa; Princípio 3 – avaliação de riscos; Princípio 4 – diligências prévias; Princípio 5 – comunicação e treinamento; Princípio 6 – monitoração e revisão. Tratando do Princípio 4, estabelece o "The Bribery Act 2010 Guidance":

> Presume-se que os empregados de uma sociedade empresária sejam pessoas "engajadas" com a empresa para os propósitos do *Bribery Act*. A sociedade empresária pode desejar, portanto, incorporar em seus procedimentos de recrutamento e recursos humanos um nível apropriado de diligência prévia (*due diligence*) para mitigar os riscos de corrupção a que estão submetidos os empregados, o que é proporcional ao risco associado ao cargo em questão.[20]

---

[16] CARVALHO, Paulo Roberto Galvão de. Legislação anticorrupção no mundo: análise comparativa entre a Lei Anticorrupção brasileira, o Foreign Corrupt Practices Act norte-americano e o *Bribery Act* do Reino Unido. In: QUEIROZ, Ronaldo Pinheiro de; SOUZA, Jorge Munhós (Org.). *Lei Anticorrupção*. Salvador: Juspodivm, 2015. p. 53.

[17] AGUIAR, Julio Cesar de; MATIAS, Flávio Pereira da Costa. Teste de integridade no setor privado: estado da arte. *Revista Eletrônica do Curso de Direito da UFSM*, Santa Maria, v. 14, n. 3, e33399, set./dez. 2019. ISSN 1981-3694. DOI: http://dx.doi.org/10.5902/1981369433399. Acesso em: 21 nov. 2020. p. 8.

[18] Vide: https://www.legislation.gov.uk/ukpga/2010/23/section/9.

[19] MINISTRY OF JUSTICE. *The Bribery Act 2010 Guidance*. 11 fev. 2012. Disponível em: https://assets.publishing.service.gov.uk/government/uploads/system/uploads/attachment_data/file/832011/bribery-act-2010-guidance.pdf.

[20] MINISTRY OF JUSTICE. *The Bribery Act 2010 Guidance*. 11 fev. 2012. Disponível em: https://assets.publishing.service.gov.uk/government/uploads/system/uploads/attachment_data/file/832011/bribery-act-2010-guidance.pdf. Tradução nossa. No original, lê-se: "A commercial organization's employees are presumed to be persons 'associated' with the organization for the purposes of the Bribery Act. The organization may wish, therefore, to incorporate

Além da legislação anticorrupção dos Estados Unidos e do Reino Unido, a *International Organization for Standardization* (ISO), organização não governamental que congrega entidades de padronização de mais de 160 países, também estimula a adoção de cautelas específicas para o recrutamento de empregados ou a escolha de lideranças no âmbito de sociedades empresárias.

A ISO editou, em 2014, a norma ISO 37001, intitulada *Anti-bribery management systems*, após quatro anos de debates que contaram com especialistas de 37 países,[21] a qual tem por finalidade estruturar um sistema de gestão antissuborno por intermédio de uma liderança comprometida no estabelecimento de uma cultura de integridade, transparência, abertura e *compliance*.[22] No Brasil, a Associação Brasileira de Normas Técnicas (ABNT), por meio de uma Comissão de Estudo Especial Antissuborno, publicou, em março de 2017, a ABNT NBR ISO 37001, reproduzindo a norma internacional.[23] A Norma ABNT NBR ISO 37001 é composta por dez tópicos, divididos em subtópicos, e por um Anexo A contendo orientações num total de vinte e dois itens. Abordando os procedimentos de contratação de pessoal, o item A.8 do Anexo A da norma ABNT NBR ISO 37001 esclarece:

> A.8.1 Due diligence em pessoas
> Ao proceder à due diligence em pessoas, antes de admiti-las, a organização, dependendo das funções propostas e dos correspondentes riscos de suborno, pode tomar ações como:
> a) discutir a política antissuborno da organização com potencial candidato em uma entrevista e formar uma opinião se o pessoal parece entender e aceitar a importância do compliance;
> b) adotar medidas razoáveis, a fim de verificar se as qualificações do potencial candidato são precisas;
> d) adotar medidas razoáveis para determinar se o potencial candidato se envolveu com subornos;

---

in its recruitment and human resources procedures an appropriate level of due diligence to mitigate the risks of bribery being undertaken by employees which is proportionate to the risk associated with the post in question".

[21] RAMOS, Raeclara Drummond. Norma ABNT NBR ISO 37001: Sistemas de Gestão Antissuborno. *In:* MARQUES, Jader; PORTO, Vinicius (Org.). *Compliance como instrumento de combate à corrupção*. Porto Alegre: Livraria do Advogado, 2017. p. 129.

[22] ASSOCIAÇÃO BRASILEIRA DE NORMAS TÉCNICAS (ABNT). *ABNT NBR ISO 37001*. Sistemas de gestão antissuborno. Rio de Janeiro: 2017. p. viii.

[23] RAMOS, Raeclara Drummond. Norma ABNT NBR ISO 37001: Sistemas de Gestão Antissuborno. *In:* MARQUES, Jader; PORTO, Vinicius (Org.). *Compliance como instrumento de combate à corrupção*. Porto Alegre: Livraria do Advogado, 2017. p. 130.

Reforçando a pertinência das previsões da Norma ABNT NBR ISO 37001, Ramos[24] sustenta que a prevenção contra o oferecimento de suborno por um funcionário em nome da organização é feita, muitas vezes, através dos controles e procedimentos na contratação de pessoal, isto é, de *pre-employment screening*.

O aprimoramento do processo de contratação e promoção de pessoal, pouco a pouco, foi internalizado na cultura corporativa brasileira. Na consultoria EY, nova marca da Ernst & Young, desde 2008 a diretoria de *compliance* aplica questionários para aferir aspectos de ética e integridade corporativa nos candidatos a vagas em sua equipe.[25] Igualmente, desde 2016 a empresa Localiza aplica testes de integridade no processo de seleção de seus empregados.[26]

Com a entrada em vigor da Lei n° 12.846/2013, conhecida como Lei Anticorrupção Empresarial – LAE, e do Decreto Federal n° 8.420, passou-se a fomentar – conquanto debilmente, consoante anotado por Veríssimo e avaliado pela OCDE[27] – a implementação de programas de *compliance* pelas pessoas jurídicas. Esse incentivo para a implementação de programas de integridade pode ser taxado de débil porque "a existência de mecanismos e procedimentos internos de integridade, auditoria e incentivo à denúncia de irregularidades e a aplicação efetiva de códigos de ética e de conduta no âmbito da pessoa jurídica" (LAE, art. 7°, VIII) oferece uma única vantagem ao agente a quem for imputado um dos atos lesivos previstos na Lei n° 12.846/2013: a possibilidade de redução da multa administrativa.[28]

A exemplo do que acontece nos Estados Unidos e no Reino Unido (e da Norma ABNT NBR ISO 37001), há, no decreto regulamentador

---

[24] RAMOS, Raeclara Drummond. Norma ABNT NBR ISO 37001: Sistemas de Gestão Antissuborno. *In*: MARQUES, Jader; PORTO, Vinicius (Org.). *Compliance como instrumento de combate à corrupção*. Porto Alegre: Livraria do Advogado, 2017. p. 136.

[25] SARAIVA, Jacilio. Novos tipos de testes psicológicos avaliam postura ética e preconceitos. Valor Econômico, 2 out. 2014. Disponível em: http://www.valor.com.br/carreira/3718978/novos-tipos-detestes-psicologicos-avaliam-postura-etica-e-preconceitos. Acesso em: 9 jun. 2018.

[26] SANCHOTENE, Diná. Empresas aplicam teste de caráter para examinar funcionários. Gazeta Online, 9 Jul. 2017. Disponível em: https://www.gazetaonline.com.br/noticias/economia/2017/07/empresasaplicam-teste-de-carater-para-examinar-funcionarios-1014075340.htm. Acesso em: 3 maio 2018.

[27] VERÍSSIMO, Carla. *Compliance*: incentivo de adoção de medidas anticorrupção. São Paulo: Saraiva, 2017. p. 17.

[28] AGUIAR, Julio Cesar de; MATIAS, Flávio Pereira da Costa. Teste de integridade no setor privado: estado da arte. *Revista Eletrônica do Curso de Direito da UFSM*, Santa Maria, v. 14, n. 3, e33399, set./dez. 2019. ISSN 1981-3694. DOI: http://dx.doi.org/10.5902/1981369433399. Acesso em: 21 nov. 2020. p. 23.

da Lei Anticorrupção Empresarial, diretrizes para a realização de contratações e avaliações dos quadros da empresa. É o que se observa nos seguintes incisos do art. 42 do Decreto nº 8.420/2015:

> Decreto 8.420/2015, art. 42. Para fins do disposto no §4º do art. 5º, o programa de integridade será avaliado, quanto a sua existência e aplicação, de acordo com os seguintes parâmetros:
> II - padrões de conduta, código de ética, políticas e procedimentos de integridade, aplicáveis a todos os empregados e administradores, independentemente de cargo ou função exercidos;
> V - análise periódica de riscos para realizar adaptações necessárias ao programa de integridade;
> XIII - diligências apropriadas para contratação e, conforme o caso, supervisão, de terceiros, tais como, fornecedores, prestadores de serviço, agentes intermediários e associados;

É possível, portanto, extrair das normas e diretrizes dos Estados Unidos, do Reino Unido, do Brasil e da ISO fundamentação suficiente para a adoção de mecanismos de *pre-employment screening* pelas corporações empresariais.

Inserem-se no conjunto de medidas passíveis de adoção no contexto do *pre-employment screening* os *background checks*, que consistem em formas de identificar potenciais riscos na contratação por meio da avaliação do passado do candidato a um posto de trabalho.[29] Trata-se de espécies de *pre-employment screening* que têm por característica voltar o olhar para o passado do candidato ao emprego ou função de liderança numa corporação.

Os *background checks* podem ser realizados em diversas frentes. Normalmente, o processo de *background check* se inicia pelo contato com as pessoas indicadas a título de referência profissional pelo candidato, o qual se sugere seja precedido de autorização escrita do candidato ao emprego, como forma de evitar questionamentos.[30]

A partir de um ponto de vista da realidade estadunidense, Waddell[31] elenca como principais formas de *background checks* os *credit*

---

[29] STERLING. *Background Checks in Politics*. Disponível em: https://www.sterlingcheck.com/blog/2017/01/background-checks-in-politics/. Acesso em: 22 nov. 2020.

[30] WADDELL, Cristina Diane. *Effective Hiring Process Background Check Strategies*. 2018. Walden Dissertations and Doctoral Studies Collection. Disponível em: https://scholarworks.waldenu.edu/cgi/viewcontent.cgi?article=6871&context=dissertations. Acesso em: 28 out. 2020. p. 22.

[31] WADDELL, Cristina Diane. *Effective Hiring Process Background Check Strategies*. 2018. Walden Dissertations and Doctoral Studies Collection. Disponível em: https://scholarworks.waldenu.

checks, normalmente utilizados para determinar a estabilidade financeira dos potenciais candidatos e movidos pela crença de profissionais de recursos humanos de que futuros problemas financeiros podem impactar no local de trabalho, e os *criminal background checks*, destinados a verificar os antecedentes criminais do candidato. Na publicação "A Global Guide to Background Checks" são elencadas outras formas de *background checks*, como a pesquisa em redes sociais, testes de drogas e álcool etc.[32] Também os testes de integridade podem ser – e são – utilizados como forma de reduzir riscos nas contratações de empregado ou de nomeação de altos postos de trabalho numa sociedade empresária.[33]

Posto isso, passemos à próxima seção, onde trataremos do *compliance* na Administração Pública e no Ministério Público.

3 *Compliance* na Administração Pública e no Ministério Público

Todo o avanço do *compliance* e de uma de suas vertentes – o *pre-employment screening* (e os *background checks*) – no setor privado, que foi relatado na seção anterior, findou por influenciar o serviço público brasileiro. Nessa linha, a Lei nº 13.303/2016, que dispõe sobre o estatuto jurídico da empresa pública, da sociedade de economia mista e de suas subsidiárias, estabelece no art. 9º, §1º, a obrigatoriedade de ser elaborado e divulgado Código de Conduta e Integridade, relacionando nos incisos do citado parágrafo elementos que devem estar contidos no código aludido.

Conquanto a Lei nº 13.303/2016 se refira unicamente às empresas públicas e sociedades de economia mista, há quem advogue a necessidade de implementação do *compliance* em todos os setores da Administração Pública, como maneira de combater e prevenir a corrupção e contribuir para a formação de uma economia autossustentável.[34]

---

edu/cgi/viewcontent.cgi?article=6871&context=dissertations. Acesso em: 28 out. 2020. p. 28-32.

[32] MAYER BROWN. *A Global Guide to Background Checks*. 2015. The Mayer Brown Practices. Disponível em: https://www.mayerbrown.com/files/uploads/Documents/PDFs/2016/April/A-Global-Guide-Background-Checks.pdf. Acesso em: 23 nov. 2020.

[33] Sobre o tema, vide: AGUIAR, Julio Cesar de; MATIAS, Flávio Pereira da Costa. Teste de integridade no setor privado: estado da arte. *Revista Eletrônica do Curso de Direito da UFSM*, Santa Maria, v. 14, n. 3, e33399, set./dez. 2019. ISSN 1981-3694. DOI: http://dx.doi.org/10.5902/1981369433399.

[34] COELHO, Cláudio Carneiro Bezerra Pinto. Compliance na Administração Pública: uma necessidade para o Brasil. *Revista de Direito da Faculdade Guanambi*, v. 3, n. 01, p. 94, 1 ago. 2017. DOI: https://doi.org/10.29293/rdfg.v3i01.103. Acesso em: 28 out. 2020.

Zenkner destaca que, embora no âmbito da Administração Pública Direta federal ainda não haja lei estabelecendo a obrigatoriedade de programas de integridade e *compliance*, alguns Estados lograram aprovar leis criando sistemas de integridade com aplicação nos órgãos da Administração estadual, a exemplo do Espírito Santo, Santa Catarina, Paraná e Mato Grosso. O Estado de Minas Gerais, por outro lado, instituiu o "Plano Mineiro de Promoção da Integridade – PMPI" por meio de decreto.[35] Na esfera federal, de toda forma, é válido registrar que o Decreto nº 9.203/2017, no art. 19, dispôs que os "órgãos e as entidades da administração direta, autárquica e fundacional instituirão programa de integridade, com o objetivo de promover a adoção de medidas e ações institucionais destinadas à prevenção, à detecção, à punição e à remediação de fraudes e atos de corrupção". A Portaria nº 57/2019 da Controladoria-Geral da União, a seu lado, estabelece orientações para que os órgãos e entidades da Administração Pública federal adotem procedimentos para a estruturação, a execução e o monitoramento de seus programas de integridade.

Discorrendo sobre o *compliance* e o Ministério Público, Schneider e Ziesmer sustentam que existe margem para a implementação de programas de conformidade na atuação extrajudicial, onde o espaço de discricionariedade possibilita a ocorrência de desvios e desconformidades.[36]

Destacam Schneider e Ziesmer, que são membros do Ministério Público, haver "um amplo campo de atuação em que a resolução de conflitos de índole difusa ou coletiva encontra receptáculo em acordos de não persecução, compromissos de ajustamento de conduta, transações penais, suspensões condicionais do processo, os quais podem ser focos de desequilíbrio funcional [...], sendo reservado ao controle judicial apenas o exame formal homologatório". O desafio, salientam, reside em instituir um programa de *compliance* em tema tão delicado sem que a independência funcional seja mitigada.[37] Entendemos que a

---

[35] ZENKNER, Marcelo. Sistemas públicos de integridade: evolução e modernização da administração pública brasileira. *In*: ZENKNER, Marcelo; CASTRO, Rodrigo Pironti Aguirre de (Org.). *Compliance no setor público*. Belo Horizonte: Fórum, 2020. p. 192-196.

[36] SCHNEIDER, Alexandre; ZIESEMER, Henrique da Rosa. Compliance não só para os outros. *Revista do Ministério Público Militar*, ed. 32, 2020. p. 9-10. Disponível em: https://revista.mpm.mp.br/artigo/artigos-ineditos-compliance-nao-so-para-os-outros/. Acesso em: 10 nov. 2020.

[37] SCHNEIDER, Alexandre; ZIESEMER, Henrique da Rosa. Compliance não só para os outros. *Revista do Ministério Público Militar*, ed. 32, 2020. p. 10. Disponível em: https://revista.mpm.mp.br/artigo/artigos-ineditos-compliance-nao-so-para-os-outros/. Acesso em: 10 nov. 2020.

independência funcional pode sim ser mitigada para tais fins (como já é mitigada em situações diversas), observadas as condições que extrapolam o objetivo deste estudo: a questão é saber se o grau dessa mitigação da independência funcional implica a desvirtuação de sua essência. Por exemplo, haveria uma mitigação exacerbada à independência funcional na hipótese de se submeter ao procurador-geral ou a colegiado por ele designado termos de ajustamento de conduta ou acordos de leniência, com violação ao princípio do promotor natural.

Admitindo o benefício de se estruturar um sistema de integridade no âmbito dos Ministérios Públicos, surge a questão de saber se é possível incluir nessa iniciativa alguma espécie de *background check*. Para fazer essa análise, é indispensável, primeiramente, examinar a decisão tomada pelo Supremo Tribunal Federal no Recurso Extraordinário nº 560.900, na qual foi fixada tese sobre a (im)possibilidade de se inserir cláusula em edital de concurso público restringindo a participação de candidato que esteja respondendo a inquérito policial ou ação penal. É o que faremos na próxima seção.

4 O Supremo Tribunal Federal e a tese fixada no Recurso Extraordinário nº 560.900

Em 27 de agosto de 2007, chegou ao Supremo Tribunal Federal (STF) o Recurso Extraordinário nº 560.900, interposto pelo Distrito Federal contra acórdão do Tribunal de Justiça do Distrito Federal e Territórios, no qual se manteve sentença concessiva de mandado de segurança impetrado por soldado que respondia a processo criminal pela suposta prática do delito previsto no art. 342 do CP (falso testemunho), assegurando-lhe o direito de participar de curso de formação de Cabos Combatentes da Polícia Militar.[38]

Extrai-se do relatório do Ministro Luís Roberto Barroso que "a previsão editalícia encontrava suporte na redação dos arts. 11 e 28, II,

---

[38] O acórdão do TJDFT foi assim ementado: "CONSTITUCIONAL. MANDADO DE SEGURANÇA. POLICIAL MILITAR. CURSO DE FORMAÇÃO DE CABO. REJEIÇÃO DE MATRÍCULA. PENDÊNCIA JUDICIAL. PRINCÍPIO DA PRESUNÇÃO DE INOCÊNCIA. A exclusão do impetrante na seleção para o Curso de Formação de Cabos pela mera denúncia oferecida pelo Ministério Público extrapola o razoável, tornando-se uma decisão tendenciosa, pois, enquanto não condenado por sentença transitada em julgado, há de se presumir a inocência do acusado, conforme regra constitucionalmente preconizada. Assim, tem-se como inaceitável a presunção prevista no Decreto Distrital nº 7.456/83, bem como no edital do certame, de que determinado candidato não possui aptidão por estar sendo processado criminalmente. Recurso improvido. Unânime".

do Decreto Distrital nº 7.456/1983, que previam, respectivamente, o requisito de 'idoneidade moral' e a exclusão, do quadro de acessos, do candidato que estivesse 'sub-judice' ou preso preventivamente, em virtude de inquérito policial-militar instaurado". Observe-se que, no caso concreto, não se tratava de concurso para ingresso na Polícia Militar, mas sim de concurso para promoção de servidor militar.

Houve intenso debate entre os ministros do STF, vindo ao final a ser negado provimento ao recurso extraordinário e a ser fixada a seguinte tese de repercussão geral no julgamento do Plenário finalizado em 6 de fevereiro de 2020: "Sem previsão constitucionalmente adequada e instituída por lei, não é legítima a cláusula de edital de concurso público que restrinja a participação de candidato pelo simples fato de responder a inquérito ou ação penal".

O relator Min. Roberto Barroso consignou no seu voto que "eliminar candidatos a partir de cláusulas gerais ou conceitos jurídicos indeterminados, tais como 'idoneidade moral', mediante juízo subjetivo de banca examinadora, é incompatível com os princípios republicano, da impessoalidade e da ampla acessibilidade aos cargos públicos, na forma como devem ser pensados no atual contexto brasileiro", pontuando que num Estado Democrático de Direito ninguém está imune a ser investigado e até a responder a uma ação penal, de modo que somente em casos excepcionalíssimos – o relator exemplificou com a hipótese de candidato preso em flagrante por estupro de vulnerável que, durante o processo, pretendesse assumir cargo em escola de ensino fundamental – a mera existência de inquéritos policiais ou de processos contra o candidato poderia lhe obstar a participação em concurso público. Por isso, a tese inicialmente proposta pelo relator previa a possibilidade de, excepcionalmente, valorar-se negativamente processo criminal em andamento.[39] Observação similar fez o Ministro Gilmar Mendes quanto à excepcionalidade que algumas situações podem

---

[39] Eis o teor da proposta de tese inicialmente formulada pelo Relator Min. Roberto Barroso:
(1) como regra geral, a simples existência de inquéritos ou processos penais em curso não autoriza a eliminação de candidatos em concursos públicos, o que pressupõe: (i) condenação por órgão colegiado ou definitiva; e (ii) relação de incompatibilidade entre a natureza do crime em questão e as atribuições do cargo concretamente pretendido, a ser demonstrada de forma motivada por decisão da autoridade competente;
(2) a lei pode instituir requisitos mais rigorosos para determinados cargos, em razão da relevância das atribuições envolvidas, como é o caso, por exemplo, das carreiras da magistratura, das funções essenciais à justiça e da segurança pública (CRFB/1988, art. 144), sendo vedada, em qualquer caso, a valoração negativa de simples processo em andamento, salvo situações excepcionalíssimas e de indiscutível gravidade.

trazer.[40] Prevaleceu, após sobretudo ponderações dos ministros Edson Fachin, Gilmar Mendes e Cármen Lúcia e sugestão desta última, a tese de que é necessária a edição de lei para impor restrições a candidatos em concurso público, bem como que essa restrição legal deve ser constitucionalmente adequada, como visto linhas atrás.

Em rigor, a tese fixada pelo STF no Recurso Extraordinário nº 560.900 não veda o estabelecimento por lei formal de restrição em concurso público a candidato que responda a processo criminal, desde que haja *adequação constitucional*.

O problema é que, tirante o exemplo hipotético do candidato a professor do ensino fundamental processado por estupro de vulnerável (aludido pelos ministros Roberto Barroso e Gilmar Mendes), não ficaram claras no julgado quais seriam as situações excepcionais em que seria admissível a exclusão de candidato considerado *inidôneo*, ou seja, qual a extensão da *adequação constitucional* para que a lei exclua candidatos de concursos públicos por estarem respondendo a processo criminal. Certamente o caso concreto – participação de concurso de promoção de policial militar da ativa – não favoreceu o aprofundamento do debate, como bem salientado pelo Min. Alexandre de Moraes no seu voto vencido, todavia o próprio relator anotou que "justifica-se um maior rigor na seleção de magistrados, por se tratar de membros de Poder, que exercerão diretamente a função jurisdicional, uma das funções básicas do Estado", entendimento que é plenamente aplicável ao Ministério Público, pela estatura constitucional e relevância das funções por ele exercidas, compatíveis com as da magistratura.

No que diz respeito ao Ministério Público da União, a Lei Complementar nº 75/1993, conhecida como Lei Orgânica do Ministério Público da União, dispõe no art. 188 que "poderão inscrever-se no concurso [para o ingresso em uma das carreiras do Ministério Público da União] bacharéis em Direito há pelo menos dois anos, *de comprovada idoneidade moral*".

No âmbito do Ministério Público Federal, a Resolução nº 169/2016, do Conselho Superior do MPF, prevê como requisitos para a inscrição definitiva no concurso para provimento de cargos de Procurador da República a apresentação pelo candidato de "certidões dos setores de

---

[40] Constou do voto do Min. Gilmar Mendes: "[...] haverá situações em que as circunstâncias fáticas se imporão, antes mesmo do reconhecimento formal da culpa, por órgão colegiado ou pelo STJ, de modo a inviabilizar a participação do candidato a certame público. Imagine-se, por exemplo, a situação do candidato que esteja envolvido em quantidade relevante de inquéritos por prática de crime de pedofilia e que pretende se candidatar a professor de ensino fundamental".

distribuição cível e criminal, inclusive de execução penal, dos lugares em que tenha residido nos últimos 5 (cinco) anos, da Justiça Federal, Justiça Estadual (inclusive Militar, se houver), Justiça Eleitoral e Justiça Militar da União, emitidas, no máximo, 30 (trinta) dias antes do início da data das inscrições definitivas" e de "declarações firmadas por membros do Ministério Público, magistrados, advogados, professores universitários e dirigentes de órgãos da administração pública, no total de 5 (cinco), acerca da idoneidade moral do(a) candidato(a), constando nome e endereços completos dos declarantes, emitidas, no máximo, 30 (trinta) dias antes do início das inscrições definitivas" (art. 53, incisos V e VI, respectivamente).

A redação do art. 188 da Lei Complementar n° 75/1993 é bastante ampla e parece não oferecer diretrizes que possibilitem uma avaliação mais acurada do histórico do candidato. Possivelmente isso explica o processo de verificação de idoneidade do candidato a Procurador da República estabelecido na Resolução n° 169/2016, do Conselho Superior do MPF, o qual é visivelmente superficial.

Nos Estados Unidos da América, os *background checks* dos juízes federais, realizados pelo FBI (*Federal Bureau of Investigation*), são bem mais contundentes. Segundo noticiado pelo juiz Walter Rice, durante o processo de *background check* levado a cabo pelo FBI ele chegou a receber telefonemas de pessoas com as quais não falava havia 10 ou 15 anos relatando terem sido procuradas por agentes federais em busca de informações sobre o então candidato a juiz federal.[41] Em relação às polícias norte-americanas, a literatura especializada é pacífica em apontar que o desenvolvimento de uma força policial livre de corrupção requer, dentre outros aspectos, a cuidadosa implementação de procedimentos de *pre-employment screening*.[42] São formas de proceder muito diferente, por exemplo, da apresentação de cartas de recomendação exigidas para o ingresso no MPF.

Parece-nos que algum avanço é necessário no praticamente inexistente *pre-employment screening* de carreiras públicas de Estado como o Ministério Público, não simplesmente para copiar modelos estrangeiros, mas sobretudo para permitir um melhor controle do risco

---

[41] HENRY, Allen. Federal Judge recalls his own FBI Background investigation. *WRGT*. Disponível em: https://dayton247now.com/news/local/federal-judge-recalls-his-own-fbi-background-investigation. Acesso em: 24 out. 2020.

[42] ARRIGO, Bruce A.; CLAUSSEN-ROGERS, Natalie L. *Police corruption and psychological testing*: a strategy for pre-employment screening. Durham: Carolina Academic Press, 2005. p. 37.

e prevenir situações que podem surgir diante do crescente aumento do exercício da discricionariedade na atividade ministerial. De que forma pode se dar esse aperfeiçoamento é algo a ser debatido, mas a própria Lei Complementar nº 75/1993, no art. 188, dá margem – posto que tímida – a esse aprimoramento.

5 Conclusão

A tese fixada pelo STF em repercussão geral no Recurso Extraordinário nº 560.900, se não foi suficientemente precisa, não fechou as portas para a realização de *background checks* que conduzam a uma melhor análise de risco a respeito de interessados em ingressar no Ministério Público.

O setor privado brasileiro já vem adotando mecanismos para proceder a uma avaliação dos interessados em ingressar nas empresas ou em obter promoção para cargos estratégicos, o que reflete a disseminação do *compliance* não apenas no Brasil como no mundo inteiro. Vimos que tanto aqui como nos Estados Unidos e no Reino Unido há respaldo normativo para o *pre-employment screening* por meio de *background checks*, recomendado também pela International Organization for Standardization na Norma ABNT NBR ISO 37001.

Não parece minimamente razoável, nesse contexto, que o ingresso em carreiras de alçada constitucional, as quais exercem atividades essenciais ao atendimento do interesse público, como é o caso do Ministério Público, permaneça marcado pelo atual déficit de análise de risco, aguardando quem sabe (mais) um escândalo para que algo nessa seara seja implementado, talvez com outras medidas retaliativas sempre de prontidão para enfraquecer o Ministério Público.

O equilíbrio entre a necessidade de aprimorar o escrutínio daqueles que pretendem ingressar no Ministério Público e o perigo de se dar margem a indesejável subjetividade é delicado, mas não pode inibir o aperfeiçoamento institucional no recrutamento para ingresso nas carreiras do Ministério Público. O desafio está posto.

Referências

AGUIAR, Julio Cesar de; MATIAS, Flávio Pereira da Costa. Teste de integridade no setor privado: estado da arte. *Revista Eletrônica do Curso de Direito da UFSM*, Santa Maria, v. 14, n. 3, e33399, set./dez. 2019. ISSN 1981-3694. DOI: http://dx.doi.org/10.5902/1981369433399. Acesso em: 21 nov. 2020. p. 19.

ARRIGO, Bruce A.; CLAUSSEN-ROGERS, Natalie L. *Police corruption and psychological testing*: a strategy for pre-employment screening. Durham: Carolina Academic Press, 2005.

ASSOCIAÇÃO BRASILEIRA DE NORMAS TÉCNICAS (ABNT). *ABNT NBR ISO 37001*. Sistemas de gestão antissuborno. Rio de Janeiro: 2017.

CARDOSO NETO, Lauro Pinto; CORDEIRO, Nefi; PAES, José Eduardo Sabo. Criminal compliance antilavagem: prevenção penal por agentes privados e o direito ao silêncio. *Revista da Faculdade de Direito UFPR*, Curitiba, v. 64, n. 2, p. 89-110, maio/ago. 2019. ISSN 2236-7284. Disponível em: https://revistas.ufpr.br/direito/article/view/63741. Acesso em: 31 ago. 2019. DOI: http://dx.doi.org/10.5380/rfdufpr.v64i2.63741.

CARVALHO, Paulo Roberto Galvão de. Legislação anticorrupção no mundo: análise comparativa entre a Lei Anticorrupção brasileira, o Foreign Corrupt Practices Act norte-americano e o Bribery Act do Reino Unido. In: QUEIROZ, Ronaldo Pinheiro de; SOUZA, Jorge Munhós (Org.). *Lei Anticorrupção*. Salvador: Juspodivm, 2015. p. 35-62.

CLAYDON, Jane. Compliance/Legal Compliance. In: IDOWU, S.O.; CAPALDI N.; ZU L.; GUPTA, A.D. (Ed.). *Encyclopedia of Corporate Social Responsibility*. Springer, Berlin, Heidelberg. https://doi.org/10.1007/978-3-642-28036-8_353.

COELHO, Cláudio Carneiro Bezerra Pinto. *Compliance* na Administração Pública: uma necessidade para o Brasil. *Revista de Direito da Faculdade Guanambi*, v. 3, n. 01, p. 94, 1 ago. 2017. DOI: https://doi.org/10.29293/rdfg.v3i01.103. Acesso em: 28 out. 2020.

FREEMAN, Edward H.; JD and MCP and MCT (2007) Regulatory Compliance and the Chief Compliance Officer, *Information Systems Security*, 16:6, 357-361, DOI: http://10.1 080/10658980701805050.

HENRY, Allen. Federal Judge recalls his own FBI Background investigation. *WRGT*. Disponível em: https://dayton247now.com/news/local/federal-judge-recalls-his-own-fbi-background-investigation. Acesso em: 24 out. 2020.

LAMOUNIER, Najla Ribeiro Nazar. *Compliance* na prática: seus elementos e desafios. In: OLIVEIRA, Luis Gustavo Miranda de (Org.). *Compliance e integridade*: aspectos práticos e teóricos. Belo Horizonte: Editora D'Plácido, 2017. p. 275-284.

MAEDA, Bruno Carneiro. Programas de *Compliance* Anticorrupção: importância e elementos essenciais. In: DEL DEBBIO, Alessandra; MAEDA, Bruno Carneiro; AYRES, Carlos Henrique da Silva (Org.). *Temas de Anticorrupção e Compliance*. Rio de Janeiro: Elsevier, 2013. p. 167-201.

MAYER BROWN. A Global Guide to Background Checks. 2015. *The Mayer Brown Practices*. Disponível em: https://www.mayerbrown.com/files/uploads/Documents/PDFs/2016/April/A-Global-Guide-Background-Checks.pdf. Acesso em: 23 nov. 2020.

MINISTRY OF JUSTICE. *The Bribery Act 2010 Guidance*. 11 fev. 2012. Disponível em: https://assets.publishing.service.gov.uk/government/uploads/system/uploads/attachment_data/file/832011/bribery-act-2010-guidance.pdf.

OFFICE OF TECHNOLOGY ASSESSMENT (OTA), U.S. CONGRESS. *The Use of Integrity Tests for Pre-Employment Screening*. Sep. 1990, p. 1. Disponível em: http://ota.fas.org/reports/9042.pdf. Acesso em: 20 nov. 2017.

RAMOS, Raeclara Drummond. Norma ABNT NBR ISO 37001: Sistemas de Gestão Antissuborno. *In:* MARQUES, Jader; PORTO, Vinicius (Org.). *Compliance como instrumento de combate à corrupção.* Porto Alegre: Livraria do Advogado, 2017. p. 129-137.

SARAIVA, Jacilio. Novos tipos de testes psicológicos avaliam postura ética e preconceitos. *Valor Econômico,* 2 out. 2014. Disponível em: http://www.valor.com.br/carreira/3718978/novos-tipos-detestes-psicologicos-avaliam-postura-etica-e-preconceitos. Acesso em: 9 jun. 2018.

SCHNEIDER, Alexandre; ZIESEMER, Henrique da Rosa. *Compliance* não só para os outros. *Revista do Ministério Público Militar,* ed. 32, 2020. Disponível em: https://revista.mpm.mp.br/artigo/artigos-ineditos-compliance-nao-so-para-os-outros/. Acesso em: 10 nov. 2020.

STERLING. *Background Checks in Politics.* Disponível em: https://www.sterlingcheck.com/blog/2017/01/background-checks-in-politics/. Acesso em: 22 nov. 2020.

UBALDO, Flávia Safadi. Lei Anticorrupção: a importância do programa de *compliance* no cenário atual. *In:* PORTO, Vinicius; MARQUES, Jader (Org.). *O compliance como instrumento de prevenção e combate à corrupção.* Porto Alegre: Livraria do Advogado, 2017. p. 119-137.

UNITED STATES SENTENCING COMMISSION. *Guidelines Manual.* Washington, 1 nov. 2016. Disponível em: https://www.ussc.gov/sites/default/files/pdf/guidelines-manual/2016/GLMFull.pdf. Acesso em: 9 jun. 2018. p. 534.

VERÍSSIMO, Carla. *Compliance*: incentivo de adoção de medidas anticorrupção. São Paulo: Saraiva, 2017.

WADDELL, Cristina Diane. Effective Hiring Process Background Check Strategies. 2018. *Walden Dissertations and Doctoral Studies Collection.* Disponível em: https://scholarworks.waldenu.edu/cgi/viewcontent.cgi?article=6871&context=dissertations. Acesso em: 28 out. 2020. p. 22.

ZENKNER, Marcelo. Sistemas públicos de integridade: evolução e modernização da administração pública brasileira. *In:* ZENKNER, Marcelo; CASTRO, Rodrigo Pironti Aguirre de (Org.). *Compliance no setor público.* Belo Horizonte: Fórum, 2020. p. 185-200.

Informação bibliográfica deste texto, conforme a NBR 6023:2018 da Associação Brasileira de Normas Técnicas (ABNT):

MATIAS, Flávio Pereira da Costa. *Compliance, background checks* e Ministério Público. *In:* SCHNEIDER, Alexandre; ZIESEMER, Henrique da Rosa (Coord.). *Temas atuais de compliance e Ministério Público:* uma nova visão de gestão e atuação institucional. Belo Horizonte: Fórum, 2021. p. 269-285. ISBN 978-65-5518-220-0.

"TONE FROM THE TOP" E O PROCESSO DE ESCOLHA DO PROCURADOR-GERAL DE JUSTIÇA

EMERSON GARCIA

1 Aspectos introdutórios

Não é exagero afirmar que o Ministério Público foi uma das instituições que mais evoluiu desde a proclamação da República. Além de se desvencilhar das demais estruturas estatais de poder, adquiriu plena autonomia existencial nos planos administrativo, financeiro e funcional, teve suas atribuições sedimentadas e os seus membros foram cercados de importantes garantias.

O fortalecimento resultou em um natural destaque da instituição no ambiente republicano, o que lhe rendeu inimigos poderosos e ecléticos, que variam desde corporações profissionais, passando pelos detentores do poder político e econômico, e avançam até a criminalidade organizada. Todos invariavelmente buscam atacá-la, maximizando os seus erros e minimizando os seus acertos. Assim ocorre porque há muito perceberam o seu potencial transformador da realidade, o que desagrada a muitos, certamente acostumados ao estado de coisas plasticamente descrito por Gilberto Freire na metáfora "casa grande e senzala".

Aos ataques exógenos somam-se as dificuldades enfrentadas para a organização interna da instituição. Afinal, membros e servidores são recrutados em um ambiente social cuja base de valores apresenta graves distorções em diversos aspectos de indiscutível importância para qualquer coletividade. Proteger-se da distorção e bem desempenhar as relevantes atribuições outorgadas ao Ministério Público é um desafio diário. O resultado desse desafio certamente é influenciado pelo agente escolhido para desempenhar as funções de Procurador-Geral de Justiça durante o biênio constitucional.

O objeto de nossas reflexões diz respeito à influência que a escolha do Procurador-Geral de Justiça, com a participação direta do Chefe do Poder Executivo, pode exercer sobre os distintos setores da instituição, o que fazemos traçando um paralelo com o ambiente corporativo, no qual são intensas as discussões a respeito da concepção de *"tone from the top"*.

2 A concepção de *"tone from the top"* no ambiente corporativo

A expressão inglesa *"tone from the top"* ou *"tone at the top"* indica, em sua literalidade, o "tom de cima" ou, em seu sentido conotativo, aquele que nos interessa, "o exemplo que vem de cima". É largamente utilizada no ambiente corporativo para indicar a grande influência daqueles que ocupam o escalão superior sobre o comportamento dos que se encontram no escalão inferior. Essa influência decorre de uma série de fatores, todos inerentes à própria racionalidade. Assim ocorre porque, em ambientes corporativos, aqueles que se encontram em uma posição inferior do escalonamento hierárquico tendem a se alinhar às preferências e aos objetivos delineados pelos que se encontram no escalão superior, sob pena de a sua própria permanência na corporação ser posta em risco.

Preferências e objetivos do alto escalão, em rigor lógico, devem se harmonizar com os que delineiam a própria identidade da corporação, que é estruturada, tanto no plano orgânico quanto sob o prisma da regulamentação interna, visando à sua realização.

Uma "governança forte", como ressaltado por Ian Muir,[1] é parte indissociável do *tone from the top*. Trata-se de concepção que ultrapassa as noções de relatórios periódicos, controles setoriais, auditoria e *compliance*, apontando para a existência de um verdadeiro *ethos*, que nada mais é que um conjunto de comportamentos inerentes a determinada instituição ou sociedade, em certa época. É evidente, portanto, o seu alicerce cultural, ainda que estejamos perante uma cultura corporativa. Essa governança irá direcionar a atuação dos empregados de todos os níveis para que façam a "coisa certa", o que, espera-se, venham a fazer mesmo fora do alcance do olhar de um observador externo.

O conceito de "coisa certa", como é intuitivo, não está calcado em referenciais objetivos, sendo influenciado pelo juízo de valor realizado pelos responsáveis pelo seu delineamento e projeção na realidade. Daí a relevância de que permaneçam atrelados a um *ethos* que se mostre harmônico com a ética e a razão, não atuando de modo puramente utilitarista, ainda que o benefício obtido para a corporação seja evidente. Não é por outro motivo que John Zinkin[2] ressalta que as falhas de governança estão normalmente associadas ao "tom no meio" (*tone in the middle*), ainda que os resultados alcançados sejam positivos.

Para que a "coisa certa" aumente em densidade e comprima o subjetivismo de cada *player*, a corporação deve definir *quais* são os seus valores, *quem* deve atuar, *como* se deve atuar, *quais* riscos se pode correr e *de que modo* a performance será aferida.[3] Quanto maior a clareza no delineamento desses vetores, maiores as chances de que a "coisa certa" alcance níveis satisfatórios de uniformidade.

A estruturação desse modelo de governança passa pelo comportamento adotado pelo alto escalão da corporação para alcançar os objetivos definidos. Devem ser avaliados, na percepção de Muir:[4] o impacto de cada comportamento; a mensagem implícita nas ações adotadas; o sentimento que a divulgação dessas ações na imprensa poderia ocasionar; as reações que podem surgir com essas ações; o comportamento adotado nas relações interpessoais, sob o prisma daqueles que tenham interesse direto em suas ações; a abstenção na adoção de comportamentos que possam ser vistos como uma troca de favores; a assunção e correlata

---

[1] MUIR, Ian. *The Tone from the Top*. How Behavior Trumps Strategy. New York: Routledge, 2016, p. 118.
[2] *Rebuilding Trust in Banks*. The Role of Leadership and Governance. New Jersey: Wiley, 2014, p. 47.
[3] Rebuilding Trust in Banks..., p. 47.
[4] The Tone from the Top..., p. 121.

correção de comportamentos e ações tidos como inadequados etc. Com isso, será possível a criação, pelo alto escalão, de uma "atmosfera ética" no âmbito da corporação, sintetizada na concepção de *tone from the top*.[5] A inobservância dessas diretrizes tende a ser um facilitador para a sedimentação de deturpações na cultura corporativa, o que certamente explica muitos dos ilícitos praticados,[6] além de influir sobre os mecanismos de controle interno,[7] que tendem a ser mais tolerantes com as rupturas ético-jurídicas. Assim ocorre porque os líderes "são muito visíveis",[8] não sendo demais lembrar que os maiores escândalos normalmente contam com o envolvimento de algum executivo.[9]

A cultura corporativa, longe de ser um dado objetivo, passível de um singelo ato de apreensão pelo sujeito cognoscente, é fruto de um processo construtivo, que pode resultar em valores positivos ou negativos, conforme a avaliação que outros observadores façam a seu respeito. Nessa linha, uma cultura negativa sedimentada pelo alto escalão tende a se espraiar por toda a corporação. Como ressaltado por Michael Rake,[10] "como não se tem o tom correto ou a cultura correta, é incrível como mesmo pessoas inteligentes ficarão impressionadas com esse tom ou cultura".

Não tem sido ignorado que a existência das corporações tende a se protrair no tempo, de modo que não se sobrepõem à efêmera existência de instituidores, controladores e administradores. Pessoas jurídicas, portanto, podem ter uma base de valores distinta daquela que direciona as pessoas naturais, daí a adoção de programas de *compliance* e de códigos de ética. Para que haja um nível razoável de efetividade nesse objetivo, é necessária a existência de um "gerenciamento de risco"[11] direcionado aos integrantes do alto escalão, de modo que sejam previamente identificados os fatores de rompimento da ética e da juridicidade a que estão expostos e a forma de evitá-los, inclusive no momento de selecioná-los.

---

[5] Cf. PETRUCELLI, Joseph R. *Detecting Fraud in Organizations*. Techniques, Tools and Resources. New Jersey: Willey, 2012, p. 24.
[6] Cf. RAKE, Michael. *Setting the Right Tone at the Top*. In Leading by Example. Boston: Harvard Business School Press, 2007, p. 8.
[7] Cf. MOELLER, Robert R. *Executive's Guide to COSO Internal Controls*. Understanding and Implementing the New Framework. New Jersey: Wiley, 2014, p. 43.
[8] Cf. RAKE, Michael. Setting the Right Tone at the Top..., p. 9.
[9] Cf. SINGLETON, Aaron J.; SINGLETON, Tommie W. *Fraud Auditing and Forensic Accounting*. 4. ed. New Jersey: Willey, 2010, p. 133.
[10] Setting the Right Tone at the Top..., p. 9.
[11] Cf. BAYUK, Jennifer. *Enterprise Security for the Executive*: Setting the Tone from the Top. Santa Bárbara: ABC-CLIO, 2010, p. 18 e ss.

De maneira correlata à importância do alto escalão na implementação dos objetivos da corporação e da governança administrativa, tem-se a dificuldade em sujeitá-lo a níveis razoáveis de controle, de modo que o exemplo positivo decorra de uma verdadeira imposição estrutural, não do voluntarismo de cada um dos seus integrantes. Essa constatação também explica a razão de diversas normas externas, impostas por órgãos estatais incumbidos da regulação do mercado, buscarem prevenir ou reprimir rupturas da ética ou da juridicidade no âmbito interno da corporação, isto em razão dos efeitos que podem produzir na esfera jurídica dos *stakeholders* (partes interessadas), com destaque para os *shareholders* (acionistas).

O êxito na formação de um bom exemplo de cima, não de uma maneira puramente formal, mas efetivamente impregnando vidas e ações, acresce valores não só à corporação como ao próprio mercado, já que o prestígio que possui e a confiança que inspira aumentam exponencialmente.

3 A concepção de *"tone from the top"* e o Procurador-Geral de Justiça

É factível que serão igualmente aplicáveis ao Procurador-Geral de Justiça, enquanto chefe da instituição, os influxos teórico-pragmáticos do *"tone from the top"*. Apesar disso, é importante ressaltar que o Ministério Público estadual apresenta algumas distinções bem marcantes em relação às corporações. Por se tratar de uma estrutura estatal de poder, a liberdade do seu dirigente máximo é sensivelmente inferior à dos responsáveis pela administração de um ente privado. Além disso, diversamente ao que se verifica com a generalidade dos empregados do setor privado, somente os ocupantes de cargos em comissão são demissíveis *ad libitum* da autoridade nomeante.

Distinções à parte, é factível que o Procurador-Geral de Justiça, no exercício das atribuições que lhe foram outorgadas pela ordem jurídica, é capaz de influir, de algum modo, na atuação dos distintos órgãos de execução, ainda que cada um deles seja ornado com diversas garantias constitucionais, com destaque para a independência funcional. Essa influência, de um modo geral, pode ocorrer nos planos simbólico e administrativo.

A funcionalidade básica de um símbolo é a de conferir maior visibilidade a ideias abstratas, de modo a estimular a sensibilidade do interlocutor e a permitir que sejam apreendidas na realidade.[12] O modo como o Procurador-Geral de Justiça compreende o Ministério Público e exerce suas atribuições certamente terá um efeito simbólico sobre os distintos setores da instituição, estimulando a atuação ou arrefecendo o ânimo de alguns. Esse efeito se desenvolve no plano axiológico, influindo no desenvolvimento ou na retração de certos valores encontrados no âmbito do Ministério Público.

Aliás, o simbolismo ora referido apresenta uma relação de fluxo e refluxo, considerando o Ministério Público e o Procurador-Geral de Justiça. Do mesmo modo que o Procurador-Geral influencia, também é intensamente influenciado pela instituição a que pertence. Nesse particular, um dos grandes avanços promovidos pela Constituição de 1988 foi a exigência de que esse agente fosse escolhido entre os membros da instituição, o que o torna potencialmente permeável à base de valores ali existente. É justamente essa base de valores que forma a cultura institucional e desempenha relevante papel para que o Procurador-Geral de Justiça chefie o Ministério Público em harmonia com os valores que o animam.

No plano administrativo, o Procurador-Geral de Justiça pode facilitar ou dificultar sobremaneira a atuação dos órgãos de execução, Promotores ou Procuradores de Justiça. Basta pensarmos em diversas temáticas que contam com a participação direta desse agente, a exemplo da localização geográfica dos órgãos e da definição das atribuições que devem exercer. Além disso, há providências mais singelas, próprias da gestão administrativa, a exemplo da alocação de servidores, da disponibilização de móveis e equipamentos, desde fotocopiadores até estruturas próprias para interceptação telefônica, além da designação de membros em auxílio nas situações de sobrecarga de trabalho.

Não bastasse isto, o Procurador-Geral de Justiça ainda possui atribuição para ajuizar a ação penal de competência original dos tribunais (Lei nº 8.625/1993, art. 29, V), o que inclui as situações em que os membros do respectivo Ministério Público sejam acusados da prática de infração penal (CRFB/1988, art. 96, III) no exercício e em razão da função. Também pode ser contemplado, pela lei complementar estadual, com outras atribuições originárias, a exemplo do ajuizamento da ação civil por ato de improbidade administrativa em face dos membros.

---

[12] Cf. COTTA, Sergio. Politique et symbole. *In*: CRANSTON, Maurice; MAIR, Peter. *Langage et politique*. Bruxelles: Bruylant, 1982, p. 103.

Essas breves considerações de ordem propedêutica bem demonstram a importância do cargo e a necessidade de certos cuidados na escolha do respectivo ocupante. Nesse particular, uma das poucas máculas que ainda recaem sobre a estrutura organizacional do Ministério Público brasileiro é a desaconselhável participação do Chefe do Executivo na escolha do Procurador-Geral.

4 O processo de escolha do Procurador-Geral de Justiça e os riscos que oferece

Por maiores que sejam a lisura e a idoneidade moral daquele que ascende ao cargo de Procurador-Geral, os influxos políticos trazidos pela participação do Chefe do Poder Executivo podem privilegiar aspectos outros que não a competência do pretendente.

Além disso, é inegável a pressão que será exercida sobre esse agente sempre que pretender a recondução, já que inúmeras são as medidas que está legitimado a adotar ou a fomentar em detrimento do Estado e de seus dirigentes. Para mencionar apenas uma, vale lembrar a legitimidade exclusiva do Procurador-Geral para ajuizar a ação civil por ato de improbidade em face do Governador do Estado (Lei nº 8.625/1993, art. 29, VIII). Caso o Procurador-Geral constate a prática de tais ilícitos às vésperas da nomeação daquele que dirigirá a instituição no biênio seguinte, e na qual pode ter interesse direto ou indireto, questiona-se: ainda que tênue, não ocorrerá um estado de dúvida em relação à adoção das medidas necessárias ao caso? As exceções, por certo, são tantas que chegam a integrar uma verdadeira regra, mas, em alguns casos, a dúvida e, por via reflexa, a proposital omissão certamente ocorrerão.[13]

Melhor seria se a própria classe pudesse escolher o seu dirigente, o que terminaria por conferir maior legitimidade ao ocupante do cargo junto aos seus pares. Reconhecemos, no entanto, que mesmo essa solução tem os seus inconvenientes, pois, à míngua de efetivos mecanismos inibitórios, serão inevitáveis os favorecimentos e a utilização da própria estrutura administrativa em prol do candidato apoiado pela Procuradoria-Geral. Apesar disso, instituídos mecanismos que preservem a imparcialidade dos órgãos da Administração Superior do Ministério Público, esse sistema parece ser o melhor.

---

[13] Para maior desenvolvimento, vide: GARCIA, Emerson. *Ministério Público*. Organização, Atribuições e Regime jurídico. 6. ed. São Paulo: Saraiva, 2017, p. 286 e ss.

Argumenta-se que a escolha direta poderia servir de estímulo ao desenvolvimento de um corporativismo daninho, tornando a instituição fechada e, quem sabe, despreocupada com sua atividade finalística. Mesmo que considerada essa espécie de risco, não percebíamos como poderia ser eliminado pelo simples fato de a escolha ser realizada pelo Governador, máxime por serem os pretendentes integrantes da própria classe. O risco, se em algum momento existiu, certamente não subsiste desde a criação do Conselho Nacional do Ministério Público, estrutura orgânica que zela pela preservação da juridicidade no âmbito das instituições controladas, ainda que não propriamente no âmbito de sua atividade finalística.

É necessário, assim, que o modelo seja revisto, o que contribuirá, em definitivo, para a consagração da autonomia da instituição.

Respeitamos, todavia, a opinião daqueles que visualizam no atual critério de escolha uma saudável projeção do sistema dos *checks and balances*, evitando que o Ministério Público se torne hermético e lhe conferindo maior legitimidade democrática, pois o Governador do Estado foi eleito pelo voto direto. É difícil, no entanto, verificar uma justificativa plausível – de ordem lógica, prática ou conceitual – apta a sustentar o critério atual, até porque diversas estruturas organizacionais previstas na Constituição da República e que gozam de autonomia escolhem seus próprios dirigentes máximos: a Câmara dos Deputados, o Senado Federal, os Tribunais Superiores e o Tribunal de Contas da União. Talvez a conclusão fosse diversa caso o direito pátrio tivesse encampado o modelo norte-americano, no qual o Presidente da República está incumbido de escolher, com ulterior aprovação do Senado, o Presidente (*Chief Justice*) da Suprema Corte e o Procurador-Geral (*Attorney General*). Tal, no entanto, não ocorreu.

A ausência de justificativa se torna mais palpável na medida em que se constata que o Ministério Público não mais exerce a representação judicial do Executivo, o que torna desnecessária a existência de uma relação de confiança entre as respectivas chefias. Lembrando Niceto Alcalá-Zamora y Castillo,[14] é possível afirmar que a escolha do Procurador-Geral pelo Chefe do Executivo traz em si *"el grave inconveniente de inmiscuir al Ejecutivo en una esfera donde nada tiene que hacer"*.

Também não nos parece correto um sistema no qual se submeta a escolha do Procurador-Geral à aprovação do Poder Legislativo, já que este, no Brasil, nos casos em que é chamado a exercer função semelhante, o faz

---

[14] *Derecho Procesal Penal*. V. I. Buenos Aires: Guillermo Kraft, 1945, p. 381.

sem a mínima seriedade, não se olvidando que a sua posição de *extraneus*, a exemplo do que ocorre com o Governador, o impede de ter uma visão ampla da atuação funcional do pretendente ao cargo.

Ainda sob a ótica da nomeação do Procurador-Geral, afronta o art. 128, §3°, da Constituição de 1988, de conteúdo similar ao art. 9°, *caput*, da Lei n° 8.625/1993, dispositivo de Constituição Estadual que condicione a nomeação do Procurador-Geral à prévia aprovação de seu nome pela Assembleia Legislativa.[15] O sistema, aqui, é distinto daquele adotado em relação ao Procurador-Geral da República, cuja escolha, realizada pelo Presidente da República, deve ser aprovada pelo Senado Federal.

Caberá à lei orgânica estadual definir o trâmite a ser seguido no procedimento eletivo e os requisitos a serem exigidos para que o interessado possua capacidade eleitoral passiva (necessidade de desincompatibilização, idade mínima, tempo de carreira etc.).

De acordo com o art. 128, §3°, da Constituição da República e o art. 9°, *caput*, da Lei n° 8.625/1993, a lista tríplice que será submetida à apreciação do Governador do Estado deve ser formada por integrantes da carreira. Carreira, consoante a doutrina, indica o conjunto de classes – as quais congregam vários cargos – que é organizado de modo a permitir a progressão funcional, consoante os critérios previstos em lei: mérito ou antiguidade. Os cargos que integram as classes são considerados cargos de carreira. Cargos isolados, por sua vez, são aqueles que fazem parte do quadro, mas não possibilitam a progressão funcional.

Os membros do Ministério Público ocupam cargos de carreira: Promotor de Justiça Substituto, Promotor de Justiça Titular e Procurador de Justiça – esse é o escalonamento em múltiplos Estados, entre eles o Rio de Janeiro. Com a inatividade, os membros do Ministério Público deixam de integrar a carreira, já que não mais ocupam o cargo para o qual foram nomeados. Com isso, será possível que outro agente venha a ingressar na carreira ou mesmo ocupar o antigo órgão do inativo após concurso de remoção ou promoção. A Lei Orgânica Nacional, aliás, não deixa margem a dúvidas quanto ao acerto dessa conclusão: a) o membro do Ministério Público poderá se aposentar, facultativamente, "após cinco anos de efetivo exercício na carreira" (art. 54); e b) o Capítulo IX, intitulado "Da Carreira", trata do ingresso nos cargos iniciais da carreira, dos critérios de promoção e remoção e do retorno daqueles que estavam

---

[15] STF, Pleno, ADI n° 1.506/SE, rel. Min. Ilmar Galvão, j. em 09.09.1999, *DJU* de 12.11.1999; ADI n° 2.319/PR, rel. Min. Moreira Alves, j. em 01.08.2001, *DJU* de 09.11.2001; ADI n° 1.962/RO, rel. Min. Ilmar Galvão, j. em 08.11.2001, *DJU* de 01.02.2002; e ADI n° 452/MT, rel. Min. Maurício Corrêa, j. em 28.08.2002, *DJU* de 31.10.2002.

na inatividade, indicando claramente que os agentes que se encontram nesta situação não integram a carreira. Idêntico entendimento será aplicado em relação aos agentes que se encontrem em disponibilidade, os quais, não obstante fora da carreira em razão da inatividade, podem a ela volver em caso de aproveitamento (art. 68).

Assim, os inativos não poderão integrar a lista tríplice para a escolha do Procurador-Geral. Trata-se, aliás, de pessoas que não mais integram o Ministério Público, muitas das quais patrocinando (de modo legítimo, é importante frisar) profissionalmente, como advogadas, interesses contrários àqueles defendidos pela instituição.

Ao dispor que somente poderão integrar a lista tríplice os integrantes da carreira, a Lei nº 8.625/1993 não instituiu nenhuma vedação quanto à possibilidade de os pretendentes ao cargo serem Promotores de Justiça. O Supremo Tribunal Federal, ao apreciar a temática, decidiu que a disciplina do processo de escolha do Procurador-Geral de Justiça, pela legislação estadual (*rectius*: no caso concreto, a Constituição Estadual e, por arrastamento, a lei complementar), não poderia restringir à classe dos Procuradores de Justiça a capacidade eleitoral passiva.[16] Afinal, inexistiriam peculiaridades locais a justificar a impossibilidade de os Promotores de Justiça participarem do certame.

A exemplo do art. 128, §3º, da Constituição da República, dispõe o art. 9º, *caput*, da Lei nº 8.625/1993 que a lista tríplice seria formada entre integrantes da carreira, "na forma da lei complementar respectiva". É importante observar que, diversamente ao que se verifica em relação ao Procurador-Geral da República, que deve ter a idade mínima de 35 (trinta e cinco) anos, o art. 128 da Constituição da República, em respeito ao princípio federativo, relegou aos Estados a definição, à luz das peculiaridades locais, dos requisitos a serem preenchidos por aqueles que pretendem ocupar o cargo. Caso prevaleça entendimento diverso, chegar-se-ia à conclusão de que o único requisito para o acesso ao cargo é ser integrante da carreira, não sendo possível que a lei estadual institua qualquer outro. Na medida em que a Constituição da República dispõe que caberia à lei orgânica disciplinar a forma de elaboração da lista tríplice, conclui-se que será formalmente inconstitucional qualquer dispositivo de Constituição Estadual que realize incursões na matéria.[17]

---

[16] STF, Pleno, ADI nº 5.704, rel. Min. Marco Aurélio, j. em 18.12.2019, *DJe* de 05.05.2020.
[17] STF, Pleno, ADI nº 5.653/RO, rel. Min. Cármen Lúcia, j. em 13.09.2019, *DJ* de 27.09.2019; e ADI nº 5.171/AP, rel. Min. Luiz Fux, j. em 30.08.2019, *DJ* de 10.12.2019. Neste último feito, o relator, em seu voto, ressaltou que a Constituição Estadual não poderia restringir a capacidade eleitoral passiva, mas não haveria óbice a que a lei complementar o fizesse.

A exigência de uma lista tríplice assume singular relevância para a autotutela dos valores institucionais. Por meio dela, a própria classe pode expurgar os aventureiros que, conquanto membros, não comunguem desses valores ou mesmo almejem a realização de objetivos outros que não a lídima consecução dos fins institucionais. Tem-se aqui um relevante mecanismo para a materialização do *"tone from the top"*, principalmente por permitir o "gerenciamento de risco" ao evitar a escolha de agentes que já mostraram certa complacência com valores rechaçados pela instituição.

Nesse particular, andou mal a ordem constitucional ao não exigir a observância de lista tríplice para a escolha do Procurador-Geral da República e ainda não estabelecer um limite de reconduções. Furúnculos, por certo, todas as instituições republicanas os possuem. Seria demasiada ingenuidade imaginar que o Ministério Público da União está imune a eles. A lista tríplice, embora não seja uma garantia de que o melhor será alçado ao poder, ao menos oferece a presunção de que qualquer deles se harmoniza com a cultura institucional, tanto é que mereceram o beneplácito da classe. Não é por outra razão que a Associação Nacional dos Procuradores da República, durante alguns anos, formou listas dessa natureza, que foram observadas por diversos Presidentes da República. Pretendentes autônomos, indiferentes aos valores da classe, podem fazer reverência a qualquer valor, por mais torpe que seja, incluindo o favorecimento alheio ou a pequenina iniciativa de satisfazer interesses de ordem pessoal.

Por fim, vale lembrar que, em se tratando de Estado recém-criado, no qual o Ministério Público ainda não esteja organizado e seus membros não tenham sido recrutados, a nomeação do Procurador-Geral de Justiça, feita pelo Governador eleito, recairá sobre advogados de notório saber, com trinta e cinco anos de idade, no mínimo, sendo o chefe da instituição demissível *ad nutum* pela autoridade que o nomeou. Essa forma de provimento do cargo persistirá até a promulgação da Constituição Estadual (CRFB/1988, art. 235, VIII).

Epílogo

Apesar de o Ministério Público, a exemplo de qualquer estrutura estatal de poder, ser regido pela concepção de juridicidade, ao que se soma a constatação de que Promotores e Procuradores de Justiça são protegidos por diversas garantias constitucionais, com destaque para a independência funcional, é factível a influência que a escolha do Procurador-Geral de Justiça exercerá sobre os diversos setores da instituição.

Distinções à parte, a concepção do *"tone from the top"*, típica do ambiente corporativo, é igualmente aplicável ao Ministério Público, o que amplia sobremaneira a importância do processo de escolha do Procurador-Geral de Justiça. Embora seja exato afirmar que a lista tríplice permite o expurgo dos aventureiros, de modo a preservar os alicerces da cultura institucional, os influxos políticos que a atribuição de poder decisório ao Chefe do Poder Executivo traz consigo caminham em norte contrário. Esse quadro ainda é agravado pela possibilidade de recondução.

Rever a sistemática atual e situar no âmbito da própria instituição a escolha de sua chefia certamente caminharia no mesmo norte do interesse público, mas nem sempre, em nossa realidade, decisões dessa natureza são tomadas tendo em vista a satisfação dessa espécie de interesse.

Referências

ALCALÁ-ZAMORA y CASTILLO, Niceto. *Derecho Procesal Penal*. V. I. Buenos Aires: Guillermo Kraft, 1945.

BAYUK, Jennifer. *Enterprise Security for the Executive*: Setting the Tone from the Top. Santa Bárbara: ABC-CLIO, 2010.

COTTA, Sergio. Politique et symbole. *In:* CRANSTON, Maurice; MAIR, Peter. *Langage et politique*. Bruxelles: Bruylant, 1982, p. 95.

GARCIA, Emerson. *Interpretação Constitucional*. A Resolução das Conflitualidades Intrínsecas da Norma Constitucional. São Paulo: Atlas, 2015.

GARCIA, Emerson. *Ministério Público*. Organização, atribuições e regime jurídico. 6. ed. São Paulo: Saraiva, 2017.

MOELLER, Robert R. *Executive's Guide to COSO Internal Controls*. Understanding and Implementing the New Framework. New Jersey: Wiley, 2014.

MUIR, Ian. *The Tone from the Top*. How Behavior Trumps Strategy. New York: Routledge, 2016.

PETRUCELLI, Joseph R. *Detecting Fraud in Organizations*. Techniques, Tools and Resources. New Jersey: Willey, 2012.

RAKE, Michael. *Setting the Right Tone at the Top*. In Leading by Example. Boston: Harvard Business School Press, 2007.

SINGLETON, Aaron J.; SINGLETON, Tommie W. *Fraud Auditing and Forensic Accounting*. 4. ed. New Jersey: Willey, 2010.

ZINKIN, John. *Rebuilding Trust in Banks*. The Role of Leadership and Governance. New Jersey: Wiley, 2014.

Informação bibliográfica deste texto, conforme a NBR 6023:2018 da Associação Brasileira de Normas Técnicas (ABNT):

GARCIA, Emerson. *"Tone from the top"* e o processo de escolha do Procurador-Geral de Justiça. *In*: SCHNEIDER, Alexandre; ZIESEMER, Henrique da Rosa (Coord.). *Temas atuais de compliance e Ministério Público:* uma nova visão de gestão e atuação institucional. Belo Horizonte: Fórum, 2021. p. 287-299. ISBN 978-65-5518-220-0.

COMPLIANCE COMO FERRAMENTA DE GESTÃO E EFICIÊNCIA DO MINISTÉRIO PÚBLICO

CARLOS FERNANDO DOS SANTOS LIMA

1 As três linhas de defesa

Compliance, também chamado de conformidade ou integridade, suas melhores traduções para o português, é um instituto relativamente recente para auxiliar a gestão e eficiência do setor privado no Brasil, assim como o são a governança corporativa e administração de riscos, institutos afins. Esses três, conhecidos por GRC (*Governance, Risk Management e Compliance*), são as linhas de defesa das empresas e organizações sem fins lucrativos, podendo ser definidas (MILLER, 2014) como um "conjunto de regras, regulamentações e boas práticas que, individual e coletivamente, têm como propósito garantir que as organizações sejam dirigidas de modo efetivo e de maneira a acentuar o bem-estar social". Cada uma delas possui natureza própria, mas complementar às demais. A primeira delas, a governança corporativa, tornou-se o paradigma da moderna administração privada, trazendo para o universo das empresas a preocupação com as pessoas e o planeta. Assim, a administração de um negócio hoje não se orienta apenas pelo lucro (*profit*), mas também pela sustentabilidade ambiental (*planet*) e social (*people*). Esses são os três "Ps" da governança, que sintetizam a busca do necessário equilíbrio para uma empresa sobreviver em um mundo em constante e cada vez mais rápida transformação.

A governança corporativa sustenta-se (LIMA, 2021) sobre quatro pilares básicos: "(i) a equidade no tratamento de todos os interessados ou de alguma forma relacionados, envolvidos ou atingidos pela atividade da empresa (*stakeholders*); (ii) a transparência no trato das informações relativas à atividade da empresa; (iii) a prestação de contas dos negócios – *accountability* e (iv) a responsabilidade corporativa na condução dos seus atos".

A governança, portanto, refere-se aos processos decisórios internos da empresa na sua busca do melhor resultado para seus acionistas/proprietários, mas também na sua conformidade com a ética, com os valores sociais, com os regulamentos e leis do país onde atua a fim de evitar danos para si e para a sociedade como um todo. O que se vê, portanto, é que não se pode falar em boas decisões, decisões alinhadas com o melhor interesse da empresa, sem tomar em consideração os riscos específicos que um negócio, uma empresa ou uma organização enfrenta. Assim, uma boa gestão não se preocupa apenas com as melhores oportunidades, mas também com os seus riscos. A linha tênue entre o sucesso e o fracasso está muitas vezes vinculada à compreensão dos riscos e às estratégias para sua mitigação.

Daí a importância da avaliação e gerenciamento dos riscos. Impossível tomar uma boa decisão sem o conhecimento da realidade onde a empresa se situa. As decisões sobre o rumo dos negócios, sobre as finanças da empresa, sobre produtos e serviços a serem comercializados, ou sobre medidas anticorrupção dependem de uma visão clara que o administrador deve ter dos riscos que decorrem de cada deliberação tomada. Há sempre um *"trade-off"* entre oportunidades e riscos, e o conhecimento dos riscos inerentes a cada decisão é um instrumento gerencial imprescindível para a continuidade dos negócios.

As empresas privadas conhecem bem essa necessidade, sendo a identificação e avaliação dos riscos (*risk assessment*) e o seu correto gerenciamento (*risk management*) duas das medidas gerenciais essenciais para estabelecer estratégias de negócio e, consequentemente, o sucesso deste. A determinação da conveniência e oportunidade de uma decisão interna da empresa, portanto, passa pelo conhecimento dos riscos e pela quantificação do seu desejo pelo resultado (apetite por riscos).

Determinar os riscos aceitáveis é uma decisão a ser tomada pela empresa em seus diversos campos de atuação, observando-se sempre que "riscos aceitáveis não são mais que um eufemismo para os limites entre uma falha aceitável ou não".

Entretanto, se para a boa governança todos os riscos devem ser avaliados, para o *compliance* a preocupação está apenas vinculada aos riscos reputacionais, regulatórios e legais que a empresa enfrenta. Dessa forma, em uma empresa os riscos de crédito e os riscos de mercado não se incluem nas atividades monitoradas pelo setor de *compliance*. Entretanto, tudo aquilo que seja necessário para o bom funcionamento do negócio e cuja falha possa impactar a empresa perante a sociedade e o Poder Público encontra-se na esfera de interesse da conformidade. A estes chamamos riscos operacionais.

Aqui então podemos chegar finalmente ao tema do *compliance*. Como já dissemos, conformidade não se confunde com a governança e com o gerenciamento de riscos. Trata-se em verdade de um programa auxiliar da boa governança, que visa prevenir a ocorrência de danos reputacionais, regulatórios e legais em virtude de falhas operacionais da empresa. Assim, não há que se confundir o *compliance* com a alta administração do negócio, essa sim encarregada das decisões mais importantes da empresa, nem com a supervisão e organização do seu dia a dia, tarefa dos diversos níveis gerenciais internos, pois a conformidade tem uma natureza auxiliar da boa governança, e não administrativa.

Entretanto, mesmo não se confundindo com qualquer nível decisório, o *compliance* envolve a todos dentro de uma empresa, pois se trata, em seu sentido mais profundo, da conscientização da alta administração, dos executivos de diversos graus, dos gerentes, dos funcionários do "chão da fábrica", dos fornecedores, representantes e terceiros que com ela se relacionam da necessidade de uma abordagem ética nas decisões a serem tomadas. Cabe ao *compliance*, seja por um setor específico, seja por um indivíduo, normalmente chamado de *compliance officer*, ou encarregado de conformidade, fazer com que todos compreendam a necessidade dessa abordagem global da integridade, especialmente diante de riscos já identificados nas atividades sob sua responsabilidade. Enfim, conformidade envolve a integração da ética e da preocupação social na cultura de empresa.

Dessa forma, quando falamos em *compliance*, queremos dizer prevenção de riscos que afetem a reputação e o cumprimento de regulamentos e leis. Poderíamos até mesmo dizer que sempre que houver uma questão regulatória ou legal, haverá também uma questão reputacional, mas diante da vastíssima atividade regulatória do Estado moderno, muitas vezes questões de menor importância nessas áreas não levam a danos reputacionais, gerando no máximo danos financeiros pela imposição de multas.

Se, como já dissemos, o *compliance* visa proteger a empresa – uma das suas três linhas defensivas como alertado (MILLER, 2011), pela prevenção de danos – também é de sua responsabilidade a restauração da conformidade em caso de ocorrência de um evento gravoso, o que não deixa também de ser uma preocupação na defesa do negócio. Aqui estamos diante do *"remedial compliance"*, ou *compliance* restaurativo, que busca investigar e dar à alta administração informações e instrumentos necessários para minimizar os danos, compor os diversos interesses e sanar as eventuais falhas para que estas, bem como outras possíveis de se originar dos mesmos fatores subjacentes que lhe originaram, não voltem a ocorrer.

Uma coisa interessante sobre tudo o que dissemos até agora é que em nenhum momento falamos de corrupção, de lavagem de ativos, de meio ambiente, de direitos humanos ou inúmeros outros temas normalmente abordados especificamente em conformidade. Na verdade, estes, como tantos outros, são áreas em que a atividade de prevenção/ restauração do *compliance* virá a atuar, caso sejam identificadas algumas dessas vulnerabilidades no mapa de riscos da empresa.

Cada empresa, cada organização e até mesmo indivíduos, pois muitas vezes estes são pessoalmente "negócios", portanto, terá seu mapa de riscos específico, com o respectivo mapa de calor em que se considerará a probabilidade de um determinado evento versus o grau de impacto reputacional/regulatório/legal de sua ocorrência. Assim, caberá a alocação da maior parte dos recursos para aqueles eventos que se situem nas zonas em que ambos os vetores sejam de média-alta ou alta intensidade, possibilitando que o programa de *compliance* seja ao mesmo tempo eficaz e econômico.

Ao informar os riscos efetivos que a organização enfrenta, o mapa de riscos possibilitará a criação de um programa de integridade bem estruturado, calcado sempre naquilo que chamamos os 5 "Cs" do *compliance* (LIMA, 2021), a saber: (i) no *Comprometimento* da alta direção com a integridade; (ii) na *Compreensão* dos riscos efetivos que a organização enfrenta; (iii) na *Consistência* do seu programa de integridade para fazer frente aos riscos; (iv) na *Coerência* da aplicação desse programa no dia a dia; e (v) na *Continuidade* desse processo, adaptando-se a todo momento às mudanças que acontecem na organização, na sociedade, nas leis e regulamentos e nos riscos enfrentados e renovando o *compromisso* de todos os envolvidos com a integridade.

Até aqui introduzimos o tema do GRC sob o ponto de vista das atividades privadas, mesmo que não tenham a busca do lucro como sua atividade. Será possível extrapolar isso para a atividade pública?

2 É possível falar em *compliance* para o setor público?

A existência de um instituto de conformidade pública é questão bastante controversa. Por que precisaríamos de um programa que visa trazer o interesse público para as decisões de uma organização do Estado quando toda a Administração Pública se acha vinculada finalística e exclusivamente com a busca desse mesmo interesse? Aqui não há, e não estou falando das empresas estatais que lidam com o mercado, como Petrobras e outras, que se falar em busca do lucro como motor primeiro das atividades, ou sequer secundário, apesar de que em certas situações a atividade pública possa gerar lucro apesar deste não ser o objetivo de suas atividades. Para a Administração Pública direta o que importa sempre é a busco do interesse público, normalmente vinculado à prestação de serviços públicos considerados essenciais e típicos do Estado.

Além disso, na sua formulação inicial, o *compliance* pode ser também visto como um convite do Poder Público para que a iniciativa privada participe em conjunto com ele da busca pelo interesse público. Trata-se da constatação pura e simples de que há certos interesses sociais que são de tamanha importância que o Poder Público reconhece sua incapacidade de dar o tratamento adequado sem a participação e auxílio de atores privados.

Normalmente no campo da integridade, como em qualquer convite, a atividade de conformidade não é compulsória para o setor privado, salvo nos casos específicos de atividades obrigadas ao dever de controle pela Lei de Lavagem de Dinheiro (art. 9º da Lei nº 9.613/98 com as alterações da Lei nº 12.683/2012) ou agora àquelas empresas que desejam contratar com o Poder Público para fornecimento, obras ou prestação de serviços de grande vulto – acima de duzentos milhões de reais (art. 25, §4º, da Lei nº 14.133/2021). Ou seja, através principalmente de incentivos indiretos, normalmente relacionados com a dosimetria das sanções, a legislação procura atrair o setor privado para uma atividade auxiliar na prevenção de ilícitos graves.

Além disso, enquanto no âmbito dos negócios privados pode-se fazer tudo aquilo que não estiver proibido por lei (princípio da autonomia da vontade), a Administração Pública somente poderá fazer aquilo que a lei permitir (princípio da legalidade) (LENZA, 2012). A busca do interesse público é desta forma inerente a todas as decisões deste último, pois sua inexistência configura desvio de finalidade, abuso de poder ou até mesmo crime. Tem-se, portanto, uma diferença ontológica entre as duas espécies de decisão, o suficiente para colocar em xeque a aplicação de conceitos de conformidade privada para o setor público.

Mas é certo também que a busca do interesse público nem sempre é tão direta e clara. Primeiro, o campo da licitude não se confunde com o da ética, pois como diziam os romanos, nem tudo que é lícito é honesto (*non omne quod licet honestum est*). Mas, de qualquer forma, além do princípio da legalidade, as decisões administrativas devem se pautar pela moralidade, como estabelece o art. 37, *caput*, da Constituição Federal, bem como aos princípios da impessoalidade, publicidade e eficiência. Diante disso, se todas as decisões do Poder Público devem se orientar por esses cinco princípios, para que falarmos em integridade já que esta é ínsita a eles?

Entretanto, autores (COELHO, 2016) defendem que "o Poder Público não só deve se submeter à legislação em comento, como deve dar o exemplo de boa-fé, legalidade e boa governança". Assim, considerando que cada vez mais a Administração Pública transforma-se em um sistema de cooperação entre o regulador e regulado e não mais simplesmente um sistema hierarquizado, negar a necessidade de um comportamento exemplar do Poder Público nas suas atividades é esquecer a importância que sua atuação tem na legitimação do sistema jurídico vigente.

Como um exemplo disso, deixar a administração municipal de cumprir as exigências que faz aos comerciantes em questões de acessibilidade para pessoas portadoras de limitações de locomoção em suas próprias instalações mostra claramente que há espaço para discutirmos conformidade e integridade também para o setor público. *Compliance*, mas também boa governança e gerenciamento de riscos, tem muito a ensinar aos gestores públicos.

3 O *compliance* público

Mesmo que alguns considerem descabida a aplicação do conceito de conformidade privada ao setor público, certo é que se trata de uma tendência inexorável. Assim, com a Portaria nº 1.089/2018, o governo federal estabeleceu "orientações para que os órgãos e as entidades da administração pública federal direta, autárquica e fundacional adotem procedimentos para a estruturação, a execução e o monitoramento de seus programas de integridade", em obediência aos princípios gerais do Decreto nº 9.203/2017, que "dispõe sobre a política de governança da administração pública federal direta, autárquica e fundacional".

Dessa forma, já se vê que boa parte do vocabulário e conceitos desenvolvidos pela governança corporativa, pelo gerenciamento de riscos e pelo *compliance* passou a fazer parte das preocupações dos gestores públicos, motivo pelo qual aos órgãos públicos e entidade federais foi determinada a criação de seus próprios programas de integridade para "a prevenção, detecção, punição e remediação de fraudes e atos de corrupção, em apoio à boa governança", cuja responsabilidade deve ser deferida a uma unidade de gestão com autonomia e recursos materiais necessários ao atendimento dessa tarefa.

O plano federal de implantação da integridade está delineado em três fases sucessivas, com a constituição nas diversas unidades da Administração Pública de unidades de gestão de integridade (primeira fase), a formatação e aprovação de seus respectivos planos de integridade (segunda fase) e a colocação em funcionamento desse plano (terceira fase). É importante notar que na terceira fase (MESQUITA, 2019) o programa de conformidade desses órgãos deverá se estender também "para as políticas públicas por eles implementadas e monitoradas, bem como para fornecedores e outras organizações públicas ou privadas com as quais mantenha relação", o que servirá de incentivo para programas semelhantes para a iniciativa privada que se relaciona com o Poder Público de qualquer maneira.

Aliás, a determinação da nova lei de licitações de exigir um programa de integridade daqueles que contratem com o Poder Público para fornecimento, obras ou prestação de serviços de grande vulto – acima de duzentos milhões de reais, já é um primeiro passo dessa extensão da obrigação da existência de um programa de conformidade para terceiros que se relacionem com o Poder Público.

Mas antes mesmo desses diplomas legais que vieram na esteira dos escândalos revelados pela operação Lava Jato, podemos encontrar ecos da obrigação de implantação de programas de integridade pelo setor público no Decreto nº 5.687/2006, que promulgou a Convenção das Nações Unidas contra a Corrupção, adotada pela Assembleia-Geral das Nações Unidas em 31 de outubro de 2003 e assinada pelo Brasil em 9 de dezembro de 2003.

Esta convenção, conhecida como Tratado de Mérida, preceitua em inúmeros pontos a implantação de políticas públicas que tem alguns objetivos similares, se não idênticos, com o que hoje chamamos de *compliance* público, pois determinou que "cada Estado Parte, de conformidade com os princípios fundamentais de seu ordenamento jurídico, formulará e aplicará ou manterá em vigor políticas coordenadas e eficazes contra a corrupção que promovam a participação da sociedade e reflitam os princípios do Estado de Direito, a devida gestão dos assuntos e bens públicos, a integridade, a transparência e a obrigação de render contas", bem como "procurará adotar sistemas destinados a promover a transparência e a prevenir conflitos de interesses, ou a manter e fortalecer tais sistemas".

Para isso o tratado ainda determina o uso de instrumentos e mecanismos também hoje típicos dos programas de integridade como o código de conduta, o canal de denúncia e a proteção aos denunciantes, mas também de gestão de riscos e boa governança, enfatizando o dever de transparência e controle social das decisões públicas.

Essa proximidade entre o *compliance* privado e o público, em virtude do uso das mesmas ideias e vocabulário, bem como mesmo dentro da própria Administração Pública, entretanto, não "pode ser vista por uma mesma e única perspectiva jurídica independente do setor a ser regulado, ou seja, a perspectiva jurídica será definida a depender do objeto da regulação e, com isso, qual será o regime jurídico aplicável para o desenho dos programas de integridade ou conformidade e para eventual solução de conflitos" (MESQUITA, 2019).

Autores (MESQUITA, 2019) ainda falam na existência de um *compliance* público-privado ou inter-relacional, em que há a "coparticipação público-privada setorial de direcionamento normativo público e medida de conformidade externa à esfera pública". Assim, em relação às políticas públicas (MESQUITA, 2019), a posição das três diferentes esferas do *compliance* poderia ser esquematizada da seguinte forma:

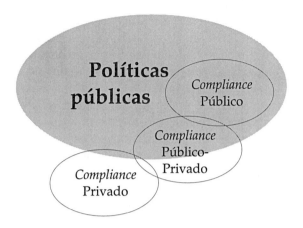

O que fica certo, portanto, é que o *compliance* público insere-se em todos os seus aspectos dentro das políticas públicas desenvolvidas pelo governo e é obediente aos preceitos legais e constitucionais que regem a Administração Pública. Por outro lado, apesar de atender também a interesses públicos, o *compliance* privado destina-se a preservar a empresa ou organização e suas decisões internas, e, salvo naquilo expressamente determinado por lei, é obediente à vontade de seus órgãos decisórios.

Aqui há algumas considerações complementares que se fazem necessárias. Primeiro, fica claro que não estamos falando exclusivamente de um *compliance* público, mas na verdade de um GRC (*Governance, Risk Management and Compliance*) público. Nesse sentido podemos compreender a Instrução Normativa Conjunta MP/CGU nº 01/2016, que traz claramente a governança, com suas regras de transparência, *accountability* e busca pela ética, e a gerência de riscos, com a necessidade de sua avaliação e determinação dos limites aceitáveis deste (apetite por risco), como instrumentos necessários à gestão dos órgãos e entidades públicas.

Aliás, não haveria como ser diferente, pois cada uma das três linhas de defesa, agora da Administração Pública, pressupõe as outras, pois a existência de um *compliance*, com toda sua estrutura para monitoramento de riscos previamente avaliados e prevenção de danos reputacionais seria inútil se seus alertas encontrassem ouvidos moucos em uma alta administração pouco interessada na boa governança.

Assim, voltando à ideia dos 5 "Cs" do *compliance*, o *comprometimento* da alta administração de cada órgão e entidade pública com o programa de integridade se faz necessário como parte do seu *compromisso* com a boa governança. Como já enfatizamos, o *compliance* não possui natureza decisória, mas de monitoramento e prevenção, tendo o resultado destas atividades como destinatário aqueles que têm alçada decisória para evitar a ocorrência do evento danoso.

Dessa forma, mesmo com toda estrutura e capacidade de trabalho, sem que haja o *compromisso* dos gestores com as melhores decisões, ou seja, com a boa governança, o máximo de bem que a atividade de *compliance* poderá produzir será a documentação dos eventos e a sua comunicação aos gestores, o que, posteriormente, poderá ser considerado na responsabilização destes.

Interessante aqui, já que estamos falando em boa governança pública, desenvolver algumas ideias relacionadas à natureza das decisões tomadas por agentes políticos e seus representantes em cargos de direção dos órgãos públicos. É sabido que os agentes políticos, pela necessidade de prestação de contas periódicas com seus eleitores, desejam ardentemente ser considerados responsáveis por políticas públicas de sucesso, mas fogem como o diabo da cruz de fracassos e falhas. Esse comportamento é estudado como *Blame Avoidance Behavior* (BAB), ou Comportamento de Evasão da Culpa em Ciências Sociais, e nos fornece *insights* importantes sobre o funcionamento de um *compliance* eficiente dentro de qualquer instituição.

O primeiro deles é de que, se a governança é a destinatária final do produto do programa de integridade, o resultado de um bom programa de integridade acaba por conformar a governança, pois gestores evitarão ser responsabilizados por decisões contrárias a informações bem fundadas da existência de risco severo e concreto de dano à entidade ou organização. Especialmente no setor público, considerando as diversas instâncias de controle, ter protocolos claros de informação aos órgãos decisórios sobre as consequências das decisões é forma eficiente de controle indireto da Administração.

Por outro lado, o desmonte de um programa de integridade pode também ser considerado como o primeiro passo para o abuso ou desvio de poder. Conclui-se, portanto, que um programa de *compliance* bem estruturado e gerenciado por um setor com autonomia, expertise e recursos suficientes para sua função é um instrumento importante para a boa gestão pública por incentivar altos padrões de governança desta ou, em caso de sua inexistência ou desmonte, para indicar claramente o desvio da finalidade na gestão do órgão público.

Outro aspecto importante a ser considerado é o do campo de atuação da conformidade. A questão é bastante clara no *compliance* privado, pois a atividade do programa visa apenas evitar a concretização dos riscos operacionais identificados, estando os riscos de mercado e de crédito fora do seu campo de atuação. Entretanto, como o setor público não enfrenta essas duas espécies de risco, ou pelo menos não da mesma maneira, cabe inquirir a extensão dos riscos operacionais para as diversas esferas de atuação pública.

Sem querer realizar um aprofundamento dessa questão, me parece que em todos os aspectos onde não houver discricionariedade política pura caberá ao programa de integridade auxiliar a tomada de decisão, especialmente pelo ângulo reputacional, do órgão ou entidade pública. Não se pode transformar o setor de conformidade em um *consigliere*[1] de todas as decisões a serem tomadas, pois é importante manter o setor de *compliance* focado na prevenção dos riscos operacionais, mas é importante que esse setor tenha a discricionariedade de avaliar pelo ângulo reputacional as decisões mais importantes, até mesmo para que o gestor público leve essa análise em consideração quando da ponderação da conveniência e oportunidade da decisão.

Nesse sentido, a Instrução Normativa Conjunta MP/CGU nº 01/2016[2] estabelece um rol bastante amplo e razoável dos riscos, sem preocupação de homogeneidade ontológica, a serem considerados para a tomada adequada das decisões públicas:

> a) riscos operacionais: eventos que podem comprometer as atividades do órgão ou entidade, normalmente associados a falhas, deficiência ou inadequação de processos internos, pessoas, infraestrutura e sistemas;
> b) riscos de imagem/reputação do órgão: eventos que podem comprometer a confiança da sociedade (ou de parceiros, de clientes ou de fornecedores) em relação à capacidade do órgão ou da entidade em cumprir sua missão institucional;
> c) riscos legais: eventos derivados de alterações legislativas ou normativas que podem comprometer as atividades do órgão ou entidade; e
> d) riscos financeiros/orçamentários: eventos que podem comprometer a capacidade do órgão ou entidade de contar com os recursos orçamentários e financeiros necessários à realização de suas atividades, ou eventos que possam comprometer a própria execução orçamentária, como atrasos no cronograma de licitações.

---

[1] *Consigliere*, conselheiro em italiano, é uma posição dentro da organização mafiosa italiana e norte-americana, servindo como um auxiliar do chefe da organização na formulação de suas decisões, alertando, de forma pessoalmente desinteressada, das consequências de uma decisão.

[2] Art. 18, Instrução Normativa Conjunta MP/CGU nº 01/2016.

Por fim, cabe notar que a maior parte dos dispositivos regulamentares citados parece se preocupar exclusivamente com o *compliance* anticorrupção, relegando a um segundo plano ou esquecendo todos os outros campos de atenção dessa espécie de programa. Obviamente a corrupção, entendida aqui em seu sentido mais amplo da apropriação privada do Estado, é um dos maiores problemas na Administração Pública brasileira.

A corrupção, como um animal de muitas garras, acaba por encontrar diversas brechas para realizar essa apropriação, desde o toma-lá-dá-cá (*quid pro quo*) tradicional dos crimes contra a Administração Pública, mas também as rachadinhas tão comuns nos gabinetes parlamentares, o nepotismo direto ou cruzado, o clientelismo e o aparelhamento dos órgãos de Estado, de modo que realmente é um dos males mais importantes a serem combatidos pela boa governança pública.

Entretanto, quando falamos em riscos reputacionais, usando a definição da regulamentação federal,[3] a saber, "aqueles eventos que podem comprometer a confiança da sociedade (ou de parceiros, de clientes ou de fornecedores) em relação à capacidade do órgão ou da entidade em cumprir sua missão institucional", percebe-se que o *compliance* deve se preocupar com muitos outros assuntos que simplesmente com corrupção.

Neste ponto é importante enfatizar outro dos 5 "Cs" da conformidade (LIMA, 2021), que é o *conhecimento* ou *compreensão* dos riscos concretos que aquele atividade, neste caso do órgão ou entidade pública, enfrenta nas suas atividades operacionais. É aqui que há a interseção do gerenciamento de riscos com o programa de *compliance*. Não é possível montar um bom plano de conformidade sem o conhecimento desses riscos, sob pena de um gasto ineficiente de recursos públicos (o que por si só é um possível risco à reputação do órgão ou entidade).

Por *conhecimento*, então, temos que a avaliação de risco (*risk assessment*) vai trazer a horizontalidade da aplicação do programa, ou seja, os diversos e específicos riscos que a atividade pública enfrenta no seu dia a dia, ou seja, se sua preocupação será com corrupção, com falhas nos campos específicos de suas atividades, com o gerenciamento de insumos, atendimento de demandas, fiscalização de atividades privadas, ou mesmo com aqueles casos em que suas atividades operacionais não finalísticas possam causar danos.

---

[3] Art.18, "b", Instrução Normativa Conjunta MP/CGU nº 01/2016.

Dois bons exemplos disso são a crise reputacional enfrentada pelo Ministério da Agricultura com as revelações de corrupção e falhas de fiscalização ocorridas com a operação "Carne Fraca", da Polícia Federal, em 2017, ou pelo Ministério da Saúde com as recentes falhas de gestão de insumos essenciais para o combate à covid-19.

Mas também o conhecimento dos riscos vai trazer uma análise do mapa de calor destes, o que dará uma visão vertical de cada um dos riscos identificados. Como já dissemos, será da análise dessa probabilidade versus a potencialidade lesiva de cada evento que se dará a formatação do respectivo mapa de calor específico para que haja a decisão de alocação de recursos conforme os riscos assumidos.

Podemos imaginar o mapa de calor em questão da seguinte forma:

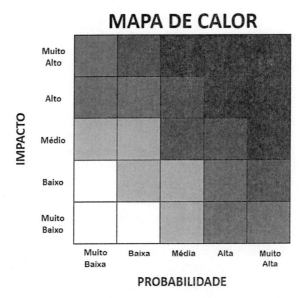

O que fica claro de tudo isso é que esses instrumentos todos, sejam os princípios da boa governança, sejam os de avaliação e gerenciamento de riscos, sejam os de *compliance*, são mandatórios para a Administração Pública federal e certamente auxiliares importantes para a boa e efetiva gestão de seus órgãos e entidades. Isso poderia ser extrapolado para o Ministério Público?

4 O *compliance* e o Ministério Público

O Ministério Público é "instituição permanente, essencial à função jurisdicional do Estado, incumbindo-lhe a defesa da ordem jurídica, do regime democrático e dos interesses sociais e individuais indisponíveis",[4] tendo como atividade principal e privativa a promoção da ação penal pública.[5] Também lhe são deferidas outras importantes funções,[6] como a de promover o inquérito civil e a ação civil pública para a proteção do patrimônio público e social, do meio ambiente e de outros interesses difusos e coletivos, e a de defender judicialmente os direitos e interesses das populações indígenas, dentre outras.

Para o exercício pleno e sem constrições de suas atividades, a Constituição Federal lhe defere autonomia administrativa e independência funcional, que traz à instituição um colorido próprio e híbrido, não se confundindo com os três poderes estabelecidos pela lei máxima, mas também não incluso na categoria geral da Administração Pública.

Nesse sentido, enquanto para o exercício de suas atividades previstas nos incisos do art. 129, I a IX, da Constituição Federal, os órgãos do Ministério Público possuem independência, para outras atividades, essencialmente administrativas, resta-lhe autonomia. Independência e autonomia são conceitos próximos, voltados essencialmente ao exercício pleno das suas funções constitucionais.

Quando age nas suas atividades fins, segundo as regras de atribuição funcional, cada órgão do Ministério Público apresenta o Parquet – ou seja, é a vontade una, indivisível e independente deste. Já na gestão das atividades-meio, dentro de sua autonomia, os diversos órgãos do Ministério Público são dispostos de forma hierarquizada sob a chefia do Procurador-Geral de Justiça nos Estados e do Procurador-Geral da República no Ministério Público da União.

Assim, apesar de sua autonomia, essencialmente a administração do Ministério Público em nada se diferencia da administração de outros órgãos públicos. É certo que os regulamentos citados, expedidos no âmbito regulatório da Administração Pública federal não lhe atingem. Isso não significa, entretanto, que não possam servir de norte para uma regulamentação própria pelos diversos Ministérios Públicos.

Dessa forma, por exemplo, o Ministério Público de Santa Catarina, pelo Ato nº 298/2020/PGJ, de 18 de agosto de 2020, instituiu o seu

---

[4] Art. 127, *caput*, da Constituição Federal.
[5] Art. 129, I, da Constituição Federal.
[6] Art. 129, II a IX, da Constituição Federal.

próprio Programa de Integridade e *Compliance*, com o objetivo de prevenir atos ilícitos e fomentar a integridade, a transparência pública e o controle social, usando como fundamento a Lei Estadual nº 17.715/2019, que instituiu o Programa de Integridade e *Compliance* da Administração Pública em todos os órgãos e entidades governamentais naquele Estado.

Talvez pelo pioneirismo de sua implantação, o programa de integridade do Ministério Público de Santa Catarina é uma cópia adaptada do programa similar proposto pela Lei Estadual nº 17.715/2019, tendo como objetivos:[7] (i) certificar o cumprimento dos princípios éticos e normas de conduta; (ii) estabelecer um conjunto de medidas de prevenção a possíveis desvios na entrega dos resultados esperados da instituição; (iii) fomentar a cultura de controle interno da administração, na busca contínua por sua conformidade; (iv) criar e aprimorar a estrutura de governança pública, riscos e controles; (v) fomentar a inovação e a adoção de boas práticas de gestão pública; (vi) estimular o comportamento íntegro e probo; (vii) proporcionar condições e ferramentas voltadas à capacitação dos agentes públicos no exercício do cargo ou função; (viii) estabelecer mecanismos de comunicação, monitoramento, controle e auditoria; e (ix) assegurar que sejam atendidos, pelas diversas áreas da organização, os requerimentos e as solicitações de órgãos reguladores de controle.

O plano proposto enfatiza alguns dos elementos mais importantes para um bom programa de integridade, como a necessidade da observância dos princípios éticos, do comportamento probo e íntegro e a busca das boas práticas administrativas pelos membros do Ministério Público e servidores. Quem conhece a atividade do Parquet sabe que, especialmente nas Promotorias e Procuradorias do interior, o membro do Ministério Público, mas também o próprio servidor, reveste-se de uma autoridade perante a população que desborda os limites de sua atuação e o segue nas suas atividades diárias.

Assim, há necessidade de que haja a observância estrita de padrões éticos de conduta para que o órgão não seja atingido na sua reputação. Sem querer transformar isso em um macartismo moral, é preciso que sejam respeitados padrões esperados pelas altas funções constitucionais exercidas. A existência de códigos de conduta, com o estabelecimento de padrões éticos e de probidade, é um dos mecanismos típicos dos programas de integridade.

---

[7] Art. 2º, I a IX, Ato nº 298/2020/PGJ.

Além deste, a regulamentação do Parquet catarinense também determinou a existência de outros instrumentos típicos ou essenciais ao *compliance*, como a avaliação de risco e determinação de medidas para sua mitigação, a existência de um canal de denúncia, a comunicação do programa e o treinamento – que devem ser tanto dos membros do Ministério Público quanto dos servidores.[8]

Entretanto, até mesmo porque tal fenômeno se dá também na legislação federal, há confusão com os limites de um programa de integridade, tornando-o uma espécie de superestrutura de controle. O *compliance* não se sobrepõe aos órgãos já tradicionais como corregedoria, *ombudsman* e auditoria, cada qual com sua atividade própria, mas sim compõe com estes um arcabouço de suporte à boa governança do Ministério Público.

Dessa forma, dentro de um plano geral de reforma da Administração Pública com a adoção de uma forma de atuação mais próxima da atividade privada, tendência esta que vem desde, ao menos, as reformas administrativas do governo Fernando Henrique Cardoso, a adoção dos princípios do GRC pela atividade pública se mostra alvissareira, pois importa em procedimentos de suporte técnico e fático para a tomada de decisões adequadas para o atingimento pleno do interesse público.

Em suma, observar regras de *accountability* e transparência, típicas da boa governança; realizar avaliações técnicas dos riscos de cada área de atuação e de cada decisão a ser tomada; e, conhecendo-os, procurar estabelecer medidas de prevenção e mitigação necessárias, o que é próprio do *compliance*, resultarão em uma decisão bem informada, atenta à realidade da sociedade em que vivemos e que atenderá o interesse público plenamente. Como nosso tema é o *compliance* como técnica auxiliar na gestão e eficiência do Ministério Público, cabe agora ressaltar alguns de seus instrumentos ou ferramentas para atingir resultados adequados.

5 Os instrumentos do *compliance*

Um instrumento ou ferramenta é um objeto designado para auxiliar na realização de tarefas técnicas, específicas e necessárias em um procedimento para o atingimento do objetivo final determinado. Assim, por exemplo, um cinzel é instrumento por excelência usado no

---

[8] Art. 3º, I, II, VI e VII, Ato nº 298/2020/PGJ.

trabalho, especialmente o artístico, com pedras. Não imaginaríamos Michelangelo esculpindo David ou Moisés sem um cinzel. Entretanto, não somente o cinzel por si não resulta em nada, precisando estar nas mãos de um escultor para ser usado na obra, como ainda é um dos muitos instrumentos necessários, pois é coadjuvado não só por martelo e lixas para o trato do mármore, mas também por papel e grafite para os esboços da ideia.

Além disso, mesmo os melhores instrumentos em mãos ineptas não resultariam em mais que uma obra tosca. Por outro lado, sem os instrumentos adequados, até mesmo a genialidade de Michelângelo ficaria comprometida, podendo até se imaginar que suas ideias sequer sairiam do papel. Instrumentos, portanto, são importantes e necessários, mas é da capacidade humana de desenvolver o melhor que eles podem oferecer que alcançará um bom resultado.

Assim também são os instrumentos de conformidade. São essenciais e necessários para o atingimento da integridade, mas precisam de pessoas hábeis e de conhecimento técnico para o seu manejo: artesãos, em outros termos, que compreendam os seus usos, finalidades e métodos, bem como seu relacionamento com outras ferramentas, tudo para atingir o melhor resultado possível, que no caso de *compliance* é auxiliar a empresa no atingimento de sua finalidade com o menor dano reputacional/regulatório/legal possível.

Podemos aqui arrolar algumas dessas ferramentas, lembrando que seu uso sempre será determinado pelos riscos efetivos da atividade desenvolvida e pelas especificidades da organização. Considerando aqui o Ministério Público, podemos enfatizar alguns instrumentos importantes, dentre muitos outros:

5.1 Códigos de ética e conduta

Cada organização possui valores éticos que lhe são caros e pelos quais ela é identificada na sociedade. Instituições como o Ministério Público, com uma história mais que centenária, conquistaram no imaginário social um lugar que lhes é próprio e cuja responsabilidade de manter cabe a cada um de seus membros e servidores. Como já ressaltado anteriormente, quem já foi Promotor de Justiça em uma pequena comarca de dez mil habitantes, por exemplo, sabe como os olhos de todos estão voltados para a condução pessoal deste durante as 24 horas de cada dia.

Assim, como o Promotor de Justiça ou o Procurador da República são o Ministério Público enquanto no exercício de suas atividades finalísticas, essa personificação desborda esse momento aos olhos da sociedade, pelo que é de se exigir um comportamento adequado dos membros do Parquet em todas as situações públicas. A idoneidade moral exigida para os candidatos a membros do Parquet (art. 187, *caput*, da Lei Complementar nº 75/93) não se esgota na posse, mas é uma exigência que se estende por toda a vida funcional. Afinal, para acusar outras pessoas, é preciso ter idoneidade moral, pois de outra forma a sociedade verá a denúncia como hipocrisia.

Além disso, como deveres inerentes à sua função, nos termos da mesma lei, está o de tratar com urbanidade as pessoas com as quais se relacione em razão do serviço, desempenhar com zelo e probidade as suas funções e guardar decoro pessoal, dentre outras.[9] Fica claro que um Código de Ética e Conduta, portanto, observadas as diretrizes legais e constitucionais e o bom senso, é um instrumento válido para concretizar algumas das decorrências dessas exigências de idoneidade pessoal, de urbanidade, de probidade e decoro pessoal, bem como de produtividade e eficiência na atividade fim. Isso também é plenamente válido para os servidores, mesmo que sem o mesmo grau de exigência. Esse documento também deve orientar claramente sobre os propósitos e valores da instituição, servindo de guia para o julgamento das condutas em caso de sua violação.

Assim, esses instrumentos não são meros convites ou sugestões de comportamentos, mas sim documentos plenamente válidos e mandatórios, desde que logicamente decorrentes das determinações genéricas das leis orgânicas do MP, e que guiarão os trabalhos correcionais dos membros e servidores do Ministério Público. Nada pior que um *"paper code"* com regras inexequíveis, abusivas ou inobservadas, pois serão, neste caso, dois os danos reputacionais para a instituição, o primeiro, a própria violação das regras por um de seus membros ou servidores, e o segundo o da percepção pela população da leniência pela instituição de fazer cumprir as exigências que colocou no papel.

Esse código de conduta também deve tratar de todas as circunstâncias onde se apresentam conflitos de interesses, envolvendo desde relacionamentos interpessoais até a política de recebimento de presentes e participação de eventos. É certo que pequenos presentes não são corrupção, mas não é de todo incomum o uso de convites para eventos,

---

[9] Art. 236 e incisos da Lei Complementar nº 75/93.

para aulas e cursos serem uma forma de conquistar corações e mentes. Assim, cabe ao código de conduta encontrar soluções para que se evitem situações que coloquem em dúvida a integridade do Ministério Público.

5.2 Canal de denúncia, *whistleblower* e colaborador

O canal de denúncia é mecanismo importante em todo e qualquer programa de conformidade. A sua existência não deve se confundir no caso do Ministério Público com o recebimento de denúncias externas sobre possíveis ilícitos da sua atribuição. Trata-se na verdade de um canal eficiente, anônimo e não rastreável para que o público externo e interno encaminhe informações que possam ser úteis para a revelação de falhas organizacionais e ilícitos de que tenha conhecimento terem acontecido *dentro* do próprio *Parquet*.

Dificilmente um ilícito será percebido em tempo útil para evitar maiores danos se não houver um denunciante que o revele às autoridades. O canal de denúncia devidamente construído e adequadamente divulgado pode ser a forma mais eficiente e comum pela qual o *whistleblower* – denunciante de origem externa ou interna – fará chegar a informação da irregularidade ou ilícito à alta administração. Incentivar a denúncia interna evitará que eventual denunciante procure outros órgãos ou até mesmo a imprensa para revelar os fatos. Garantir a credibilidade do canal, portanto, é essencial.

Para isso é importante estruturá-lo de modo a garantir o anonimato, estabelecer um procedimento isento e sigiloso de apuração e da remessa desse material para as instâncias decisórias superiores, bem como dar transparência aos resultados das denúncias, mesmo que de forma a anonimizá-las. A percepção de seriedade com que as denúncias são tratadas certamente incentivará a revelação de ilícitos internos.

A par disso, também é preciso garantir a segurança de denunciante caso revelada a sua identidade por qualquer forma. O *whistleblower*, que não se confunde com o colaborador, é um terceiro aos fatos que tomou conhecimento destes e resolveu levar para as esferas superiores o que sabe. Já o colaborador é um dos envolvidos no delito que, por qualquer motivo, independentemente ou não de arrependimento, resolveu falar do que sabe e participou, especialmente revelando outras pessoas envolvidas. O canal de denúncia, obviamente, não fará qualquer distinção entre ambos, incentivando as duas hipóteses igualmente.

5.3 O uso da tecnologia da informação – *red flags*

Cada vez mais usamos da capacidade de processamento dos computadores atuais para nos fazer ver relacionamentos entre conjuntos de dados que estão dispersos em inúmeras, diversas e gigantescas bases de informação. Se percebermos bem, entregamos graciosamente no dia a dia uma quantidade incomensurável de dados a diversos atores, desde redes sociais, instituições financeiras e educacionais, mecanismos de busca e *browsers* de navegação etc. O uso deles de forma eficiente e coordenada revelaria mais sobre nós do que sabe nossa própria mãe – ou até nós mesmos conscientemente. Por isso é tão importante a sua regulamentação pela nova Lei Geral de Proteção de Dados.

Aliás, boa parte do sucesso da primeira campanha presidencial de Donald Trump nos Estados Unidos da América, dizem, deveu-se ao uso de campanhas de *marketing* baseadas nos conhecimentos de preconceitos de alvos específicos e o direcionamento de propagandas customizadas para incentivar esses preconceitos em favor de Trump. Isso é chamado de *microtargeting* e encontra-se hoje bastante regulado pela legislação de proteção de dados de diversos países.

De qualquer modo, o uso da técnica de mineração de dados (*data mining*), inteligência artificial, *data learning* e criação de algoritmos para cruzamento de dados pode levar à determinação de bandeiras vermelhas (*red flags*), ou seja, indicativos de que algo de errado está acontecendo em determinadas operações, permitindo análise qualitativa dos fatos selecionados (*data driven risk assessment*) por equipes treinadas. Essa forma de trabalho importa em manutenção de equipes menores, altamente qualificadas para fornecer informações e conhecimento, em vez de análises apenas amostrais ou realizadas por grande número de empregados de forma descoordenada e bruta.

Um exemplo dessa aplicação de análises matemáticas para a investigação de fraudes é a "lei de Benford, também chamada de lei do primeiro dígito, lei de Newcomb-Benford e lei de números anômalos", que se refere "à distribuição de dígitos em várias fontes de casos reais".[10] Assim, essa proposição mostrou empiricamente que o número 1 aparece em cerca de 30% do primeiro dígito de listas reais dos mais diversos tipos de dados. Dessa forma, como fraudadores tendem a usar números de maneira mais aleatória, um algoritmo que detecte a ocorrência dessa aleatoriedade em grande massa de documentos poderia levar a

---

[10] Disponível em: https://pt.wikipedia.org/wiki/Lei_de_Benford.

um escrutínio mais profundo dos dados em investigação e a eventual descoberta de uma fraude.

A análise sistêmica de dados, portanto, pode nos oferecer informações que nos levem à compreensão dos fatos e seus desdobramentos, bem como o conhecimento de seus motivos e das formas pelas quais podemos desenvolver a melhor resposta de mitigação. Podemos sintetizar isso conforme quadro a seguir:

	Questões-chave que a análise sistêmica de dados pode revelar		
	Fatos e comportamentos	Compreensão	Previsão
Informação	O que aconteceu? (Relatório)	O que está acontecendo neste momento? (Alerta)	O que acontecerá? (Extrapolação)
Conhecimento	Como e por que aconteceu? (Modelagem, design experimental)	Qual é o melhor curso de ação? (Recomendação)	O que de melhor ou pior pode acontecer? (Predição, otimização, simulação)

OCDE – DATA ANALYTICS FOR ASSESSING CORRUPTION AND FRAUD RISKS – Source: Adapted from (Davenport, Harris, & Morison, 2010).[11]

6 Conclusão

Temos visto nos últimos 25 anos uma transformação do Estado burocrático no Estado gestor, preocupado com o aumento da eficiência da prestação do serviço público e a redução de custos pelo uso de modernas técnicas de gestão e instrumentos típicos da iniciativa privada. Além disso, num caminho inverso, atualmente vemos a preocupação com o interesse público e social se incorporar às preocupações da governança das empresas e organizações privadas.

Hoje não se imagina falar apenas do lucro como uma das finalidades de uma empresa, pois esta também encontra sua razão de existir na busca do melhor para as pessoas e para a sociedade. Hoje a empresa não se preocupa apenas com os *shareholders*, ou acionistas, mas também

---

[11] Disponível em: https://www.oecd.org/gov/ethics/analytics-for-integrity.pdf, p. 29.

com os *stakeholders*, todos aqueles que tenham envolvimento de qualquer forma com as suas atividades.

Para isso, os conceitos de boa governança, gestão de riscos e *compliance* tornaram-se onipresentes nas discussões sobre a gestão eficiente de um negócio. Agora esses conceitos estão fazendo o caminho de volta, retornando na forma de técnicas e instrumentos que podem garantir à gestão pública o atingimento daquilo que já era da sua finalidade.

Certo é que o GRC público ainda é controverso doutrinariamente, mas na prática se trata de uma discussão superada, tendo em vista a adoção pelos regulamentos federais e de muitos Estados e Municípios, de seus princípios, nomenclatura e instrumentos. Falar de boa governança, gestão de riscos e *compliance* hoje é também falar de sua aplicabilidade na gestão pública.

Assim, instrumentos como códigos de conduta, canais de denúncia, *whistleblowing* e sistemas de detecção de *red flags* certamente ajudarão a reforçar o caráter ético da Administração Pública, sempre informada pelos princípios da legalidade, moralidade, publicidade, impessoalidade, eficiência e dignidade da pessoa humana, bem como a sua gestão eficiente. Isso vale tanto para a administração direta, fundacional e para o Ministério Público, igualmente.

Referências

BINDILATTI CARLI DE MESQUITA, C. O que é *compliance* público? Partindo para uma Teoria Jurídica da Regulação a partir da Portaria nº 1.089 (25 de abril de 2018) da Controlaria-Geral da União (CGU). *Journal of Law and Regulation*, [S. l.], v. 5, n. 1, 2019.

COELHO, Cláudio Carneiro Bezerra Pinto. *Compliance* na Administração Pública: uma necessidade para o Brasil. *RDFG – Revista de Direito da Faculdade Guanambi*, v. 3, n. 1, jul./dez. 2016.

IBGC – Instituto Brasileiro de Governança Corporativa – https://siteatg.ibgc.org.br/governanca/origens-da-governanca. Acesso em: 25 jun. 2019.

INFOMONEY, Banco Central tem lucro de R$ 85,57 bilhões em 2019, https://www.infomoney.com.br/economia/banco-central-tem-lucro-de-r-8557-bilhoes-em-2019/. Acesso em: 27 abr. 2021.

LENZA, Pedro. *Direito constitucional esquematizado*. 16. ed. ver., atual. e ampl. São Paulo: Saraiva, 2012

LIMA, Carlos Fernando dos Santos; MARTINEZ, André Almeida Rodrigues. *Compliance* Bancário – um manual descomplicado. 3. ed. Salvador: Juspodivm, 2021.

MAZZILLI, Hugo Nigro. FERRAZ, Antonio Augusto Mello de Camargo (Coord.). *Independência do Ministério Público, Ministério Público – Instituição e Processo*. São Paulo: Atlas, 1997.

MILLER, Geoffrey P. The Law of governance, risk management and *compliance*. Wolters Kluwer Law & Business, 2014.

OCDE – Organização para a Cooperação e Desenvolvimento Econômico, Analytics for Integrity – Data-driven approaches for enhancing corruption and fraud risk assessments. Disponível em: https://www.oecd.org/gov/ethics/analytics-for-integrity.pdf. Acesso em: 27 abr. 2021.

ROTHSTEIN, Henry. Performance, Risk and Blame, Explorations in Governance. Disponível em: http://www.executivepolitics.org/Executive_Politics/News_files/Explorations%20in%20Governance.pdf. Acesso em: 27 abr. 2021.

WIKIPEDIA, Lei de Benford. Disponível em: https://pt.wikipedia.org/wiki/Lei_de_Benford. Acesso em: 27 abr. 2021.

Informação bibliográfica deste texto, conforme a NBR 6023:2018 da Associação Brasileira de Normas Técnicas (ABNT):

LIMA, Carlos Fernando dos Santos. *Compliance* como ferramenta de gestão e eficiência do Ministério Público. *In*: SCHNEIDER, Alexandre; ZIESEMER, Henrique da Rosa (Coord.). *Temas atuais de compliance e Ministério Público*: uma nova visão de gestão e atuação institucional. Belo Horizonte: Fórum, 2021. p. 301-323. ISBN 978-65-5518-220-0.

COMPLIANCE CRIMINAL COMO INSTRUMENTO DE PRIVATIZAÇÃO DA TUTELA DE DIREITO PENAL

JÚLIA FLORES SCHÜTT

1 Uma sociedade que demanda novas técnicas de combate à impunidade penal no âmbito empresarial

Já na década de sessenta, o canadense Marshall Mcluhan dizia que "a nova interdependência eletrônica recria o mundo em uma imagem de aldeia global". A figura da *aldeia* visa a ilustrar a aproximação das nações por indução dos meios tecnológicos – especialmente nas áreas das comunicações e dos transportes. A *revolução das comunicações e dos transportes* encurtou distâncias, acelerou as transações – pessoais e comerciais. Os benefícios dela decorrentes, inegavelmente, tiveram a capacidade de estender a duração e a qualidade da vida humana na Terra.

Entretanto, ao olhar-se para o outro lado da moeda, pode-se constatar que a referida *revolução* fez também – como decorrência da aceleração proporcionada pelo desenvolvimento tecnológico – aumentar na sociedade a sensação geral de insegurança e de perda do domínio do curso dos acontecimentos. A tecnologia, entretanto, não apenas gera a *sensação* de insegurança como também dá causa concreta para tanto, possibilitando a instrumentalização de parcela da sociedade que não se preocupa com pautar suas condutas pela legalidade à consecução de fins ilícitos.

O mundo do crime está atento à evolução tecnológica, visto que lhe permite constantemente *criar* métodos ilícitos mais elaborados e de difícil detecção. Essa constatação deveria levar o Estado, com a mesma *agilidade*, a buscar *antídotos* eficientes à neutralização dessas investidas. Identificam-se, portanto, esforços em direções contrárias: enquanto o Estado prima pela higidez daquilo que se tem por Estado de Direito, a criminalidade objetiva aprimorar os instrumentos de que dispõe para majorar seus *ganhos* à margem da legalidade.

A destreza com que os *fora da lei* se organizam para bem executar seus projetos agressivos à sociedade força o outro lado (Estado) a produzir modificações legislativas capazes de, na mesma velocidade, objetivar técnicas adequadas – e também evoluídas – para preservar os direitos protegidos pelos ordenamentos jurídicos dos Estados de Direito. A realidade, entretanto, nos mostra, infelizmente, que o Estado está sempre "a correr atrás do leite derramado". É diante da identificação de uma *brecha* encontrada pelo mundo do crime que o ente estatal visa a aparar a *aresta* (brecha de ordem legislativa ou fática) que viabilizou a prática do delito. Detecta-se o mesmo processo no que tange à criminalidade desenvolvida no âmbito empresarial.

Não é de hoje que a atividade criminosa, objetivando – genericamente – impunidade, tem-se especializado na utilização de pessoas jurídicas para a concretização de seus fins. A reação estatal (também identificada no âmbito do Direito Internacional e do Direito Comunitário) não poderia ser outra: recorrer a métodos de responsabilização capazes de dissuadir[1] esta forma de consecução de atividades violadoras de bens jurídicos albergados nos ordenamentos jurídicos de cada país.

A criminalidade organizada, nestas últimas décadas, objetivando, portanto, apurar suas "técnicas" delituosas, identificou na pessoa jurídica[2] uma *excelente* ferramenta para executar seus ilícitos visando, evidentemente, a maiores chances de encobrimento daqueles. A

---

[1] Tal dissuasão será consagrada no ordenamento jurídico via estipulação de incentivos – positivos ou negativos, que nada mais são do que meios para estimular as pessoas a adotarem condutas valorosas ou não, podendo ser de cunho econômico, social ou moral.

[2] DÍEZ RIPOLLÉS, José Luis. La responsabilidad penal de las personas jurídicas. Regulación española. In: *InDret, Revista para el Análisis del Derecho*, Barcelona, p. 2, enero 2012.

complexidade organizativa de uma empresa, inerente a sua própria constituição, torna-a mais difícil de *transpassar* por parte dos órgãos de investigação criminal, maximizando,[3] assim, as chances de sucesso da empreitada delituosa se comparada com a possibilidade de elucidação da execução de um crime de forma isolada por pessoas físicas – mais expostas, por sua vez, à fiscalização estatal.

O uso da pessoa jurídica como método de maximização de lucro à criminalidade é tema que merece mais atenção quando tratamos de Estados[4] que, num contexto atual/moderno, impõem poucas barreiras aos negócios comerciais transnacionais, viabilizando assim aquilo que a doutrina conceitua como "fórum delinquência *shopping*".[5]

Não é por menos que, exemplificativamente, a Circular 1/2011 da *Fiscalía General del Estado* (FGE) espanhol,[6] responsável por analisar a reforma do Código Penal espanhol pela Lei Orgânica 5/2010, que, pela primeira vez, de maneira direta e independente, fez introduzir naquele ordenamento jurídico a responsabilidade penal da pessoa jurídica, ao destacar as dificuldades identificadas para apurar delitos praticados dentro de organizações empresariais – tanto para investigar a responsabilidade do autor individual como para trabalhar com o efeito preventivo da sanção penal, nominou tal fenômeno de "irresponsabilidade organizada".[7]

---

[3] Em verdade, a pessoa jurídica assume a capacidade de diversificar os riscos até então assumidos por pessoas físicas na prática de crime. Com o desenvolvimento de sua atividade num contexto empresarial complexo, dispõe de mais possibilidades capazes de maquiar uma prática criminosa, o que permite ao ente jurídico adotar práticas mais "arriscadas" para a consecução de ilícitos, que, por sua vez, lhe permite objetivar ganâncias mais altas e com maiores dimensões no cometimento de crimes.

[4] Destacando a necessidade de os Estados atentarem para a responsabilidade criminal das pessoas jurídicas quando desenvolvia tema relacionado ao delito de corrupção transnacional: GÓMEZ DE LA TORRE, Ignacio Berdugo. El soborno internacional: Normas, obstáculos y propuestas. *Revista Derecho & Sociedad*, n. 52, junio 2019 / ISSN 2079-3634.

[5] Nada mais é que uma técnica de eleição de "foro" para desenvolvimento de determinada atividade. Empresas que buscam executar suas atividades sem obedecer aos ditames legais, tendem a procurar empreender em países que não "atualizaram" suas legislações penal e processual penal – ainda arraigadas a ditames clássicos – à sociedade "de risco" que hoje impõe uma revisão daquelas para efetivamente combater – em especial – a criminalidade organizada que se desenvolve por meio de pessoas jurídicas.

[6] Disponível em: https://web.icam.es/bucket/NS_AE_CIRCULAR1_2011PERSONA JURiDICADEFINITIVA(1)(1).PDF). Acesso em: 6 abr. 2020.

[7] Serrano Zaragoza, ao tratar sobre a nominada "irresponsabilidade organizada", reconheceu que o fenômeno funciona como verdadeiro incentivo à prática de crimes por parte das pessoas físicas que desenvolvem sua atividade na âmbito empresarial, pois estas, ao se darem conta das enormes dificuldades que enfrentam os órgãos de persecução penal para que tais condutas delitivas sejam descobertas, sobre aqueles sujeitos – especificamente quando aos potenciais delitos desenvolvidos na execução da atividade empresarial – não recairá

Dificilmente algum país economicamente desenvolvido, nos dias de hoje, deixa de estipular em seu ordenamento jurídico alguma forma de responsabilização pela prática de determinados ilícitos por pessoas jurídicas,[8] especialmente considerando o grau de desenvolvimento industrial alcançado nestas últimas décadas, o que, por sua vez, enseja um maior uso de entidades coletivas para a atomização da atividade e para sua respectiva dinamização.

A realidade, portanto, constantemente alterada, social e economicamente, pelo elevado crescimento do número de pessoas jurídicas, mostra que o véu da pessoa jurídica tende a encobrir delitos que são praticados no âmbito empresarial tanto para *benefício* próprio como em desfavor de seu *patrimônio*. Assim, devendo o ordenamento jurídico – com base neste "choque de realidade" – objetivar que as pessoas jurídicas pautem/direcionem suas ações/omissões, da mesma forma que o fazem as pessoas físicas, ou seja, *influenciadas* pelas normas coativas do Direito Penal, é, para dizer o mínimo, incoerente,[9] que algum Estado, hodiernamente, não se valha da capacidade penal ativa da pessoa jurídica como instrumento válido para o combate à criminalidade.

2 Da insuficiência da legislação brasileira para coibir a criminalidade no âmbito empresarial

Evidentemente que não é de *hoje* e nem exclusividade do Estado brasileiro que a atividade criminosa, objetivando – genericamente – impunidade, tem-se especializado na utilização de pessoas jurídicas para a concretização de seus fins. A reação *estatal* brasileira não "poderia" ser outra: desenvolver métodos de responsabilização capazes de dissuadir

---

a função preventiva que deve ser exercida pela pena criminal. SERRANO ZARAGOZA, Oscar. *Compliance y prueba de la responsabilidad penal de las personas jurídicas; cómo conseguir la exención de la responsabilidad penal de una persona jurídica en el curso de un concreto procedimiento penal*. Revista Aranzadi Doctrina, n. 6/2016 (BIB 2016/3068).

[8] COLOMER, Juan-Luis Gómez. Introducción: La Responsabilidad penal de las personas jurídicas y el control de su actividad: Estructura jurídica general en el Derecho Procesal Penal español y cultura de cumplimiento (*Compliance Programs*). En Tratado sobre *compliance* penal. Responsabilidad Penal de las Personas Jurídicas y Modelos de Organización y Gestión. Valencia: Tirant lo Blanch, 2019.

[9] A responsabilização *penal* da pessoa jurídica, embora não seja a única técnica jurídica empregada para coibir ilícitos perpetrados por entes cooperativos, não deixa de se mostrar como método adotado pelo Estado para objetivar frear, ou ao menos reduzir, em especial, a macrocriminalidade. Ou seja, é a medida estatal que visa a contrapor o uso indiscriminado por parte da criminalidade da empresa como instrumento ao crime. Mais que isto, é um método que visa a dissuadir a percepção que aos poucos foi disseminada no mundo do crime de que uma pessoa jurídica é ferramenta *interessante* à impunidade.

essa forma de consecução de atividades violadoras de bens jurídicos albergados no ordenamento jurídico pátrio.

Não se desconhece que, na maioria dos países[10] em que o ordenamento jurídico reconhece a capacidade de a pessoa jurídica figurar como sujeito ativo de um crime, o respectivo legislador optou por limitar o rol de infrações penais para o qual tal capacidade *delitiva* se aplica. Ou seja, em regra, os países que reconhecem a capacidade ativa criminal da pessoa jurídica a admitem apenas para *numero clausus* de delitos – deixando transparecer com nitidez a "política criminal" que pretende tal Estado perseguir pela demonstração da vontade *popular* via Poder Legislativo.

Pode-se asseverar que o constituinte brasileiro, na edição da Carta de 1988,[11] no art. 225, §3º, adotou a denominada Teoria da Realidade,[12] ao estipular mandado expresso de criminalização às pessoas jurídicas que incorram em tipos penais que tutelem o meio ambiente, sem, todavia, impedir a ampliação do rol de bens jurídicos passíveis de tutela por meio de tal garantia/técnica de natureza penal.

Visando a disciplinar parcialmente tais normas constitucionais, o legislador infraconstitucional,[13] em 1998 (somente dez anos depois!),

---

[10] Mananzares, ao escrever sobre o a reforma do Código Penal Espanhol com base na LO 5/2012, de 22 de junho, que pela primeira vez previu naquele país a responsabilidade penal direta e independente da pessoa jurídica, asseverou que, em relação ao instituto jurídico, "são várias as legislações europeias que já a haviam previsto, começando por *Holanda (1976), depois Grã-Bretanha, Irlanda e Noruega (1991); Islândia (1993); França (1994); Finlândia (1995); Eslovênia (1996); Dinamarca (1996); Estônia (1998); Bélgica (1999); Suíça (2003); Polônia (2003) e Portugal (2007)*". "Tradução nossa". (CASTILLEJO MANZANARES, Raquel. Los principios probatorios y el *compliance*. In: Tratado sobre compliance penal. Responsabilidad Penal de las Personas Jurídicas y Modelos de Organización y Gestión. Valencia: Tirant lo Blanch, 2019. p. 587).

[11] Em verdade, a Constituição Federal de 1988 tratou em duas oportunidades questões relativas à responsabilidade da pessoa jurídica pela prática de atos ilícitos. O art. 173, §5º, determina que "a lei, sem prejuízo da responsabilidade individual dos dirigentes da pessoa jurídica, estabelecerá a responsabilidade desta, sujeitando-a às punições compatíveis com sua natureza, nos atos praticados contra a ordem econômica e financeira e contra a economia popular". O art. 225, §3º, a sua vez, dispõe que "as condutas e as atividades consideradas lesivas ao meio ambiente sujeitarão os infratores, pessoas físicas ou jurídicas, a sanções penais e administrativas, independentemente da obrigação de reparar os danos causados".

[12] Esta teoria, sustentada, sobretudo, por Otto Gierke, identifica possível a responsabilização penal da pessoa jurídica, reconhecendo nela capacidade de atuação. Tal teoria se contrapõe à da ficção, sustentada, por sua vez, por Savigny (MACIEL, Silvio; GOMES, Luiz Flávio. *Lei de crimes ambientais*. 2. ed. São Paulo: Método, 2015. p. 28).

[13] Superado o forte enfrentamento doutrinário havido quanto ao reconhecimento pelo legislador brasileiro da capacidade de ser a pessoa jurídica responsabilizada criminalmente por crimes ambientais, outro *empecilho* passou a restringir a responsabilização daquela: a teoria da dupla imputação (STJ 5ª Turma, RMS 37.293/SP. Relator Laurita Vaz, *DJ* em 02.05.2013). De acordo com esta, haveria condicionamento da responsabilização penal da

editou a Lei nº 9.605 (Lei dos Crimes Ambientais), que *concretizou* a responsabilidade penal da pessoa jurídica ao disciplinar, em seu art. 3º,[14] a forma (*modo de aplicação*) dessa responsabilização.

Esta restrição do âmbito da responsabilidade penal da pessoa jurídica a delitos cujo objeto jurídico é o meio ambiente ecologicamente equilibrado, por sua vez, chancela verdadeira impunidade quanto aos denominados *delitos* "corporativos", visto que, sistematicamente, o véu da personalidade jurídica tem, além de afastar a persecução criminal do próprio ente coletivo por delitos que não atentem contra *bens e interesses* ambientais, a capacidade de maquiar a autoria individual de crimes cometidos no âmbito empresarial.

Neste particular, portanto, faz-se imprescindível a crítica ao ordenamento jurídico brasileiro, que não acompanha,[15] em termos de responsabilização criminal da pessoa jurídica, destacada gama de países democráticos[16] – inclusive na América Latina – que apresenta,

---

pessoa jurídica à simultânea identificação e persecução penal de pessoa física responsável. Entretanto, embora ainda haja críticas de parcela da doutrina quanto à possibilidade de a pessoa jurídica sofrer reprimenda de cunho criminal, tal debate, há muito, foi superado pelos nossos tribunais, da mesma forma como o foi (ao menos de forma predominante) a exigência do atendimento à denominada teoria da dupla imputação, conforme já teve oportunidade de decidir o Supremo Tribunal Federal (STF) brasileiro (RE 548181. Ministra Rosa Weber. *PUBLIC 30.10.2014).*

[14] "As pessoas jurídicas serão responsabilizadas administrativa, civil e penalmente conforme o disposto nesta lei, nos casos em que a infração seja cometida por decisão de seu representante legal ou contratual, ou de seu órgão colegiado, no interesse ou no benefício da sua entidade. Parágrafo único: a responsabilidade das pessoas jurídicas não exclui a das pessoas físicas, autoras, coautoras ou partícipes do mesmo fato".

[15] "*É imperioso desenhar uma política criminal voltada para a realidade moderna das pessoas jurídicas, tendência inclusive, já iniciada por grande parte dos países democráticos ao redor do mundo, tais como França, Itália, Espanha, Estados Unidos, entre outros. (...) Portanto, nesses países, que em alguma medida representam as principais tradições jurídicas do mundo, foram propostas novas soluções teóricas aos problemas dogmáticos para a imputação da responsabilidade penal das pessoas jurídicas, criando ferramentas idôneas na persecução e prevenção desses delitos".* (DIAS DOS SANTOS, Ílison; OLIVEIRA DE MELO, Jhonatas Péricles. A responsabilidade penal da pessoa jurídica: análise exploratória do modelo espanhol e do modelo proposto pelo projeto de novo Código Penal brasileiro. *In: Revista de Derecho procesal de la Asociación Iberoamericana de la Universidad de Salamanca.* Director Dr. Lorenzo Bujosa Vadell. 1º sem. 2017. p. 125-126).

[16] "O Brasil, ainda que não seja membro da OCDE, participa do chamado programa de vinculação ampliada participando ativamente das deliberações dos comitês e órgãos técnicos desse organismo internacional, existindo promulgação interna do Convênio da OCDE a partir do Decreto nº 3.678, de 30 de novembro de 2000, em que se ratifica o compromisso brasileiro, diante de organismos internacionais, no sentido de adotar práticas anticorrupção, incluso com a previsão de responsabilidade penal da pessoa jurídica para tais hipóteses". SHECAIRA, Sérgio Salomão; SALCEDO, Leandro. A responsabilidade penal da pessoa jurídica no projeto de novo Código Penal (projeto de lei do Senado nº 236/2012). *In:* CHOUKR, Fauzi; LOUREIRO, Hasan Maria Fernanda; VERBVAELE, John (Org.). *Aspectos contemporâneos da responsabilidade penal de pessoas jurídicas.* Vol. II. São Paulo: Fecomércio, 2014.

ao menos, rol mais amplo de crimes passíveis de serem cometidos por pessoa jurídica.[17] Ecoando a crítica ao atual regramento brasileiro sobre a responsabilidade penal da pessoa jurídica, ao ressaltar ser indiscutível a necessidade de seu alargamento diante da evolução da criminalidade[18] societária no mundo contemporâneo, assim se manifesta Rothenburg:[19] "A responsabilização criminal das pessoas jurídicas é uma tendência do Direito Penal contemporâneo, que reflete a preocupação com a realidade social da agressão a importantes valores sociais por parte desses sujeitos jurídicos".

Irrazoável é o Direito autorizar uma ampla liberdade de atuação por parte de entes coletivos – conferindo-lhes singular margem para desenvolver atividades, o que potencializa os riscos decorrentes de suas *ações/omissões* (basta, a propósito, tentar comparar capacidade de atuação comercia/negocial de uma empresa em face da de uma pessoa física), mas, paralelamente, pretenda limitar a respectiva responsabilidade por eventual ilícito ao campo extracriminal. Direitos e deveres, bônus e ônus devem compor a equação jurídica. O mesmo ordenamento jurídico que confere ampla capacidade ativa *comercial* à pessoa jurídica deve também fazê-lo na seara criminal. Do contrário a resposta será (ou melhor, "é") fática e imediata: impunidade.

Assim, ultrapassado o momento de o legislador brasileiro *rever* o rol de delitos para o qual reconhece a legitimidade ativa penal da

---

[17] De forma nenhuma se pretende com esta afirmação sobrevalorar os ordenamentos jurídicos estrangeiros em detrimento do brasileiro, mas, apenas, sugerir que se deve levar em consideração o Direito Comparado para gerenciar, no Direito interno, questão que *instiga* o mundo como um todo, que é a criminalidade empresarial. Nesse sentido, Gimbernat: "(...) el uso de la ciencia extranjera en es solo signo de una evidente apertura de mentalidad. Es signo, también, de ciencia que aún no ha alcanzado el pleno desarrollo, signo de que para ver y solucionar los problemas no basta con lo de casa, porque en casa no se ha producido lo suficiente". (GIMBERNAT, Enrique. *Concepto y método de la ciencia del derecho penal*. Madrid: Tecnos, 1999, p. 119-120).

[18] "A vinculação ao Direito e a utilidade político-criminal não podem se contradizer; pelo contrário: devem elaborar verdadeira síntese – do mesmo modo que o Estado de Direito e o Estado Social não podem ser verdades inconciliáveis, mas uma verdadeira unidade dialética". "Tradução nossa". (ROXIN, Claus. *Política Criminal y sistema del Derecho Penal*, [traducción e introducción de Francisco Muñoz Conde], 1. ed. Buenos Aires: Hammurabi, 2000, p. 41)

[19] ROTHENBURG, Walter Claudius. A responsabilidade penal da pessoa jurídica. *In: CRIMES ambientais: comentários à Lei 9.605/98*. Porto Alegre: Livraria do Advogado, 2013. p. 55 e p. 60.

entidade coletiva. Salienta-se, todavia, que o Projeto de Lei[20] [21] do Senado (PL n° 236/2012[22]) do novo Código Penal brasileiro passa ele próprio a disciplinar a responsabilidade penal da pessoa jurídica (o que atualmente vem regulamentado na Lei n° 9.605/98, Lei de Crimes Ambientais) e amplia, ainda que timidamente,[23] o rol de crimes que poderá ser imputado ao ente coletivo (art. 41 do PL n° 236/2012: "As pessoas jurídicas de direito privado serão responsáveis penalmente pelos atos praticados contra a administração pública, a ordem econômica, o sistema financeiro e o meio ambiente...)".

---

[20] Este é apenas um dos projetos de lei que hoje tramita no Congresso Nacional brasileiro que estipula propostas de reforma legislativa que têm como finalidade ampliar o âmbito de responsabilização penal da pessoa jurídica, a fim de que incida sobre outras condutas praticadas no âmbito empresarial.

[21] Senado Federal. Projeto de Lei do Senado n° 236, de 2012 (Novo Código Penal) – http://www25.senado.leg.br/web/atividade/materias/-/materia/106404. Acesso em: 18 abr. 2020.

[22] A comissão responsável pela elaboração do Projeto de Lei do Senado n° 236/2012 optou pela incorporação e pelo reconhecimento da responsabilidade penal do ente coletivo de forma mais abrangente do que da forma que hoje se está estabelecida na Lei de Crimes Ambientais, todavia ainda traz em seu bojo enormes limitações. O caput do art. 41 do referido projeto passa a ampliar o âmbito de responsabilização penal da pessoa jurídica para além dos crimes contra o meio ambiente, passando a abarcar também crimes contra a (1) Administração Pública, (2) a ordem econômica e (3) o sistema financeiro. O referido projeto, todavia, pecou ao restringir e muito ainda o seu âmbito da imputação. Não se discute que o PL poderia apresentar número fechado de delitos para o qual reconheça a legitimidade ativa da pessoa jurídica, mas jamais poderia – objetivando evoluir no combate à impunidade no seio empresarial – ser tão restrito. Importa ainda referir que o PL trouxe mais duas limitações: (1) exige que o delito deva ser decorrente de decisão do representante legal ou contratual, ou do órgão colegiado da empresa; e (2) que o fato delitivo tenha sido praticado no interesse ou para o benefício da organização. Neste sentido: SILVEIRA, R. de M. J.; SAAD-DINIZ, E. Compliance, direito penal e lei anticorrupção. São Paulo: Saraiva, 2015, p. 173.

[23] Criticando, desde logo, as restrições no rol de crimes trazido pelo art. 41 do PL n° 236/2012, Dias aponta que: "O problema aqui reside na falta de responsabilização expressamente prevista em relação a outras condutas não elencadas no projeto do novo código. O modelo adotado vem na contramão dos principais sistemas de responsabilidade penal da pessoa jurídica no mundo, nos quais, não existe uma restrição ratione materiae. O que se fez, foi um recorte político criminal, de modo inadequado, tendo em vista o possível comprometimento da sistemática da responsabilidade penal da pessoa jurídica, correndo o risco de tornar o dispositivo, meramente simbólico." (DIAS DOS SANTOS, Ílison; OLIVEIRA DE MELO, Jhonatas Péricles. A responsabilidade penal da pessoa jurídica: análise exploratória do modelo espanhol e do modelo proposto pelo projeto de novo código penal brasileiro. In: Revista de Derecho procesal de la Asociación Iberoamericana de la Universidad de Salamanca. Director Dr. Lorenzo Bujosa Vadell. 1° sem. 2017. p. 133)

3 *Compliance* criminal como método de prevenção à prática delitiva e como técnica de investigação pseudocriminal

Apesar da crítica feita à *omissão* do legislador brasileiro no tópico anterior, deve-se afirmar que a realidade (notoriamente identificada nos países, como Espanha e Estados Unidos, que concebem com maior amplitude a capacidade ativa criminal da empresa) também nos demonstra que o uso da pessoa jurídica como instrumento do crime passou a ser prática tão disseminada que a "mera" capacitação daquela como sujeito apto a cometer delito não é ferramenta suficiente para os Estados frearem a evolução da criminalidade no âmbito empresarial. Quer-se com isso afirmar que o Estado, ainda que chancele a responsabilização penal da pessoa jurídica em seu ordenamento jurídico, não disporá, por si só, de meios capazes de dar uma resposta condizente – muito menos eficaz – aos delitos perpetrados no âmbito empresarial.

É o *compliance* criminal,[24] agregado ao ordenamento jurídico penal com incentivos de ordem de direito premial,[25] que terá o condão de estruturar nas pessoas jurídicas de direito privado um parceiro do Estado no combate à criminalidade empresarial.[26]

---

[24] "A elaboração de um programa de organização e gestão (*Compliance*) e a comprovação do seu cumprimento para que a pessoa jurídica não seja responsável penalmente são hoje, em nossa realidade social, tema chave diante da enorme relevância da criminalidade organizada (e não só ela), disposta a delinquir, a cada dia, de maneira mais atroz, e o frequente uso de empresas (em regra, de fachada) para cometer seus horrendos e frequentes crimes, ocultando e buscando impunidade, algo que nossa moderna sociedade não pode tolerar". "Tradução nossa". (COLOMER, Juan-Luis Gómez. Persona jurídica, responsabilidad criminal, modelo de cumplimiento y proceso penal: una presentación. In: *Tratado sobre compliance penal*. Responsabilidad Penal de las Personas Jurídicas y Modelos de Organización y Gestión. Valencia: Tirant lo Blanch, 2019. p. 17).

[25] O direito premial funciona de duas distintas facetas: uma positiva e outra negativa. Ambas, todavia, partem da ideia de incentivo e estão amparadas na tomada da decisão pelo autor do crime da teoria da *Rational Choice*. Rasamente falando, de acordo com este modelo, as pessoas cometem desvios comportamentais com base em uma análise de custo/benefício, comparando, basicamente quais os benefícios e quais os custos que poderiam advir de determinada conduta antes de praticá-la. Dessa forma, o sujeito racional, apurando que os benefícios de determinada conduta criminosa (pessoa esta não dotada de um freio moral capaz de desmotivá-lo à prática ilícita) são superiores a possíveis custos, delinquirá.

[26] No informativo sobre o delito de suborno internacional elaborado pela OCDE, no ano de 2014, a organização demonstrou já à época preocupação com a evidente necessidade de se objetivar políticas governamentais para fomentar a implementação de programas de integridade com o intuito de prevenir e enfrentar os delitos perpetrados por empresas. O que se extrai desta análise é que a "simples" previsão legislativa chancelando a responsabilidade penal da pessoa jurídica, previsão legal já identificada em uma gama de países, aos olhos da OCDE, é técnica, por si só, insuficiente ao combate ao crime empresarial.

Não iremos nos debruçar com maior verticalidade na análise do "conceito" de *compliance*, uma vez que os demais autores da obra, com brilhantismo, já o fizeram, passando-se a identificar como pode o *compliance* criminal, se devidamente internalizado no ordenamento pátrio, influenciar positivamente na persecução criminal dos delitos corporativos.

Os programas de *compliance* compreendem sistemas organizativos que incluem princípios, regras, procedimentos e instrumentos orientados a assegurar o cumprimento da legalidade e da ética no desenvolvimento das atividades de uma organização. O *compliance* criminal, por sua vez, se refere às medidas normativas, institucionais e técnicas de uma pessoa jurídica direcionadas a seus membros, *stakeholders*, ao Estado e ao público em geral, que sejam objetivamente necessárias à tutela penal preventiva de modo a (1) diminuir o risco de que a empresa ou seus membros pratiquem delito empresarial contra a ordem normativa interna ou internacional; (2) melhorar as possibilidades de influenciar positivamente num futuro processo criminal, visando à preservação do valor da empresa; e (3) evitar danos à reputação da empresa.[27]

Assim se pode afirmar que os programas de *compliance* criminal não se distanciam muito de um conceito "genérico" de programa de cumprimento normativo, que consiste, rasamente falando, em mecanismo eficaz para que uma pessoa jurídica introduza no seu *seio* uma cultura de integridade e de atendimento ao Direito. Trata-se de uma espécie de conscientização empresarial sobre valores éticos e sobre a necessidade de pautar suas atividades sob o pilar da legalidade – uma verdadeira concretização do compromisso com a ética empresarial.

Em verdade o *compliance* penal rompe um paradigma na forma de interpretação das ciências jurídicas penal e processual penal, visto que, com a aplicação do instituto à seara das ciências penais, se deixa de adotar uma postura amplamente reativa para se antecipar à prática delituosa – primando, assim, por uma concepção preventiva[28] de combate à criminalidade desenvolvida no ambiente empresarial.

---

[27] ROTSCH, Thomas, "*Compliance* und Strafrecht – Fragen, Bedeutung, Perspektiven. Vorbemerkungen zu einer Theorie der sog. 'Criminal *Compliance*'", *ZStW*, n. 125 (2013), p. 481-498, p. 494. In: BEDECARRATZ, Francisco. La indeterminación del *criminal compliance* y el principio de legalidad". *Polít. crim.*, vol. 13, n. 25, Julio 2018, Art. 6, p. 208-232.

[28] Até mesmo se reconhecem, no Direito Penal, trações de tutela preventiva na abordagem da função da pena valendo-ser de seus ideais de prevenção geral e de prevenção especial. O Direito Processual Penal, por sua vez, tem típica atuação pós-delitiva, surgindo o *compliance* como uma ferramenta que atuará no processo penal ao lado de uma visão de "polícia ostensiva", ou seja, um instrumento capaz de desincentivar o cometimento do delito (ponderação custo/benefício).

Ocorre que mesmo a hoje já vigente legislação criminal brasileira que autoriza a responsabilização criminal da pessoa jurídica pelas práticas de delito contra o meio ambiente carece de previsão relacionada à possível repercussão de um idôneo programa de integridade no *apenamento* do ente coletivo. Como se pode extrair da leitura das moduladoras da sanção criminal trazidas pela Lei Federal n° 9.605/1998, que regulamenta a responsabilidade penal socioambiental da pessoa jurídica (atenuantes e agravantes expressamente arroladas nos artigos 14 e 15 da Lei de Crimes Ambientais), vê-se que, diferentemente do que ocorre em outros países, como na Espanha com base no art. 31 bis do seu Código Penal, não foi o instituto do *compliance* elevado à causa sequer de atenuação da sanção penal, muito menos à qualidade de *excludente* de pena.

Diretamente ao ponto: o instituto da responsabilização penal da pessoa jurídica será capaz de servir eficazmente ao combate da criminalidade se aliado a técnicas de direito promocional, permitindo ao Poder Judiciário valorar os esforços destinados por um ente coorporativo no desenvolvimento de programas de integridade na aplicação de pena à pessoa jurídica responsável pelo fato delituoso.

Isso porque o *compliance* criminal, sob a ótica da segurança pública, permite ao Estado identificar, na pessoa jurídica de direito privado que instituir programa de integridade empresarial, "parceira privada" capaz de auxiliar no combate à criminalidade que eventualmente possa corromper o desenvolvimento de sua atividade e seu estabelecimento empresarial. Visa a socorrer-se o legislador, quando fixa o *compliance* penal como elemento modulador de sanção penal aplicável ao ente coletivo, do *setor privado* como se uma barreira antecipada de combate (prevenção e investigação) ao crime o fosse (salientando-se, mais uma vez, a natureza premial do instituto do *compliance* quando elevado à causa capaz de influenciar na aplicação da pena atinente aos delitos perpetrados por pessoas jurídicas).

Assim, a empresa, ao institucionalizar, no desenvolvimento de sua atividade, um programa de *compliance, firma* com o Estado uma espécie de *termo de cooperação* público-privada com os fins de idoneamente atuar para prevenir, detectar e apurar os delitos que se desenvolvam (ou que possam vir a se desenvolver) dentro da organização empresarial. Em contrapartida, por sua vez, o Estado lhe faculta, caso apurada a prática delitiva pela "parceira privada", em que pese o comprometimento da empresa com a estruturação do "programa interno de combate ao crime", uma redução de pena ou, por exemplo, no caso espanhol, até mesmo isenção quanto àquela.

A questão da segurança pública, especialmente a segurança que deve pautar o desenvolvimento das atividades empresariais, passa, assim, a ser objeto também de tutela (mais que isto: responsabilidade) pelas empresas que instituem programas de *compliance* criminal. Passam, dessa forma, a contribuir com a prevenção de infrações penais e, também, com auxílio nas investigações criminais relacionadas com sua atividade ou que forem praticadas dentro de seu estabelecimento com o aporte de informações (elementos probatórios).

O *compliance* penal confere às empresas que o estruturam em sua organização a capacidade de *complementar* o dever estatal de prestação de segurança pública. Passam aquelas a figurar como verdadeiro recurso externo (estatal) destinado à tutela de bens jurídicos penais.

Ademais, como pontuado, a (1) verificação, a (2) investigação e a (3) elucidação de crimes praticados no âmbito empresarial demandam mais complexidade na sua consecução do que a demandada pela *delinquência de rua* (criminalidade violenta que atenta contra a integridade física e patrimônio), que, em regra, tende a uma maior *transparência*.

Entre os fatores responsáveis por esta notável dificuldade, que justifica o fomento à delegação de parcela da tutela da segurança pública no âmbito empresarial, quando se fala, especialmente, de empresas de uma maior complexidade organizativa, destacam-se:

I. As autoridades policiais e judiciais têm dificuldade em determinar as pessoas físicas diretamente responsáveis pelos atos materiais do delito. Tal entrave é fruto da divisão do trabalho e da descentralização na tomada de decisões características da atividade dentro do ambiente empresarial.[29] Ademais, sabe-se que, muitas vezes, os crimes cometidos em organizações não respondem a comportamentos isolados, mas consistem em uma combinação de atos ou omissões atribuíveis a diferentes pessoas. Consequentemente, a identificação dos responsáveis e a coleta de elementos probatórios que revelam sua culpa individual são tarefas de difícil consecução;[30]

---

[29] Sobre a dificuldade quanto à identificação da autoria das pessoas físicas em ambientes empresariais, Gonzáles em PÉREZ GONZÁLEZ, S. La función de los *Compliance Programs* en la responsabilidad penal-económica de la empresa. *REDUR* 13, diciembre 2015, p. 132. ISSN 1695-078X.

[30] "Até a entrada em vigor da responsabilidade penal da pessoa jurídica, um dos principais impeditivos à persecução dos delitos cometidos no bojo das empresas era, precisamente, as dificuldades de imputação objetiva do delito à pessoa física autora, gerando, assim, uma patente ineficácia do processo penal, que não poucas vezes finalizava com sentenças absolutórias, o que motivou, desde um ponto de vista procedimental, a iniciação da responsabilidade penal da pessoa jurídica. Assim, pode-se dizer que a reforma está movida, entre outros motivos, por um patente utilitarismo processual" (Tradução nossa). SUAÑA,

II. Os crimes corporativos são difíceis de detectar e provar por que o rastro que deixam – ainda que documental – geralmente é mantido sob o controle da própria entidade. Ou seja, muitas vezes as únicas fontes probatórias capazes de elucidar tais crimes são os arquivos internos da organização, pois que são os que permitem certa rastreabilidade de suas transações. A ausência, por sua vez, de acesso àqueles tende a inviabilizar o sucesso da persecução penal. Cristalino, portanto, que as possibilidades de ocultação, destruição ou manipulação de tais fontes de evidência são altas.

III. Os delitos cometidos nas pessoas jurídicas, em regra, são tecnicamente complexos e sua investigação normalmente demanda longa duração. Seu esclarecimento, portanto, requer conhecimento especializado de pesquisadores que, muitas vezes, precisam coletar e analisar cuidadosamente grande número de documentos de conteúdo técnico, econômico ou contábil, para provar que uma conduta criminosa foi praticada. Essa complexidade e a dilatação temporal das investigações tornam os custos processuais tão altos, que dificilmente possui um Estado capacidade orçamentária para suportar.[31]

O Estado, assim, ao se mostrar incapaz de, somente com seus braços, coibir as práticas delitivas rotineiramente inventadas/criadas/ desenvolvidas pelos que tencionam delinquir, demanda, em verdade, *auxílio* no exercício do seu poder/dever indeclinável de fiscalização/ investigação. Propõe-se, dessa forma, identificar na pessoa jurídica que tenha estruturado no seu bojo um programa de integridade penal idôneo, reforço ao arcabouço estatal de combate à criminalidade.

Afinal, quando idôneo,[32] o programa de *compliance* funciona como adiantamento da barreira preventiva à prática criminal, servindo também, pela sua fiel execução, como método investigativo prévio capaz de alimentar eventual persecução penal estatal futura.

Oliver Pascual. El informe pericial en los procesos penales frente a las personas jurídicas. Especial referencia a la certificación de los programas de cumplimiento normativo penal. *Revista General de Derecho Procesal*, n. 47, p. 5, 2019.

[31] A verdade é que a incapacidade – técnica e financeira – do Estado de controlar certos riscos criados pela moderna sociedade pós-industrial tem levado à promoção (via incentivos legais) da autorregulação empresarial, que, por sua vez, é capaz de prevenir a prática de crimes sob o véu de pessoas jurídicas e também de reduzir os custos para o Poder Público de acesso às informações essenciais ao processo penal, caso o programa de *compliance* tenha falhado na prevenção, mas tenha detectado seu cometimento (redução de custos na aquisição de informações para investigação / processo criminal).

[32] É, desde logo, de se destacar que será no processo penal que os elementos essenciais ao reconhecimento da idoneidade ou não do programa de *compliance* (criminal) serão analisados pelo Estado-juiz de modo a identificar se sua institucionalização repercutirá em eventual no *quantum* de pena a ser fixado.

A capacidade investigativa da empresa (a ser disciplinada no programa de *compliance* criminal quando sedimentadas as bases pelas quais se desenvolverão suas "investigações internas"), a ser coordenada pelo *compliance officer*, por sua vez, está respaldada no poder de controle da atividade empresarial, particularmente no que tange à fiscalização de cumprimento da (a) lei, das (b) normas internas estabelecidas pelo ente corporativo, e, mais especificamente, das (c) regras estipuladas pelo sistema de *compliance* penal para a prevenção à comissão de fatos delitivos no âmbito empresarial.

Sem pretender, evidentemente, esgotar a temática, impõe-se destacar que investigações internas – a serem desenvolvidas no âmbito de uma empresa quando estiver executando um programa de *compliance* penal – são meio de colheita de elementos probatórios que poderão subsidiar um processo criminal futuro. Objetiva-se destacar a relevância da repercussão desta particularidade do programa de *compliance* na tutela da segurança pública, visto que se delega (com a manutenção concorrente da competência para tanto por parte do Estado) à pessoa jurídica o *múnus* de investigar o delito praticado no desenvolvimento de sua atividade empresarial.

É com base nas investigações internas – confirmatórias[33] – que o *compliance* officer colherá os elementos que podem ou não comprovar (fato do qual tomou conhecimento com base em *denúncia* ou nas investigações preventivas ordinárias) a prática de um crime no seio empresarial. As conclusões a que chegar o oficial de cumprimento, a depender da confirmação ou não da prática ilícita criminal, para que o programa de *compliance* seja idôneo e assim apto a modular (ou afastar) a pena da pessoa jurídica a que possa ser imputada responsabilidade penal, deverão ser levadas aos órgãos de persecução penal competentes.[34]

---

[33] As investigações internas a serem desenvolvidas na execução de um programa de *compliance* criminal se dividem, em regra, em preventivas, confirmatórias e defensivas, sem, evidentemente, descartar o fato de, na doutrina, se identificar outras formas de classificação.

[34] Sobre a autorregulação e o direito de não autoincriminação, Pena adverte que: Esta espécie de compromisso da entidade de *autodenuncia não vulnera seu direito a não autoincriminação, da mesma forma que não o faz a atenuante em razão de eventual confissão espontânea ou por reparação do dano. Neste sentido, adverte RAGUEÉS I VALLÉS que a autorregulação, entendida como compromisso de a entidade desvendar a prática de delitos não é compatível com o entendimento do direito a não autoincriminação tão amplo que impeça o incentivo à colaboração ativa ao êxito na execução dos fins da justiça criminal. Essa cooperação com a justiça deve traduzir-se não apenas quanto à reparação do dano causado e no castigo administrativo disciplinar dos culpados (pessoas físicas), mas também na satisfação do interesse público na persecução dos delitos através da denúncia. Dessa forma, pretende-se premiar as pessoas jurídicas por seu esforço de se autorregular, atribuindo-lhes funções **quase públicas** em termos de controle e de descobrimento de delito; assim, não se pode permitir que os delitos cometidos no bojo da pessoa jurídica recebam o mesmo tratamento de um*

Trata-se do momento em que as conclusões compiladas pelo *compliance officer* na "antessala privada" de investigação avançam para o conhecimento dos órgãos de persecução penal. Mais que isso, é o reconhecimento por parte da pessoa jurídica da falha do seu sistema de tutela penal numa órbita preventiva, mas, ao mesmo tempo, a demonstração de que a sua capacidade investigativa confirmatória foi capaz de gerar um informe – ao qual é agregado, possivelmente, robusto acervo probatório – apto a cooperar com as forças estatais no combate à criminalidade empresarial.

Nítido, portanto, que a efetividade das funções investigativas desenvolvidas no âmbito empresarial, especificamente na execução das diligências esboçadas valendo-se de um programa de *compliance* penal, depende, necessariamente, de que os elementos probatórios colhidos ultrapassem as "grades" da empresa para chegar às mãos de quem poderá dar fiel cumprimento ao *ius puniendi* estatal, dando desfecho, assim, a um método cooperativo entre o Poder Público e a esfera privada na busca do combate à impunidade que tende a blindar as condutas criminosas que identificam na pessoa jurídica um escudo à tutela penal.

Conclusão

Os números da criminalidade no Brasil não permitem a este país abdicar da cooperação que pode o setor privado – especialmente por meio do *compliance* penal – dar ao combate da criminalidade organizada, que, em regra, se aparelha nas estruturas empresariais objetivando maquiar suas práticas ilícitas.[35] A legislação brasileira deveria, necessariamente, incorporar – além da ampliação do rol de crimes pelos quais pode a

---

ilícito civil ou laboral de modo a frustrar o exercício do ius puniendi estatal e, assim, permitir sua impunidade. (Tradução nossa) (PENA, Ana María Neira. *La persona jurídica como parte pasiva del proceso penal*. Tesis doctoral. Universidad da Coruña. 2015. p. 338).

[35] "A falta de maior investimento na produção legislativa no plano dos programas e mecanismos empresariais privados como fórmula para a prevenção de ilícitos criminais que produzem graves consequências a bens jurídicos coletivos ou individuais homogêneos produzem um enorme dispêndio de energia e recursos no combate aos sintomas da criminalidade, sem buscar trabalhar suas origens. O resultado final é uma justiça criminal que mal consegue responder ao fluxo da demanda e que é completamente incapaz de oferecer mais do que um paliativo. Uma maior preocupação com os requisitos gerais para a adoção de regras de cumprimento normativo (*compliance*) em todos os potenciais crimes corporativos poderia ter um efeito criminológico muito mais positivo". (Tradução nossa) (BUSATO, Paulo César; BRITTA SCANDELARI, Gustavo. La incorporación de los programas de cumplimientos ("*criminal compliance*"). *In: Tratado sobre compliance penal. Responsabilidad Penal de las Personas Jurídicas y Modelos de Organización y Gestión.* Valencia: Tirant lo Blanch, 2019. p. 1258).

pessoa jurídica responder – o instituto do *compliance* criminal como instrumento de direito premial capaz de fomentar a prevenção às práticas delitivas no âmbito empresarial.

Assim, ou seja, com um "retoque" de direito premial (e somente assim!), a responsabilidade penal das pessoas jurídicas funciona como verdadeira ferramenta legal que impulsiona e concretiza uma política criminal: fomento da disseminação da instalação de programas de *compliance* penal. Estes, por sua vez, quando efetivos, funcionarão como reforço à tutela da segurança pública pelo Estado – em especial, evidentemente, no combate ao crime que, por ventura, se desenvolva no seio de entes coorporativos em que disseminada a cultura da integridade empresarial. Uma verdadeira delegação da tutela dos bens jurídicos penais à empresa, que terá a responsabilidade, exercendo função de "garante", de desenvolver, na órbita de sua organização, funções "pseudopolicias" – tanto de combate prévio ao crime como relacionados a sua investigação.

Passada a hora da mudança: que a empresa deixe de ser um instrumento ao crime para exercer papel ativo no seu combate.

Referências

BUSATO, Paulo César; BRITTA SCANDELARI, Gustavo. La incorporación de los programas de cumplimientos (*"criminal compliance"*). In: *Tratado sobre compliance penal.* Responsabilidad Penal de las Personas Jurídicas y Modelos de Organización y Gestión. Valencia: Tirant lo Blanch, 2019.

CASTILLEJO MANZANARES, Raquel. Los principios probatorios y el *compliance*. In: Tratado sobre *compliance* penal. Responsabilidad Penal de las Personas Jurídicas y Modelos de Organización y Gestión. Valencia: Tirant lo Blanch, 2019.

DIAS DOS SANTOS, Ílison; OLIVEIRA DE MELO, Jhonatas Péricles. A responsabilidade penal da pessoa jurídica: análise exploratória do modelo espanhol e do modelo proposto pelo projeto de novo código penal brasileiro. *In*: *Revista de Derecho procesal de la Asociación Iberoamericana de la Universidad de Salamanca.* Director Dr. Lorenzo Bujosa Vadell. 1º sem. 2017.

DÍEZ RIPOLLÉS, José Luis. La responsabilidad penal de las personas jurídicas. Regulación española. *In*: *InDret, Revista para el Análisis del Derecho*, Barcelona, p. 2, enero 2012.

FERNÁNDEZ CASTEJÓN, Elena B. El criminal *compliance program* como modelo de prevención: de la teoría a su aplicación en la práctica. *In*: *La Ley Penal nº 138, mayo/junio 2019.* Smarteca.

FREIRE JR., Américo Bedê. *A retórica do direito fundamental à privacidade*: a validade da prova obtida mediante filmagens nos ambientes público e privado. Salvador: Juspodivm, 2015.

GIMBERNAT, Enrique. *Concepto y método de la ciencia del derecho penal.* Madrid: Tecnos, 1999.

GÓMEZ COLOMER, Juan-Luis. Introducción: La Responsabilidad penal de las personas jurídicas y el control de su actividad: Estructura jurídica general en el Derecho Procesal Penal español y cultura de cumplimiento (*Compliance Programs*). *In*: Tratado sobre *compliance* penal. Responsabilidad Penal de las Personas Jurídicas y Modelos de Organización y Gestión. Valencia: Tirant lo Blanch, 2019.

GÓMEZ DE LA TORRE, Ignacio Berdugo. El soborno internacional: normas, obstáculos y propuestas. *Revista Derecho & Sociedad*, n. 52, junio 2019 / ISSN 2079-3634.

MACIEL, Silvio; GOMES, Luiz Flávio. *Lei de crimes ambientais*. 2. ed. São Paulo: Método, 2015.

PRADO, Luiz Regis. *Direito penal do ambiente*. São Paulo: Revista dos Tribunais, 2005.

ROTSCH, Thomas. *Compliance* und Strafrecht – Fragen, Bedeutung, Perspektiven. Vorbemerkungen zu einer Theorie der sog. 'Criminal *Compliance*'. *ZStW*, n. 125 (2013), p. 481-498, p. 494. *In*: BEDECARRATZ, Francisco. La indeterminación del *criminal compliance* y el principio de legalidad. *Polít. crim.*, vol. 13, n. 25, julio 2018.

ROTHENBURG, Walter Claudius. A responsabilidade penal da pessoa jurídica. *In*: *Crimes ambientais: comentários à Lei 9.605/98*. Porto Alegre: Livraria do Advogado, 2013. p. 55 e p. 60.

ROXIN, Claus. *Política Criminal y sistema del Derecho Penal* [traducción e introducción de Francisco Muñoz Conde]. 1. ed. Buenos Aires: Hammurabi, 2000.

SERRANO ZARAGOZA, Oscar. *Compliance* y prueba de la responsabilidad penal de las personas jurídicas; cómo conseguir la exención de la responsabilidad penal de una persona jurídica en el curso de un concreto procedimiento penal. *Revista Aranzadi Doctrina*, n. 6/2016 (BIB 2016/3068).

SHECAIRA, Sérgio Salomão; SALCEDO, Leandro. A responsabilidade penal da pessoa jurídica no projeto de novo Código Penal (projeto de lei do Senado n° 236/2012). *In*: CHOUKR, Fauzi; LOUREIRO, Hasan Maria Fernanda; VERBVAELE, John (Org.). *Aspectos contemporâneos da responsabilidade penal de pessoas jurídicas*. Vol. II. São Paulo: Fecomércio, 2014.

SILVEIRA, R. de M. J.; SAAD-DINIZ, E. *Compliance, direito penal e lei anticorrupção*. São Paulo: Saraiva, 2015.

Informação bibliográfica deste texto, conforme a NBR 6023:2018 da Associação Brasileira de Normas Técnicas (ABNT):

SCHÜTT, Júlia Flores. Compliance criminal como instrumento de privatização da tutela de Direito Penal. *In*: SCHNEIDER, Alexandre; ZIESEMER, Henrique da Rosa (Coord.). *Temas atuais de compliance e Ministério Público*: uma nova visão de gestão e atuação institucional. Belo Horizonte: Fórum, 2021. p. 325-341. ISBN 978-65-5518-220-0.

SOBRE OS AUTORES

Alexandre Carrinho Muniz
Promotor de Justiça no Estado de Santa Catarina. Mestre em Ciências Jurídicas (Universidade do Vale do Itajaí – UNIVALI). Especialista em Direito Processual Penal (Escola do Ministério Público de Santa Catarina/ Universidade do Vale do Itajaí – UNIVALI). Professor na pós-graduação de Direito Material e Processual Penal na Escola do Ministério Público de Santa Catarina e em outros cursos de pós-graduação. E-mail: acmuniz. sc@gmail.com.

Alexandre Schneider
Procurador da República desde 2002. Mestre em Direito, Ciências, Instituições e Desenvolvimento pela Universidade Católica de Brasília e docente na Escola Superior do Ministério Público da União. E-mail: aschneider7515@gmail.com. Instagram: @professorschneider.

Augusto Aras
Procurador-Geral da República.

Carlos Fernando dos Santos Lima
Advogado empresarial especialista em *compliance* e Procurador Regional da República aposentado.

Carlos Vinícius Alves Ribeiro
Promotor de Justiça.

Emerson Garcia
Doutor e mestre em Ciências Jurídico-Políticas pela Universidade de Lisboa. Especialista em Education Law and Policy pela European Association for Education Law and Policy (Antuérpia – Bélgica) e em Ciências Políticas e Internacionais pela Universidade de Lisboa. Membro do Ministério Público do Estado do Rio de Janeiro, Consultor Jurídico da Procuradoria-Geral de Justiça e Diretor da Revista de Direito. Consultor Jurídico da Associação Nacional dos Membros do Ministério

Público (CONAMP). Membro Honorário do Instituto dos Advogados Brasileiros (IAB).

Flávio Pereira da Costa Matias
Mestre em Direito pela Universidade Católica de Brasília (2019), especialista em Sistema de Justiça Criminal pela Escola Superior do Ministério Público da União (2017), especialista em Direito do Estado pela Fundação Faculdade de Direito da Universidade Federal da Bahia (2011) e bacharel em Direito pela Universidade Federal da Paraíba (2009), com período sanduíche na Université Lyon 3 – Jean Moulin, Lyon, França, onde obteve o Diplôme d'Études Universitaires Françaises (2007-2006). É procurador da República desde 2013. Currículo Lattes em: http://lattes.cnpq.br/8787354437610775.

Gustavo Senna
Promotor de Justiça do Estado do Espírito Santo. Mestre me Direito. Professor da Escola Superior do Ministério Público/ES e da FDV. E-mail: gustavosennamiranda@gmail.com.

Henrique da Rosa Ziesemer
Promotor de Justiça do MPSC desde 2004. Doutor e mestre em Ciência Jurídica. Especialista em Direito Administrativo e Direito Processual Penal. Professor da Escola do MPSC e da Escola da Magistratura do Paraná. Professor de cursos de pós-graduação nas áreas de *Compliance*, Segurança Pública e Direitos Difusos e Coletivos.

José Roberto Pimenta Oliveira
Mestre e doutor em Direito do Estado pela PUC-SP. Professor de Direito Administrativo dos cursos de graduação e pós-graduação em Direito da PUC-SP. Líder do Grupo de Pesquisa Direito e Corrupção (PUC-SP-CNPQ). Presidente do Instituto de Direito Administrativo Sancionador Brasileiro (IDASAN). Procurador Regional da República na 3ª Região e Coordenador do Núcleo de Combate à Corrupção da PRR da 3ª Região (MPF).

Júlia Flores Schütt
Promotora de Justiça do Rio Grande do Sul. Mestre em Estratégias Anticorrupção e Políticas de Integridade pela Universidade de Salamanca, Espanha (USAL). Doutoranda pela Universidade de Salamanca, Espanha (USAL).

Lauro Pinto Cardoso Neto

Procurador Regional da República com atuação na área criminal. Graduado em Direito – Associação de Ensino Unificado no Distrito Federal (1998) e formado pela Academia Militar das Agulhas Negras (1989). Possui especialização em Ordem Jurídica e Ministério Público pela Fundação Superior Escola do Ministério Público do Distrito Federal e Territórios (2002). Mestre em Direito pela Universidade Católica de Brasília. Dentre outras funções, foi Secretário-Geral do Ministério Público Federal (2010-2016) e participou como membro dos Conselhos Deliberativo e Fiscal da Fundação de Previdência Complementar do Servidor Público do Poder Judiciário (Funpresp-Jud).

Marcelo Zenkner

Sócio do Escritório TozziniFreire Advogados – SP (colíder da área de Direito Administrativo, co-head do Grupo Regulatório e membro da área de *Compliance*). Ex-Diretor de Governança e Conformidade da Petrobras. Ex-Promotor de Justiça do Estado do Espírito Santo. Ex-Secretário de Controle e Transparência do Estado do Espírito Santo. Sócio-fundador do Instituto IGIDO. Mestre em Direitos e Garantias Fundamentais pela Faculdade de Direito de Vitória (FDV) e doutor em Direito Público pela Universidade Nova de Lisboa (Portugal). Membro do Conselho Consultivo de Ações Coletivas da Rede Brasil do Pacto Global da Organização das Nações Unidas – ONU. Membro do Grupo de Trabalho do Conselho Nacional de Justiça – CNJ para o desenvolvimento de sistemas de integridade e *compliance* no âmbito do Poder Judiciário. Professor da Faculdade de Direito de Vitória (FDV) nos cursos de graduação e pós-graduação.

Rochelle Jelinek

Promotora de Justiça do MP/RS com atuação na área de interesses difusos e coletivos e improbidade administrativa. Cursou mestrado e doutorado em Direito na Pontifícia Universidade Católica/RS e o programa de Negociação na Harvard Law School, Harvard University, USA. Leciona as disciplinas de Processo Coletivo, Gestão de Conflitos e Negociação em diversos cursos de pós-graduação.

Rodrigo da Silva Brandalise

Mestre em Direito Processual pela Universidade de Lisboa/Portugal. Doutorando em Direito Processual Penal pela Universidade de Lisboa/Portugal. Professor da Fundação Escola Superior do Ministério Público do Rio Grande do Sul (FMP). Promotor de Justiça/RS.

Vinícius Secco Zoponi
Mestre em Ciências Jurídicas pela Universidade do Oeste de Santa Catarina (UNOESC). Especialista em Ciências Criminais. Promotor de Justiça no Estado de Santa Catarina. Professor do Centro de Estudos e Aperfeiçoamento Funcional do Ministério Público do Estado de Santa Catarina, da Escola da Associação Catarinense do Ministério Público (ACMP) e da Escola da Magistratura do Paraná (EMAP).

Vladimir Aras
Doutorando em Direito (UniCeub), Mestre em Direito Público (UPFE) com dissertação sobre a Convenção de Budapeste, especialista MBA em Gestão Pública (FGV), membro do Ministério Público brasileiro desde 1993, atualmente no cargo de procurador regional da República (MPF), professor assistente de Processo Penal da UFBA, ex-Secretário de Cooperação Internacional da PGR (2013-2017), membro do Grupo de Apoio em Cibercrimes do MPF, foi membro da Comissão de Juristas (2019-2020) que preparou o anteprojeto da LGPD-Penal, palestrante no Brasil e no exterior, editor do site jurídico www.vladimiraras.blog.